本书出版获暨南大学华文学院科研专项资金资助

语言服务书系·方言研究

泗水方言研究

王衍军　著

暨南大学出版社
JINAN UNIVERSITY PRESS

中国·广州

图书在版编目（CIP）数据

泗水方言研究/王衍军著 . —广州：暨南大学出版社，2014.6
ISBN 978 - 7 - 5668 - 0994 - 0

Ⅰ.①泗…　Ⅱ.①王…　Ⅲ.①北方方言—方言研究—泗水县　Ⅳ.①H172.1

中国版本图书馆 CIP 数据核字（2014）第 074898 号

出版发行：暨南大学出版社

地　　址：中国广州暨南大学
电　　话：总编室（8620）85221601
　　　　　营销部（8620）85225284　85228291　85228292（邮购）
传　　真：（8620）85221583（办公室）　85223774（营销部）
邮　　编：510630
网　　址：http：//www. jnupress. com　http：//press. jnu. edu. cn

排　　版：广州市天河星辰文化发展部照排中心
印　　刷：佛山市浩文彩色印刷有限公司

开　　本：850mm×1168mm　1/16
印　　张：22.5
字　　数：438 千
版　　次：2014 年 6 月第 1 版
印　　次：2014 年 6 月第 1 次

定　　价：49. 80 元（含光盘）

发音人和咨询顾问　王常生

单字调发音人　吴桂玲在录音

单字调发音人　李兴龙在录音

序 一

泗水方言属中原官话，在中原官话东端的一处边沿上。

从语言地图上看，中原官话的奇特之处在于：除了在甘肃境内有间断之处，它一直从中国东边的黄海之滨延伸到中国西边的国境线上。江苏、山东、安徽、河北、河南、山西、陕西、甘肃、宁夏、青海、新疆，中国 28 个省区有 11 个分布着中原官话。

几乎横贯中国的中原官话，东西两端距离如此遥远，在其绵延数千公里的版图上，又处处有姐妹方言——江淮官话、冀鲁官话、西南官话、晋语、兰银官话与之接壤，此外还有某些民族语言，地域变异加上外方语言的影响渗透，其形成内部差异是必然的。但差异有多大？尤其是远离中段腹地的东西两端，是什么面貌？有些什么差异？又还有多少中原官话的特点得以顽固地保留？相信和我抱有同样好奇心的人还有不少。

眼前这本《泗水方言研究》，让我们有了一个开阔眼界的机会。中原官话的东端，大部分与冀鲁官话相毗连，小部分与江淮官话相毗连，泗水方言处于中原官话和冀鲁官话的过渡地带，从基本的方言特征看，应划入中原官话区，但所处的地理位置又令其带有不少冀鲁官话的特点。本书的面世为我们提供了一个可贵的样本。东端与冀鲁官话接壤边缘的面目，有了一个细致的考察报告。

说细致，并非虚加夸饰。作者除了对泗水方言的代表点——泗水县政府所在地泗水镇的方言的语音、词汇、语法进行系统全面的调查、考察和分析，还选取泗水境内的 158 个自然村，就泗水方言的重要特点进行专题调查。书中 10 幅方言地图，是其密集型调查结果的集中反映。"礼失而求诸野"，村野之语的研究价值毋庸多言，而专题性的密集型的考察，是能使点连成线、线连成画的，很多方言特征的同言线被勾画出来了，面目自然也清晰了。在一种方言的边缘地带、过渡地带，这样的调查尤为需要，可惜我们总是缺乏那么一点扎实，多了那么一点浮躁，因此很多时候不想做或做不到。

书中的亮点无须在此详加罗列，会看戏的人是鄙视"剧透"的，何况亮与不亮不是我说了算。反正我个人粗阅之下，感兴趣之处颇多。随手拈几例：古知庄章三组今在泗水逢合口呼韵母有分有合，声母变成了 tç、pf、ts 三类；"儿、

二、而、尔、耳"等字在小小的泗水范围内便有［əl］、［lɟ］、［ɚ］三种读音，次浊入声在泗水的归调规律部分（如"月、木、辣"）依中原官话归了阴平，部分（如"莫、洛"）却依了冀鲁官话归去声，深究下去，背后颇有"玄机"；差比句格式在泗水境内除了某些地方有和北京话一样的"N1 比 N2 A（他比你高）"，多数地方口语中用的是"N1 A 似 N2（他高似你）"、"N1 A 起 N2（他高起你）"、"N1 A 于 N2（他高于你）"和"N1 A N2（一天热一天）"，若联系汉语史和其他姐妹方言的情况，从类型学上看，这是很有意思的。

　　成似容易实艰辛，无须讳言，本书离全面、深刻、精辟、完美还有距离，甚至不排除缺陷、谬误的存在，但基于大量实地调查所得材料而得出的东西都是宝贵的，何况在分析方法及结论方面还有很多可取之处。有价值的东西不应被埋没，因此我乐见它的出版。也相信这在作者只是"第一部"，因为作者不会止步于此。

　　是为序。

施其生

2014 年 5 月 28 日凌晨于康乐园

序 二

改革开放以来，我国方言研究蓬勃发展，百花争艳。而今王君衍军所著《泗水方言研究》问世，又为方言研究成果之百花园增添了一朵新葩。

泗水县位于山东省东南部，处于泰安、临沂、济宁三个地区交界地带。其方言，从官话方言分区看，处于中原官话与冀鲁官话过渡地带；从山东方言分区看，处于东区和西区交接地带，在语音、词汇等方面具有方言过渡区之突出特点，其研究价值自不待言；而作者以泗水方言作为该书研究对象，慧眼识珠，其卓识远见亦不待言也。

作者经过充分深入之调查，立足于翔实可靠之方言事实，采用"普—方—古"大三角比较研究之方法，从共时和历时两个层面展现泗水方言在语音、词汇、语法三个方面之面貌与特点，且绘制方言地图 10 幅，从语音、词汇和语法三方面清晰展现出泗水方言之内部差异。

在语音方面，作者将整个同音字表作为有声音档以光盘附录其后，为以后方言研究保存了第一手语音资料。为了解决阴平调值到底是 113 还是 213 之疑问，作者对多个发音人单字调之读音进行详细录制，采用实验语音学之方法以确定单字调之调类、调值。通过分析，最后确定泗水方言之单字调实际调值，阴平为113，阳平为51，上声为55，去声为312。此种严肃认真之态度、求实科学之精神，正是做语言研究工作不可或缺的。

山东方言内部之差异，更多表现在东西两区不同上。该书所绘制方言地图，几条同言线大致重合在尧山至石龙嘴一线。此线贯穿泗境南北，大致形成一条同言线束。许多方言特征都分布在此线东西两侧，例如"儿系字"读 [əl] 或 [ɭ] 者分布于此线东侧，读 [ɚ] 者分布于此线西侧；再如"铝、驴"读 [lu⁵⁵]、[lu⁵¹] 者分布于此线东侧，读 [ly⁵⁵]、[ly⁵¹] 者分布于此线西侧。此种现象与泗水所处之地理位置密切相关。泗水东部方言具有山东方言东区（东潍片）某些特征，而西部方言则具有山东方言西区（西鲁片）某些特征。此正显示出泗水方言作为方言过渡区所具之特点。

在词汇方面，作者选取了山东方言三个官话区内十个方言点，各取 1 000 个基本词进行比较，发现在山东方言三个官话区内，泗水方言与中原官话相同者最多，所以从词汇观之，把泗水方言划入中原官话区亦无不妥。泗水方言尽管处在山东方言东区与西区交界地带，但东区（东潍片）词汇对其影响较小，这应与泗水在行政区划上一直隶属于济宁地区（处于西鲁片）密切相关。作者把词汇上这种差异归结为西部强势方言之影响，非常正确，因为词汇之扩散要比语音之扩散强得多，也快得多。

作者还从词法、句法两方面对泗水方言之语法特点做了有益探讨。

王君衍军从我问学多年，有志于语言学和汉语方言学，在学习期间即留意于泗水方言之状况，后经多年调查研究，终成此书。王君衍军朴实勤恳，深思好学，予固知其学必有成。此前闻王君衍军以副教授之职称任博导之职务，初既惊且喜，今观该书材料之翔实，论证之确当，则不惊唯喜矣，乐为序。

董绍克
二〇一四年春于北京

目　录

序　一 ··· 001

序　二 ··· 001

第一章　概　说 ··· 001
　第一节　泗水县的地理位置、历史简况 ························· 001
　第二节　泗水方言概况 ··· 004
　第三节　本书研究的意义和方法 ································· 012
　第四节　与本书研究相关的以往研究情况 ····················· 014
　第五节　本书研究的有关说明 ··································· 017

第二章　语　音 ··· 019
　第一节　泗水方言的语音系统 ··································· 019
　第二节　泗水方言单字调实验研究 ····························· 021
　第三节　泗水方言的语音结构系统 ····························· 029
　第四节　声　母 ··· 063
　第五节　韵　母 ··· 093
　第六节　声　调 ··· 116

第三章　词　汇 ··· 118
　第一节　泗水方言词汇与普通话词汇的比较 ··················· 118
　第二节　泗水方言词汇与其他山东方言点词汇的比较 ··········· 129
　第三节　泗水方言古语词的词源考证 ··························· 136
　第四节　泗水方言分类词表 ······································ 149

第四章　语　法 ··· 231
　第一节　词　法 ··· 231

　　第二节　句　法 ……………………………………… 248

结　语 …………………………………………………… 278

参考文献 ………………………………………………… 281

附　录 …………………………………………………… 285
　　附录一　本书部分方言点调查人情况一览表 ………… 285
　　附录二　泗水方言地图(一)～(十) ………………… 291

后　记 …………………………………………………… 301

第一章　概　说

第一节　泗水县的地理位置、历史简况

一、泗水县的地理位置

泗水位于山东省中南部，泰沂山区南麓。北纬 35°28′~35°48′，东经 117°5′~117°35′。地处泗河上游，东接平邑县，西连曲阜市，南临邹城市，北靠新泰市，西北与宁阳搭界，处于泰安、临沂、济宁三个地区的交界地带，总面积 1 118.11 平方公里，是中国山东省济宁市所管辖的一个县。"2012 年末，全县总人口 623 619 人，其中城镇人口 170 161 人。在总人口中，男性人口 322 841 人，女性人口 300 778 人。"[①]

"泗水全县辖 13 个乡（镇、街道），即泗河街道、济河街道、泉林镇、星村镇、柘沟镇、金庄镇、中册镇、杨柳镇、苗馆镇、泗张镇、圣水峪镇、高峪镇、大黄沟乡。至 2012 年底，全县有 572 个行政村，28 个居民委员会，641 个自然村，1 个省级经济开发区。"[②] 泗水是泗河文化的发祥地，历史悠久。

泗水地处泰沂蒙余脉低山丘陵区，山清水秀，四季分明，气候宜人，素有海岱明珠之称。境内共有大小山头 561 座，海拔 500 米以上的 11 座，海拔 400 米以上的 71 座，其余为 400 米以下的低山丘陵。北部山岭起伏，南部峰峦连绵，东部岗丘环绕，中部是河谷平地，33 条河流纵横交错，地形地貌非常复杂。最高山为柘沟镇凤仙山，其主峰玉皇顶海拔 608 米。泗水境内多泉，特别是东部泉林一带，泉多如林，有"名泉七十二，大泉数十，小泉多如牛毛"之誉。

---

① 泗水县史志编撰委员会. 泗水年鉴［M］. 香港：中国国际文化出版社有限公司，2013.82.
② 泗水县史志编撰委员会. 泗水年鉴［M］. 香港：中国国际文化出版社有限公司，2013.79.

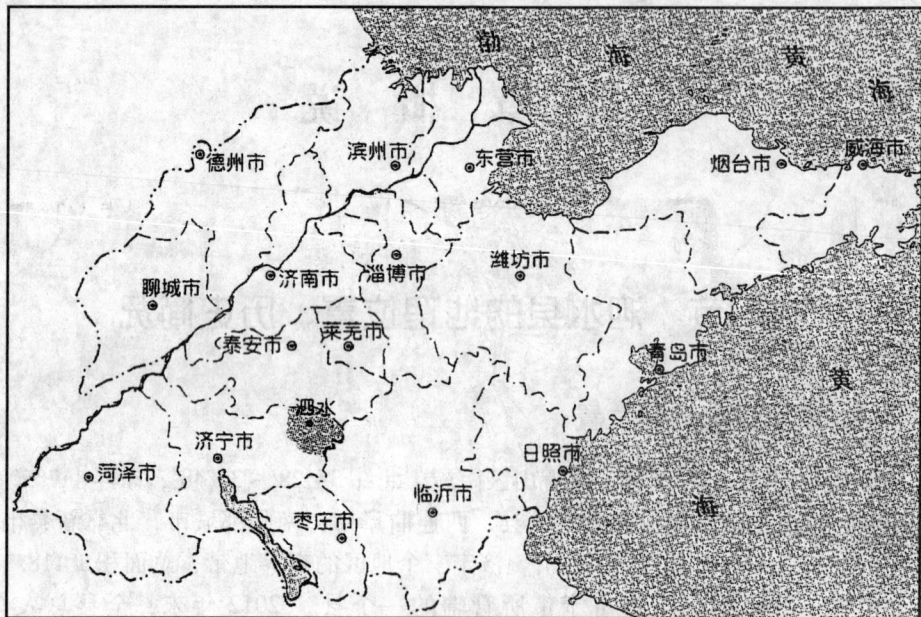

图1—1   泗水县地理位置示意图

二、泗水的历史简况

泗水县始置于隋开皇十一年（591年），县以河得名。泗河古称泗水，《括地志》云："泗水源在泗水县东陪尾山，其源有四道，因以为名。"据康熙年间蒋廷锡所撰之《经部·尚书地理今释》云："陪尾山在今山东兖州府泗水县东五十里……吴澄书纂言曰：'唐志：泗水县有陪尾山，泗水出焉。'"①

泗水之域有文字记载的历史可追溯到远古。《左传》曰："鲁有大庭氏之库，泗有居龙氏之宫。"《炎黄氏族文化考》载："曲阜有大庭氏之库，壤地相接，尤为可证知居龙氏即在泗水一带……今泗水治东南十五里有居龙山，即此。"春秋时期，泗水之域隶属鲁国。秦朝隶属薛郡鲁县。西汉时期，在泗境卞邑置卞县，隶属鲁郡。三国时期，泗境仍为卞县，隶属豫州鲁郡。西晋惠帝末年，晋乱，卞县废。刘宋时期，泗境复置卞县，隶属兖州鲁郡。隋朝初期，撤郡并县。开皇十一年，改卞县为泗水县，隶属兖州。唐朝初定，因袭隋治。武德五年（622年），

---

① 见蒋廷锡撰《尚书地理今释》之"陪尾"条，出自《四库全书·经部·书类·尚书地理今释》。

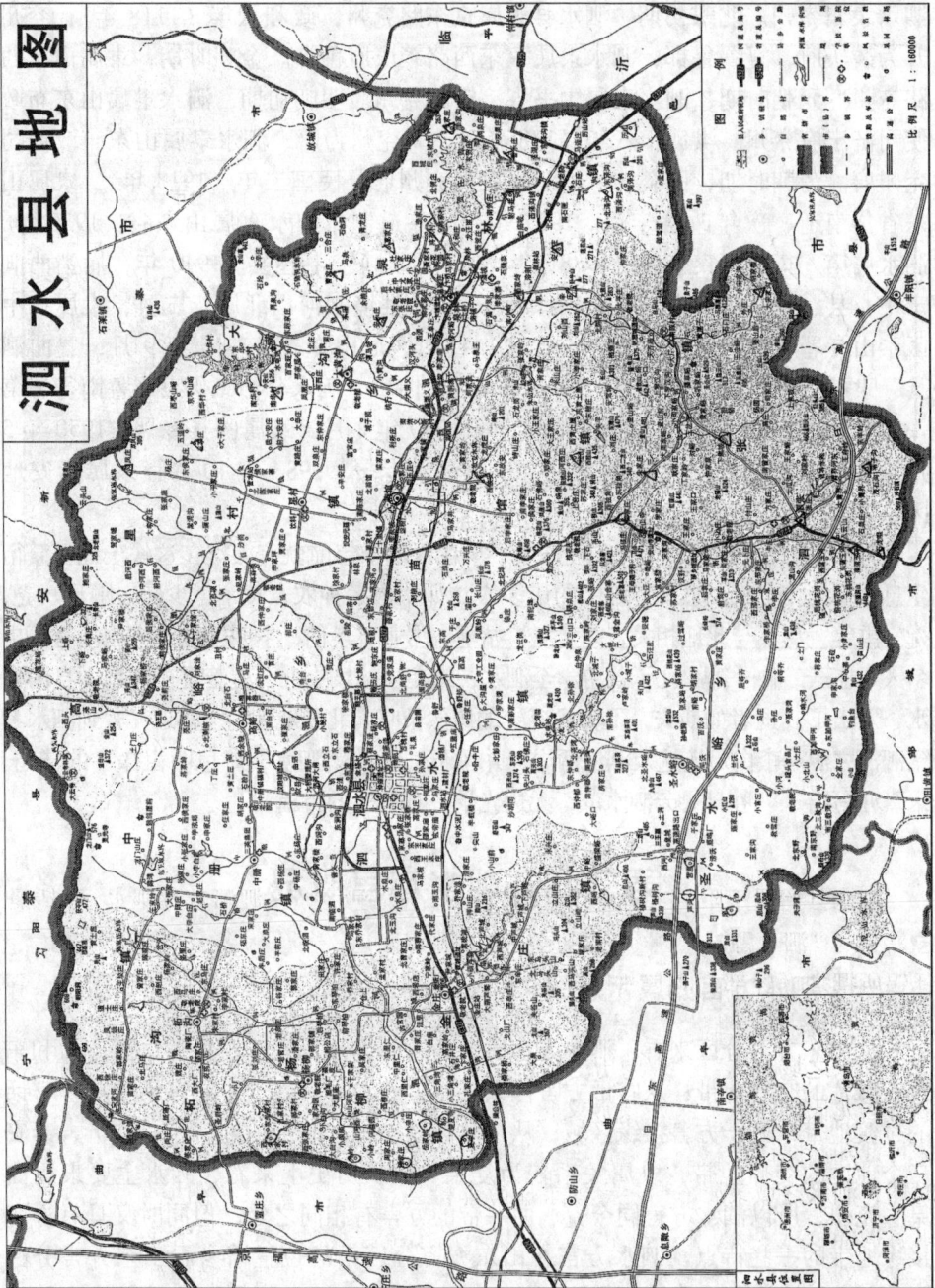

图 1-2　泗水县全境地图

泗水隶属兖州。北宋初期，泗水县隶属京东路兖州，政和八年（1118年），兖州升为袭庆府，复置鲁郡，泗水隶属京东西路袭庆府鲁郡。金朝时期，隶属山东西路兖州。元朝时期，泗水隶属中书省济宁路兖州。明朝初期，泗水隶属山东布政使司济宁府兖州。洪武十八年（1385年），升兖州为府，泗水隶属山东布政使司兖州府。清朝时期，因袭明治，泗水隶属兖州府。民国二年（1913年），隶属山东省岱南道，次年改济宁道。1927年，废除道制，泗水直属山东省。1936年，泗水属第一行政督察公署。1938年，泗境属曲泗宁中心县。1940年，撤销曲泗宁中心县，建立泗水中心县。1941年10月，县境泗河以北属泰宁县，隶属鲁中区泰山专署；泗河以南属邹东县，隶属鲁南区尼山专署。1945年9月，置曲泗县，隶属鲁南行署第一专署。1946年4月，曲阜、泗水分治，仍隶属鲁南行署第一专署。1948年10月，隶属尼山专署。1950年2月，隶属滕县专署。1950年5月，隶属泰安专署。1956年5月，隶属济宁专署。1983年10月，隶属泰安地区。1985年5月至今，隶属济宁市。

"泗水县历史悠久，文化积淀深厚。早在六七千年前就有人类在这块土地上繁衍生息。据史籍记载，上古传说中的诸多人物如伏羲、神农、黄帝、少昊、颛顼、尧、舜、禹等，莫不与此地相关，并建立了姑幕、踞龙、崇伯、卞明等上古方国。有历史名人卞庄子、仲子等。孔子曾游学至泗水，站在泉林泉头上，望着昼夜流淌不息的泉水，发出了'逝者如斯夫，不舍昼夜'的慨然长叹。北魏地理学家郦道元曾到泗水考察泗河之源。李白足迹遍及泗河两岸，并留下'秋波落泗水，海色明徂徕'的佳句。朱熹亦写出了'胜日寻芳泗水滨，无边光景一时新'的诗篇。"①

第二节　泗水方言概况

一、泗水方言归属示意图

从山东方言分区来看，泗水方言属于西区西鲁片，处于西鲁片、西齐片和东区东潍片的交界地带；从官话方言体系来看，泗水方言处于中原官话和冀鲁官话的过渡地带，处于方言接缘区域；从行政区划来看，泗水地处济宁、临沂、泰安三个地区的交界地带，隶属关系较为复杂。但从历史上来看，泗水主要隶属曲阜、兖州，所以泗水方言同今兖、曲一带的方言有相同之处，但同时又具有方言接缘地带的一些特点。泗水方言在山东方言分区中的位置请参看山东方言分区图②及泗水方言处于两大官话交界处示意图。

① 泗水县史志编撰委员会. 泗水年鉴［M］. 香港：中国国际文化出版社有限公司，2013.79.
② 引自钱曾怡. 山东方言研究［M］. 济南：齐鲁书社，2001.117.

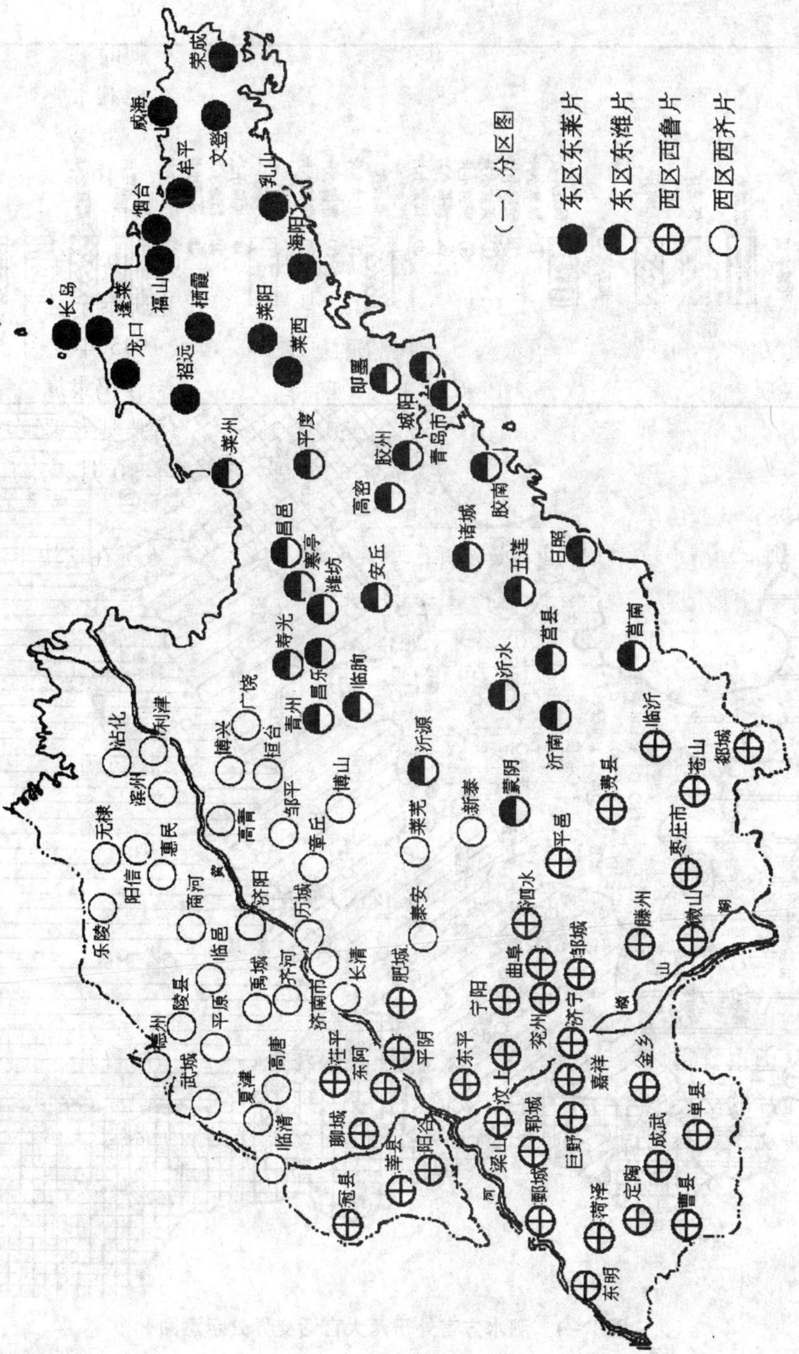

（一）分区图

东区东莱片
东区东潍片
西区西鲁片
西区西齐片

荣成
威海
文登
乳山
牟平
烟台
海阳
蓬莱
福山
栖霞
莱阳
长岛
龙口
招远
莱西
即墨
城阳
青岛市
平度
胶州
高密
诸城
胶南
莱州
昌邑
寒亭
安丘
五莲
日照
潍坊
寿光
青州
昌乐
临朐
沂水
莒县
莒南
广饶
博兴
桓台
临沂
临朐
沂源
苍山
郯城
利津
沾化
博山
邹平
章丘
博山
新泰
蒙阴
沂南
沂水
无棣
滨州
惠民
高青
莱芜
平邑
费县
枣庄市
阳信
商河
济阳
邹平
新泰
乐陵
临邑
禹城
历城市
泰安
宁阳
曲阜
泗水
邹城
滕州
微山
东陵
陵县
齐河
长清
肥城
东平
兖州
济宁
金乡
德州
平原
茌平
东阿
平阴
汶上
郓城
嘉祥
武城
夏津
高唐
阳谷
梁山
巨野
郓城
成武
单县
临清
聊城
莘县
菏泽
定陶
曹县
冠县
东明

图1-3　山东方言分区图

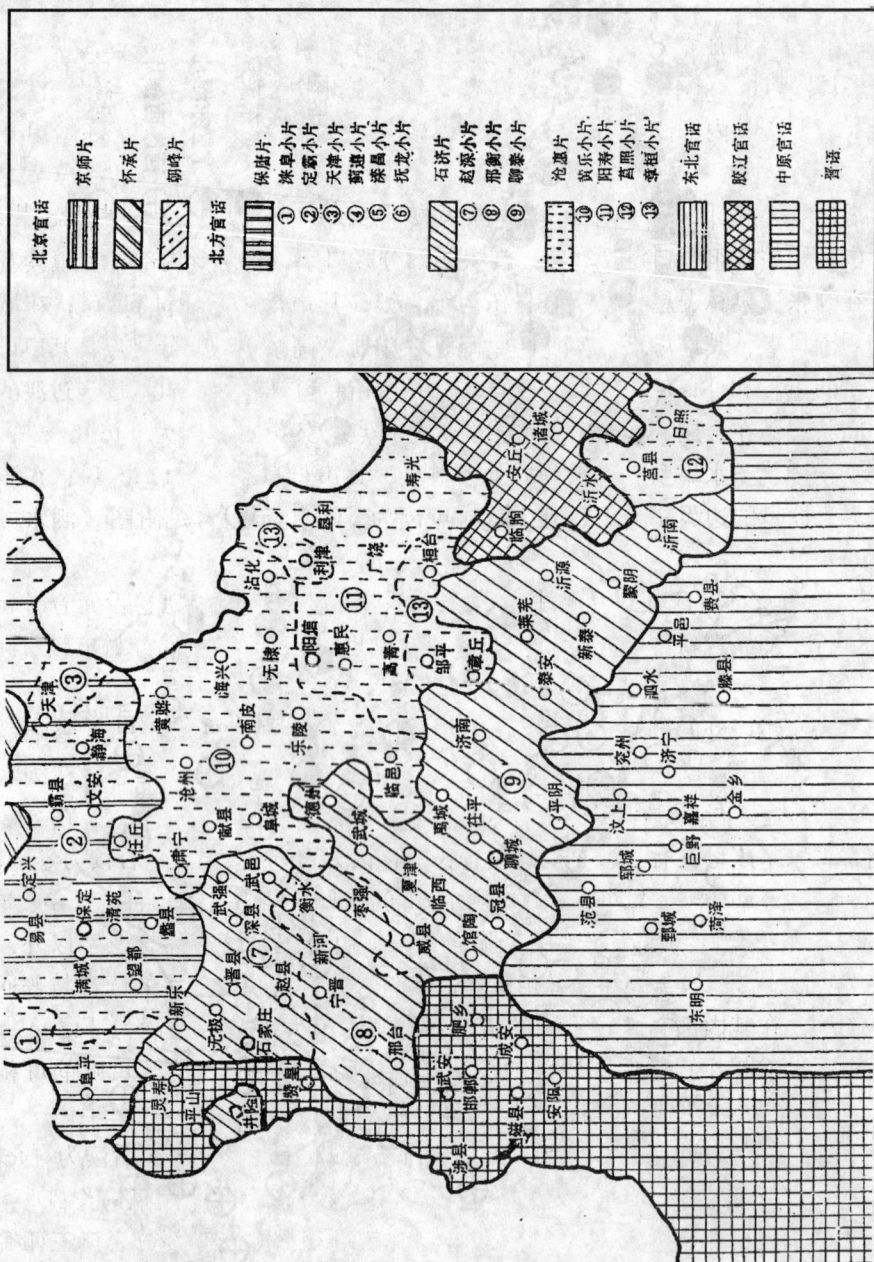

图 1-4　泗水方言处于两大官话交界处示意图①

① 贺巍，钱曾怡，陈淑静. 河北省北京市天津市方言的分区（稿）[J]．方言，1986（4）：243.

二、泗水方言的语音特点及内部差异

（1）中古知庄章三组声母的字，普通话除庄组的小部分读 [ts tsʻ s] 外，其余大多读 [tʂ tʂʻ ʂ] 一套。在泗水方言中，中古知庄章组开口字除宕摄、江摄的部分字外，全县内部读音一致，声母一律读作舌尖前音 [ts tsʻ s]，和精组开口字声母合流。如：

增 = 争 = 蒸 [tsəŋ¹¹³]　　　曹 = 巢 = 潮 [tsʻɔ⁵¹]　　　僧 = 生 = 声 [səŋ¹¹³]

中古知庄章组合口字和宕摄、江摄的部分开口字，在全县内部各乡镇读音不同：在泗张、泉林、星村、高峪、柘沟等乡镇，其声母读为 [pf pfʻ f]；在城关及其周围村点，其声母多读为 [ts tsʻ f]；在中册、高峪乡的部分村点，其声母多是 [pf pfʻ f] 和 [ts tsʻ f] 自由变读，是由 [pf pfʻ f] 向 [ts tsʻ f] 逐步过渡的一种中间状态；在金庄、杨柳、圣水峪的部分村点，其声母多读为 [tɕ tɕʻ ɕ]；在金庄、杨柳、圣水峪乡靠近城关的少数村点，其声母多读为 [tɕ tɕʻ f]；在泗水西部靠近曲阜的边界一带，还有少数村点读为 [ts tsʻ s]。详见附图《泗水方言地图（一）》。

（2）中古止摄日母字（本书称为"儿系字"）普通话读为卷舌元音 [ɚ]，泗水方言北部靠近新泰市的少数村点读 [əl]，东部和南部的部分村点读 [ɭ]，中、西部读 [ɚ]。详见附图《泗水方言地图（二）》。

中古止摄以外的日母字及少数云、以母字（本书称为"日系字"）普通话读 [ʐ] 声母，拼开口呼或合口呼，比如"绕、扰、如、乳、儒"等字。在泗水方言中，日系字声母的读音较为复杂：在今开口韵前，读为 [z] 声母；在今合口韵前，日系字声母又有三种不同的读音：一种读为 [v] 声母，一种读为零声母，一种演变为 [z] 声母。详见附图《泗水方言地图（一）》。

（3）精组合口字在普通话中，除遇合三、山合三和部分臻合三字以外，都演变为 [ts tsʻ s] 与合口呼韵母相拼合，但泗水方言精组合口字的读音与普通话有所不同，在其内部有两种不同的情况：①泗水绝大多数村点读为 [tɕ tɕʻ ɕ]，与撮口呼韵母相拼；②泗水西部的少数村点读为 [ts tsʻ s] 与合口呼韵母相拼（遇合三除外）。详见附图《泗水方言地图（三）》。

（4）中古见晓组果、山、臻、通等摄部分合口三四等字普通话读为 [tɕ tɕʻ ɕ]，与撮口呼韵母相拼，泗水绝大多数村点的读音与普通话相同，只有泗水西部和南部的少数村点是读 [ts tsʻ s]，与合口呼韵母相拼，精组部分合口三四等字也是如此。详见本书附图《泗水方言地图（四）》。

（5）中古开口一二等韵的疑、影二母在普通话中读为零声母，在泗水方言中，中古开口一二等韵的疑、影二母的读音比普通话要复杂得多，泗水内部存在着一定的地域差异，北部靠近新泰的一些村点读为 [ŋ-]，东部、南部、西部的大多数村点都读为 [ɣ-]，中部城关和中册的一些村点是 [ø]、[ɣ-] 两读。详见附图《泗水方言地图（五）》。

（6）中古来母遇、臻、通摄合口三等常用字有"绿、吕、铝、驴、滤、虑、律、旅、捋、屡"，这部分字普通话读作 [l]，与 [y] 相拼，泗水西部与普通话相同，泗水东部泉林镇、苗馆镇和泗张镇多数村点读作 [l]，与 [u] 相拼。详见附图《泗水方言地图（六）》。

（7）中古非、敷、奉三母的蟹、止摄合口字的读音在普通话中是 [f] 与 [ei] 相拼，泗水绝大多数村点是 [f] 与 [i] 相拼，但在金庄镇、杨柳镇、圣水峪乡一带的部分村点是 [ç] 与 [y] 相拼。另外，还有部分村点蟹、止摄合口字读音不同，蟹摄读 [f]，与 [i] 相拼；止摄读 [ç]，与 [y] 相拼。详见附图《泗水方言地图（七）》。

（8）泗水方言的儿化绝大多数村点都是卷舌型儿化，如"班儿"读为 [pãr¹¹³]；"事儿"读为 [ʂer³¹²]。只有在泗水东部靠近平邑的少数村点是一种正在发展中的平舌型儿化，如"班儿"读为 [pɛ¹¹³]；"事儿"读为 [sei³¹²]。详见附图《泗水方言地图（八）》。

（9）中古深曾梗臻摄部分入声字普通话分别以 [-ai、-ɣ、-ei、-i、-o] 作韵母，泗水方言都以 [ei] 作韵母，两地形成一对五的对应关系。如表 1-1 所示：

表 1-1　中古深曾梗臻摄部分入声字读音对照表

中古韵	例字	泗水音	普通话
深开三缉韵	涩	ei	ɣ
臻开三质韵	笔	ei	i
曾开三职韵	测色	ei	ɣ
梗开二麦韵	麦摘策册隔	ei	ai、ɣ
曾开一德韵	塞刻墨则黑特德贼	ei	ai、ei、ɣ
梗开二陌韵	伯迫吓格客柏拍拆宅窄白	ei	o、ɣ、ai

（10）中古蟹摄开口二等字与假摄开口三等字普通话读为 [ai、ia、ie]，泗水方言多读为 [iɛ、iə]，特别是蟹开二见组和假开三精组，普通话两组相混，而泗水方言两组分立。如表 1-2 所示：

表1-2　中古蟹摄、假摄部分开口字今韵母读音对照表

中古音	例字	泗水方言	普通话
蟹开二皆影母	挨	iɛ	ai
蟹开二佳疑母	崖涯	iɛ	ia
蟹开二蟹影母	矮	iɛ	ai
蟹开二皆见组	皆阶秸介界疥戒谐械	iɛ	ie
蟹开二佳见组	街解姊懈解开鞋蟹	iɛ	ie
假开三马喻四	也	iɛ	ie
假开三麻精组	姐借些斜邪写谢卸襟	iə	ie

（11）泗水方言的声调和普通话的声调一样，源于中古平上去入四声，现代都演变为阴平、阳平、上声、去声四个调类。古平声字依据声母的清浊分化为阴平和阳平，全浊上声归入去声，全浊入声归入阳平，泗水方言和普通话这些情况相同。

不同点在清入和次浊入声字的分化上：古清声母入声字，普通话派入阴阳上去四声，泗水多归入阴平；古次浊入声字，普通话多派入去声，泗水多归入阴平，故从清入和次浊入声字的归派来看，泗水方言属中原官话区，但由于泗水方言处在中原官话和冀鲁官话的过渡地带，又有一部分次浊入声字归入去声，因此，泗水方言又带有冀鲁官话的某些特点。详见第二章第六节的论述。

三、泗水方言的词汇特点

（1）亲属称谓词普通话多为双音节词，泗水方言多为单音节词，如表1-3所示：

表1-3　泗水方言部分亲属称谓词与普通话对照表

泗水方言	普通话	泗水方言	普通话
娘 ［n̠iaŋ^{51}］／［n̠ia^{51}］	妈妈、母亲	儿	儿子
爷 <面称>	岳父或公公	哥	哥哥
姑	姑姑、姑妈	姨	姨母、姨妈
舅	舅舅	客 <背称>	女婿
姐	姐姐	妮儿	姑娘、闺女
叔	叔叔	嫂	嫂子

（2）部分古语词在普通话中已被淘汰，但在泗水方言中仍有其一脉相承的后裔。

例如：熇 [xu¹¹³]：用少量的水，盖紧锅盖，加热，半蒸半煮，把食物弄熟。如"～地瓜，～猪食"。《玉篇》："～，炽也，烧也。许酷切。"《广韵》入声屋韵："～，热貌。"呼木切。《集韵》入声屋韵："～，《说文》：'火热也。'引《诗》：'多将～～。'"呼木切。《醒世姻缘传》第 48 回："定要似这么样着，我白日没工夫，黑夜也使黄泥呼吃了他！"这里"呼"的本字当为"熇"。

（3）某些词语的意义范围大于普通话。

①鼻子 [pi⁵¹₅₅ tsɿ⁰]：鼻子和鼻涕。

②外甥儿 [uɛ³¹²₃₁ ʂər⁰]：既指"姐姐或妹妹的儿子"，也指"外孙"。

③洗澡 [ɕi⁵⁵₃₃ tsɔ⁵⁵]：既指"用水洗身体，除去污垢"，也指"游泳"。

④糊涂 [xu⁵¹₅₅ təu⁰]：既用作形容词，指"不明事理"；也用作名词，指"用粗粮面作的粥"。

（4）在泗水方言内部，词汇方面也存在一定的差异，尤其是一些指称人或事物的名词差异较大。

例如，办婚事时（"婚事"泗水多称为"红事"）主儿家所请的主事人，在全县各地称谓不同：东部马家庄称为"红总"，尤家庄称为"红总理"，泉林称为"问事哩"，西泽沟称为"喜主"，县城驻地称为"大总理"、"忙头"；北部尧山称为"红客"，双凤庄称为"大红客"；南部南陈村称为"喜总理"；西部金庄村称为"照应客哩"，西故安称为"忙头"，仲家庄称为"忙人头"。

再如"玉米"，泗水北部尧山、亮庄、柘沟北部一带多称为"棒槌子"；泗水东部泉林、马家庄一带多称为"玉蜀黍"；泗水县城及西部的金庄、杨柳、张庄等大多数地方多称"棒子"。"玉米"的不同称谓详见附图《泗水方言地图（九）》。

同一名物说法各异，既反映了不同地域的人们认知心理上的不同，也与周边方言的密切接触和相互渗透有关。交界处的不同方言往往因为日常生活中的"亲密接触"而相互渗透，形成"你中有我，我中有你"的现象，部分方言词的称谓存在一定的内部差异可能是由此而来。如"玉米"在泗水周边方言中称谓不同，例如：

金乡：玉米称为"棒子" [paŋ³¹²₅₁ tsɿ⁰]。

新泰：玉米称为"棒子" [paŋ³¹₅₄ tər⁰]，又名"棒槌子" [paŋ³¹₅₄ pfʻei⁵¹ tər⁰]。

平邑：玉米称为"玉蜀黍" [y³¹²₃₁ fu⁴⁴ fu⁰]。

可见，泗水北部尧山、亮庄一带称玉米为"棒槌子"，与新泰方言的向内渗透有关；泗水东部泉林、马家庄一带称为"玉蜀黍"，与东部平邑方言的影响有关。

四、泗水方言语法特点

（1）泗水方言内部的语法差异较小，但在比较句的格式上方言内部有差异。如普通话"他比你高"，泗水大多数地方与普通话相同，但在高峪乡北部一带，说"他高起你"，在南陈一带，说"他高于你"。详见附图《泗水方言地图（十）》。

（2）与普通话语法相比较而言，泗水方言下述特点比较突出：

①表示程度的副词比较多。有"详、精、□［$\mathrm{n}.\mathrm{in}^{113}$］、棱、刚［$\mathrm{kan}^{51}$］、血、绷、忒、溜、稀［$\mathrm{ci}^{113}$］"等副词，各自所能搭配的词有所不同：有的可以修饰动词短语、形容词，如"详、忒"，如"他详不是玩艺儿啦，忒孬"；有的只能修饰形容词，如"血、刚"，"血坏、刚苦"；有的可以修饰褒义、贬义的形容词，如"棱、刚"，"棱好、刚坏"；有的只能修饰贬义形容词，如"血"，"血苦、血酸、血累"；有的只能修饰表"小"义形容词，如"精"，"精瘦、精细、精薄"。

②附加式构词词缀较多。泗水方言的附加式构词法是一种极具能产性的构词手段，构词词缀也比较多。前缀有"圪、老、二"，中缀有"巴、拉"，后缀有"子、头、巴、拉、打、么、棱、荒、呱叽、乎、不叽哩"。多数附加式合成词都可以重叠使用，重叠后或增强动作的随意性，如"抠查——抠查抠查、扫把——扫把扫把、捽达——捽达捽达"，或增强动作的形象性，"扑楞——扑扑楞楞、扒查——扒扒查查"。

③反复问句的格式与普通话不同。普通话多用肯定、否定重叠式，泗水方言多用"谓词＋不"来表达，其中"不"读为［po^{0}］。如：

泗水方言	普通话
媳妇俊不？	媳妇漂亮不漂亮？
你想不？	你想不想？
他能来不？	他能来不能来？
电视修好唠不？	电视机修得好修不好？

肯定、否定重叠的方式，泗水人只有在不耐烦地追问某一问题时才用。如甲问乙："你去不？"如果乙长时间没反应，甲必须要问清楚，则可能不耐烦地追问："你去不去？"

第三节　本书研究的意义和方法

一、本书研究的意义

1. 为山东方言以及中原官话的研究提供一点资料

在本书之前，还没有人对泗水方言进行全面系统的研究，本书中笔者详细调查了泗水方言的语音、词汇、语法三方面的内容，并挖掘到一些前人所未曾注意或未曾引起重视的材料，比如：中古知庄章组遇、蟹、止、臻、山、通摄的合口三等字，宕摄的开口三等字及江摄的开口二等字，泗水方言的西部和南部的部分地区读为舌面音 [tɕ tɕʻ ɕ]，与撮口呼韵母相拼；"绿、吕、铝、驴"泗水东部的部分村点读作 [l]，与 [u] 韵母相拼。

还有，我们在调查中发现，在泗水方言中同样存在着"化石语素"——前缀"圪"，如"圪睬注意、圪当单足跳、圪气怄气、圪研研磨"等；依据入声字的归派，泗水方言一般归入中原官话区，所以这些材料不仅为山东方言也为中原官话的研究提供了一点新鲜内容。

2. 为方言分区提供依据

"研究方言的区域特征最直接的意义就在于为方言分区提供最重要的依据。应该说，大大小小的方言区域特征摸清了，方言分区也就水到渠成了。"① 从官话方言的分区来看，泗水方言处于中原官话与冀鲁官话的过渡地带；就山东方言的分区来说，泗水方言处于西鲁片、西齐片和东区东潍片的交界地带；从行政区划来看，泗水处于济宁、泰安、临沂三个地区的交界地带。这种特殊的地理位置和语言环境，使泗水方言的面貌变得非常复杂。因此，深入挖掘泗水方言的特点，并对一些方言特点的分布范围作多点密集调查，对于探讨其归属以及交界处方言的过渡特征具有一定的意义。

3. 探讨方言发展的多元化因素

适应社会交际的需要，方言向普通话靠拢是大势所趋，但正如任何事物的发展都不是单向的发展一样，方言的发展既有向权威方言靠拢的一面，也存在不靠拢乃至背离权威方言而逆向发展的一面。如中古知庄章组合口字和部分开口字，泗水方言西部和南部老派多读为 [tɕ tɕʻ ɕ]，与撮口呼韵母相拼，新派多向普通话靠拢，但在楚夏寺（泗水西部靠近曲阜的一个村点）的情况却恰好相反，这部分字老派

① 李如龙. 论汉语方音的区域特征 [A]. 中国语言学报 [M]. 北京：商务印书馆. 1999. 9.

口音多读为［ts ts· s］，与合口呼韵母相拼，而新派口音却读成［tɕ tɕ· ɕ］，与撮口呼韵母相拼，如"桌、戳、说"，一位 65 岁的老人读为［tsuə¹¹³ ts·uə¹¹³ suə¹¹³］，而一位 22 岁的年轻人则读为［tɕyə¹¹³ tɕ·yə¹¹³ ɕyə¹¹³］。所以，方言的发展受到多种因素的影响，既有社会环境、山川地理的原因，又有周边方言、年龄、受教育程度、移民等因素的影响。本书通过分析、比较影响方言的各种要素，进而探讨泗水方言的特点。

二、本书研究的方法

1. "普—方—古"大三角比较研究

比较研究是一种基本的方法，只有通过比较才能展现方言特点。方言作为民族语言的分支，它和民族共同语之间必定是一种相互对立又相互补充的共存互动关系。"研究单一的方言，首先要拿它和共同语作比较，这是不言而喻的道理。……在汉语的历史上，以广韵为代表的中古音系有着纵贯千年的影响，现存的各种方言或从它分化而来或受它制约，因而在音类上都同它存在着一定的对应关系。……因此，广韵系统成了考察诸方言语音特点的共同的参照系。广韵系统、现代普通话语音和方言语音的三角比较，就成了考察和表述单点方言语音特点的有效方法。"① 在本书的研究中，我们采用"普—方—古"大三角比较研究的方法，从共时差异和历时演变两个层面的比较上，展现泗水方言的特点。

2. 对某些方言特点进行大范围密集调查

为搞清楚某些特点的分布情况，我们根据泗水方言内部所存在的分歧情况，在全县范围内进行调查，并按照调查所得的材料绘制方言地图，以便清晰地看到某些方言特点的分布情况。这对深入研究方言的交融、分化和探讨地理环境、政治历史、移民情况等对方言特点分布的影响都具有深远的意义。如泗水泉林镇"二、耳、儿"等字绝大多数村点都读为［l］，与韵母［ɿ］相拼，但义和庄却在周围［lɿ］的包围中，读作［ɚ］。究其原因，我们从《泗水县地名志》中可找到这样一则材料："清朝道光年间，河滨村部分村民为避水患而迁此居住，取名离河庄。该村居民重义气，邻里之间和睦相处，民国期间以此更名义和庄。"② 现居民姓氏九成以上姓沈，似亦可作为居民迁移的证据。可见，义和庄居民"二、耳、儿"等字的读音异于周围村点，大概是与移民的因素有关。

3. 以系统论为指导，注重考察各系统之间的关系

任何方言和语言一样都是一个完整、自足的系统，历来的研究大多是把方言

---

① 李如龙. 汉语方言的比较研究［M］. 北京：商务印书馆，2001.6.
② 泗水县地名志编纂委员会. 泗水县地名志［M］. 兖州：山东省兖州市印刷厂，1998.243.

分为语音、词汇、语法三个方面来研究，实质上，这三个方面既相互独立，又相互联系，共同组成复杂的语言系统，因此，有些现象既包含一定的语音规律，又是一种词汇现象和语法现象。如普通话的动态助词"了$_1$"、句末语气词"了$_2$"和"了$_{1+2}$"的区别，在泗水方言中可通过不同的语音形式来体现：

普通话	泗水方言
了$_1$[lə^0]	唠[lɔ^0]
了$_2$[lə^0]	啦[la^0]（泗水城关一带） [lia^0]（泗水高峪一带）
了$_{1+2}$[lə^0]	唠[lɔ^{55}]

"了$_1$"、"了$_2$"和"了$_{1+2}$"处于句末时，普通话和很多汉语方言点读音相混，但在泗水方言中，三者读音明显不同，语音形式区分语法意义，所以本书创新的一点正是从语言的系统性出发，展现语言的各个方面之间的联系。

第四节　与本书研究相关的以往研究情况

一、20 世纪五六十年代的山东方言研究

20 世纪五六十年代，为推广普通话，山东进行了第一次全省方言普查，于 1957—1959 年完成了对当时山东省 110 个县市中 103 个方言点的调查，泗水是其中鲁西南地区的一个调查点。1960 年，山东省教育厅从山东大学、山东师范大学、曲阜师范学院各抽一名参加普查的教师对方言普查进行总结，写出了《山东方言语音概况》，这是历史上对山东方言的第一次全面描写记录。与此同时，在收集整理山东方言原始资料的基础上，山东大学和曲阜师范学院又组织调查人员按照方言特点分片编写了胶东、昌潍、泗水滕县人学习普通话的手册三种，这些手册和在此之前的《鲁西南人怎样学习普通话》仔细比较了当地方言和普通话的语音差异，指出当地人学习普通话的难点和克服方法，在当时的推普工作中发挥了积极的作用，并且为之后同类著作的编写提供了参考。

二、20 世纪改革开放以来的山东方言研究

改革开放以来，特别是《方言》创刊后，山东方言的研究进入一个全新的发展阶段，研究的广度和深度都是空前的，既积累了大量的方言资料，又在研究的方法和理论上都有一些创新。

1. 由以方言语音研究为主到语音、词汇、语法的全面探索

20 世纪五六十年代山东方言研究的主要目的是为推广普通话服务，以方言语音的描写为主。改革开放以来，山东方言研究从以语音为主到语音、词汇、语

法全面铺开，如钱曾怡的《博山方言研究》及其主编的《山东方言志丛书》和《山东方言研究》都具有语音、词汇、语法三方面的内容。山东方言词汇的专题研究也成果斐然，除了董绍克、张家芝主编的《山东方言词典》、钱曾怡主编的《济南方言词典》、罗福腾主编的《牟平方言词典》等多种方言词典外，还有多篇分析方言词汇特点、比较方言词汇差异的论文，如张志静、丁振芳的《曲阜方言词汇管窥》、傅根清的《山东方言特殊词汇的分析研究》、高慎贵的《从山东新泰方言看方言词的产生》、董绍克的《从语音看方言词的差异与用字》等。钱曾怡先生主编的《山东方言研究》汇聚了山东方言十个点 1 000 词的方言词汇资料，为我们进一步进行山东方言词汇的内部比较奠定了坚实的基础。山东方言语法研究在山东也起步较早，自 1981 年罗福腾的《牟平方言的比较句和反复问句》发表以来，描写山东方言语法特点的论文相继发表，如史冠新的《临淄方言中的语气词"吧"》、罗福腾的《山东方言里的反复问句》、孟淑娟的《淄博话的形比句》等。其中《曲阜方言词汇管窥》、《从山东新泰方言看方言词的产生》和《山东方言里的反复问句》等词汇、语法方面的论文对我们探讨泗水方言的词汇和语法问题具有比较大的启发和借鉴价值。

2. 语流音变的研究获得了较大发展

改革开放以来，山东方言语流音变的研究也获得了较大发展，国内外学者发表了多篇研究山东方言共时语流音变的论文，如钱曾怡的《论儿化》、平山久雄的《山东西南方言的变调及成因》、马凤如的《山东金乡话儿化对声母的影响》和《金乡方言的连读音变》、董绍克的《阳谷方言的儿化》、孟子敏的《平邑话的变调》等。其中，《论儿化》、《阳谷方言的儿化》和《山东金乡话儿化对声母的影响》等论文所描述的山东方言儿化音变现象对我们探讨泗水方言的平舌型儿化及儿化对声韵母的影响等问题具有较大的启发意义，《平邑话的变调》所描述的功能变调、语法变调等现象也给我们深入探究泗水方言中语音和语法之间的联系提供了一个新的思路。

3. 从单点调查到成片的特点比较

为弄清楚山东某些方言特点的分布范围，从 20 世纪 80 年代开始，就有一些专家学者对一些县市的方言特点进行了数十点的密集调查，从单点调查发展到成片的特点比较，绘制方言地图。如《临沂方言志》和《潍坊方言志》都详细调查了所属县市的方言资料，绘制出多幅方言地图，显示出各地市方言的内部差异。由于泗水方言处于两大方言过渡区，内部区域差异明显，我们在本书中也借鉴了这一研究方法，对泗水方言进行了数十点密集调查，并绘制方言地图，以便清楚地展现出泗水方言的内部差异。

三、山东方言研究尚存在的问题

前贤在山东方言学领域的学术成就为我们探索和挖掘泗水方言的特点积累了丰富的材料，也给我们提供了方法和理论上的指导和借鉴。当然，也有很多问题还需要进一步讨论，如山东方言东区和西区之间过渡地带的方言面貌如何？如何从系统性的角度探索方言语音、词汇和语法三者之间的关系？就泗水方言来说，至今仅有的论文都是有关语音方面的，如《泗水滕县人怎样学习普通话》①、《汉语方言中［pf］［pfʻ］的分布范围》② 和《鲁西南人怎样学习普通话》③，而泗水方言的词汇和语法的特点却无人研究。不仅如此，在此前谈泗水方言语音的论文中，既往的研究所涉及的方言点基本上都是县城方言，取点过于粗疏，难以精细全面地反映出泗水方言的面貌。如《山东方言研究》中的"山东方言'儿耳二'读音图"将泗水读音标为［ɚ］，但事实上"儿耳二"在泗水东部读［lɨ］，在泗

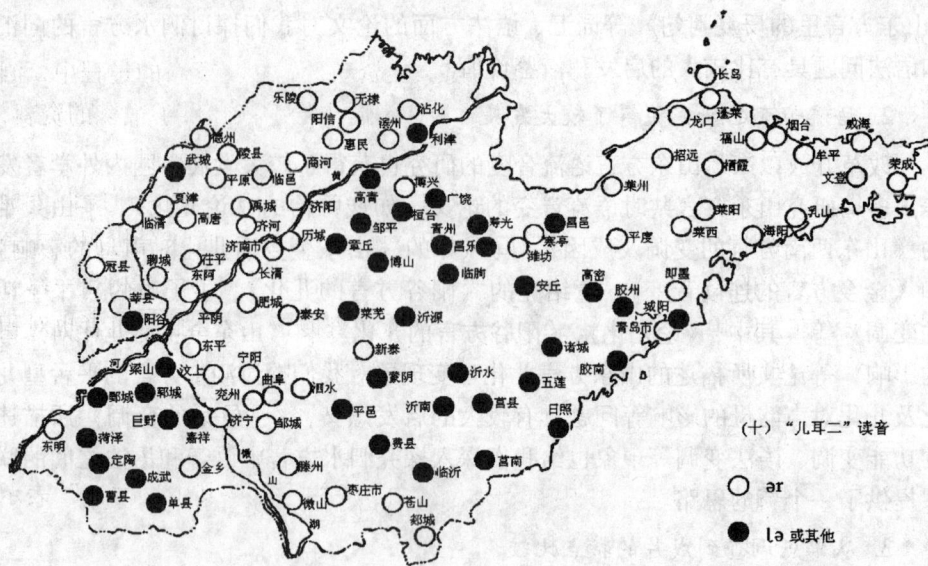

图 1 - 5　山东方言"儿耳二"读音图

水北部一些村点读［əl］，在泗水中西部读为［ɚ］④；再如"追吹睡"的声母在

---

① 山东省方言调查指导组. 泗水滕县人怎样学习普通话［M］. 济南：山东人民出版社，1960.
② 张成材. 汉语方言中［pf］［pfʻ］的分布范围［J］. 语文研究，2000（2）.
③ 鲍明炜. 鲁西南人怎样学习普通话［M］. 济南：山东人民出版社，1957.
④ 钱曾怡. 山东方言研究［M］. 济南：齐鲁书社，2001. 126.

泗水方言中除了读 [pf pfʻ f] 外, 在泗水西部、南部的一些地方还有 [tɕ tɕʻ ɕ]、[ts tsʻ s] 的读音, 在山东方言"追吹睡"声母读音图中也没有体现出来①……这些问题都需要我们在前贤既往研究的基础上, 去进一步探索挖掘。

第五节 本书研究的有关说明

一、本书的资料来源

泗水方言是笔者的母语, 并且笔者在硕士阶段所做的论文是《泗水方言语音研究》, 对泗水各个乡镇的语音已经作过调查, 对其方音特点有比较清楚的认识, 现在对泗水方言的词汇、语法面貌又作了进一步的调查, 对泗水方言有了一个整体的认知。同时笔者还搜集了许多宝贵的方言历史资料, 如《醒世姻缘传》、《聊斋俚曲集》、《日用俗字》中的方言资料; 曲阜桂馥《札朴》中的方言词汇资料; 从泗水县志办搜集到光绪年间的旧《泗水县志》、1993 年出版的《泗水县志》和 1998 年出版的《泗水县地名志》等文史资料。在搜集资料的过程中, 泗水县志办的姬常贵老师和泗水县工商联的步祥海同志给笔者提供了很多的资料, 也为我们进行方言调研提供了很多方便, 在此, 笔者表示衷心的感谢。

2002 年, 笔者在兖州图书馆又复印了山东临沂、济宁、枣庄、菏泽四个地区的市志或县志中的方言资料。这些资料对于我们从历时的层面来分析泗水方言的演变具有重要的参考价值。除了上述所引的参考文献外, 本书中有相当一部分资料是笔者在撰写硕士和博士论文期间进行田野调查搜集的。在此, 笔者也对积极配合自己田野调查工作的调查对象表示衷心的感谢。

二、关于本书的体例

（1）本书的注音全部采用国际音标, 在"[ ]"内标出, 其中以"ʻ"表示送气符号, 以"ø"表示零声母。

（2）无字可写的音节用方框"□"代替, 如"□□" [n̠ia^{113} n̠in^0] 煎饼。

（3）对某字、某词的注释, 在字下用小五号字注明, 如"乐音乐"。

（4）声调调值用数字标示。连读时有的词语发生了变调, 原调值写在右上角, 变调的调值写在右下角。如"公司" [kuŋ$^{113}_{13}$ sʅ^{113}], 表示"公"的调值在阴平前由 113 变为 13。

（5）轻声调值统一标为 0, 如"屋里" [u$^{113}_{211}$ li^0], 表示"里" [li^0] 是轻声。

① 钱曾怡. 山东方言研究 [M]. 济南: 齐鲁书社, 2001. 125.

（6）"～"既是鼻化符号，在元音之上表示该元音鼻化，如班儿［pã¹¹³］；也用在两音之间，表示前后读音两可。如"ø～ɣ"表示读为［ø］或［ɣ］皆可。

（7）"＊"标在句子前面表示句子不合语法；标注在音标前则表示拟音，如＊［o］，表示［o］为构拟的古音。

（8）V代表动词，VP代表动词性短语，O代表宾语，A代表形容词，N代表名词，F代表副词。"/"表示前后的成分都可以，如"V/A"代表该位置既可以是动词，也可以是形容词。

（9）其他体例随文注释。

第二章 语音

　　泗河街道人口众多，是县人民政府驻地，处于泗水中心地带，也是本县方言的中心区域。因此，本书将其方言作为泗水方言音系的代表，下文所列的声韵调配合表也以泗河街道的语音系统为依据。泗水方言老派和新派存在一定的差异，本书记录的是泗水县城驻地泗河街道老派方言，发音人有三位，分别是：王常生，男，1945 年 7 月生，汉族，泗河街道西关街人，世居当地，不会讲普通话，小学毕业，农民；王常举，男，1946 年 8 月生，汉族，世居当地，不会讲普通话，高中毕业，原泗河街道西关街村干部；邵兴晨，男，1951 年 6 月，汉族，泗河街道趄庄人，世居当地，初中毕业，农民。在记录泗水方言老派音系时，本书以王常生的发音为主，并据其余两位发音人以及自身方言内省进行了补充和校正。

第一节　泗水方言的语音系统

一、声母（24 个）

（一）声母表（24 个，包括零声母）

p 巴币布奔	p' 怕皮铺喷	m 马米门木		
pf 猪庄状撞	pf' 川吹窗创		f 发拴富飞	v 软如弱瑞
t 打地杜当	t' 他堂躺特	n 拿奴		l 拉离鲁虑
tɕ 鸡急几计	tɕ' 欺奇启去	ȵ 你女	ɕ 西席喜戏	
k 该根工刚	k' 开苦卡抗		x 海河谎货	ɣ 暗袄额摁
ts 再针章蒸	ts' 采仓肠产		s 山神洒晒	z 然染惹热
Ø 应羊闰药				

（二）声母说明

（1）[n] 只拼开口呼、合口呼；[ȵ] 只拼齐齿呼和撮口呼。

（2）[ɣ] 只出现在与开口呼韵母相拼的音节，且有弱化的趋势，在部分新

派的口音中多是 ɣ ~ Ø 两读。

（3）［ts ts˙ s］舌尖略微上翘，抵住上齿龈，与普通话的舌尖前音相比，位置略靠后一点。

（4）［pf pf˙］声母在老派发音人中保存得较为完整，但大多数新派已经变读为［ts ts˙］声母。但在一些特色词语中，仍读［pf pf˙］声母。如"种儿"［pfər⁵⁵］种子、"穿服"［pf˙ã¹¹³ fu⁵¹］为去世的亲人穿孝、"小虫子"［ɕiɔ⁵⁵₃₃ pf˙əŋ⁵¹ tsʅ⁰］麻雀。

（5）知三庄三章组的开口三等字，其声母的发音部位介于舌尖前音和舌尖后音之间，实际音值应是［tʃ tʃ˙ ʃ］，知二庄二组的开口二等字的声母是舌尖前音［ts ts˙ s］，但［tʃ tʃ˙ ʃ］和［ts ts˙ s］在相同的环境中可以自由替换，并不具备区别语义的功能，如"张、章"读成［tʃaŋ¹¹³］或［tsaŋ¹¹³］，对当地人来说没有区别，从音位的角度来看，属于同一个音位的自由变体，故本书将之合并为/ts/、/ts˙/、/s/三个音位。因此，在泗水方言中，知庄章组的开口二三等字（宕摄、江摄的部分字除外）完全与精组开口字合流。

二、韵母（37 个）

（一）韵母表，依四呼排列

ʅ 资丝迟治	i 衣击欺西	u 五谷不木	y 虚绿俗玉
a 巴发杀他	ia 牙家下俩	ua 袜瓜夸花	
ə 波沫佛说	iə 姐且爷卸	uə 窝戈棵活	yə 月脚药虐
ɛ 拍待抬帅	iɛ 街崖挨械	uɛ 歪外快坏	
e 德白水笔		ue 挥回毁会	ye 堆随嘴醉
ɔ 包矛跑炮	iɔ 腰摇咬要		
əu 都头斗豆	iu 优油有又		
ã 班盘板饭	iã 尖盐眼艳	uã 完碗晚万	yã 宣悬选蒜
ə̃ 根坟忍认	iə̃ 阴银引印	uə̃ 温轮吻嫩	yə̃ 村云群训
aŋ 当堂党放	iaŋ 江强响相	uaŋ 光狂广忘	
əŋ 崩朋捧碰	iŋ 兵情清庆	uŋ 公红哄翁	yŋ 拥兄总送
ɚ 儿耳二而			

（二）韵母说明

（1）韵母［i、u、y］的舌位较普通话的偏低，［u］的舌位还略前。

（2）韵母［ə］与［k、k˙、x］相拼时舌位略后，而在［iə、yə］中舌位偏低略前。

（3）鼻化韵母 ã、ə̃ 的实际音值是 ə̃ⁿ，为描写方便，一律记为 ã、ə̃。

（4）aŋ、iaŋ、uaŋ、əŋ、iŋ、uŋ、yŋ，年轻人多读为 aⁿ̃、iaⁿ̃、uaⁿ̃、əⁿ̃、iⁿ̃、

ũ⁰、ỹ⁰，呈现出一种逐渐鼻化的趋势。

三、声调（4 个）

（一）声调表

表 2 - 1　泗水方言声调调类、调值表

调类	调值	例字
阴平	113 [˩˩˧]	高猪天专纳边开三织月药麦
阳平	51 [˥˩]	人成麻文局宅白穷陈合龙寒
上声	55 [˥]	口草本体好手暖买老纸五伟
去声	312 [˧˩˨]	近坐盖衬社下共大事饭树怒

（二）声调说明

（1）泗水方言有四个声调（不包括轻声），没有入声，入声字已经分别派入阴平、阳平、上声、去声里面。

（2）轻声调值不固定，在连读变调中，随着前字调值的不同而略有不同：在阳平字后调值较高，在其他调类后调值较低。我们在标音时一律上标"0"。

第二节　泗水方言单字调实验研究①

1957—1959 年，为做好"推普"工作，山东省曾组织专门人员对山东各县市的汉语方言进行了调查，并于 1960 年写出了《山东方言语音概况》（以下简称《概况》），在这本书中记载了当时泗水方音的基本情况。据《概况》所载，当时泗水方言的调类是四个，其调值为：

调类	阴平	阳平	上声	去声
调值	213	42	55	312

但我们在调查中发现，现在泗水方言的实际调值与《概况》所记载的略有不同。是我们的口耳听辨能力有偏差，还是泗水方言的调值在短短的 40 年左右

---

① 本节内容的撰写得到了暨南大学华文学院王茂林博士的大力协助，笔者在此表示衷心的感谢。

的时间中，有了细微的变化？在本节中，我们借助于实验语音学的方法，通过观察实验结果中相应的基频数值和音高曲线，对泗水方言的声调音高进行描写，从而较为客观地归纳泗水方言声调调型和实际调值。

一、实验准备

1. 发音人

发音人有五位，分别是：男1号，王常生，1945年7月出生，汉族，泗河街道西关街人，不会讲普通话，世居当地，小学毕业，农民；男2号，王衍军，1972年8月出生，汉族，世居当地，博士学位，原泗河街道西关街人；男3号，李兴龙，1977年9月出生，汉族，泗水金庄镇金庄村人，本科，泗水县医院药剂科主任；女1号，吴桂玲，1975年3月出生，汉族，泗水金庄镇金庄村人，本科，泗水县教育局生物教研室教研员；女2号，李平，1974年2月出生，汉族，泗水金庄镇金庄村人，原泗水金庄中学化学教师。

本书在实际语音实验过程中，综合考虑录音质量和录音效果，以男2号发音人王衍军和女1号发音人吴桂玲的发音为参照对象，并据其余诸位发音人的发音进行了补充和校正。

2. 录音材料

对于语音实验所用的例字，我们参考朱晓农在《语音学》中提到的例字韵母"以单元音 a，i，u 为佳，声母以清不送气 p，t 为宜"[①]的原则，除此之外，我们还选用了部分零声母字，因此，四个声调我们共选取了100个例字（见表2-2）。先用 TFW 系统按照字表进行录音，然后再将录音从 TFW 中导出，随后导入到 praat 中。两位发音人各读两遍。

表2-2　泗水方言单字调调查例字

	字数	例字
阴平	21	疤都（首都）乌污巫低堤衣依八毕一逼滴屋不扒搭督巴答
阳平	15	吴无宜移鼻姨达拔敌笛把（动词）毒独脊狨
上声	24	补捕堵赌五午伍舞武底抵蚁椅倚比鄙以已乙的（目的）卜读打靶
去声	40	大爸坝霸布部步妒肚（肚兜）杜度渡误悟恶（厌恶）务雾艺闭算帝弟递义议易地毅异必译亿把（介词）罢币壁避弊毙

---

① 朱晓农. 语音学［M］. 北京：商务印书馆，2001. 281.

3. 录音环境、器材、分析软件

（1）录音时间：2012 年 7 月、2013 年 2 月。

（2）录音地点：安静的房间。

（3）录音器材、软件：Adobe Adition，TFW 方言调查系统，MBOX MINI 超便携音频接口，拜亚动力 opus mk Ⅱ 耳机。

Adobe Adition：在进行实验之前，首先用 Adobe Adition 对录音环境进行声音性噪比测试。将外接声卡、话筒、耳机接入电脑，调试好之后，用 Adobe Adition 软件对录音环境进行性噪比测试，单击"录音"按钮，录音谷值在 - 60 左右即可。对着话筒，正常音量发声，录音谷值在 - 10 左右即可进行录音。

TFW 系统：该系统是由上海师范大学潘悟云教授等开发的，是专为方言调查所开发的简便实用的软件，将调查字表做成 Excel 表格，然后导入该系统，即可按照系统提示的汉字进行录音。

（4）分析软件。

praat 语音分析软件：该软件是由荷兰阿姆斯特丹大学 Paul Boresma 和 David Weenink 教授共同开发的、用于语音分析和合成的软件。该软件使用方便，将声音导入 praat 后，即可看到该声音的基频值、时长、声调等。

二、实验步骤

（1）运行 Praat 软件，点击 Open→Read from file→打开存放例字声音的文件→选定所有的字→点击 Combine→点击 Concatenate→生成连锁后的新文件 Sound chain→点击 Save as WAV file→生成一个声音文件→然后将这一个新声音文件拷入 C：\ temp 下面。

（2）点击 Open→Read from file→打开新声音文件→点击 Annotate→点击 To TextGrid，出现窗口选择"OK"，生成 TextGrid 文件，同时选中声音文件和 TextGrid 文件，单击右侧 View & Edit 命令，出现声波图，对声音进行标注，标注完后，在 Praat Objects 下单击 Save as text file，保存为一个 TextFile 文件。

（3）在 Praat Objects 下单击声音文件，单击右侧的 Analyse periodicity，选中 To pitch→点击 OK→Convert，选中选择 Downt to PitchTier，单击 Edit，然后对线条上的各点进行处理，删除不规则散点，最后在 Praat Objects 下保存为一个 TextFile 文件，生成 PitchTier 文件。

（4）点击 Praat Objects 下面最左侧的 Praat→点击 Open Praat script→点击 C：\ temp 文件夹中的"提取音节或声韵母的音高数据"→点击 Run→再点击 Run 命令下方的 Run，将所弹出的对话框中的"3"改成"1"，下面的默认"11"改为"10"（即将单字调按照时长平均分成 10 个点），点击 OK，在 C：\ temp 文件夹中生成一个 pitch. txt 的文本文件。

（5）新建一个 Excel 表格→数据→导入外部数据→导入数据→找到新生成的 pitch. txt 文件，点击 OK→下一步，文本转换成表格→下一步→完成→确定。至此，所有音节声调的基频值按照时间顺序自动平均切分成 10 个点，导入到 Excel 表格中来。

（6）基频的归一化处理。

由于发音人的自身特点，同一发音人所发的音也难免存在一些发音差异，通过声学实验得出的基频数据还不具备语言研究的意义，因此必须对这些数据进行标准化处理，以滤掉个人特性。目前比较常用的是石锋的 T 值计算法和朱晓农的 LZ 归一法。本书采用的是石锋的 T 值计算法。T 值的计算公式是：

$$T = 5 * (\log(F0) - \log(\min)) / (\log(\max) - \log(\min))$$

其中，max 为调域最大值，min 为调域最小值，F0 为测量点的调值。将计算出的所有基频值按同一声调取平均值，然后代入上述公式，计算出 T 值，在 Excel 表中作出声调曲线图。

三、实验结果

1. 泗水方言男 2 号发音人及女 1 号发音人单字调基频值分析

表 2－3 给出了泗水方言男女单字调基频均值，单位为 Hz。所有例字的音高均分为 11 个点，然后取其平均值，即每一调类的基频值都是该调类所有例字在同一时点的平均值，这样可以有效地避免发音人个人因素以及不同例字对基频值的影响。注：本文表格中所有数据在实际计算时都精确到小数点后六位，但在呈现数据时，限于篇幅，仅保留小数点两位小数。

表 2－3　泗水方言男女单字调基频均值

	0%	10%	20%	30%	40%	50%	60%	70%	80%	90%	100%
男 2 号发音人											
阴平	110.42	111.83	114.39	118.33	123.33	129.51	136.78	155.67	152.52	159.52	163.89
阳平	220.36	214.80	205.15	192.20	176.61	160.54	145.05	131.90	120.07	111.58	105.49
上声	186.60	187.35	188.04	188.18	188.28	187.92	188.05	188.36	188.43	188.28	187.05
去声	146.39	135.79	125.00	115.97	109.46	105.01	102.57	103.24	107.94	116.63	129.78
女 1 号发音人											
阴平	169.75	171.67	174.11	176.79	179.79	184.26	189.55	195.27	202.28	208.46	213.40

（续上表）

	0%	10%	20%	30%	40%	50%	60%	70%	80%	90%	100%
	女1号发音人										
阳平	254.92	249.24	242.75	235.38	226.28	215.48	204.83	194.50	185.55	178.76	171.23
上声	229.66	230.90	231.58	231.79	231.92	232.22	232.21	232.21	231.96	231.23	229.58
去声	206.03	192.22	182.41	173.93	169.59	166.96	164.53	164.27	166.47	173.22	182.25

　　图2-1和图2-2是根据上表做出的基频曲线图。其中横坐标是百分时刻基频点，纵坐标是相应的基频值。

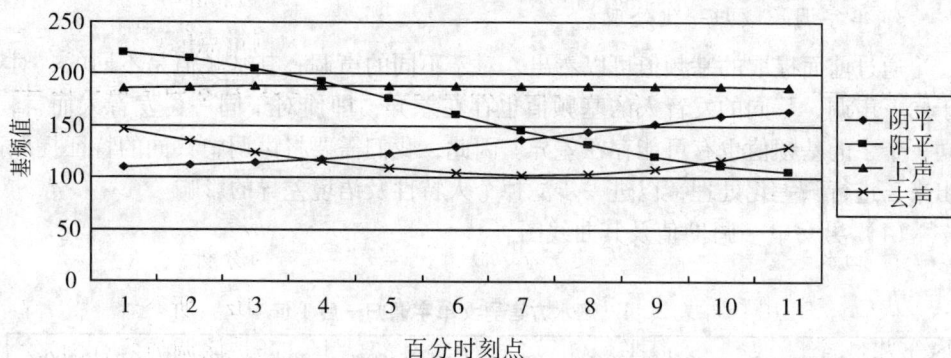

图2-1　泗水方言单字调基频曲线——男

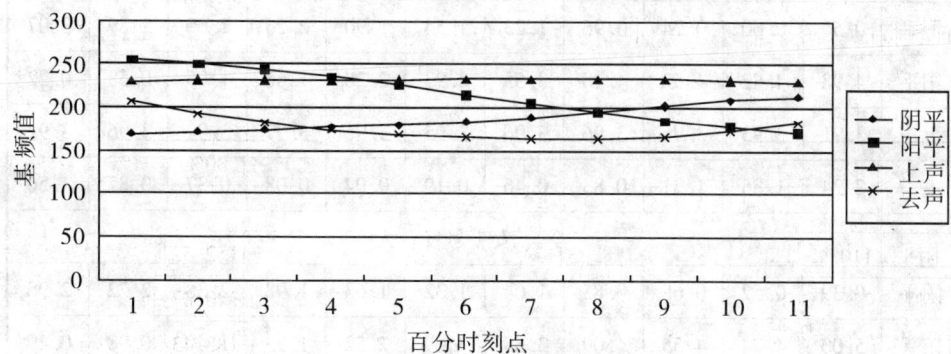

图2-2　泗水方言单字调基频曲线——女

　　从上面的基频曲线可以看出，泗水方言中，基频曲线走向有四种，即高平调、降调、缓升调和曲折调。其中，阴平是条缓升的曲线，阳平为高降的曲线，上声为高平曲线，去声为先降后升曲线。基频值的最低点出现在去声曲线的中段，最高点出现在阳平的起始点。但从曲线上来看，上声曲线的基频值与阳平也较为接近，特别是在两条曲线的起始点表现得较为明显。

2. 男女声单字调调域

调域是描述声调的动态活动范围的概念，反映出某一语言或方言中某一调类的最低音到最高音的基频变化范围。由图 2-1 和图 2-2 可知，女声各调类的基频值均高于男声，这是由男女发音人各自的生理特点决定的。但从调域来看，男声的调域为 102.57 ~ 220.36，跨度为 117.79；女声的调域为 164.27 ~ 254.92，跨度为 90.65，男声的调域跨度略大于女声。尽管调域跨度不一样，但是两者基频曲线大体一致，基频最高点均出现在阳平的起始时刻，而最低点则均出现在去声调的中段。

3. 单字调基频归一化处理

通过前面提取的基频值可以看出，对于不同的声调，其基频值是不同的；对于同一声调，不同的发音人的基频值也存在差异；即使对于同一位发音人而言，同一个字的基频值也有可能存在差异。因此，我们需要将声调中共同的特征提取出来，进行归一化处理，以进一步滤掉个人特性及语境差异的影响。

(1) 男女单字调 T 值及其曲线图。

表 2-4　泗水方言男女单字调归一后 T 值

	0%	10%	20%	30%	40%	50%	60%	70%	80%	90%	100%
男 2 号发音人											
阴平	0.51	0.60	0.74	0.96	1.23	1.54	1.90	2.26	2.60	2.89	3.07
阳平	4.98	4.82	4.52	4.10	3.55	2.93	2.28	1.66	1.05	0.58	0.22
上声	3.91	3.93	3.96	3.96	3.96	3.95	3.96	3.97	3.97	3.96	3.92
去声	2.34	1.85	1.31	0.83	0.46	0.19	0.04	0.08	0.37	0.87	1.56
女 1 号发音人											
阴平	0.39	0.52	0.68	0.85	1.04	1.32	1.63	1.98	2.38	2.72	2.98
阳平	5.00	4.74	4.55	4.09	3.65	3.09	2.52	1.93	1.40	0.98	0.49
上声	3.81	3.88	3.91	3.92	3.93	3.94	3.94	3.94	3.93	3.89	3.81
去声	2.58	1.80	1.21	0.67	0.38	0.20	0.04	0.02	0.17	0.62	1.20

图2-3和图2-4是根据表2-4做出的T值曲线图，如下所示：

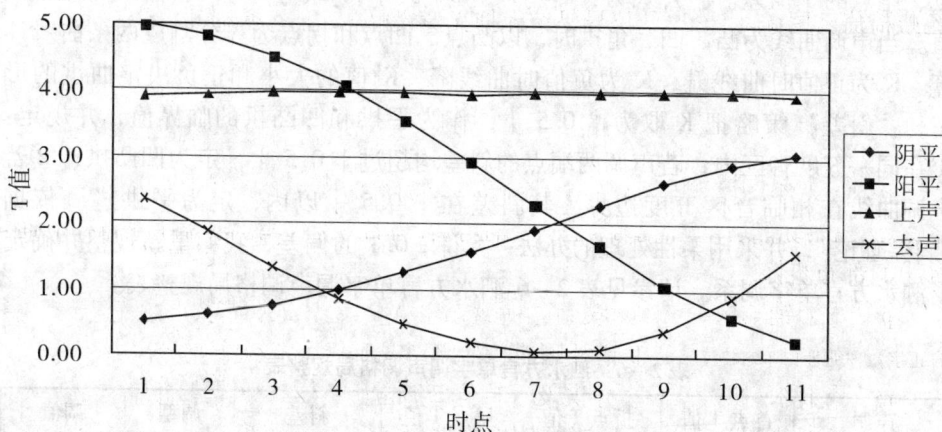

图2-3 泗水方言单字调值——男

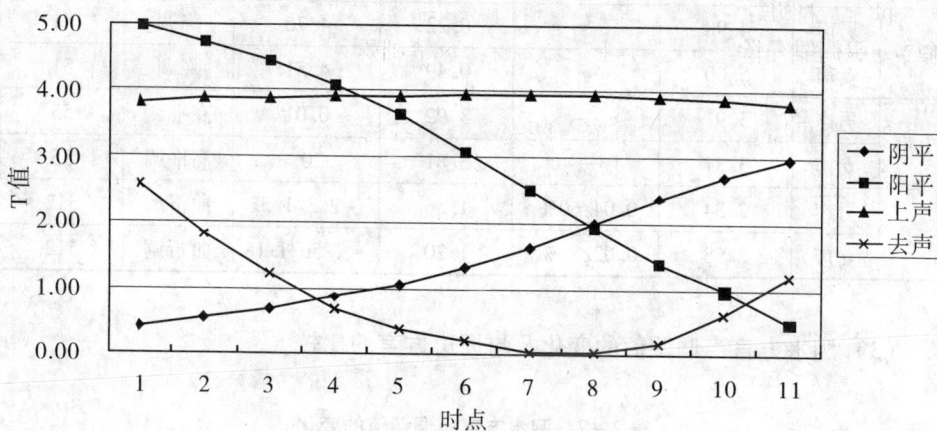

图2-4 泗水方言单字调值——女

（2）单字调调系规整。

对于处理T值和五度值之间的关系，石锋和刘俐李都提出了自己的看法（参见表2-5）。

表2-5 T值和五度值对应表

五度值	1	2	3	4	5
石锋	0~1	1~2	2~3	3~4	4~5
刘俐李	0~1.1	0.9~2.1	1.9~3.1	2.9~4.1	3.9~5

　　刘俐李还提出了"斜差理论"，用来给声调的曲拱形状定位。其定义为首点、尾点的 T 值差。"公式为：k = yw - ys。其中，ys、yw 为声调曲线首尾点 T 值。当声调曲线为凸、凹、角拱时，以凸点、凹点和拐点为界分割成两条曲线计算。K 为正值时曲线升，K 为负值时曲线降。K 值的大小和正负决定曲拱的形态，'斜差'策略把 K 取为∣0.5∣，作为平拱和凹凸拱的临界值，并规定：①在同一五度音区内，若声调两端点的斜差均超过∣0.5∣，定为凹凸拱；②若声调曲线在相临音区五度边界，其斜差在∣0.5∣以内，定为平拱。"[①] 依据"斜差理论"，并采用柔性处理的办法，允许 ±0.1 的偏差，我们重新规整并确定了泗水方言单字调系。请参见表 2-6 泗水方言单字调声调格局规整表。

表 2-6　泗水方言单字调声调格局规整表

声调		首点 T 值	折点 T 值	尾点 T 值	斜差	调型	调值
阴平	男声	0.51	1.54/50%	3.07	1.03/1.56	平升调	113
	女声	0.39	1.32/50%	2.98	0.93/1.66	平升调	113
阳平	男声	4.98	—	0.22	4.76	降调	51
	女声	5.00	—	0.49	4.51	降调	51
上声	男声	3.91	—	3.92	0.01	高平调	55
	女声	3.81	—	3.81	0	高平调	55
去声	男声	2.34	0.04/60%	1.56	-2.3/1.52	曲折调	312
	女声	2.58	0.02/70%	1.20	-2.56/1.18	曲折调	312

　　（3）泗水方言声调调值的变化及与周边方言的比较。

表 2-7　泗水方言声调调值的变化

泗水声调	阴平	阳平	上声	去声
《概况》调值	213	42	55	312
本书实验调值	113	51	55	312

　　可见，在短短的 40 年左右的时间里，泗水方言的阴平和阳平的调值有了不小的变化。阴平的调值由低降升调变为低平升调，阳平的调值由原 42 变为 51，上声的调值实际上也略有变化，从单字调 T 值曲线图来看，上声调值介于 4 度和 5 度之间，我们依据多位发音人的发音，仍将其定为高平调 55，而实验语音分析

---

① 尹梅. 青岛方言声调实验研究［D］. 南京师范大学硕士学位论文，2008.14.

的结果，也显示出上声调值的细微变化。特别是泗水方言阴平调值的变化，使其与周边县市的情况都不相同，体现出泗水方言在声调上的特色。如表2-8所示：

表2-8 泗水方言声调调值与周边方言的比较

	山东方言西鲁片					山东方言西齐片			山东方言东潍片			普通话
	泗水	金乡	邹城	曲阜	平邑	泰安	新泰	肥城	莒县	泰安	沂南	
阴平	113	213	213	213	214	213	213	213	213	213	213	55
阳平	51	42	42	42	53	53	42	42	53	53	53	35
上声	55	55	55	55	55	55	55	55	55	55	55	214
去声	312/31	312	412	312	412	31	31	21	31	31	31	51

泗水方言处在西齐片、西鲁片和东潍片的过渡区域，而东潍片和西齐片去声调值多为低降调，西鲁片多为低降升调，所以泗水方言的去声实际上兼有两种调值，在单字调中是低降升调，调值是312；在阴平、阳平、上声、去声和轻声前则一律变读为低降调，调值是31，而且根据我们初步调查，目前去声字的单字调值逐步向31过渡，在少数新派的口语中，去声无论单字调还是语流变调，实际调值都已经读为31，这主要是由于泗水处于方言过渡区，在西鲁片和西齐片以及东潍片方言的交锋中，去声调值逐渐向大片方言区靠拢。除此之外，普通话去声高降调的影响也不容忽视，在强势方言和普通话的影响下，新派口音努力向普通话靠拢，但是毕竟发音不太标准，因此去声调值变为不太标准的低降调。

而泗水方言的阴平调值的变化可能正是因为受到去声调值变化的影响。阴平原调值是213，是低降升调，但是在语流中，213往往变调为211，如阴平在上声、轻声前，调值即变为211；而去声调值由312变为31，也由原来的低降升调逐步变为低降调。语言作为交际工具的根本属性决定了其物质外壳——语音必须要有足够的区别度，而声调又是区别语义的重要手段。实际语流中低降调过于集中推动了原阴平调值发生变化，同时，在泗水方言中没有升调，方言中升调的空缺也可能吸引原阴平调值由213变为113，泗水方言中阴平调值的变化应当是一种链移式音变的结果。

第三节　泗水方言的语音结构系统

一、声韵调配合表

（1）本表收入泗水方言声韵调配合音节1 094个，按韵、声、调的顺序排列，韵、声、调的顺序见前文的语音系统。

（2）表中有音义而无字可写的，用"（1）~（20）"表示，并按序号在表下作注释。

（3）文白异读字在字下加下划线"="、"－"，分别表示文读音和白读音。

（4）需要解释的，在表格下方用小字释义并举例，例词和例句中用"~"代替原字。

表2-9　泗水方言声韵调配合表之一

韵母	ʅ				i				u				y				a			
声调	阴	阳	上	去	阴	阳	上	去	阴	阳	上	去	阴	阳	上	去	阴	阳	上	去
声母	113	51	55	312	113	51	55	312	113	51	55	312	113	51	55	312	113	51	55	312
p					逼	鼻	比	必	不	醭	补	布					八	拔	把	爸
p'					批	皮	痞	辟	扑	葡	谱	铺					趴	爬		怕
m					眯	迷	米	密	木	模	母	幕					妈	麻	马	骂
pf									猪	轴	主	住					抓		爪	
pf'									出	除	楚	处								欻
f					飞	肥		肺	书	扶	斧	富					刷	罚		
v									输	如	擩									
t					低	敌	抵	地	督	毒	读	杜					搭	达	打	大
t'					踢	提	体	替	秃	图	吐	兔					他		塔	踏
n										奴	努	怒					纳	拿	哪	那
l					(1)	梨	里	历	鹿	卢	虏	路	绿	驴	铝	滤	腊	啦		喇
k									孤		古	故					嘎		(2)乽	尬
k'									哭		苦	库					咔		卡	
x									呼	胡	虎	户					哈			
ɣ																	啊	啊	啊	啊①
tɕ					机	急	几	记					菊	局	举	句				
tɕ'					七	其	起	气					区	渠	取	醋				
ȵ						泥	你	腻							女					
ç					西	席	喜	细					苏	俗	许	续				

① [ɣa¹¹³]：表示疑问。[ɣa⁵¹]：表示应答。[ɣa⁵⁵]：表示惊讶、疑问。[ɣa³¹²]：表示应答、吃惊。

（续上表）

韵母 声调 声母	ʅ 阴 阳 上 去 113 51 55 312	i 阴 阳 上 去 113 51 55 312	u 阴 阳 上 去 113 51 55 312	y 阴 阳 上 去 113 51 55 312	a 阴 阳 上 去 113 51 55 312
ts ts' s z	资 值 纸 制 吃 持 齿 赤 湿 时 死 四 　 日				扎 杂 眨 炸 擦 查(3) 差 杀 啥 撒 萨
		一 姨 以 义	屋 无 伍 雾	迂 鱼 雨 遇	

（1）[li¹¹³]：动词，用手指往下撸。如"~树叶子得戴上手套，要不扎哩手慌"。

（2）[ka⁵¹]：量词，如"一~钱"。

（3）[ts'a⁵⁵]：糟糕，事情往坏的方向发展。如"事情办~了"。

表2-9　泗水方言声韵调配合表之二

韵母 声调 声母	ia 阴 阳 上 去 113 51 55 312	ua 阴 阳 上 去 113 51 55 312	ə 阴 阳 上 去 113 51 55 312	iə 阴 阳 上 去 113 51 55 312	uə 阴 阳 上 去 113 51 55 312
p p' m	(1) (2) 		波 脖 簸 　 坡 婆 叵 破 摸 磨 抹 磨	憋 别 瘪 别 撇 　 瞥 撇 　 　 　 灭(8)	
pf pf' f v			桌 着 种① 戳②戳 说 勺 所 硕 　 　 　 弱		

---

① 种[pfə⁵⁵]：名词，种子，多用于儿化音中。如"要留点儿麦子当~儿"。
② 戳[pf'ə¹¹³]：名词，印章，多用于儿化音中。如"手~儿"。

（续上表）

声母	ia 阴 113	ia 阳 51	ia 上 55	ia 去 312	ua 阴 113	ua 阳 51	ua 上 55	ua 去 312	ə 阴 113	ə 阳 51	ə 上 55	ə 去 312	iə 阴 113	iə 阳 51	iə 上 55	iə 去 312	uə 阴 113	uə 阳 51	uə 上 55	uə 去 312
t													爹	叠			多	夺	躲	剁
tʻ												特	贴		铁		托	驮	妥	拓
n																	(10)	挪		懦
l		凉①	俩							乐			列	(9)	趔		落	罗	裸	
k					瓜	(6)	寡	挂	搁	硌	哥	个					锅	国	裹	过
kʻ					夸		垮	跨	磕		可	课					棵			阔
x					花	华		化	喝	河		贺					豁	活	火	或
ɣ									恶	鹅	(7)	饿								
tɕ	加	(3)	假	价									接	截	姐	借				
tɕʻ	掐		卡	恰									切	茄	且	怯				
ȵ	(4)		(5)										捏			聂				
ɕ	瞎	匣		下									歇	斜	写	谢				
ts									遮	哲	者	这								
tsʻ									车		扯	撤								
s									赊	蛇	舍	设								
z											惹	热								
ø	压	牙	丫	亚	洼	娃	瓦	袜					孽	爷	也	夜	窝		我	卧

（1）［pia^{51}］：象声词，放枪的声音。

（2）［pʻia^{51}］：象声词，打耳光的声音。

（3）［tɕia^{51}］："用、穿"等。如"你~仔一身皮衣，还没钱啊"。

（4）［ȵia^{51}］：泗水北部一带部分人对母亲的面称，是"娘"的一声之转。

（5）［ȵia^{55}］：语气词，用以引起对方注意。如"~，给你"。

（6）［kua^{51}］：象声词，模拟"打耳光或摔跤的声音"。

（7）［ɣə^{55}］：泗水一部分人"我"字的读音。

（8）［miə^{51} tɛ^{0}］：形容人精神萎靡不振的样子。

---

① 凉［lia^{51}］：荫凉，多用于儿化。如"院子里栽棵树好遮~儿"。

(9) [liə^{55}]:撕,如"叫他把我哩信给~啦"。

(10) [nuə^{113}]:两手用力握物投水,如"~包子馅子"。

表 2-9 泗水方言声韵调配合表之三

声母	yə 阴113	阳51	上55	去312	ɛ 阴113	阳51	上55	去312	iɛ 阴113	阳51	上55	去312	uɛ 阴113	阳51	上55	去312	e 阴113	阳51	上55	去312
p							摆	拜									碑	白(15)		被
p'					(5)	排	(6)	派									拍	培		配
m					(7)	埋	买	卖									麦	梅	美	妹
pf					(8)		跩	拽									追			坠
pf'					撅		揣	端									吹	锤		
f					撮		(9)甩	帅									撮		水	睡
v																				瑞
t					呆		逮	带									德			
t'					胎	抬		太											恁	内
n							乃	耐									勒	雷	垒	类
l			略			来		赖												
k					该		改	盖					乖		拐	怪	隔		给	
k'					开		凯	忾							㧅	快	客		剋	
x						(10)孩	海	害						槐	(13)坏		黑			
ɣ					哎			爱									(16)(17)			
tɕ	脚	(1)	(2)	坐					街		解	介								
tɕ'	缺	(3)	(4)	错					(12)											
ȵ	虐																			
ç	雪	学		锁						鞋	蟹	械								
ts					灾		宰	债									摘	宅		
ts'					猜	柴	采	菜									拆			
s					腮		(11)	晒									色	谁		
z																				
ø	月			哆					挨	挨	矮		歪		(14)	外				

（1）［tɕɣə⁵¹］：骂。

（2）［tɕɣə⁵⁵］：①东西往外凸出。如"装哩忒多，都～杠到外头啦"。②折断。如"则他把秆秆子～断啦"。

（3）［tɕˈɣə⁵¹］：量词，层、片。如"地上下唠一～霜"。

（4）［tɕˈɣə⁵⁵］：以手用力折。如"他用手把树枝子～下来啦"。

（5）［pˈɛ¹¹³］：量词。如"一～屎"。

（6）［pˈɛ⁵⁵］：用脚踹。

（7）［mɛ¹¹³］：象声词，模拟羊叫声。

（8）［pfɛ¹¹³］：使劲往外扔。

（9）［fɛ⁵¹］：象声词，疼痛时嘴里发出的声音。

（10）［xɛ¹¹³］：用器物砸。如"你不老实，我用砖头～死你"。

（11）［sɛ⁵⁵］：用力甩出去。

（12）［tɕˈiɛ⁵¹］：不屑一顾的感叹词。

（13）［xuɛ⁵⁵］：用力推搡。

（14）［uɛ⁵⁵］：用器具往外舀。如"从瓮里往外～粮食"。

（15）［pe⁵⁵］：往另一容器中倒腾食物之类的东西。

（16）［ɣɛ¹¹³］：语气词，表示疑问、惊奇、反驳等。

（17）［ɣɛ⁵¹］：感叹词，招呼对方，引起对方注意。

表 2-9　泗水方言声韵调配合表之四

韵母　声调　声母	ue				ye				ɔ				ɔi				əu			
	阴	阳	上	去	阴	阳	上	去	阴	阳	上	去	阴	阳	上	去	阴	阳	上	去
	113	51	55	312	113	51	55	312	113	51	55	312	113	51	55	312	113	51	55	312
p									包(2)		饱	报	镖		表	摽				
pˈ									抛	刨	跑	炮	飘	瓢	嫖	票				
m										毛	铆	貌		苗	秒	妙	哞	谋		
pf																				
pfˈ																				
f									否											
v																				
t	堆		(1)	兑					刀		倒	到	叼		屌	吊	兜		抖	豆
tˈ	推		腿	退					掏	逃	讨	套	挑	条	挑	跳	偷	头		透
n									孬	挠	脑	闹								
l									捞	劳	老	涝	辽	了		料	搂	楼	篓	漏

（续上表）

声母 \ 韵母	ue				ye				ɔ				iɔ				əu			
声调	阴	阳	上	去	阴	阳	上	去	阴	阳	上	去	阴	阳	上	去	阴	阳	上	去
	113	51	55	312	113	51	55	312	113	51	55	312	113	51	55	312	113	51	55	312
k	规		鬼	桂					高		搞	告					沟(4)		狗	购
kʻ	亏	葵		愧							考	靠					抠(5)		口	扣
x	灰	回	悔	会					薅	毫	好	号					齁	侯	吼	后
ɣ										(3)熬	袄	傲						欧	藕	怄
tɕ					堆		嘴	罪					交		绞	叫				
tɕʻ					催			脆					敲	瞧	巧	翘				
ŋ															鸟	尿				
ɕ					虽	随	髓	碎					消		小	笑				
ts									遭		找	赵					邹		走	揍
tsʻ									抄	曹	炒	肏					抽	愁	丑	凑
s									烧		嫂	少					收		手	瘦
z										饶	扰	<u>绕</u>						(6)揉		肉
ø	威	为	委	位									绕	遥	咬	要				

（1）[tue^{55}]：抵消。如"~掉欠账"。

（2）[pɔ^{51}]：象声词，气球、热水瓶爆裂的声音。

（3）[ɣɔ^{113}]：炒。如"~菜"。

（4）[kəu^{51}]：象声词。如"鸡~~"，鸡叫的声音。

（5）[kʻəu^{51}]：性格强势，尤其是嘴巴厉害。如"这小闺女子忒~啦，谁都说不过她"。

（6）[zəu^{113}]：旋转着向外扔。如"他把人家哩手表给~出去了"。"~~哩"，形容旋转极快。如"风扇~~哩转"。

表2-9　泗水方言声韵调配合表之五

韵母 声调 声母	iu 阴 113	阳 51	上 55	去 312	ã 阴 113	阳 51	上 55	去 312	iã 阴 113	阳 51	上 55	去 312	uã 阴 113	阳 51	上 55	去 312	yã 阴 113	阳 51	上 55	去 312
p					班		板	办	边		扁	变								
p'					潘	盘		盼	偏	骈	谝	骗								
m				谬		瞒	满	慢		棉	免	面								
pf					砖		转	传												
pf'					穿	船	喘	串												
f					拴	凡	反	饭												
v							软													
t		丢			单		胆	蛋	颠		点	电	端		短	段				
t'					摊	谈	坦	炭	天	田	舔		湍	团						
n						男		难								暖				
l	溜	留	柳	六		兰	拦	烂		连	脸	炼		峦	卵	乱				
k					干		敢	干					关		管	惯				
k'					看		砍	看					宽		款					
x					憨	含	喊	汉					欢	环	缓	换				
ɣ					安		俺	暗												
tɕ	揪		九	旧					尖		减	建					捐		卷	圈
tɕ'	秋	球		糗					签	前	浅	欠					窜	全	权	劝
ɳ		牛	纽	拗					拈	年	撵	念								
ç	休		朽	秀					先	闲	显	现					宣	旋	选	蒜
ts					沾		攒	赞												
ts'					掺	缠	惨	灿												
s					三		闪	散												
z						然	染													
∅	优	油	有	又					烟	严	眼	验	弯	完	晚	万	冤	原	远	愿

表2-9 泗水方言声韵调配合表之六

声母＼韵母	ɤ̃				iɤ̃				uɤ̃				yɤ̃				aŋ			
声调	阴	阳	上	去	阴	阳	上	去	阴	阳	上	去	阴	阳	上	去	阴	阳	上	去
声母	113	51	55	312	113	51	55	312	113	51	55	312	113	51	55	312	113	51	55	312
p	锛		本	笨	宾												帮		绑	棒
p'	喷	盆		喷	(1)	贫	品	聘									(4)	庞	榜	胖
m	闷	门		闷		民	敏										(5)	忙	莽	
pf	谆		准														装		(6)	壮
pf'	春	唇	蠢														窗	床	闯	创
f	分	坟	粉	粪													双	房	访	放
v																				
t									蹲		盹	顿					当		挡	荡
t'									吞	屯	(2)						汤	堂	淌	烫
n																	曩	囔	(7)	(8)
l						林	凛	赁	抡	轮	坢	论						郎	朗	浪
k	根		哏	艮					闺		滚	棍					刚		岗	杠
k'			肯						昆		捆	困					康	扛		抗
x		含	很	恨					昏	浑		混					夯	航	(9)	
ɣ	恩		摁															昂	(10)	
tɕ					金		仪	晋					军		(3)	俊				
tɕ'					亲	秦	寝	吣					皲	群						
ȵ																				
ɕ					心	寻		信					熏	巡		训				
ts	真		诊	振													脏		长	丈
ts'	深	臣		趁													昌	常	敞	唱
s	身	神	审	肾													桑		赏	上
z		人	忍	任														穰	嚷	让
ø					因	银	引	印	温	文	稳	问	晕	云	允	运				

(1) [p'iɤ̃¹¹³]: 憨傻，心眼不够。如"这孩子办事忒~啦"。

(2) [t'uɤ̃⁵⁵]: 挺着。如"他~着个大肚子，走来走去"。

(3) [tɕyɤ̃⁵⁵]: 使均匀。如"你把这几个面剂子~~，别一个大一个小哩"。

（4）［p'aŋ¹¹³］：萝卜因冻等原因失去水分，也引申为形容人的面部浮肿。

（5）［maŋ¹¹³］：猜测。

（6）［pfaŋ⁵⁵］：增添。如"孩子可给你～门面了"。

（7）［naŋ⁵⁵］：刺。如"他把人家～唠好几刀"。

（8）［naŋ³¹²］：人多而拥挤的样子。如"集上人忒～啦"。

（9）［xaŋ⁵⁵］："～～仔"，小心谨慎地。如"过桥哩时候，～～仔，别掉河里去唠"。

（10）［ɣaŋ⁵⁵］：烧。如"棉袄给～唠个洞"。

表2-9　泗水方言声韵调配合表之七

声母＼韵母	iaŋ				uaŋ				əŋ				iŋ				uŋ			
声调	阴	阳	上	去	阴	阳	上	去	阴	阳	上	去	阴	阳	上	去	阴	阳	上	去
	113	51	55	312	113	51	55	312	113	51	55	312	113	51	55	312	113	51	55	312
p									崩		甮	蹦	兵		饼	病				
p'									抨	朋	捧	碰	乒	瓶						
m									蒙	盟	猛	梦		名		命				
pf									中		肿	种								
pf'									充	重	宠	冲								
f									风	逢		缝								
v										容（1）										
t									灯		等	瞪	丁		顶	定	东		懂	洞
t'									（2）	疼			厅	庭	挺		通	同	桶	痛
n											能	弄					农		（7）	（8）
l		良	两	亮					扔		冷	楞		零	岭	另		龙	拢	弄
k					光		广	逛	耕		梗	<u>更</u>					工		拱	共
k'					筐	狂	矿		坑								空		孔	控
x					荒	黄	谎	晃	哼	恒		（3）					轰	红	哄	横
ɣ									（4）		（5）									
tɕ	江		讲	将									更		井	境				
tɕ'	枪	强	抢	呛									轻	情	请	庆				
ɲ		娘		酿										（6）宁	拧	宁				
ɕ	香	降	想	相									星	形	醒	兴				

（续上表）

韵母 声调 声母	iaŋ				uaŋ				əŋ				iŋ				uŋ			
	阴	阳	上	去	阴	阳	上	去	阴	阳	上	去	阴	阳	上	去	阴	阳	上	去
	113	51	55	312	113	51	55	312	113	51	55	312	113	51	55	312	113	51	55	312
ts ts' s z									睁 撑 生	城 绳	整 呈 省	正 秤 剩								
Ø	央	阳	仰	样	汪	王	往	望					英	迎	影	硬	翁			瓮

(1) ［vəŋ⁵⁵］：细而杂乱的样子。如"韭菜不好，有点~"。

(2) ［tʻəŋ¹¹³］：蒸或烤。如"你把油饼~~再吃"。

(3) ［xəŋ³¹²］：扔。

(4) ［ɣəŋ¹¹³］：语气词，表示疑问。

(5) ［ɣəŋ³¹²］：表示应答。

(6) ［n̠iŋ¹¹³］：量词，表示极少。如"菜里就长了一~~香油"。也可作副词，修饰"细小、浅薄"类形容词。如"河水~浅"。

(7) ［nuŋ⁵⁵］：力有不逮，做某事有些勉强。如"他不是很聪明，考大学有点儿~"。也指因力有不逮，而使身体劳累或受到损伤。如"抬钢板时，他把肩膀给~啦"。

(8) ［nuŋ³¹²］：泥泞。如"刚下过雨，路上忒~啦"。

表2-9　泗水方言声韵调配合表之八

韵母 声调 声母	yŋ				ɚ															
	阴	阳	上	去	阴	阳	上	去	阴	阳	上	去	阴	阳	上	去	阴	阳	上	去
	113	51	55	312	113	51	55	312	113	51	55	312	113	51	55	312	113	51	55	312
p pʻ m																				
pf pfʻ f v																				

（续上表）

韵母　声调　声母	yŋ				ɚ															
	阴	阳	上	去	阴	阳	上	去	阴	阳	上	去	阴	阳	上	去	阴	阳	上	去
	113	51	55	312	113	51	55	312	113	51	55	312	113	51	55	312	113	51	55	312
t t' n l																				
k k' x ɣ																				
tɕ tɕ' ɕ	综 葱 兄	雄	窘 丛 耸	纵 送																
ts ts' s z																				
ø	拥		永	用	儿	耳	而													

二、泗水方言同音字汇

说明：

（1）本字汇共收录泗水方言 4 343 个单音字。字汇以韵母、声母、声调的顺序（参见上文第一节）排列。轻声音节用"[ɹ]"表示。写不出本字的音节用"□"表示。在例字中，用"～"代替本字或"□"表示的音节。字下标注"＿"表示白读音，"＝"表示文读音。为节省篇幅，例字采用横排。

（2）新派、老派、又读、旧读分别在字下加注小字"新"、"老"、"又"、"旧"说明；由于词义不同而音异的，分别标明用法，有的举出例句。所有考释、备注文字及例句均缩小字体以示区别。

（3）单音字（同音）有多个义项的，下标数字分别列出。

（4）用字不一一考求本字，只标明实际读音。字下标"‿"表示该字为记音字。（本字不明且不单用的，按连读音处理，前面加双竖线"‖"标示，其读音在相应单字后注明。）

（5）清代桂馥所撰《札朴》卷九之《乡里旧闻》及后附《乡言正字》记录了当时的鲁南方言，并考证了一些方言本字，对考释和补充泗水同音字有借鉴意义，本文适当引用该书例证。

ʅ

ts　［˧˥］资姿咨滋淄孳织隻两~鸡知支枝肢之芝汁‖□~訾：花草鲜活茂盛栀~子花蜘稚辎吱质职掷执~事殖~民地 ［˨˩˦］直值置侄执只~有植 ［˥˩］子紫仔滓梓籽姊纸旨指脂止趾址 ［˥˩］自字渍恣制至致治志痣痔炙 ［˧˩］厕茅~：厕所。老

tsʻ　［˧˥］泚用水冲疵~毛：糙呲~牙哧象声词吃尺痴嗤眵《乡言正字》："目汁凝曰眵。" ［˨˩˦］辞瓷磁跐脚踩。《乡言正字》："接脚曰跐。" 雌词慈祠持池驰迟弛治剖鱼。《乡言正字》："剖鱼曰治。平声。" ［˥˩］此齿耻 ［˥˩］次刺赐侍~候：服侍伺赤翅斥叱 ［˧˩］匙钥~佟奢~

s　［˧˥］斯撕厮嘶思司丝私‖□~脑：饭菜变馊师诗施失狮尸适湿虱室释 ［˨˩˦］时石十拾实食蚀射撞用头~墙㹀母牛。《乡言正字》："牝牛曰㹀。" ［˥˩］死使史屎驶识~文解字 ［˥˩］四泗肆祀似寺巳嗣饲市是事式世视试氏士饰势示仕誓逝嗜噬恃柿拭 ［˧˩］什家~殖骨~匙钥~。又

z　［˧˥］佮曡词日□象声词，风车~~哩转

i

p　［˧˥］必逼屄毕~业 ［˨˩˦］鼻荸 ［˥˩］比彼鄙秕匕 ［˥˩］币壁避蔽敝弊躄左蹽右~毙碧闭荜筚算甑底曰~子弼陛滗桂馥《乡言正字》："去滓曰滗。"璧辟毕姓~鐾在缸沿、皮子或者布上磨刀，使之锋利

pʻ　［˧˥］批匹劈披霹坯毛~房噼象声词□使浓度降低：汤忒咸，用开水~~陂《乡言正字》："器破曰陂。" ［˨˩˦］啤皮疲琶貔脾 ［˥˩］痹掰用手分开瓣折枝。《乡言正字》："折枝曰瓣。"癖痞~子 ［˥˩］屁譬僻庇包~

m　［˧˥］眯~煞眼：眨眼蜜觅雇秘密咪泌 ［˨˩˦］迷谜靡猕篾秫秸~子弥眯~眼：沙尘吹入眼睛 ［˥˩］米

f　［˧˥］飞非 ［˨˩˦］肥 ［˥˩］妃匪啡 ［˥˩］费肺痱废老

t　［˧˥］低滴堤提~防□打~溜：双手抓着上面的东西，双脚悬空来回荡 ［˨˩˦］敌嘀~咕迪狄笛涤籴嫡提手提：~喽包 ［˥˩］抵底牴砥的目~ ［˥˩］地弟递帝第缔

tʻ　［˧˥］踢梯剔□象声词：轮子转哩~~哩 ［˨˩˦］提又题啼蹄 ［˥˩］体 ［˥˩］替剃涕屉惕悌嚏

l　［˧˥］立力粒栗沥~~啦啦：液体不断流下来□撸：把树叶子~下来‖□~愣：歪斜，

不正 [∨]离距~黎篱厘犁梨漓劙划破 [⅂]礼李里理鲤狸俚 [↓]历厉丽例励利俐莉吏雳荔戾痢隶离~开 [˧]璃娌藜蒺~哩的地得（结构助词）：俺~、慢慢儿~、跑~快

tɕ [↓]级鸡唧~眼：闭眼吉击基即激级积迹脊济急~性子寂箕粪~子，一种白腊条编织的生产用具畸绩妓肌机饥讥□~自：本来；原本（常用于埋怨对方）：~缺钱，你还又叫人给骗去两万叽~喳喳几₁茶~子几₂乎奇~数 [∨]急着~及~格集疾极蒺棘辑籍缉通~ [⅂]几~个虮~子挤已戟 [↓]祭际荠妓寄忌剂面~子：做面食时，按一定大小揪的面团系~鞋带计继既纪记冀季技寄任由。先~你挑，你挑完俺再挑

tɕʻ [↓]七妻缉一种缝纫方法，一针对一针地缝：~鞋帮戚蹊栖□被湿的东西沤着沏喊~哩喀喳漆欺期 [∨]齐脐杞奇~怪歧祈其旗骑棋 [⅂]起企启乞岂 [↓]砌契去不~弃气汽器 [˧]箕簸~

ŋ [↓]妮 [∨]泥₁~巴霓尼呢~子大衣拟倪 [⅂]你 [↓]匿腻溺逆泥₂在泥里滚：猪打~

ɕ [↓]西犀悉吸息熄锡昔惜夕膝析希溪稀牺晰嘻媳淅熙隙 [∨]畦~子：菜园中分成的小区徙袭习席 [⅂]喜洗嬉玺 [↓]戏细系~联屑不~干

ø [↓]一衣揖依医 [∨]姨仪夷移疑沂毅怡饴遗彝肆疫宜胰~子：肥皂 [⅂]以乙蚁椅倚已尾狗~巴 [↓]艺议异易谊译抑义意役服~忆亿邑翼益

u

p [↓]不□象声词 [∨]悖面~：做面食时为防止面食粘连所洒放的干面拨~拉：用手往外推或抹掉尘土的动作醭物败所生霉埗~土。《乡言正字》："尘曰埗土。"鹁~鸽：鸽子 [⅂]补卜捕~鱼 [↓]部布步怖

pʻ [↓]铺~床扑捕~蜓蜓噗□丛：地里的草一~一~的 [∨]菩葡捗~攎：到处张罗。《乡言正字》："张罗曰尘曰捗攎。" [⅂]谱朴圃浦普仆蹼溥璞脯蒲□笨，没能耐 [↓]铺店~瀑

m [↓]木目睦 [∨]模~子谋没 [⅂]某母拇亩姆穆牡 [↓]墓幕牧慕暮募

pf [↓]猪粥送~米祝竹烛诸蛛珠株朱诛触接~ [∨]轴妯兄弟媳妇互称为~娌逐卒 [⅂]主拄嘱煮 [↓]住注著驻柱箸助筑贮铸蛀炷 [˧]帚条~碡碌~

pfʻ [↓]初舒~坦，又出搐退缩：他~回去了缩紧惊变小输~赢~哩：快速移动 [∨]锄除₁~法厨橱雏刍除₂用锨敛除粪土、垃圾等物 [⅂]楚础殊储褚杵处为人~事 [↓]束~腰带：皮带处到~忱~头；胆怯畜~生

f [↓]福复重~幅蝠腹覆敷肤夫麸叔书舒梳输运~枢 [∨]扶伏服~气熟俘芙浮赎秫述蜀术技~ [⅂]斧府符俯腐辅阜附腑暑署抚巡~鼠数~量：数落属黍薯釜锅，炝~刀子，即锅铲 [↓]父富赴付副负妇傅赋驸树竖漱恕数数目呼吮吸□~皮儿：表面 [˧]袱包~腐豆腐傅师~镢钰~：生锈

v [↓]输入□~帖：舒适 [∨]如 [⅂]辱乳儒擩塞给

t 〔ㄖ〕督嘟都首~乿头~儿：头绪。案子查了好几个月了，一直没个~〔ㄚ〕毒独犊突灶~〔ㄧ〕读堵赌肚猪~笃睹〔ㄟ〕肚~子疼杜度妒镀渡

tʻ 〔ㄖ〕突秃凸〔ㄚ〕图涂徒屠途〔ㄧ〕吐土〔ㄟ〕兔唾~沫，即唾液

n 〔ㄚ〕奴〔ㄧ〕弩~力弩〔ㄟ〕怒

l 〔ㄖ〕鹿录捋卷：~袖子撸摘：~乌纱帽禄绿~林好汉碌漉〔ㄚ〕卢炉庐芦颅〔ㄧ〕鲁乳豆腐~卤虏掳〔ㄟ〕路陆露白~赂鹭

k 〔ㄖ〕孤姑箍骨谷菇辜囗嘟：水开的声音，引申指长时间用水煮。水都~半天了。｜肉还不熟，再~~吧〔ㄧ〕鼓古股估囗~缩：缩成一团‖囗~拥，乱动〔ㄟ〕故固锢顾雇

kʻ 〔ㄖ〕哭酷枯窟刳刮，~查〔ㄧ〕苦〔ㄟ〕裤库

x 〔ㄖ〕乎呼互忽烀用少量的水，盖紧锅盖加热，半蒸半煮，把食物弄熟：~猪食糊₁随便填塞，~锅底惚狐揔用手掌或板状物打：~唠他两巴掌〔ㄚ〕和打麻将赢了胡壶煳菜炒~了。糊₂用纸~上窗户湖弧核桃~瑚蝴葫〔ㄧ〕虎浒琥唬〔ㄟ〕户沪护囗样子：各样哩人俺都见过，就是没见过你这~哩

ø 〔ㄖ〕乌污巫诬侮屋呜囗用笤帚等物扑捉：~蚂蚱囗~嘟水：半开不开的水〔ㄚ〕吴无梧芜〔ㄧ〕五舞武伍鹉吾捂午妩〔ㄟ〕误雾物机务悟戊恶厌~勿囗昆虫交配：~对儿囗车辆中途抛锚或陷入坑内：~车

y

l 〔ㄖ〕绿率效~‖碌碡：石制的圆柱形农具，用来轧谷物、碾平场地等〔ㄚ〕驴〔ㄧ〕吕铝旅~馆偻屡捋~胡子旅~仔：沿着。~仔这条路一直往前走侣褛间履稆~生子："稆"，自生稻也，故"~生子"指自学手艺成才的人或半路学艺的匠人〔ㄟ〕虑滤捭《乡言正字》："渍物去水曰捭。"

tɕ 〔ㄖ〕居锔~锅菊橘桔驹鞠车~马炮掬租足满~〔ㄧ〕局族〔ㄧ〕祖组~团举沮咀苴诅矩炬苣〔ㄟ〕巨具句据剧聚俱惧锯飓距拒拘

tɕʻ 〔ㄖ〕粗区曲屈驱蛆躯趋~势祛麹趋踢。如：你把那个小板凳给我~过来吧〔ㄚ〕渠衢瞿朐徂〔ㄧ〕取娶〔ㄟ〕趣猝醋促駿~黑

ɳ 〔ㄧ〕女

ɕ 〔ㄖ〕苏酥速肃须旭需虚嘘戌墟煦稣耶~蓄畜~牧业宿₁舍宿₂星~〔ㄚ〕徐俗〔ㄧ〕许诩〔ㄟ〕续序叙绪~论絮塑素诉嗉鸡~子褚《乡言正字》："装绵曰褚。声如绪。"〔·〕婿女~绪头~

ø 〔ㄖ〕域迂淤瘀狱郁吁澦液体从锅里溢出来峪地名：圣水~〔ㄚ〕余馀鱼渔榆俞与于愉盂谀逾愚娱〔ㄧ〕雨羽语宇禹〔ㄟ〕玉御预遇愈育欲浴裕芋喻誉寓

ɚ

ø 〔ㄚ〕儿〔ㄧ〕而饵耳尔聏理睞〔ㄟ〕二贰

a

p　　[ㄱ]八扒疤叭捌芭巴剥~皮，又 [ㄥ]拔₁~草跋拔₂用冷水浸物使凉：把西瓜放井水里~~ [ㄑ]鲅把₁量词把₂握靶□~子：阳具 [ㄥ]爸霸坝罢镙《乡言正字》："摩田器曰镙。音如罢。"

p'　　[ㄱ]趴啪 [ㄥ]耙₁钉~ [ㄑ]□胳~：手臂 [ㄥ]爬耙₂~子 [ㄥ]怕帕

m　　[ㄱ]妈抹~布遇超过。如：~四十岁，一般就花眼啦 [ㄥ]麻嘛干~ [ㄑ]马码玛蚂□滑脱：没站稳，踩~了眛差误：不好意思，我记~啦 [ㄥ]骂 [·]蟆蛤~

pf　　[ㄱ]抓 [ㄑ]爪

pf　　[ㄑ]歘用手猛抢，如乞丐也称为"~街哩"

f　　[ㄱ]发髮法刷 [ㄥ]罚阀乏筏伐□疼痛时发出的感叹词：~，好疼伐碾去粮食外皮 [ㄑ]耍~嘴皮

t　　[ㄱ]哒嗒搭答奓低下：~拉头 [ㄥ]沓达靼~~：父亲〈面称〉 [ㄑ]打动词 [ㄥ]大~小 [·]瘩疙~

t'　　[ㄱ]他塌她它塔蹋渣《乡言正字》："借湿润物曰渣。" [ㄥ]拓踏

n　　[ㄱ]纳捺娜钠 [ㄥ]拿 [ㄑ]哪呐对话时引起对方注意：~，给你 [ㄥ]那

l　　[ㄱ]拉辣啦蜡腊垃 [ㄥ]啦~呱儿：闲聊晃奈~落~下 [ㄑ]喇~叭邋~撒：不整洁、不利索

k　　[ㄱ]嘎鸭子叫声□~~：月亮亮，多用于儿童生~古：各啬义 [ㄥ]□沓、撅：一~钱 [ㄑ]尬尴~

k'　　[ㄱ]喀象声词，~嚓 [ㄑ]咔的~（一种布料）卡银行~

x　　[ㄱ]哈₁~~大笑哈₂~腰：弯腰

ɣ　　[ㄱ]啊象声词腌~臜

ts　　[ㄱ]渣揸楂哑喳扎刺、戳，~耳朵眼儿拃量词，指张开大拇指和中指两端的距离：这书有一~厚苗~牙齼疙~咋~呼：大声嚷 [ㄥ]杂砸铡炸~油条榨~油诈敌~ [ㄑ]闸眨 [ㄥ]栅苲麦~：麦子收割后，遗留在地里的根和茎的基部炸~弹诈~骗罪，又觰~沙：两臂向前伸展。《乡言正字》："披张曰觰沙。觰，音陟加切。"

ts'　　[ㄱ]擦叉差~别插察嚓礤~芋头：把芋头（即地瓜）切成片状 [ㄥ]搽查苴同一块田地上庄稼种植或收割的次数：头苴 [ㄑ]衩裤~踔~泥□坏了，事儿办~啦 [ㄥ]权岔刹一~那叉开差题都做差了

s　　[ㄱ]仁刹杀沙杉纱砂裟鲨毅缝合如：~裤腰，~袖口煞捆紧：把包~车子上撒放：~手 [ㄥ]啥蛇旧：白~传 [ㄑ]傻洒撒~种□"是嘛"的合音：你看，那不~ [ㄥ]萨厦~檐 [·]撒邋~：不整洁、不利索撢搕~：细碎的杂物、垃圾

ia

p　　[√]□象声词：~，打了一呱子（耳光）

p'　　[√]□象声词：~，摔倒了

l　　[√]凉荫~ [˩]俩

tɕ　　[˩]家傢嘉加袈枷佳甲钾胛夹荚袷~袄：双层无絮的褂子 [√]□命令马匹前进假用：~棍子打 [˩]假贾 [↘]架驾价嫁~接□使用：人家都~上奥迪啦 [┤]稼庄~

tɕ'　　[˩]掐₁动掐₂量：两手虎口张开弯成拱形，手指两两相对所持握的量，称量的多是细长之物，如芹菜、麦秸、韭菜等 [√]茄~克 [˩]卡 [↘]恰洽

ɕ　　[˩]虾鱼~瞎哈~腰：弯腰，又 [√]侠狭霞辖峡匣瑕暇 [↘]厦~门下吓夏

ŋ　　[˩]娘〈面称〉母亲 [┤]‖□ŋiŋ~宁：煎饼

Ø　　[˩]鸭押压呀丫鸦 [√]牙芽衙蚜崖涯 [˩]哑雅 [↘]轧亚讶砑

ua

k　　[˩]瓜呱 [√]剐轻微碰擦：手~破啦 [˩]寡刮搜~剐千刀万~呱啦~：闲聊 [↘]挂褂卦

k'　　[˩]夸 [˩]垮侉说话不像本地人 [↘]跨胯挎

x　　[˩]花哗 [√]华滑划~船猾桦 [↘]话化画划计~

Ø　　[˩]挖洼蛙窊凹下去袜哇 [√]娃 [˩]擭盛取瓦名词 [↘]瓦动词：~屋

ə

p　　[↘]波菠拨播剥玻钵博搏 [√]薄勃驳帛箔用高粱秸秆打成，可用来铺床、平铺在檩条上或竖起来围成粮囤等，用途广泛笔~子 [˩]簸动词：把这点米~~，把糠~出来筐针线~筥：针线筐子 [↘]簸~箕

p'　　[↘]颇坡泼泊 [√]婆 [↘]破

m　　[↘]摸沫茉末 [√]磨动词魔摩膜馍么摹模~范蘑 [˩]抹~子：义为"本事、手段"，人家真有~，一会儿就把表修好了 [↘]磨名词：电~莫默漠寞

pf　　[↘]桌卓捉啄拙 [√]着~火酌镯浊

pf'　　[↘]绰戳图章：手~儿 [√]戳用长条物体触动：用棍子~~它 [↘]辍

f　　[↘]说竖靠墙竖立：把梯子~起来 [√]佛杓勺~子 [˩]所 [↘]硕烁缝又，墙上有一条"~儿"

v　　[↘]若弱

tʻ　　[↘]特~殊

l　　　[↘]乐

k　　　[↘]歌各~人顾~人阁葛割鸽胳大公鸡，~~叫革搁放胳‖圪~鳃：鱼鳃疙虼伲结交，并合：~伙做买卖犄和睦：他俩不~　[∨]硌~脚　[↗]哥　[↘]个

kʻ　　[↘]磕壳克渴颗科柯蝌咳~嗽糠~郎：即空壳，如屋~子、锅~子‖□~篓：和辘轳配套使用的一种圆形尖底的取水器具，一般用来浇灌菜园　[↗]可坷~垃：土块□~子：尽着，依着：~子布做，能做多大就做多大□朝，靠：你~边儿站站，别挡路　[↘]课嗑~瓜子恪䅟纸~骒~马：母马

x　　　[↘]喝呵褐　[∨]荷₁~花何合盒河禾和~平荷₂负~蛤~蟆核~对　[↗]嗬叹词　[↘]贺鹤赫郝

ɣ　　　[↘]屙恶形容词，凶恶噩~梦‖□~应：厌恶‖搕~搂：细碎脏乱的杂物、垃圾　[∨]讹额俄鹅娥峨　[↗]扼~要，简明阿~胶　[↘]饿厄鳄

ts　　[↘]折合并：把菜~~，弄到一个碗里遮褶蛰浙哲摺蜇《乡言正字》："蜂蛰行毒曰蜇。"[∨]蜇惊~辙塌地面下陷：墙~唠一条缝柘地名：~沟蔗　[↗]者赭　[↘]这

tsʻ　[↘]车　[↗]扯　[↘]侧厕新：~所测撤彻

s　　　[↘]赊奢涉设　[∨]蛇新舌折₁断，腿~了折₂本　[↗]佘捨　[↘]社赦麝射~箭舍宿~摄~像机　[↗]甥外~儿

z　　　[↘]热　[↗]惹喏唱~

iə

p　　　[↘]憋鳖　[∨]别₁分离别₂区别别₃用别针将另一样东西附着在纸、布上或身上别₄不要蹩~脚货　[↗]瘪

pʻ　　[↘]撇~捺瞥潎在液体表面舀：把肉汤子里哩油~出来　[↗]撇~嘴

m　　　[↘]蔑灭末~了：最后

t　　　[↘]爹跌　[∨]碟蝶叠迭谍‖□些：形容脸拉得很长，不高兴的样子

tʻ　　[↘]铁贴帖

l　　　[↘]列~队烈裂劣猎咧~~：胡说，乱说　[↗]冽~~：口水□干：他~唠八个馍馍裂撕。考哩不好，你也不能~卷子？裤子~唠个大口子　[↘]列~车

tɕ　　[↘]接结节皆洁揭羯阉过的公羊。《乡里旧闻》："结羊：俗呼剧羊为结子。案：字当为羯，谓杀犗。"[∨]截捷劫杰竭　[↗]姐　[↘]借藉~口褯~子：小孩尿布。《乡言正字》："小儿褯曰褯。音藉。"

tɕʻ　[↘]切且　[∨]茄怯　[↘]窃妾锲

ŋ̩　　[↘]捏蹑聂镊摄~影

ɕ [＼]歇血楔蝎 [Ｖ]斜协偕邪携胁挟谐 [Ｉ]些写 [＼]卸泻谢泄亵屧不～干

Ø [＼]页业叶噎曳冶耶椰额～拉盖儿，额头掖擘作～ [Ｖ]爷 [Ｉ]也野 [＼]液夜

uə

t [＼]多哆掇錣《乡言正字》："针刺曰錣。"剟禽类用嘴啄 [Ｖ]夺 [Ｉ]朵躲垛墙～子 [＼]堕剁舵踱惰～懒稞柴草堆。《乡言正字》："积穰曰稞。"

t' [＼]脱托拖拓 [Ｖ]陀驼驮鸵 [Ｉ]妥椭□逃脱：这个活～不了还是你干。

n [＼]㧈《乡言正字》："按物投水曰～。" [Ｖ]挪 [＼]糯诺懦

l [＼]落₁下～洛络烙略落₂剩余：毛收入一万五，不算人工，去唠本儿，还～八千块钱 [Ｖ]罗螺萝摞啰锣骡箩 [Ｉ]裸 [＼]骆

k [＼]郭锅戈地名：～山 [Ｉ]掴裹国果 [＼]过

k' [＼]科老扩棵—～树颗老廓窠草～ [Ｉ]括 [＼]阔～气课老

x [＼]获豁劐《乡言正字》："刀刺曰劐。"擢往外倒 [Ｖ]活和₁～面和₂～气 [Ｉ]火伙～计 [＼]或货祸和洗了三～霍藿

Ø [＼]握喔窝沃倭涡莴揿弯曲：把那段钢筋～过来蜗～拉牛子：蜗牛涴～～巴巴：形容衣裳、纸张等皱皱巴巴的样子 [Ｉ]我 [＼]卧

yə

l [＼]略掠

tɕ [＼]觉决诀角脚撅蹶抉作镢刨地的农具 [Ｖ]绝爵掘橛短而粗的尖头木棍崛嚼昨噘骂凿～子 [Ｉ]左佐笏折断：连秤杆子～断啦作在一处反复缝 [＼]倔做坐₁～船座坐₂扣除（赊欠或应交）款项或物质：房租已从工资里～下了

tɕ' [＼]搓撮雀～子鹊缺却退～确榷摧敲击：～蒜殻～子：袼褙 [Ｖ]瘸 [Ｉ]皴两手折断物体 [＼]错锉挫措

ɕ [＼]雪蓑薛靴削缩梭唆娑嗦谑欺骗：他经常～人，你要小心点儿 [Ｖ]学穴趐 [Ｉ]索锁琐

Ø [＼]月药钥约节～粤悦虐疟岳越曰阅乐～器跃约草～子：捆束之草绳濩用手掂量或用称度量：咱～～合合，打总子算算要多少钱 [Ｉ]哕呕吐：他～唠一身

ɛ

p [Ｖ]别不要，又 [Ｉ]摆伯丈夫的哥哥：大～哥 [＼]拜败稗

pʻ　[⅃]派量词：一~狗屎 [∨]牌排₁ ~队 [⅂]排₂用脚踹。《乡言正字》："足拨曰排。上声。" [↘]派

m　[∨]埋 [⅂]买 [↘]卖迈

pf　[⅃]□用力向外甩、扔 [⅂]踂走路像鸭子似的摇摆，引申为显摆、傲慢义，含贬义 [↘]拽用力拉扯

pfʻ　[⅃]搋用拳头打 [⅂]揣 [↘]踹

f　[⅃]衰摔~跤 [∨]□皮肤或手感到疼痛时用的感叹词 [⅂]甩 [↘]帅率~领

t　[⅃]呆 [⅂]歹逮待在：~学校门口 [↘]带代袋贷黛戴岱怠殆大~夫待₁~客待₂愿意，喜欢。如：你~上学不

tʻ　[⅃]胎态 [∨]台抬苔跆 [↘]太泰

n　[⅂]乃奶 [↘]耐奈

l　[∨]来莱 [⅂]□~歪：形容人品行不好 [↘]赖癞籁

k　[⅃]该 [⅂]改 [↘]概溉盖钙丐

kʻ　[⅃]开 [⅂]凯楷铠慨揩

x　[⅃]□用砖头等物砸：拿砖头~死他□~~哩：形容人极多的样子。如：集上人㣌多啦，~~哩 [∨]还~有孩骸 [⅂]海 [↘]害骇亥嗨招呼词

ɣ　[⅃]哎哀唉~声叹气 [⅂]癌霭欸招呼词　[↘]爱艾碍暧隘

ts　[⅃]灾栽哉斋 [⅂]宰崽载₁三年五~载₂运~ [↘]再寨债攒把两件东西钉在一起：~驴蹄、~鞋掌

tsʻ　[⅃]猜钗差出~ [∨]才材财裁柴豺瘥难以对付：这种病可~了 [⅂]采踩彩睬 [↘]蔡菜

s　[⅃]腮鳃筛 [⅂]甩又 [↘]赛晒□小孩过于顽劣

iɛ

tɕ　[⅃]街皆阶秸 [⅂]解~开 [↘]界届戒介诫疥

ɕ　[∨]鞋 [⅂]蟹 [↘]泄懈□鸡蛋、汤等浓稠度降低：鸡蛋~了，不能吃了解识文~字

Ø　[⅃]嘢感叹词，表示惊叹：~，你整子来啦挨~号：按号排队 [∨]捱~捱崖涯水边：河~ [⅂]矮

uɛ

k　[⅃]乖 [⅂]拐 [↘]怪

kʻ　[⅂]擓抓挠：~痒痒 [↘]快块筷会~计

x　[∨]怀淮槐踝~子骨。《乡言正字》："足骨曰踝子。声如怀。"环上~徊 [↘]坏

Ø　[˥]歪 [˥]崴~脚脖子 [˩]外

e

p　[˥]杯卑碑北悲柏掰~开伯百笔 [˩]白 [˥]□手持工具拨动：把碟子里的菜~到碗里。[˩]背被备倍焙烘烤贝辈狈惫壁影~墙

pʻ　[˥]拍 [˩]培陪赔呸 [˥]魄~力迫压~臂胳~，又 [˩]配佩沛

m　[˥]麦墨脉默没~有 [˩]门梅枚煤媚眉酶玫媒霉楣莓 [˥]美每 [˩]昧魅妹

pf　[˥]追锥椎垄塞~上瓶口 [˩]坠缀赘惴

pfʻ　[˥]吹炊 [˩]锤垂捶槌

f　[˥]摔 [˥]水妃匪啡 [˩]税睡废新

v　[˩]瑞锐

t　[˥]得德□舒服：坐飞机~不 [˥]特~为哩：即特意、故意：他~为哩穿那件衣裳

n　[˩]内

l　[˥]肋勒 [˩]雷 [˥]垒磊累$_1$~积 [˩]累$_2$~死类泪擂

k　[˥]格隔 [˩]给~你

kʻ　[˥]客刻~字 [˩]剋训斥

x　[˥]黑嘿嚇~唬

ɣ　[˥]□语气词，表示疑问、惊奇、反驳等 [˩]□感叹词，招呼对方，引起对方注意

ts　[˥]窄则摘责 [˩]泽择宅翟贼□阉割：~猪

tsʻ　[˥]拆策测册

s　[˥]色涩塞~牙 [˩]谁

ue

t　[˩]对队兑

tʻ　[˥]忒推 [˥]腿 [˩]退褪蜕煺宰杀家畜家禽，用开水烫后，把毛去掉

k　[˥]归规闺龟硅圭 [˥]鬼诡轨 [˩]贵桂柜跪刽

kʻ　[˥]亏盔 [˩]魁葵奎逵馗 [˩]愧馈溃崩~裸把衣服被单等首尾两边相对，折叠起来

x　[˥]灰辉徽晖挥恢 [˩]回蛔茴 [˥]毁悔擎用手打人 [˥]会$_1$开~会$_2$不~汇慧惠绘秽讳卉桧晦贿海溃~脓

Ø　[˥]微煨偎 [˩]为~人维唯韦围惟违潍谓无所~ [˥]伟委伪危纬炜苇痿 [˥]未味卫位魏喂胃慰尉为~什么 [·]猬刺~

ye

tɕ　[ㄱ]堆　[ㄧ]嘴　[ㄩ]最罪醉

tɕʻ　[ㄱ]崔催摧　[ㄩ]翠脆萃粹悴

ɕ　[ㄱ]虽尿尿液　[ㄣ]随1跟~遂随2像：这孩子长哩~她娘，可俊巴啦　[ㄧ]髓　[ㄩ]岁碎穗祟隧

ɔ

p　[ㄱ]包苞胞褓婴儿的小棉被：小~被　[ㄣ]□象声词　[ㄧ]宝褒保饱煲堡　[ㄩ]爆报抱暴鲍豹曝~光趵铇~子。《乡言正字》："木工平木器曰铇。"菢母鸡孵卵：~窝

pʻ　[ㄱ]抛剖脬尿~泡~沫□量词，计量交易的次数：一上午西瓜才卖了两~。　[ㄣ]袍咆刨~地　[ㄧ]跑　[ㄩ]炮泡~酒

m　[ㄣ]毛1皮~毛2害怕猫茅矛锚髦牦□长时间地煮肉：~猪头　[ㄧ]卯点~铆毛3一角钱　[ㄩ]茂帽冒贸貌‖冃~窍：窍门。他刚开始干，找不着~窍，确实不容易

f　[ㄧ]否

t　[ㄱ]刀叨~~：争吵□用筷子挟：~菜　[ㄧ]倒1~票蹈岛导捣祷　[ㄩ]到倒2~车道盗稻悼铸浇铸　[ㄐ]叨唠~掇拾~

tʻ　[ㄱ]涛掏韬滔　[ㄣ]陶桃逃嗬淘　[ㄧ]讨　[ㄩ]套　[ㄐ]萄葡~

n　[ㄱ]孬　[ㄣ]挠　[ㄧ]恼瑙脑　[ㄩ]闹

l　[ㄱ]捞1~钱　[ㄣ]劳痨牢捞2~唠~叨　[ㄧ]老佬姥　[ㄩ]捞3用手或者借助工具取高处或远处的东西涝酪落莲花~　[ㄐ]唠了：考上~、上去~，义为"能考上、能上去"

k　[ㄱ]高糕羔膏名词　[ㄧ]稿搞镐　[ㄩ]告膏动词：~油。《乡言正字》："脂辖曰膏。去声。"

kʻ　[ㄱ]考烤拷　[ㄩ]靠铐犒

x　[ㄱ]薅蒿　[ㄣ]毫嚎壕豪　[ㄧ]好~坏　[ㄩ]浩昊号皓耗好爱~

ɣ　[ㄱ]爊炒嗷喊叫　[ㄣ]熬鳌　[ㄧ]袄　[ㄩ]奥澳傲懊鏊烙煎饼用具。《乡言正字》："打饼器曰鏊。"

ts　[ㄱ]遭糟招1~待招2摸：这东西忒贵啦，你要是不买哩话，别乱~沼召诏昭钊朝~夕　[ㄣ]着~急　[ㄧ]早枣藻澡蚤找爪形容说话带有外地口音：他说话~声不拉气哩　[ㄩ]燥皂灶造噪躁照赵兆罩肇笊

tsʻ　[ㄱ]操超糙抄钞　[ㄣ]曹1槽漕晁潮巢嘲朝~外曹2极为吝啬　[ㄧ]草炒吵绰宽~：有余。《乡言正字》："器币有余曰宽绰。音转如潮。"　[ㄩ]肏趟量词趟用步丈量

s　[ㄱ]骚梢稍烧捎臊~气筲水桶　[ㄣ]韶　[ㄧ]嫂扫~地少多~绍介~　[ㄩ]潲雨斜着

下少~年哨邵臊害~扫~帚　　[˩]嗽咳~

　z　[ˇ]饶　[˩]扰　[ˇ]绕

iɔ

p　[ˋ]标彪镖飙膘　[˩]表裱婊　[ˇ]摽紧贴鳔

p'　[ˋ]飘漂~浮　[ˇ]瓢　[˩]嫖膘　[ˇ]票漂~亮

m　[ˋ]喵　[ˇ]描瞄苗缈~细。《乡言正字》："纤微曰缈细。"　[˩]秒渺淼藐　[ˇ]庙妙

t　[ˋ]雕凋刁叼貂碉　[˩]屌阳具　[ˇ]掉调~查钓吊裯衣服加衬里。《乡言正字》："衣加皮里曰裯。"

t'　[ˋ]挑~水　[ˇ]条调~和　[˩]挑~事　[ˇ]跳眺粜

l　[ˇ]聊辽疗僚镣敿简单缝补　[˩]燎撩掀了~结　[ˇ]料潦撂扔瞭看，多用双音节重叠形式

tç　[ˋ]胶教~书交焦缴娇浇椒郊蛟蕉跤　[˩]搅绞饺铰狡矫侥骄　[ˇ]叫校~对较觉睡~轿窖醮教~师

tç'　[ˋ]敲悄锹跷踩高~　[ˇ]乔桥瞧侨樵荞憔　[˩]巧　[ˇ]翘鞘俏峭窍撬跷~脚

ɲ　[˩]鸟袅　[ˇ]尿

ç　[ˋ]肖萧消销霄箫潇宵枭硝嚣逍　[˩]小晓　[ˇ]笑校学~效孝啸哮

ø　[ˋ]要~求吆腰妖邀幺夭　[ˇ]姚遥窑瑶肴摇谣　[˩]咬舀杳　[ˇ]要不~耀鹞

əu

m　[ˇ]哞象声词　[ˇ]谋

t　[ˋ]都全~兜篼~~：即肚兜。《乡言正字》："袜肚曰篼。"　[˩]斗一~米抖陡蚪 ‖ □~~：奶子，喝~~，即喝母乳　[ˇ]窦斗~地主豆逗痘

t'　[ˋ]偷　[ˇ]头投骰《乡言正字》："酒已漉，更投他酒重酿曰骰。"后词义扩大，醉后次日再饮少量酒，亦谓之骰酒　[ˇ]透

l　[ˋ]搂~钱　[ˇ]楼娄耧锄草　[˩]篓搂~抱髅骷~　[ˇ]露暴~漏陋　[˩]攎捗~：到处张罗

k　[ˋ]沟勾钩　[˩]狗苟枸　[ˇ]够购构

k'　[ˋ]抠□刁蛮，厉害，嘴不让人：这个小女子忒~啦　[˩]口　[ˇ]扣寇叩

x　[ˋ]齁₁盐多让人不适：吃咸菜~哩孩子直咳嗽齁₂很：菜~咸　[ˇ]侯猴喉猴　[˩]吼　[ˇ]后候厚

ɣ　[ˋ]沤欧鸥瓯酒~子：即酒杯殴　[˩]藕偶熰冒烟无明火地烧　[ˇ]怄

ts　[ˋ]邹郰州周洲舟诌揪端、拿，如"~大猴"，义为"玩木偶"　[˩]走肘　[ˇ]做~饭，又

奏揍咒皱骤昼宙纣

ts' 　[˦]抽搊扶 　[˅]愁仇筹酬绸稠 　[˧]丑瞅 　[˨]凑臭

s 　[˦]搜艘馊叟嗖飕收 　[˧]首守手 　[˨]受售寿兽授瘦

z 　[˦]□挥动、来回甩：车子来回晃，把他给~出去啦 　[˅]柔揉蹂 　[˨]肉褥被~

iu

m 　[˨]谬

t 　[˦]丢

l 　[˦]溜熘~排骨 　[˅]流刘留琉榴瘤馏₁蒸~水 　[˧]柳绺 　[˨]六遛馏₂重新蒸热食物

tɕ 　[˦]阄纠揪究咎 　[˅]就搭配着菜蔬、果品、主食等吃或喝：~仔咸菜喝酒殨~筋：完了，死了 　[˧]酒九玖久灸韭 　[˨]救舅臼就旧柩

tɕ' 　[˦]秋邱丘 　[˅]求球囚裘仇姓 　[˧]糗面食粘连成块状或糊状：面条子都~啦，你快喝吧

ȵ 　[˦]妞 　[˅]牛 　[˧]扭忸纽

ɕ 　[˦]修羞休 　[˧]朽宿住一~ 　[˨]绣秀锈袖

ø 　[˦]悠优邮幽忧 　[˅]油由游尤犹疣鱿蚰 　[˧]有友酉 　[˨]又右佑幼诱柚

ã

p 　[˦]班般斑搬扳颁 　[˧]板₁木头~子版板₂棺材 　[˨]办半伴拌瓣绊扮

p' 　[˦]潘攀 　[˅]盘蟠 　[˨]判盼叛襻~带。《乡言正字》："舆夫肩带曰襻。"

m 　[˅]瞒蛮 　[˧]满馒 　[˨]曼慢漫₁~长蔓漫₂~儿：铜钱无字的一面，即钱幕，用于儿化音。《乡里旧闻》："乡语呼钱幕声如闷，盖漫之转也。"漫₃介词，打，从：小偷~窗户进来哩

pf 　[˦]专砖 　[˧]转~账 　[˨]赚篆转~圈传~记

pf' 　[˦]穿川 　[˅]船椽传~话 　[˧]喘 　[˨]串

f 　[˦]翻帆番幡拴闩 　[˅]凡繁烦矾范模~ 　[˧]反返 　[˨]涮洗刷。《乡言正字》："洗器曰涮。生患切。"饭犯泛贩樊姓范姓媵禽鸟下蛋

v 　[˧]软

t 　[˦]丹耽担动词单~据 　[˧]胆疸 　[˨]蛋淡旦诞担名词但弹子~

t' 　[˦]摊潭滩贪瘫坍 　[˅]谈谭坛痰郯檀弹~琴 　[˧]毯坦 　[˨]探碳叹炭

n 　[˅]难困~男南楠 　[˧]奶面称，一般用双音节重叠形式：~~ 　[˨]难灾~

l 　[˅]栏兰蓝澜篮蒌~柿子 　[˅]揽复收：待地里~果子（花生） 　[˧]拦懒览揽缆榄 　[˨]烂滥

k　[˨˦]干～旱甘柑肝杆竿竹～尴 [˥˧]擀感赶敢秆秸～儿 [˧˩]赣干～活

k‘　[˨˦]刊堪勘龛 [˥˧]砍坎侃槛门～儿 [˧˩]看

x　[˨˦]憨鼾 [˥˨]含韩寒函涵 [˥˧]喊罕 [˧˩]汉焊翰旱撼憾捍

ɣ　[˨˦]安氨鞍鹌唵表示疑问的语气词 [˥˧]俺庵埯点种时在地里挖的小坑：点～，即点种 [˧˩]按案$_1$～板暗岸案$_2$～场，把轧晒庄稼的场地耙平，泼水后，用石磙再轧实。《乡言正字》："碾场曰案。"

ts　[˨˦]沾$_1$～亲带故粘簪毡瞻沾$_2$略微过于。她有点儿～胖 [˥˧]咱攒展斩盏崭 [˧˩]赞暂绽栈占站战蘸

ts‘　[˨˦]参～加餐掺搀鸧鸟用嘴啄，如～拉木子，即啄木鸟 [˥˨]残惭缠馋禅蝉蚕 [˥˧]惨产铲 [˧˩]灿颤打冷～

s　[˨˦]三叁姗山删珊衫搧煽羶颤～哄：上下左右摇晃苫草帘子，草垫子。《乡言正字》："草薦曰苫子。" [˥˧]伞馓闪陕散松～ [˧˩]善扇单姓善擅膳汕赡散分～

z　[˥˨]燃然 [˥˧]染

iã

p　[˨˦]边编鞭 [˥˧]扁贬匾 [˧˩]变遍辫辩辨便方～卞姓

p‘　[˨˦]篇偏翩 [˥˨]便～宜 [˥˧]谝自诩、吹牛 [˧˩]片骗

m　[˥˨]棉绵眠 [˥˧]免勉娩挽～裤腿 [˧˩]面

t　[˨˦]颠癫滇掂 [˥˧]典点碘 [˧˩]店电殿奠垫甸淀踮惦佃

t‘　[˨˦]天添 [˥˨]填甜田恬 [˥˧]舔腆

l　[˥˨]连莲联廉帘镰 [˥˧]脸怜敛殓 [˧˩]链练恋炼

tɕ　[˨˦]间房～兼监坚肩尖歼奸艰犍煎尖吃喝东西等过于挑剔 [˥˧]捡减简检剪碱拣俭柬茧 [˧˩]建鉴见件剑键健渐箭舰荐贱溅饯毽腱谏间～谍

tɕ‘　[˨˦]千签铅迁谦扦钎牵 [˥˨]钱前潜黔钳 [˥˧]浅遣 [˧˩]歉欠堑嵌槛门～子

ȵ　[˨˦]拈 [˥˨]年鲇粘～糕黏 [˥˧]捻撵碾动词 [˧˩]念碾名词

ɕ　[˨˦]先鲜～鱼仙纤掀锨杴《乡言正字》："臿可敛土曰杴。" [˥˨]咸贤闲弦嫌衔娴 [˥˧]显险 [˧˩]陷现线县限献宪馅腺羡

ø　[˨˦]烟燕～国腌淹阉渊～子：河中极深之地 [˥˨]盐言檐研阎衍究闫岩严颜延炎芫 [˥˧]眼演掩腌雀～。《乡言正字》："屋檐空处曰雀腌。" [˧˩]沿艳燕～子雁宴验焰咽砚厌堰谚酽茶很浓

uã

t　[˨˦]端 [˥˧]短断拦截：～路哩（拦路抢劫者） [˧˩]断段锻缎煅□追赶：他跑远啦，

你～不上啦

t‘　[∨]团抟～丸子

n　[丨]暖餪大口吃东西

l　[∨]李鸾 [丨]卵 [↘]乱

k　[↗]官关观参～冠鸡～子棺 [丨]馆管 [↘]冠～军惯灌罐贯观道～

k‘　[↗]宽 [丨]款

x　[↗]欢獾 [∨]环桓鬟还～钱 [丨]缓 [↘]换患幻唤痪

ø　[↗]湾弯剜 [∨]玩完丸顽 [丨]碗晚婉挽绾豌腕 [↘]万

yã

tɕ　[↗]娟捐绢鹃钻～洞 [丨]纂卷₁旧时已婚妇女盘在脑后的发髻卷₂骂，如～人 [↘]倦卷～子眷攥钻《乡言正字》："杖下铜铁底曰钻。声如纂。" 圈猪～

tɕ‘　[↗]圈花～窜蹿汆清～丸子撺～掇。《乡言正字》："诱人曰撺掇。" [∨]全泉拳蜷颧旋～风，又 [丨]犬权 [↘]劝券篡碏拱形地基，发～：即垒拱形地基

ɕ　[↗]轩宣喧酸揎打：～出他去暄松软 [∨]悬玄旋～风 [丨]癣选 [↘]陷炫蒜算镟砍削

ø　[↗]冤鸳渊～源 [∨]原元员园源袁圆缘猿援辕 [丨]远阮 [↘]怨院愿

ə̃

p　[↗]奔～跑锛《乡言正字》："铲木器曰锛。" [丨]本 [↘]笨奔直往，趋向

p‘　[↗]喷～水 [∨]盆 [↘]喷～香□正在：他～开会呢

m　[↗]闷动词焖 [∨]门 [↘]闷形容词[丨]们

pf　[↗]谆 [丨]准

pf‘　[↗]春椿 [∨]纯唇醇淳 [丨]蠢

f　[↗]分芬纷吩 [∨]坟 [丨]粉焚 [↘]愤忿粪份奋顺舜

k　[↗]跟根 [丨]艮食物韧而硬；说话生硬 [↘]哏说话不连贯：打～

k‘　[丨]肯啃垦恳

x　[∨]痕 [丨]很狠 [↘]恨

ɣ　[↗]恩 [↘]摁～手印嗯表示同意、应答的语气词

ts　[↗]针真珍臻贞斟粘又 [丨]诊疹 [↘]镇振震阵枕症～候

ts‘　[↗]深又伸嗔 [∨]陈晨臣尘沉辰岑 [丨]衬趁称～心 [丨]碜寒～

s　[↗]森身申深参人～ [∨]神 [丨]沈审婶 [↘]甚肾慎渗

z [∨]人仁壬 [1]忍 [↘]韧饪认任~务任姓纫把线穿进针鼻：~针

iə̃

p [↗]斌彬宾滨槟 [∨]殡鬓

pʻ [↗]拼姘伨傻，"~种"即"傻瓜"；这孩子~儿呱叽哩 [∨]贫 [1]品频濒 [↘]聘

m [∨]民 [1]敏抿悯闽

l [∨]林临琳磷邻麟淋鳞 [1]檩 [↘]赁蹭吝

tɕ [↗]金今斤筋巾襟衿揩轻拉：~ ~衣裳襟儿 [1]仅紧锦谨 [↘]禁~止妗~子近进尽晋劲

tɕʻ [↗]亲钦浸冲泡：早晨~俩鸡蛋喝 [∨]秦琴勤禽芹侵 [1]寝 [↘]吣呕吐。《乡言正字》："犬吐曰吣。"后来引申为胡说、乱说，含贬义

ɕ [↗]心新欣鑫辛芯锌薪馨 [∨]寻找：~主儿 [↘]信讯衅凶

ø [↗]音因阴荫姻洇液体在纸上向外散开或渗出 [∨]银淫 [1]尹引隐瘾缜用长线直缝衣物、被子等饮₁~酒 [↘]刃窨饮₂~马

uə̃

t [↗]吨敦墩蹲镦《乡言正字》："置物地上曰镦。" [1]盹 [↘]顿钝炖囤盾 [ɬ]饨馄~

tʻ [↗]吞 [∨]屯囤豚臀 [1]腆挺着，含贬义：~着大肚子□在床上乱动，把床铺弄得一塌糊涂，含贬义

l [↗]抡 [∨]轮伦仑沦 [1]墒地里培成的一行一行的土埂，可在上面种植农作物 [↘]论嫩

k [1]滚磙 [↘]棍

kʻ [↗]昆坤鲲 [1]捆 [↘]困瞌睡

x [↗]昏婚荤 [∨]浑魂馄 [↘]混

ø [↗]温瘟 [∨]文蚊纹闻雯 [1]稳吻刎 [↘]问₁~题问₂跟：你别老是~我要钱璺《乡言正字》："器裂曰璺。音问。"

yə̃

tɕ [↗]军均君钧尊遵 [1]菌剟使缩短。《乡言正字》："裁抑曰吣剟。" [↘]俊郡骏峻

tɕʻ [↗]村皴 [∨]群₁人~群₂任凭：他想去，就~他去吧裙存捘高处跳落摧伤股足 [↘]寸

ɕ [˨˩˧]熏醺薰孙 [˦˨]巡循询旬荀 [˥]损笋榫 [˧˩˨]训逊驯

Ø [˨˩˧]晕 [˦˨]云芸匀 [˥]允陨 [˧˩˨]运韵孕熨郓润闰

aŋ

p [˨˩˧]帮邦梆 [˥]榜绑膀 [˧˩˨]棒蚌谤磅镑傍~大款埲尘土弥漫貌

p' [˨˩˧]膀浮肿乓□萝卜等糠心 [˦˨]旁庞螃膀~胱 [˥]耪~地 [˧˩˨]胖

m [˨˩˧]□胡猜乱蒙牤~牛蛋子：即公牛 [˦˨]忙芒茫盲氓流~ [˥]莽

pf [˨˩˧]庄装妆化~桩 [˥]妆增添，粉饰：俩儿子给你~门面啦 [˧˩˨]状壮撞幢

pf' [˨˩˧]窗疮 [˦˨]床□刺，戳：一不小心连眼给~啦噇无节制地大吃大喝，贬义 [˥]闯 [˧˩˨]创

f [˨˩˧]方芳霜孀双₁量词 [˦˨]肪房双₂~生：双胞胎 [˥]防坊访仿妨纺₁爽纺₂垂直向下用力：铁锨头有点儿松了，你把锨把儿倒过来~~ [˧˩˨]放

t [˨˩˧]当~场裆铛 [˥]党挡阻~ [˧˩˨]档~案荡宕当₁上~档量词挡设法阻挠当₂~铺

t' [˨˩˧]汤₁名词蹚螳汤₂动词，以热水洗。《乡言正字》："热水沃曰汤。他浪切。" [˦˨]堂唐塘糖棠溏 [˥]躺倘淌膛胸~ [˧˩˨]趟烫

n [˨˩˧]囔嘟~ [˦˨]馕囊 [˥]攮用锐器刺戳饢大口吃东西：日~（含贬义） [˧˩˨]齉𤞤人多拥挤的状态

l [˦˨]狼郎廊 [˥]朗明~ [˧˩˨]浪₁~花浪₂轻佻，特指女性作风不正派 [·˧]螂屎壳~：蜣螂

k [˨˩˧]刚纲钢~铁缸肛缰~绳 [˦˨]□说话大声的样子𠙶很，这个人~好哒 [˥]港岗冈 [˧˩˨]杠钢回炉锻造铁器

k' [˨˩˧]康糠慷 [˦˨]扛禁受、忍耐：这一次他~不过去啦 [˧˩˨]抗扛~麻包亢炕

x [˨˩˧]夯 [˦˨]行₁银~航杭行₂或者，~去~不去

ɣ [˨˩˧]肮 [˦˨]昂 [˥]卬烧：棉袄~唠个洞

ts [˨˩˧]脏~乱赃张章樟 [˥]掌长~大涨~价□添加，使用：~点儿盐；~棍子顶上门 [˧˩˨]藏西~葬帐账仗杖障丈胀脏心~

ts' [˨˩˧]仓苍舱沧昌倡娼猖 [˦˨]藏躲~场打~长常嫦尝肠 [˥]厂昶敞偿赔~场₁~地场₂量词 [˧˩˨]畅唱蹭轻微摩擦

s [˨˩˧]桑丧~事伤商殇小孩夭折 [˥]搡偿赔~，又嗓裳赏晌 [˧˩˨]尚上丧~良心

z [˦˨]瓤穰虚弱：他身子骨很~ [˥]嚷壤 [˧˩˨]让酿在藕合、豆腐等食物中填入肉馅儿：~藕，~豆腐

iaŋ

l [˅]量凉梁良粮粱 [˥]两 [˩]亮辆晾谅

tɕ [˩]将~来江姜浆疆僵□猪狗等产仔，用于人则含有贬义 [˥]浆蒋讲奖茧~胝：手脚上因劳作而生的厚皮耩~麦子：把麦种播到地里 [˩]降将大~酱匠犟糨~子：糨糊虹《乡言正字》："虹曰绛。声讱如酱。"

tɕʻ [˩]枪炝腔呛食物、水等误入气管 [˅]墙强 [˥]抢 [˩]戗强食呛刺激性气味使人不舒服

ȵ [˅]娘 [˩]酿~酒

ɕ [˩]香相~亲箱湘厢镶 [˅]祥详降投~翔 [˥]想响享 [˩]象像向项孝~帽子，又相~貌巷橡

Ø [˩]央殃秧鸯 [˅]杨阳羊扬洋 [˥]养痒仰佯躺又 [˩]样漾

uaŋ

k [˩]光胱 [˥]广咣~荡：液体在瓶子中晃荡 [˩]逛

kʻ [˩]匡诓欺骗筐 [˅]狂 [˩]矿况框旷眶

x [˩]荒慌 [˅]黄蝗皇惶簧磺 [˥]谎凰幌晃~眼 [˩]晃摇~

Ø [˩]汪 [˅]芒麦~，又王亡 [˥]网枉往来~ [˩]往~东走旺望忘妄

əŋ

p [˩]崩迸液体飞溅嘣象声词 [˥]绷紧闭：~嘴 [˩]泵甏蹦

pʻ [˩]烹抨砰 [˥]鹏彭蓬篷~布朋棚 [˥]膨捧吹~ [˩]碰[·]蚌壳~，即贝壳篷帐~

m [˩]懵蒙骗 [˅]蒙遮盖盟濛萌 [˥]猛蠓~虫子：一种会飞的小昆虫虻牛~ [˩]梦孟

pf [˩]中~间钟忠衷终盅 [˥]肿种~类 [˩]重~要种~地众仲中~奖

pfʻ [˩]冲~洗充春 [˅]虫崇重~复 [˥]宠 [˩]$冲_1$对着$冲_2$说话火药味浓：他说话一贯很~

f [˩]风封丰枫疯蜂讽 [˅]峰锋冯逢缝~衣裳 [˩]缝凤奉俸

v [˅]容荣融蓉溶绒熔茸

t [˩]灯登蹬 [˥]等戥 [˩]邓瞪凳磴澄沉淀拕突然用力拉拽：被套有点儿皱啦，咱俩~~它吧

tʻ [˩]煸用小火烤 [˅]疼腾藤滕

n　[˅]能　[˩]弄

l　[˩]扔　[˥]冷　[˩]愣棱

k　[˩]耕庚羹更三~半夜　[˥]耿哽埂梗　[˩]更~加

k'　[˩]坑吭铿

ɣ　[˩]嗯表示疑问的语气词　[˩]嗯表示同意、应答的语气词

x　[˩]哼亨　[˅]恒衡　[˩]横丢，扔：~垃圾。他连人家哩衣裳给~啦

ts　[˩]曾姓增正~月争征蒸筝睁侦铮锃~亮　[˅]□"这么"的合音：考哩~好哎
[˥]整拯　[˩]赠憎正证郑政挣怔症

ts'　[˩]称₁~呼称₂~重撑支~锴[˅]曾~经层成城程乘诚承橙澄~清盛~饭丞惩
[˥]逞~能呈骋　[˩]蹭轻微摩擦撑占用空间：你倒挺~衣裳哩秤桄《乡言正字》："床横木曰桄。
音如'称'之去声。"

s　[˩]僧生声升牲甥笙鉎~镢：生锈　[˅]绳　[˥]省~钱　[˩]剩胜圣盛兴~

z　[˩]扔仍

iŋ

p　[˩]兵冰　[˥]丙饼炳柄秉禀　[˩]病并

p'　[˩]乒　[˅]平萍凭评瓶屏坪苹

m　[˅]名明鸣铭冥　[˩]命

t　[˩]丁钉名词盯叮　[˥]顶鼎　[˩]□凝结：大油（指猪油）~啦定订动词锭腚

t'　[˩]听厅汀　[˅]庭亭停廷艇婷　[˥]挺蜓~~：蜻蜓

l　[˩]拎　[˅]零玲灵凌陵铃翎菱棂　[˥]岭领　[˩]另令₁命~令₂量词：一~纸
[˩]龄年~

tɕ　[˩]精晶经禁~受不住睛鲸荆惊京更五~，又　[˥]井景警阱津天~　[˩]净静
靖茎径颈敬竞竟镜境

tɕ'　[˩]轻清青倾氢卿顷　[˅]赓继承，引申指不经过努力而得到：他~唠五间瓦房。又
引申为等待、承受：你就~好吧。他什么活也不丁，光~吃~穿情晴擎　[˥]请苘　[˩]庆亲~
家罄

ŋ　[˩]□很，只用于修饰细小义形容词，如"小、细、窄、瘦"等　[˅]宁拧~螺丝狞
[˩]拧性格执拗

ɕ　[˩]兴流行星腥猩　[˅]型形邢刑行~为　[˥]擤~鼻子醒省~悟　[˩]兴高~姓性
幸杏

ø　[˩]应英鹰樱莺婴缨鹦　[˅]赢营迎盈莹蝇萤荧凝~固　[˥]影颖　[˩]硬映

uŋ

t [↘]东冬咚 [↗]懂董 [↓]洞动栋冻

t' [↘]通嗵 [↗]同铜童桐瞳 [↓]统桶筒捅以锐器刺戳 [↙]痛恸

n [↓]脓农浓 [↗]努力有不逮，做某事勉强：这孩子上学有点儿～ [↙]□泥泞：刚下过雨，路上挺～哩 [↗]□猥～：性格懦弱，形象猥琐。这孩子忒猥～啦，难怪没人愿意跟他玩

l [↓]龙隆笼两～包子聋窿珑 [↗]拢陇垄笼外面罩上：穿上棉袄，外面再～上一件就行啦 [↗]弄糊～

k [↘]工公供～孩子上学蚣宫功攻弓恭躬 [↗]拱巩汞 [↓]供～奉共贡

k' [↘]空～气 [↗]恐孔 [↓]控空～缺涳直流：把鸡捞出来挂绳子上～～

x [↘]轰烘哄～堂大笑烘果实熟过变软：桃有点儿～啦，你别吃啦 [↓]红弘虹洪宏鸿 [↗]哄～孩子 [↓]讧哄起～横1～竖横2～行八道

Ø [↘]翁嗡 [↓]瓮

yŋ

tɕ [↘]宗综鬃 [↗]窘炯迥总 [↓]粽纵往上绺：秋裤有点儿短，一穿就～上来啦

tɕ' [↘]聪葱匆囱 [↓]从丛穷琼□片、群：一～蚂蚁从待；在：恁老爸～家来吗

ç [↘]松嵩兄胸凶汹 [↓]□精液雄熊1狗～□脾气暴躁。这个人可～啦熊2批评、训斥。你别老是～孩子，要多鼓励他 [↗]怂挑～：鼓动耸高～ [↘]送宋颂讼诵

Ø [↘]拥庸雍臃 [↓]容又溶融荣蓉绒茸 [↗]永勇涌泳揢用力推。《乡言正字》："推倒曰揢倒。" [↓]用佣

三、泗水方言连读变调研究

1. 重重型两字组连读变调

泗水方言有四个单字声调，两字连读当有 16 种连调类，如表 2-10 所示：

表 2-10　泗水方言重重型两字组连读变调

前字 后字　　变调				
阴平 113	113＋113→ 13＋113	51＋113→ 不变	55＋113→ 33＋113	312＋113→ 31＋113
阳平 51	113＋51→ 不变	51＋51→ 不变	55＋51→ 33＋51	312＋51→ 31＋51
上声 55	113＋55→ 211＋55	51＋55→ 不变	55＋55→ 33＋55	312＋55→ 31＋55
去声 312	113＋312→ 13＋312	51＋312→ 55＋312	55＋312→ 33＋312	312＋312→ 31＋312

泗水方言中双音节词语连读变调现象比较明显，它们的变调现象发生在前一音节上，前一音节的声调变化受后一音节声调的制约。泗水方言中前一音节的连读变调例释如下：

(1) 13＋113 "阴平＋阴平" 读这一类。例如：

公司 [kuŋ₁₁₃¹¹³ sɿ¹¹³]　　中央 [pfəŋ₁₃¹¹³ iaŋ¹¹³]　　阴天 [iə₁₃¹¹³ tˈiã¹¹³]　　山沟 [sã₁₃¹¹³ kəu¹¹³]

(2) 113＋51 "阴平＋阳平" 读这一类（不变）。例如：

亲人 [tɕˈiə¹¹³ zə⁵¹]　　汪洋 [uaŋ¹¹³ iaŋ⁵¹]　　天鹅 [tˈiã¹¹³ ɣə⁵¹]　　猪年 [pfu¹¹³ n̠iã⁵¹]

(3) 211＋55 "阴平＋上声" 读这一类。例如：

公款 [kuŋ₂₁₁¹¹³ kˈuã⁵⁵]　　生产 [səŋ₂₁₁¹¹³ tsˈã⁵⁵]　　天狗 [tˈiã₂₁₁¹¹³ kəu⁵⁵]　　钟表 [tsuŋ₂₁₁¹¹³ piɔ⁵⁵]

(4) 13＋312 "阴平＋去声" 读这一类。例如：

花布 [xua₁₃¹¹³ pu³¹²]　　天亮 [tˈiã₁₃¹¹³ liaŋ³¹²]　　阴历 [iə₁₃¹¹³ li³¹²]　　乡下 [ɕiaŋ₁₃¹¹³ ɕia³¹²]

(5) 51＋113 "阳平＋阴平" 读这一类（不变）。例如：

晴天［tɕˈiŋ⁵¹ tˈiã¹¹³］　　南山［nã⁵¹ sã¹¹³］　　农村［nuŋ⁵¹ tɕˈyə̃¹¹³］　　河心［xə⁵¹ ɕiə̃¹¹³］

（6）51＋51"阳平＋阳平"读这一类（不变）。例如：

城墙［tsˈəŋ⁵¹ tɕˈiaŋ⁵¹］　　王坟［uaŋ⁵¹ fə⁵¹］　　牛毛［ȵiu⁵¹ mɔ⁵¹］　　银河［iə̃⁵¹ xə⁵¹］

（7）51＋55"阳平＋上声"读这一类（不变）。例如：

南岭［nã⁵¹ liŋ⁵⁵］　　流水［liu⁵¹ fe⁵⁵］　　平等［pˈiŋ⁵¹ təŋ⁵⁵］　　头顶［tˈəu⁵¹ tiŋ⁵⁵］

（8）55＋312"阳平＋去声"读这一类。例如：

年货［ȵiã₅₅⁵¹ xuə³¹²］　　平地［pˈiŋ₅₅⁵¹ ti³¹²］　　同意［tˈuŋ₅₅⁵¹ i³¹²］　　毛病［mɔ₅₅⁵¹ piŋ³¹²］

（9）33＋113"上声＋阴平"读这一类。例如：

小葱［ɕiɔ₃₃⁵⁵ tɕˈyŋ¹¹³］　　打春［ta₃₃⁵⁵ pfˈə̃¹¹³］　　火车［xuə₃₃⁵⁵ tsˈə¹¹³］　　起飞［tɕˈi₃₃⁵⁵ fi¹¹³］

（10）33＋51"上声＋阳平"读这一类。例如：

早霞［tsɔ₃₃⁵⁵ ɕia⁵¹］　　打雷［ta₃₃⁵⁵ le⁵¹］　　眼皮［iã₃₃⁵⁵ pˈi⁵¹］　　好人［xɔ₃₃⁵⁵ zə⁵¹］

（11）33＋55"上声＋上声"读这一类。例如：

小雨［ɕiɔ₃₃⁵⁵ y⁵⁵］　　老酒［lɔ₃₃⁵⁵ tɕiu⁵⁵］　　打扫［ta₃₃⁵⁵ sɔ⁵⁵］　　有理［iu₃₃⁵⁵ li⁵⁵］

（12）33＋312"上声＋去声"读这一类。例如：

水库［fe₃₃⁵⁵ kˈu³¹²］　　口外［kˈəu₃₃⁵⁵ uɛ³¹²］　　马路［ma₃₃⁵⁵ lu³¹²］　　土地［tˈu₃₃⁵⁵ ti³¹²］

（13）31＋113"去声＋阴平"读这一类。例如：

气功［tɕˈi₃₁³¹² kuŋ¹¹³］　　大车［ta₃₁³¹² tsˈə¹¹³］　　地基［ti₃₁³¹² tɕi¹¹³］　　立春［li₃₁³¹² pfə̃¹¹³］

（14）31＋51"去声＋阳平"读这一类。例如：

太阳［tˈɛ₃₁³¹² iaŋ⁵¹］　　戏台［ɕi₃₁³¹² tˈɛ⁵¹］　　地雷［ti₃₁³¹² le⁵¹］　　地头［ti₃₁³¹² tˈəu⁵¹］

（15）31＋55"去声＋上声"读这一类。例如：

动手［tuŋ₃₁³¹² səu⁵⁵］　　户口［xu₃₁³¹² kˈəu⁵⁵］　　下马［ɕia₃₁³¹² ma⁵⁵］　　上等［saŋ₃₁³¹² təŋ⁵⁵］

（16）31＋312"去声＋去声"读这一类。例如：

气象［tɕˈi₃₁³¹² ɕiaŋ³¹²］　　地面［ti₃₁³¹² miã³¹²］　　运费［yə̃₃₁³¹² fi³¹²］　　外贸［uɛ₃₁³¹² mɔ³¹²］

2. 重轻型两字组连读变调

泗水方言中重轻型变调也是前一音节的声调由于轻声调的影响发生变化，但与重重型两字组连读变调的情况不同。后字轻声调值随着前字调值的不同而略有不同，如表2－11所示：

表 2-11　泗水方言中两字组重轻型变调

前字调类 / 原调值 / 前字变调	阴平	阳平	上声	去声
	113	51	55	312
轻声（示例）	113+轻声→（桌子）	51+轻声→（麻烦）	55+轻声→（早上）	312+轻声→（厚道）
变调	211-1	55-5	113-3	31-2

泗水方言中重轻型变调情况例释如下：

(1) 211-1"阴平+轻声"读这一类。例如：

屋里 [u₂₁₁¹¹³liº]　桌子 [pfə₂₁₁¹¹³tsʅº]　张罗 [tsaŋ₂₁₁¹¹³luəº]　收拾 [səu₂₁₁¹¹³sʅº]

(2) 55-5"阳平+轻声"读这一类。例如：

明白 [miŋ₅₅⁵¹peº]　头疼 [t'əu₅₅⁵¹t'əŋº]　麻烦 [ma₅₅⁵¹fãº]　条子 [t'iɔ₅₅⁵¹tsʅº]

(3) 113-3"上声+轻声"读这一类。例如：

点心 [tiã₁₁₃⁵⁵ɕiə̃º]　早上 [tsɔ₁₁₃⁵⁵saŋº]　老实 [lɔ₁₁₃⁵⁵sʅº]　打量 [ta₁₁₃⁵⁵liaŋº]

(4) 31-2"去声+轻声"读这一类。例如：

厚道 [xəu₃₁³¹²tɔº]　豆腐 [təu₃₁³¹²fuº]　棍子 [kuə̃₃₁³¹²tsʅº]　外甥儿 [uɛ₃₁³¹²ʂərº]

重轻型变调中，后字轻声是一种又短又轻的调子，音高根据前字的调值略有不同，韵母较为含混。重轻型变调的显著特点是，前面的重读音节在轻声前都要相应变调，变调规律不同于两个重读音节的连读变调。而值得注意的是，原阳平调值在轻声前变为上声的调值，原上声的调值在轻声前变为阴平的调值，原阴平和去声的调值在轻声前都变为低降调，前者调值为211，后者调值为31。

3. 叠音字为轻声的连调类

这里主要指的是由 AB（轻声）变来的 A₁A₂B₁B₂式的连读变调。在泗水方言中，A₁A₂B₁B₂式和 AB（轻声）式的连读变调规律不同。例释如下：

吱歪吵嚷 [tsʅ₂₁₁¹¹³uɛº] →吱吱歪歪 [tsʅ₅₅¹¹³tsʅºuɛ¹¹³uɛº]

稀拉 [ɕi₂₁₁¹¹³laº] →稀稀拉拉 [ɕi₅₅¹¹³ɕiºlaºlaº]

瓢偏不周正 [p'iɔ₅₅⁵¹p'iɛº] →瓢瓢偏偏 [p'iɔ₅₅⁵¹p'iɔºp'iɛ¹¹³p'iɛ̃º]

随便 [ɕye₅₅⁵¹piɛº] →随随便便 [ɕye₃₃⁵¹ɕyeºpiɛ̃₃₁³¹piɛ̃º]

老实 [lɔ₁₁₃⁵⁵sʅº] →老老实实 [lɔ₁₁₃⁵⁵lɔºsʅ₅₁⁵¹sʅº]

窄巴 [tse₁₁₃⁵⁵paº] →窄窄巴巴 [tse₁₁₃⁵⁵tseºpa¹¹³paº]

利索 [li₅₄³¹²ɕyəº] →利利索索 [li₅₄³¹²liºɕye₅₅⁵⁵ɕyəº]

大样举止端庄 [ta₃₁³¹²iaŋº] →大大样样 [ta₅₄³¹²taºiaŋ₅₅⁵⁵iaŋº]

第四节 声 母

与普通话和泗水周边方言相比，泗水方言的声母在知庄章组、精组、日母和疑、影母开口呼的演变上体现出一些特点，本小节主要从共时差异和历时演变的层面上探讨泗水方言以上各组声母演化方面的特色。

一、知庄章三组声母

中古知庄章三组声母在今北京话里合流为 [tʂ tʂʻ ʂ]，部分知庄组字例外，读为 [ts tsʻ s]，如"洒、阻、所、搜、簪、涩、侧、测、泽、择、缩"等。在今泗水方言中，中古知庄章三组声母的今读远比普通话复杂得多，内部各乡镇之间也存在着较为明显的语音差异。

有鉴于此，笔者在泗水境内选取了158个自然村作为考察点，对泗水方言知庄章三组声母进行了考察，发现中古知庄章三组声母开口呼字（宕开三、江开二除外）在全县内的演变情况完全相同，知庄组开口二等声母今读为 [ts tsʻ s]，知庄组开口三等和章组声母今读为 [tʃ tʃʻ ʃ]，但是 [tʃ tʃʻ ʃ] 和 [ts tsʻ s] 可以自由替换，并不具备区别语义的功能，属于同一个音位的自由变体，故可以合并为/ts/、/tsʻ/、/s/三个音位。

因此，下面我们着重讨论中古知庄章三组声母合口呼字以及宕摄、江摄开口呼字今声母的演变情况，并探讨其分化的原因及生成过程。

（一）知庄章三组声母在今泗水方言中的分化类型、分布区域

泗水方言中古知庄章三组声母的今读大致可分为以下六种类型，六种类型的分布区域参见图2-5。

从图2-5可以看出，泗水方言中古知庄章三组声母在泗水方言中演变为六种类型，其中有三种基本类型：（Ⅰ）在泗水大部分区域演变为 [pf pfʻ f]；（Ⅱ）在泗水西部和南部的一些村点演变为 [tɕ tɕʻ ɕ]；（Ⅲ）在泗水西部和南部的少数村点演变为 [ts tsʻ s]。

在这三种基本类型的基础上，又逐渐发展出另外三种非基本类型。比如 [tɕ tɕʻ f] 类型从分布区域来看，当是（Ⅰ）型和（Ⅱ）型两个方言小片之间的一种融合类型；[ts tsʻ f] 类型是由（Ⅰ）型逐渐演变来的，在一些方言点，知庄章三组声母今读 [pf pfʻ f] ~ [ts tsʻ f] 的方言事实恰好说明了这一点。在泗水方言中，这六种类型的分布区域分别是：

（Ⅰ）型：知庄章三组声母今读为 [pf pfʻ f]。

图 2-5 泗水方言地图（一）："砖、穿、拴、软"声母分布图

这一类型分布最广，分布于柘沟镇、中册镇、高峪乡、星村镇、泉林镇、大黄沟乡、苗馆镇、泗张镇，共69个点，占所有调查点的43.7%。

（Ⅱ）型：知庄章三组声母今读为［tɕ tɕʻ ɕ］。

这一类型主要分布于杨柳镇、金庄镇和圣水峪乡的一部分区域，共20个点，占所有调查点的12.7%。

（Ⅲ）型：知庄章三组声母今读［ts tsʻ s］。

这一类型主要分布在泗水和曲阜的交界地带，是受曲阜方言以及文化教育等因素的影响而形成的一种极有特色的类型，共7个点，占所有调查点中的4.43%。

（Ⅳ）型：知庄章三组声母今读［pf pfʻ f］~［ts tsʻ f］。

这一类型主要分布在柘沟镇与曲阜交界处、中册镇以及县城周围，是［pf pfʻ f］向［ts tsʻ f］逐步过渡的一种类型，共17个点，占所有调查点的10.76%。

（Ⅴ）型：知庄章三组声母今读为［ts tsʻ f］。

这一类型主要分布在泗水镇大部①和杨柳、中册、高峪和圣水峪等乡镇的一小部分区域，共 33 个点，占所有调查点的 20.9%。

（Ⅵ）型：知庄章三组声母今读 [tɕ tɕʻ f]。

这一类型主要分布在知庄章三组声母今读 [tɕ tɕʻ ɕ] 和 [ts tsʻ f] 区域的过渡地带，共 12 个点，占所有调查点的 7.59%。

（二）泗水方言知庄章三组声母的共时差异

泗水方言知庄章三组声母的读音在不同的方言调查点存在着明显的不同，即使在同一个方言调查点，老派和新派的语音也存在着不同，这些语音差异正是语音变化的结果或者是语音变化的萌芽。下面我们主要来讨论现阶段泗水方言内部各片的语音差异，分析影响语音差异的因素，并通过现实的证据提出理论上的解释。

1. pf 类声母的共时差异

由于普通话的影响，泗水方言中 pf 类声母正逐步向普通话靠拢，齿唇音 [pf pfʻ] 为 [ts tsʻ] 所替代。由于语音发展的不平衡性，这一进程在泗水各个乡镇中并不同步，在不同的地点，其演变的进程不同。大致有以下几种情况：

（1）知庄章三组遇止臻通摄合口三等、宕摄开口三等，知章组蟹山摄合口三等，知庄组江摄开口二等，声母今读 [pf pfʻ f]，如泗张镇、泉林镇、星村镇、大黄沟乡全部和高峪乡、柘沟镇、苗馆镇、中册镇部分地区。

（2）知庄章遇摄合口三等读 [pf pfʻ f] ～ [ts tsʻ f]，知庄章止臻通宕摄、知章组蟹山摄、知庄组江摄，今读 [pf pfʻ f]，如泗张镇张庄、牛庄，泉林镇义和庄、马家庄。

（3）知庄章遇、通摄合口三等读 [ts tsʻ f]，知庄章止臻宕摄，知章组蟹山摄，知庄组江摄，今读 [pf pfʻ f]，如泉林镇利新庄，但是遇摄、通摄的个别字声母仍读 [pf pfʻ f]，如"猪"读 [pfu¹¹³]，"虫"读 [pfʻəŋ⁵¹]。

（4）知庄章遇、通摄合口三等读 [ts tsʻ f]，知庄章止臻宕摄、知章组蟹山摄、知庄组江摄，今读 [pf pfʻ f] ～ [ts tsʻ f]。如中册镇部分地区；苗馆镇简家庄、北苗馆、朱家庄；泉林镇泉林村；杨柳镇小厂村；泗水镇龙云岗、北纪埠。

（5）知庄章三组遇止臻通摄合口三等、宕摄开口三等、知章组蟹山摄合口三等、知庄组江摄开口二等，声母今读 [ts tsʻ f]，但在一些词中，仍保留 [pf pfʻ] 的读音，如"种儿"[pfə⁵⁵]种子、"小虫 [pfʻəŋ⁵¹] 子"麻雀、"穿 [pfʻaᵃ¹¹³] 服"穿孝

----
① 原泗水镇包括现在的泗河街道和济河街道的大部分地区。因下文的记述基于 2003 年的方言调查事实，故各乡镇和村点的名称仍袭用原名。

衣。如泗水镇大部和杨柳镇、苗馆镇、圣水峪乡部分地区、高峪乡高峪、亮庄。

（6）知庄章组遇止臻通摄合口三等、宕摄开口三等、知章组蟹山摄合口三等、知庄组江摄开口二等，声母今读 [ts ts‘ s]，主要是少数有一定知识文化水平的年轻人。

从以上情况可以清楚地看到现阶段 pf 类声母的演变过程：

pf pf‘ f → pf pf‘ f ～ ts ts‘ f → ts ts‘ f → ts ts‘ s

　　　　　两读阶段

在这一演变过程中，先是遇摄字发生变化，接着是通摄字，再次是止、臻、宕、蟹、山、江摄字，声母由 [pf pf‘ f] 演变为 [ts ts‘ f]，最后演变为 [ts ts‘ s]（少数年轻人）。在这一过程中，齿唇音 [pf pf‘] 最先消失，[f] 声母仍然存留，而且 [f] 声母会存留很长的历史时期。因为我们在调查中发现一些普通话较好的中学语文老师，他们在生活中仍然存留着 [f] 声母，比如"书、树、叔、梳、熟、鼠"等字音，往往仍然保留 [f] 声母。

从其他地点 pf 类声母的演变情况来看，也是 [pf pf‘] 最先消失，[f] 声母仍存留。如在今鲁西南的一些县市中，知庄章三组字声母仅合口的生、书母和禅母字读为 [f][1]；晋南中原官话 pf 类声母的演变情况也是如此，"知庄章三组字声母除合口的生、书母和船、禅母的仄声字和部分平声字读为 [f] 外，其余的都读为 [tʂ] [tʂ‘] [ʂ]，如临汾"[2]。

泗水方言中 [pf pf‘] 的消变速度非常快，现阶段的情况和 1958 年全省方言普查时的情况已经大不相同，依据 1958 年的方言调查资料修订的《泗水县志·方言卷》记载："将'转穿拴'读作唇齿音与开口呼相拼的音，他们大都是中老年人，多居住在泗水镇及县城北部的柘沟乡、中册乡、高峪乡、星村乡以及县城东部的苗馆镇、泉林镇的部分地段。"而现阶段，泗水镇已有一部分中老年人将"转穿拴"的声母读作 [ts ts‘ f]，而一些有文化有职业的年轻人，如学生、教师、机关干部等，"转穿拴"的声母已大多读作 [ts ts‘ s]。

2. 影响 pf 类声母变异的因素

语言的变异理论认为"在语言中充斥着各种各样的变异，杂乱而无序，呈随机的分布，如果有些变异形式和非语言的异质要素或同质的语言结构要素有某种固定的联系，即可以由一定的条件来控制，那么，这些变异形式就摆脱了无序的

①　钱曾怡. 山东方言研究 [M]. 济南：齐鲁书社，2001. 124.
②　王临惠. 汾河流域方言的语音特点及其流变 [M]. 北京：中国社会科学出版社，2003. 24.

状态而进入有序的行列，开始了它的演变进程。变异是有序之源，而有序是使语言成为一种有生命力的活的交际工具的必要条件；语言只有在有序的变异中才能不断改进自己的结构"①。运用语言变异理论，可以分析语言中各要素的共时变异情况，找出变异的控制因素，进而为语言要素的演变作出理论上的解释。

在泗水方言中，pf 类声母的变异是由一定的条件来控制的，已摆脱了无序的状态而进入有序的行列，使得 pf 类声母逐渐由 [pf pf' f] 向 [ts ts' f]，进而向 [ts ts' s] 演变，所以 pf 类声母的变异是一种共时有序的变异。那么，导致这种共时变异的因素有哪些？下面我们结合语言的变异理论和社会语言学的方法，将语言放到社会环境中去研究，并进而找出这一语言变异的控制因素。

首先我们根据《方言调查字表》拟定了一份调查表格，涵盖了现阶段泗水方言可以读 pf 类的所有韵摄，共 121 字，如表 2－12 所示：

表 2－12 泗水方言 pf 类声母例字表

中古音	例字
遇合三	猪初锄梳蔬楚所助煮处书暑鼠薯黍蛛拄厨柱住数朱珠主注输殊竖树
蟹合三	缀赘税
止合三	揣吹炊垂睡瑞追槌锤坠
山合三	转传椽篆专砖拙川穿喘串船说
臻合三	椿率蟀准春蠢出唇顺术舜纯醇
宕开三	庄装疮闯床霜爽着绰勺
江开二	桌卓啄琢戳撞浊捉窗镯双
通合三	中忠竹筑虫仲畜逐轴崇缩终众祝粥充叔熟淑宠重钟盅肿种烛嘱冲触赎束属

根据所拟表格，我们抽样调查了全县近 1/5 的村庄，我们发现与 pf 类音存在共变关系的社会因素主要有地理位置、语言环境、年龄、文化程度等。

（1）地理位置。

泗水有 pf 类声母的共有 10 个乡镇，在各个乡镇中，其分布也不是均衡的。例如在所调查的村点中，泗张镇、泉林镇、星村镇所有点都读 pf 类，中册镇 3 个点读 pf 类，6 个点读 pf～ts 类，2 个点读 ts 类。整个分布趋势大致是 pf 类声母由县境周边山区向县城中心一带逐步演变为 ts 类声母。如泗水方言地图（一）所示。

（2）文化程度和年龄。

文化程度和年龄阶段存在一定的共变关系，不同年龄段的人，其文化程度有

---

① 徐通锵. 历史语言学 [M]. 北京：商务印书馆，1991. 303.

着很大的差别。因为新中国成立前不大重视教育，且一般家庭都读不起书，所以61～85岁年龄段的人多是文盲，只有少数人上过私塾；41～60岁年龄段的人，文化程度也普遍不高，上过初中的也是少数。而文化程度的不同，又影响人们在知庄章三组声母的读音上选择不同的变项，即文化程度和声母变项的选择之间也存在一种共变关系。

　　为了详细地理清某一点上知庄章三组声母的演变情况，同时为便于比较，我们在中册镇抽样调查了50个人，以考察不同年龄段的人pf类声母的演变情况，共5组，每组10人。年龄段不同，其文化程度有五个变项：文盲、私塾、小学、中学、大学；年龄和文化程度不同，声母读音情况有四个变项：①读［pf pf· f］；②［pf pf· f］～［ts ts· f］两读；③读［ts ts· f］；④读［ts ts· s］。其年龄、文化程度及声母读音变项选择的共变关系如表2－13所示：

表2－13　调查对象的年龄、文化程度及声母读音共变关系①

年龄及文化程度 ＼ 变项		pf pf· f	pf pf· f ~ts ts· f	ts ts· f	ts ts· s
10～15岁	小学			6	2
	中学		1	1	
16～25岁	小学	1	2		
	中学	1	5	2	
	大学			1	1
26～40岁	小学	2	4	3	
	中学		3	2	
	大学				
41～60岁	小学	4	1	1	
	中学		2		
	文盲	2			

---

　　①　［pf pf· f］～［ts ts· f］两读情况较为复杂，有些人所有韵摄字都是两读，也有人是一部分韵摄读ts类，如遇摄读ts类，其他诸韵摄读pf类，我们统称为［pf pf· f］～［ts ts· f］两读，下表同。另外，一部分人在不同的语言环境中所选变项有交叉情况，所以，表中实际统计的结果多于50。关于语言环境对变项选择影响的情况，下文会详述。

（续上表）

年龄及文化程度 \ 变项		pf pf· f	pf pf· f ~ ts ts· f	ts ts· f	ts ts· s
61~85岁	小学	2			
	私塾		2	2	
	文盲	6			

从表 2-13 可以看出，变项的选择与年龄和文化程度存在着明显的共变关系，即年龄越大，文化程度越低，选择 pf 音的越多，选择 ts 音的越少；相反地，年龄越小，文化程度越高，选择 ts 音的越多，选择 pf 音的越少。这说明泗水方言中老派和新派的语音差别非常明显。而两读比例最高的是 16~25 岁和 26~40 岁两个年龄段，这也恰恰说明了这两个年龄段的人其语音特点正处于演变的中间环节。

（3）语言环境。

家庭和工作单位是人们日常生活中最重要的两个环境，为了探究在 pf 类声母的变异中语言环境对变项选择的影响，我们在以上 50 位调查人中挑选了 7 位调查人，详细询问了他们在不同语言环境中使用不同语音的情况，并作了较详细的调查和比较。这 7 位发音人的基本情况及变项选择情况如表 2-14 所示：

表 2-14 7 位调查人在不同语言环境中 pf 类声母变异情况

基本情况 \ 调查人	性别	年龄	文化程度	工作单位	职务	籍贯	语言环境及所选变项	
							工作单位	家庭生活
张	男	26	大专	学校	教师	中一	4	3
王	女	20	高中	工厂	工人	中三	3	2
田	男	55	初中	工厂	工人	中三	3	1
王	男	65	小学	镇委	干部	石桥	3	1
曹	女	21	初中	商场	营业员	杨庄	3	2
丁	女	35	中专	医院	医院	故县	3	2
牛	男	58	文盲	商场	个体户	李白	3	1

注："籍贯"一列中"中一"指中册一村，"中三"指中册三村。

在调查中，我们发现田、牛、王男对变项的选择相同，他们年龄都是五六十岁，在家庭生活中，都选择变项1，但在工作单位中，无一例外都选择变项3，因为在单位上如果选择变项1，别人会笑话他们说话"土气"。尤其是牛姓发音人尽管是文盲，但由于他在商场销售家具，经常和顾客打交道，也选择变项3，在这里，语言环境起了重要的作用。

曹、丁、王女三位的情况相似，由于工作环境的要求，他们尽可能选择和普通话接近的变项3；但是在家庭生活中，由于父母都选择变项1，因此如果他们在家里选择变项3，别人会觉得他们说话有点"撇"（洋腔洋调），为了与家人更好地沟通交流，他们在家庭生活中以一种"折中"的方式选择了变项2。

张的情况又是另一种类型，其学历是专科，又是中学语文老师，教学工作使他在学校里选择变项4，尽量使自己的语言向普通话靠拢，尽管非常不标准，最明显的是 ts、tʂ 不分，但是在家里放松了对自己的要求，于是生母、禅母合口字 s、f 不分的现象又暴露出来。

从上述调查分析中我们可以清楚地看到地理位置、年龄、文化程度、语言环境与 pf 类声母的变异存在着明显的共变关系。其中地理位置的因素体现的是现阶段不同地点的变异情况，表现出在不同的地点其演变速度有所不同。而年龄、文化程度和语言环境都是在同一地点上抽样调查一部分人，分析其变项选择的不同情况。年龄越小，文化程度越高，选择变项3或4的可能越大；反之，选择变项1或2的可能越大。通过这一社会语言学角度的调查分析，我们可以清楚地看到知庄章组声母由 pf 类向 ts 类的变异正处在进行之中。

（三）泗水方言 tɕ 类声母的共时差异

泗水方言中知庄章组 [tɕ tɕ' ɕ] 类型与 [pf pf' f] 类型一样，也在不断地发展变化，而且，地点不同，其演变的进程和方向也不同。如表2-15所示：

表2-15　泗水方言 tɕ 类声母在不同村点的读音情况

地点 ＼ 例字	遇合三 猪锄数	通合三 中虫熟	止合三 追吹水	山合三 砖穿说	蟹合三 缀　税	臻合三 准唇顺	宕开三 庄疮霜	江开二 桌戳双
夹谷山	tɕ tɕ'ɕ	tɕ tɕ'ɕ	tɕ tɕ'ɕ	tɕ tɕ'ɕ	tɕ　ɕ	tɕ tɕ'ɕ	tɕ tɕ'ɕ	tɕ tɕ'ɕ
戈山厂	ts ts' s	tɕ tɕ'ɕ	tɕ tɕ'ɕ	tɕ tɕ'ɕ	tɕ　ɕ	tɕ tɕ'ɕ	tɕ tɕ'ɕ	tɕ tɕ'ɕ
大泉	ts ts' s	ts ts' s	tɕ tɕ'ɕ	tɕ tɕ'ɕ	tɕ　ɕ	tɕ tɕ'ɕ	tɕ tɕ'ɕ	tɕ tɕ'ɕ
夏柳庄	ts ts' s	tɕ tɕ'ɕ	tɕ tɕ'ɕ	tɕ tɕ'ɕ	tɕ　ɕ	tɕ tɕ'ɕ	tɕ tɕ'ɕ	tɕ tɕ'ɕ
卞家庄	ts ts' s	ts ts's	ts ts's	tɕ tɕ'ɕ	tɕ　ɕ	tɕ tɕ'ɕ	tɕ tɕ'ɕ	tɕ tɕ'ɕ

（续上表）

例字\地点	遇合三 猪锄数	通合三 中虫熟	止合三 追吹水	山合三 砖穿说	蟹合三 缀　税	臻合三 准唇顺	宕开三 庄疮霜	江开二 桌戳双
三角湾	ts tsʻ s	ts tsʻ s	tɕ tɕʻɕ ~ ts tsʻ s	tɕ tɕʻɕ ~ ts tsʻ s	tɕ ɕ ~ ts s	tɕ tɕʻɕ	tɕ tɕʻɕ	tɕ tɕʻɕ
兰沃	ts tɕʻ f	tɕ tɕʻf	tɕ tɕʻf	tɕ tɕʻf	tɕ　f	tɕ tɕʻf	tɕ tɕʻf	tɕ tɕʻf
尹家城	ts ts f	tɕ tɕʻf	tɕ tɕʻf	tɕ tɕʻf	tɕ tɕʻf	tɕ tɕʻf	tɕ tɕʻf	tɕ tɕʻf

由表 2 - 15 可知，在不同的村点，知庄章组在各个韵摄中读为 [tɕ tɕʻ ɕ] 声母的情况不同：在夹谷山，所有 8 个韵摄都保存了较为整齐的状态——声母都读为 [tɕ tɕʻ ɕ]；和 [pf pfʻ f] 类型遇摄字先发生变化的情况一样，在戈山厂，遇摄字的声母先演变为 [ts tsʻ s]；在大泉，通摄字的声母又演变为 [ts tsʻ s]；在卞家庄，止摄字的声母又演变为 [ts tsʻ s]；在三角湾，止、山、蟹三摄字的声母正处在两读的状态之中。

但是由于周边方言的影响不同，[tɕ tɕʻ ɕ] 演变的方向也不同。在和曲阜方言交界的地区，由于曲阜方言知庄章组字声母读 [ts tsʻ s]，受其影响，[tɕ tɕʻ ɕ] 向 [ts tsʻ s] 的方向演变；在靠近泗水镇和圣水峪乡的地区，由于知庄章组合口字声母演变为 [ts tsʻ f] 或仍读为 [pf pfʻ f]，受其影响，[tɕ tɕʻ ɕ] 向 [ts tsʻ f] 或 [tɕ tɕʻ f] 的方向演变，因此，[tɕ tɕʻ f] 类型是 [tɕ tɕʻ ɕ] 类型和 [ts tsʻ f] 或 [pf pfʻ f] 类型之间的一种过渡类型，这一点从前文图 2 - 5 可以清楚地看出来。

（四）泗水方言知庄章三组声母的历时考察

1. 泗水 pf 类声母的历时考察

pf 类声母在古代韵书中没有反映，但是我们可以从其他角度大致窥测 pf 类声母的起源及演变轨迹。我们知道，语音变化要受语音系统的制约，具有系统性。"语音成分的变化要受语音条件的影响，同类语音成分的变化要受同一语音条件的影响。"① 所以，我们先来看一下现阶段泗水方言精组和知庄章组的演变情况，如表 2 - 16 所示：

---

① 王福堂. 汉语方言语音的演变和层次 [M]. 北京：语文出版社，1999. 8.

表2-16　泗水方言精组和知庄章组的演变情况

韵母＼声母	止开三	山开一	山开二	山开三	山合一	山合二	山合三	江开二	宕开三
精组	ts ts' s	ts ts' s			tɕ tɕ' ɕ		tɕ tɕ' ɕ		tɕ tɕ' ɕ
知组	ts ts' s			ts ts' s			pf pf' f	pf pf' f	pf pf' f（药韵）
庄组	ts ts' s		ts ts' s			pf pf' f		pf pf' f	pf pf' f
章组	ts ts' s			ts ts' s		pf pf' f			pf pf' f（药韵）

从表2-16可以看出：

（1）现阶段，泗水方言的精组开口呼除宕开三外，同知庄章组开口呼已经完全合流，读为 ts 类声母。

（2）pf 类声母的产生是以合口呼韵母为基本条件，例外的是宕开三知庄章组和江开二知庄组也演变为 pf 类声母。

（3）精组合口一、三等字读为 tɕ 类声母，和知庄章合口的 pf 类声母不同。

由此观之，pf 类声母的产生必须满足下列两个条件：

条件 A：庄章组和知组合流。pf 类声母的产生必须是在知组并入庄章组之后，因为如果庄章组合口字声母在知组并入之前就已演变为 pf 类声母，从而变成开口呼字，知组合口呼字也就失去了并入庄章组合口的条件。那么，这三组声母是什么时期合流的呢？对此，李新魁先生认为"在宋代已经完成两组声母（按：指庄章两组）合流这一重大的转变。所以，到了元代，遂形成庄、章组与知系声母读为同一个音值的格局"①。

条件 B：江开二知庄组和宕开三知庄章组字韵母由开口变为合口，因为 pf 类声母的产生是以合口呼韵母为基本条件的。那么，宕江两摄的知照系字由开口变为合口，它们的 [u-] 介音是什么时候产生的呢？对此，李新魁先生（1984）指出："在江韵字念为 [uaŋ] 的时候，阳韵'庄'组字还没有变入 [uaŋ]（按：李先生将阳韵字拟为 [uaŋ]），《蒙古字韵》时大概正是'庄'等字与'慭'等字处于欲合未合的年代。因为两者的差别甚小，故《中原音韵》合为一韵。而

---

① 李新魁. 论近代汉语照系声母的音值 [A]. 李新魁语言学论集 [C]. 北京：中华书局，1994. 176.

直至明代《西儒耳目资》时还能把这种差别显示出来。"① 可见,宕江两摄知照系字由开口呼转变为合口呼后,两组字完全合流的完成最早应该不会早于明代。

从泗水方言精组合口一、三等字读为 tɕ 类声母来看,pf 类声母应当是由 tʂ 类声母直接演变而来,中间没有经过 tʂ→ts 的阶段,因为如果 pf 类声母的演变中间经过 tʂ→ts 的阶段,即知庄章组字与精组合口字曾经合流,那么则很难解释为什么知庄章组合口演变为 pf 类,而精组合口却演变为 tɕ 类。在新疆汉语方言中,至今还存在着 tʂˠ 的过渡形式,如"猪出",兰银官话北疆片的吉木萨尔等四处都是 [꜀tʂˠu tʂˠʰuꜗ],中原官话南疆片焉耆、霍城等六处,都是 [꜀tʂˠu ꜀tʂˠʰu]②,在河南林县我们也发现知庄章组合口字声母读 [tʂˠ tʂˠʰ]。新疆汉语方言和林县方言中 tʂˠ 这一由 tʂ 向 pf 过渡的未完成形式也大致可说明 pf 类声母由 tʂ 类声母直接演变而来。

白涤洲对 pf 类声母的音值也曾有如下描述,"知照系字读时以舌尖抵齿龈,若不嫌累赘,应写作 pfꜞ"(1933 年 4 月 15 日给罗常培的信),又说:"周至知照系读 pfꜞ pfꜞʰ 时上齿紧抵下唇,舌尖位于上齿龈,发破裂音,盖 tʂ tʂʰ 变 pf pfʰ 之过渡音也。"③ 据白涤洲调查报告,徐通锵先生认为"在上世纪 30 年代由 tʂ tʂʰ 变来的 pf pfʰ 还没有丧失演变过程中的过渡痕迹,说明此类音变的时间距今不会太远"④。

从音理上来说,tʂ 类声母的接触焦点是舌尖与硬腭,这使得唇齿距离很近,韵母是后、高、圆唇的 u,舌位须迅速后移,舌位的后移和收唇的态势造成了上齿和下唇的接近,形成唇齿间的窄缝,造成第二个焦点,形成具有唇齿色彩的双焦点辅音 tʂˠ(舌尖抵住硬腭,同时上齿轻触下唇),随着唇齿摩擦的加强,变成 tʂᵖᶠ,进而变成 pfꜞ,最后演变为 pf。所以 pf 类声母演变的过程可能是:

$$庄_{二三}章知_{二三} + u \rightarrow tʂ + u \rightarrow tʂˠu \rightarrow tʂᵖᶠʋ \rightarrow pfꜞʋ \rightarrow pfʋ$$

现在某些方言所具有的 tʂˠ、pfꜞ 这些由 tʂ 向 pf 过渡的未完成形式可以支持我们的这一观点。而且从现在一些方言仍存在一些过渡形式来看,正如徐通锵先生所说,"此类音变的时间距今不会太远"。根据麦耘先生(1991)《〈切韵〉知庄章组及相关诸声母的拟音》一文可知在《中原音韵》时期,庄二、庄三、知二、知三、章组声母已经合流,麦耘先生将这几组声母都拟为 tsr(按:r 表示声母的

① 李新魁. 近代汉语介音的发展 [A]. 李新魁语言学论集 [C]. 北京:中华书局, 1994. 185.
② 刘俐李,周磊. 新疆汉语方言的分区(稿)[J]. 方言, 1986 (3). 169.
③ 白涤洲. 关中方言调查报告 [R]. 北京:中国科学院, 1954. 6.
④ 徐通锵. 历史语言学 [M]. 北京:商务印书馆, 1991. 405.

翘舌色彩），但江开二和宕开三的知庄章组字韵母完全合流的时期不会早于明代，所以，我们认为 pf 类声母产生的时间大概不会早于明代。

那么，另外一个问题是为何在泗水及其周边县市如新泰、平邑 tʂ 类声母演变为 pf 类声母，而在其他县市如曲阜、济宁却没有发生这一变化呢？对此，我们先来看一下目前 pf 类声母的分布范围，王临惠（2001）指出："〔pf pfʻ f〕主要分布在汾河片和关中片，秦陇片、郑曹片以及兰银官话的金城片、河西片有一些，中原官话的南疆片和兰银官话的北疆片仅保留部分 f 的读法。从分布的普遍性和保留的完整性来看，pf 类声母在其他方言里的分布当是中原官话的关中片和汾河片（古秦晋方言）以黄河和河西走廊为自然条件向东西两翼延伸的结果。"①从山东方言中 pf 类声母的分布来看，pf 类声母主要分布在鲁西一带（有的地方仅保留 f 声母），鲁南一带有零散的几个点，如泗水、平邑、滕州、枣庄。参看图 2-6（引自钱曾怡《山东方言研究》第 125 页）。

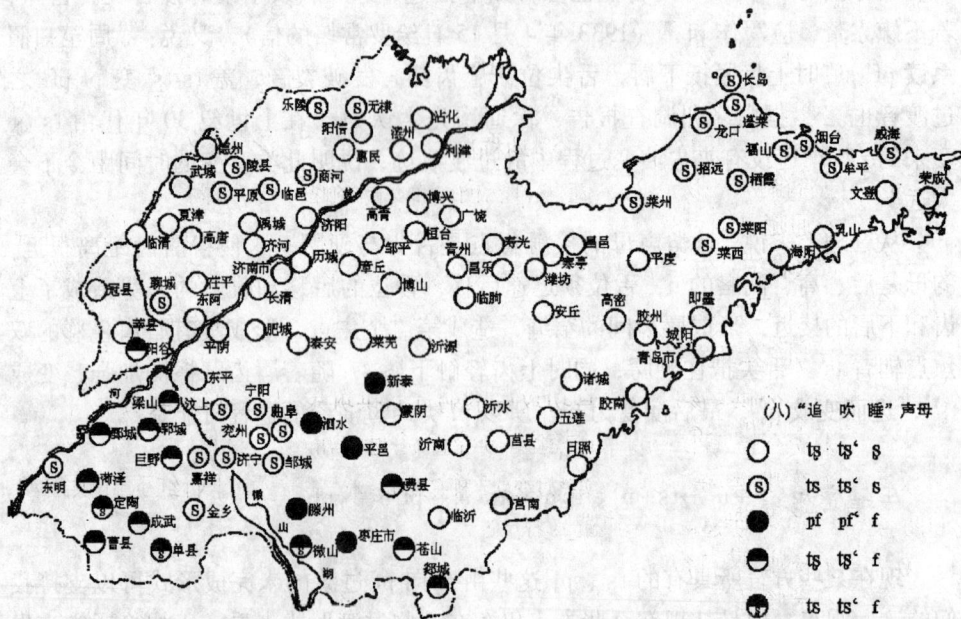

图 2-6　山东方言"追吹睡"声母读音分布图

我们认为山东方言中 pf 类声母的这一分布态势可能与明初大规模移民运动有关。据史书记载，元末明初，河患频繁、红巾军起义、朱元璋统一和靖难之役波及的黄淮流域和中原地区，人口稀少，土地荒芜，全国各地的人口疏密极不均衡。如史料记载"兖州府定陶县，井田鞠为草莽，兽蹄鸟迹交于其中，人行终

___
① 王临惠. 晋南方言知庄章组声母研究 [J]. 语文研究, 2001 (1).

日,日无烟火"①。为均衡天下人口,将一些地区闲置的人力资源迁往宽乡,实现土地与劳动力的最佳组合,明代初年,明王朝在全国范围内推行大规模、有组织的"移民垦荒"政策。据史书记载山西移民迁入山东的有:"洪武八年,迁堂邑、即墨、潞州民 3 300 余户入临清。"②

"洪武二十一年八月,徙山西泽、潞二州民之无田者,往彰德、真定、临清、归德、太康等闲旷之地,户给钞二十锭,免赋役一年。"③

"洪武二十二年九月,迁山西沁州告愿应募屯田者 598 户入北平、山东、河南,赐钞锭,分田给之。"④

"洪武二十二年九月,迁山西贫民入大名、广平、东昌。"⑤

从上述四次移民可看出:①移民源出地呈区域性集中,多是山西南部;②移民落入地集中于鲁西的临清、东昌、兖州。"明代移民,历三帝 50 年,先后从山西平阳府、太原府、潞州、泽州、汾州、沁州、辽州的 68 个县移民 50 多万户,其中平阳府洪洞县万余户移民大都入籍山东,迁入泗水者 500 户全系洪洞县人。"⑥ 泗水现存的一些族谱也说明泗水一些姓氏的先祖徙自晋南一带,如《王氏族谱》云:"吾王氏始祖英,大明洪武三年由山右洪洞县大槐树徙居兹土……"⑦《李氏祖谱序》曰:"我李氏始祖原籍山西洪洞县老鸹窝,自明初奉诏迁来泗邑之乡……"⑧此外,我们在鲁西南一些县志和市志中查到一些家谱和碑文同样记载了这段移民史实。如定陶县一枪王村民国时期写的《王氏家谱序》载:"我王氏自明洪武二十五年,由山西洪洞县迁居于此,始祖讳良,带来随手兵器一件,庄名'一枪王'……宗族甚多、门户虽别,乃是一家人,后人共称'一枪王'。"⑨ 滕县(今滕州)《马氏家谱》载:"始祖三世太、清、壮,原籍山西省洪洞县,明洪武二年迁山东滕县,住城西石井村,因子孙繁衍曰'马家村'。"⑩ 临清县乾隆二十五年写的《张氏族谱序》记载:"张氏系出于山西之洪洞……自有明奉敕迁徙清源(临清)遂族而家焉。"⑪

但如果说山东方言中 pf 类声母的这一分布态势可能与明初大规模移民运动

---

① 定陶县志(乾隆本),卷九.
② 临清县志(康熙本),卷二.
③ 明洪武实录,卷193.
④ 明洪武实录,卷197.
⑤ 明洪武实录,卷223.
⑥ 泗水县地名志编纂委员会. 泗水县地名志 [M]. 兖州:山东省兖州市印刷厂,1998. 464.
⑦ 泗水贺庄王氏族,民国间木刻本.
⑧ 泗水李氏祖谱,清代抄本.
⑨ 定陶王氏族谱,民国间木刻本.
⑩ 滕县马氏家谱,兖州图书馆藏.
⑪ 临清张氏族谱,兖州图书馆藏.

有关，那么有个问题我们必须要回答：在移民过程中，移民足迹实际遍及山东各地，何以在移民迁入的其他地方现在不存在 pf 类声母，甚至是鲁西的临清等地现在也没有 pf 类声母呢？我们以为这一问题可能与某一地点移民迁入的数量有关。移民始来，所持口音当是原居地山西方言口音，移民和移居地居民的口音经历了怎样一个交流、碰撞、融合的过程，我们现在已不得而知，但毫无疑问，双方碰撞、融合，互相影响的力量是此消彼长的。由于迁入某地的移民数量不等以及各地的自然环境不同等因素的影响，因此，今鲁西南各点的方言中就不同程度地保存了原居地方言的"遗迹"。以泗水为例，由于明代初年迁入泗境的移民较多，《泗水地名志》载："从五代至元朝时期，聚落发展也很缓慢，到元代末，有据可考者为 51 个村。明代是境内村落大发展的时期，据地名考证中发现的谱牒、墓碑及庙铭等记载，洪武年间从山西洪洞县迁来的移民新建村落百余个……"①泗水境内明初仅"洪武年间从山西洪洞县迁来的移民新建村落百余个"，移民"浓度"较大；再加上泗水地处鲁西南丘陵地区，地形地貌非常复杂，交通极为不便，经济、文化相对保守落后，因此今泗水方言在一定程度上较多地保存了原居地方言的"遗迹"。明初迁往山东的多为山西南部平阳府人，而山西南部属于中原官话汾河片，同时移民落入地集中于鲁西一带，尤其是鲁西黄泛区更是移民的重点输入区，②而山东方言中 pf 类声母（或仅有 f 声母）多集中在鲁西一带，方言语音和移民情况的这种一致性暗示了移民情况对方言语音的影响，也给我们进一步去探讨 [pf pf˙ f] 声母的流变及分布提供了新的线索。如果说山东方言 pf 类声母的分布确和明初移民运动有某种关联，那么也说明 pf 类声母可能于明初就已经产生了。

　　2. 泗水 tɕ 类声母的历时考察

　　tɕ 类声母在汉语语音的发展变化中，是一组非常活跃的声母，在不同的历史时期，时而出现，时而消亡，使得整个音系从协和到不协和，再到新的协和，不断地发展变化，如表 2 – 17 所示③：

---

① 泗水县地名志编纂委员会. 泗水县地名志 [M]. 兖州：山东省兖州市印刷厂，1998. 13.

② 据史料记载，元至正四年（1344 年），黄河在曹县白茅堤决口，鲁西一带成为泽国，直到至正十一年（1351 年），贾鲁治河堵塞决口后，才使黄河恢复故道，但鲁西仍然荒无人烟，至明初，成为移民重点输入区。

③ 表中拟音参照麦耘. 关于章组声母翘舌化的动因问题 [J]. 古汉语研究，1994（1）：21～25.

表 2-17　tɕ 类声母的历时考察

声母	上古汉语	《切韵》时代	《韵图》时代	《中原音韵》	现代北京音
章组三等	tj	tɕ(i)	tʂ(i)	tʂ(i)	tʂ
庄组二等	tsr	tʂ	tʂ	tʂ	tʂ
庄组三等	tsrj	tʂ(i)	tʂ	tʂ	tʂ
知组二等	tr	ʈ	ʈ	tʂ	tʂ
知组三等	trj	ʈ(i)	ʈ(i)	tʂ(i)	tʂ
精组一等	ts	ts	ts	ts	ts
精组三等	tsj	ts(i)	ts(i)	ts(i)	ts
精组四等	ts	ts	ts(i)	ts(i)	tɕ

在上古时期，没有 tɕ 类声母，但在《切韵》时代，章组三等演变为 tɕ 类声母，在《韵图》时代和《中原音韵》时期，tɕ 类声母又消失了，在现代北京音中，由精组三四等字（以及见组三四等字）又演变出 tɕ 类声母。在现在泗水西部和南部部分地点的方言中，不仅精组字演变为 tɕ 类声母，知庄章组合口字，江摄、宕摄的部分开口字也演变为 tɕ 类声母，从而知庄章组字，不论开口、合口，都与精组字完全合流。如表 2-18 所示：

表 2-18　泗水南部、西部一带精组和知庄章组字的演变情况

韵母／声母	止开三	山开一	山开二	山开三	山合一	山合二	山合三	江开二	宕开三
精组	ts tsʻ s	ts tsʻ s			tɕ tɕʻ ɕ		tɕ tɕʻ ɕ		tɕ tɕʻ ɕ
知组	ts tsʻ s			ts tsʻ s			tɕ tɕʻ ɕ	tɕ tɕʻ ɕ	tɕ tɕʻ ɕ（药韵）
庄组	ts tsʻ s		ts tsʻ s			pf pfʻ f		tɕ tɕʻ ɕ	tɕ tɕʻ ɕ
章组	ts tsʻ s			ts tsʻ s		tɕ tɕʻ ɕ			tɕ tɕʻ ɕ（药韵）

在泗水西部、南部的狭小区域，知庄章组合口字，江摄、宕摄的部分开口字的声母何以演变为 tɕ 类？由于这片区域西部和曲阜搭界，南部和邹城相邻，所以，我们在考察时，首先调查了曲阜、邹城的知庄章合口字的读音，这部分字的声母曲阜读为 ts 类，邹城读为 pf 类，因此首先排除了受临近方言影响的可能。和临近县市方言读音不同，与泗水大部分地域的读音也不同，因而，从地图上来

看，这部分区域恰好成了一个被本县方言和周边县市方言所包围的方言岛。何以如此呢？从历史音变来看，中古章组声母各位方家都拟为 tɕ 类，是否章组古音保存下来，进而庄组、知组与章组合流，都读为 tɕ 类？还是庄章知组合流后，进而再与精组合流，庄章知组合口与精组合口一道向前发展，最终演变为 tɕ 类？

对于第一种假设，麦耘先生（1994）指出："难以想象是庄组非翘舌化变入章组，因为那只会使汉语音系走向新的更加不协和。"① 对于第二种假设，我们所遇到的问题是，知庄章合流后，何以 "tʂ + u →tʂf + u → pfu" 的变化没有实现，反而是 "tʂ + u → ts + u → tɕ + y"？从地理位置来看，泗水的西南部群山环绕，和曲阜、邹城的边界正是绵延不绝的山岭，交通极为不便，形成一个相对闭塞的小环境。"语言的演变是像波浪一样从一个中心向外扩散的，而且扩散有地域的限制，所以音变只在一定的地域中进行。"② 同样的语言现象由于所处的地域、文化等条件的不同，其发展是不平衡的。当泗水其他地方的知庄章合口由 tʂu 向 pfu 演变的时候，泗水西南部由于地域环境的闭塞，这一变化并没有发生，而 "语音的演变规律只在一段时期中起作用，过了这一时期，即使处于同样的条件下也不会遵循原来的规律发生语音变化"③，因为交通的闭塞，泗水西南部区域错过了由 tʂu 向 pfu 的演变，此后，知庄章合口字由 tʂ + u→ts + u，与精组字合流，并随着精组字的变化而向前发展，最终由 ts + u→tɕ + y。这也从另外一个角度证明我们前面所说的泗水方言中 pf 类声母是直接由 tʂ 类声母演变而来的观点是正确的。

3. 泗水 ts 类声母的历时考察

泗水方言的知庄章合口字大多演变为 pf 类或 tɕ 类，但是，在实地调查中，我们发现在泗水西部和南部的六个村点——滕家庄、小岭、于家泉、西辛庄、芦沟、庠厂，这部分字声母却演变为 ts 类，尤其是西辛庄周围的村点知庄章组合口字声母都是 tɕ 类，但是笔者在西辛庄所调查的五位老人的口音中发现，知庄章组合口字的声母无一例外都演变为 ts 类。笔者在泗水县城内进行语音调查时，也发现在一部分新派人物，如小学生和一些文化程度较高的老师的口音中发现，知庄章组合口字的声母也读为 ts 类。如果说县城中心的一部分小学生和一些老师将这三组字的声母读为 ts 类是受普通话强势语言的影响（泗水方言 ts、tʂ 不分），那么何以在远离县城的偏僻小村，在一些老人的口音中也读为 ts 类呢？笔者走访调查了这几个村点的周边方言及其移民、教育等情况，我们认为这一语音现象可

---

① 麦耘. 关于章组声母翘舌化的动因问题 [J]. 古汉语研究，1994（1）：21~25.
② 叶蜚声，徐通锵. 语言学纲要 [M]. 北京：北京大学出版社，1981. 231.
③ 叶蜚声，徐通锵. 语言学纲要 [M]. 北京：北京大学出版社，1981. 231.

能与以下两个方面有关：

（1）曲阜方言的影响。

泗水西邻曲阜市，曲阜是鲁国故都，儒家文化的发源地，鲁西南经济、文化的中心。从历史上看，泗水也多是隶属于曲阜，同曲阜的关系非常密切。由于两县相邻，孔府甚至在泗境设置庄园，如庠厂就是孔府在官府封地上设置的庄园厂屯，因此，泗水方言不可避免地要受到曲阜方言的影响。曲阜方言知庄章组合口字声母读为 ts 类，所以与曲阜临界的芦沟、庠厂、滕家庄、小岭、于家泉五地的知庄章组合口字声母读为 ts 类，应该是曲阜方言影响的结果。

（2）扫盲教育——"灯学"的影响。

但西辛庄的情况有所不同，其周围各村知庄章组合口字声母都读为 tɕ 类，唯独西辛庄一点读为 ts 类，似乎不仅仅是受曲阜方言的影响这么简单。那么，西辛庄原居民是否由曲阜迁来？据《李氏家谱》记载："清代初，李氏始祖玉民由柘沟社魏庄迁此居住，因系新建村庄，故得名新庄，后演变为辛庄。"可见，西辛庄原居民并非由曲阜迁来，而且柘沟魏庄知庄章组合口字声母今读 pf 类。另外，我们在调查中发现知庄章组合口字声母读 ts 类仅仅是老派读音。在我们所调查的人当中，读 ts 类年龄最小的一位是 53 岁，年轻人知庄章组合口字声母又读为 tɕ 类，可见 ts 读音似乎仅是现存这些老人所特有的读音。调查西辛庄老派人的教育情况，我们发现这一读音现象与他们受教育的情况密切有关。据李怀玉老人（73 岁）介绍，西辛庄一直有比较浓厚的文化氛围，新中国成立前也一直有老师。而且，50 年代中叶，全县掀起了广泛的扫盲运动，各地都组织群众学习文化，成立了各种扫盲"识字班"。由于白天需要劳作，各个"识字班"大多都是在晚上学习，因此，特意将这种班称为"灯学"。"灯学"曾经在全县非常流行。由于西辛庄文化基础较好，扫盲运动开展得最好，西辛庄曾被称为"泗水城西第一文化村"。当时村民读书识字的热情很高，甚至在家里夫妻之间都互相纠正字音。从现今老派的读音来看，当时所使用的"教学语言"应该和普通话的读音相近（泗水方言 ts、tʂ 不分），可见，在新中国成立初期，西辛庄的"推普"工作就已经卓有成效了，也正是由于"灯学"的影响，知庄章组合口字的声母西辛庄老派都读为 ts 类。

但是，西辛庄新派知庄章组合口字的声母又读为 tɕ 类，这显然是因为周围村庄知庄章组合口字声母都读为 tɕ 类，但从发展趋势来看，年轻人的读音和普通话则背道而驰，由此，我们也可以看出方言的发展是多元化因素影响的结果，其发展趋向并不是单一的。为适应社会交际的需要，方言向普通话靠拢是大势所趋，但也正如其他任何事物的发展都不是单向的发展一样，方言的发展既有向权威方言靠拢的一面，也存在不靠拢乃至背离权威方言逆向发展的一面。

二、精组合口字的演变

(一) 泗水方言精组合口字音与普通话字音的比较

在普通话中，除遇合三、山合三和臻合三的部分字以外，精组合口字都是 [ts tsʻ s] 与合口呼韵母相拼。但在泗水方言中精组合口字的读音与普通话有所不同，在其内部有两种不同的读法：一种是 [tɕ tɕʻ ɕ] 与撮口呼韵母相拼，泗水绝大多数村点都是如此，我们以泗水城关为代表点；另一种是 [ts tsʻ s] 与合口呼韵母相拼（遇合三除外），在泗水西部的少数村点如此，我们以泗水小岭村为代表点。例外的是果开一和宕开一人的部分精组字也在各自音系中随精组合口字一同演变。如表 2 – 19 所示：

表 2 – 19　泗水方言精组合口字的读音与普通话对照表

中古音	例字	泗水城关	泗水小岭	普通话
蟹合一	催	tɕʻye¹¹³	tsʻue¹¹³	tsʻue⁵⁵
遇合一	租	tɕy¹¹³	tsu¹¹³	tsu⁵⁵
果合一	坐	tɕyə³¹²	tsuə³¹²	tsuo⁵¹
山合一	蒜	ɕyã³¹²	suã³¹²	suan⁵¹
臻合一	村	tɕʻyə̃¹¹³	tsʻuə̃¹¹³	tsʻuen⁵⁵
通合一	葱	tɕʻyŋ¹¹³	tsʻuŋ¹¹³	tsʻuŋ⁵⁵
止合三	嘴	tɕye⁵⁵	tsue⁵⁵	tsue²¹⁴
蟹合三	脆	tɕʻye³¹²	tsʻue³¹²	tsʻue⁵¹
通合三	从	tɕʻyŋ⁵¹	tsʻuŋ⁵¹	tsʻuŋ³⁵
臻合三	遵	tɕyə̃¹¹³	tsuə̃¹¹³	tsuen⁵⁵
臻合三	俊	tɕyə̃³¹²	tsuə̃³¹²	tɕyn⁵¹
遇合三	蛆	tɕʻy¹¹³	tɕʻy¹¹³	tɕʻy⁵⁵
山合三	泉	tɕʻyã⁵¹	tsʻuã⁵¹	tɕʻyan³⁵
果开一	搓	tɕʻyə¹¹³	tsʻuə¹¹³	tsʻuo⁵⁵
宕开一人	作	tɕyə¹¹³	tsuə¹¹³	tsuo⁵¹

(二) 精组合口韵字声母腭化的原因及过程

中古精组合口韵演变为撮口韵，最早应当是三等韵完成这一转变，因为三等韵都有［i］介音，又因为是合口韵，具有［u］介音，由于近代［iu］介音的强化，iu→ju→y，合口韵演变成撮口韵，又因为精组声母是舌尖前音［ts tsʻ s］，而［y］韵母或［y］介音是舌面前元音，出于发音自然的要求，［ts tsʻ s］在韵母的同化影响下，逐渐腭化为舌面前音［tɕ tɕʻ ɕ］。李新魁先生也曾经指出："近代汉语介音的发展，成为引动汉语声母、韵母以至整个音节结构发展的主要动力。"[①] 我们从普通话中也能看到介音的发展所引动的精组合口韵字音节结构的演变，而且这一演变是一种渐进的、离散式的音变，在音系内部形成一种参差不齐的局面，比如普通话的精组音值：

精组音值	未变	变化中	已变
tɕ tɕʻ ɕ	止合三（嘴、翠、随） 蟹合三（翠、岁） 通合三（纵、从、松）	臻合三（遵、俊）	遇合三（聚、取、需） 山合三（绝、全、选）

在普通话中，由于精组合口三等字介音的发展，引动声母由 ts 向 tɕ 演变。在此演变过程中，由于受到另一种音变力量的干扰（比如 i 介音消变趋势的影响），变化突然中断。此时，一些韵摄的变化已实现，如遇合三、山合三；一些韵摄还没有来得及发生变化，如止合三、蟹合三、通合三；而一些韵摄中一部分字发生变化，一部分字还没有发生变化，如臻合三"俊"读［tɕyn⁵¹］，"遵"读［tsun⁵⁵］。中断的变化使音系内部出现参差，却给我们了解语言发展的复杂性和例外现象提供了一种重要的途径。

从普通话精组合口三等字声母的变化来看，其 i 介音大致有两种发展趋势：一种是 i 介音强化的趋势，即 iu→ju→y；一种是 i 介音消退的趋势，即 iu→u，合口三等韵与合口一等韵合流。在中古精组合口三等字的演变过程中，正是由于受到这两种力量的影响，精组合口三等字才出现了两种不同的演变结果。即由于 i 介音强化趋势的影响，普通话部分韵摄精组合口三等字声母由 ts 向 tɕ 逐渐演变，但在变化过程中，由于又受到 i 介音消退趋势的干扰，迫使变化中断，即已经起了变化的音和还没有来得及发生变化的音从此分家，各不相涉，因而在音系中留下了异于规律的不规则现象。

在泗水方言中，精组合口三等字所出现的两种演变结果可能也是由于 i 介音两种不同的变化趋势所致，即在以泗水城关为代表点的绝大多数村点中，由于 i 介音强化的趋势，不仅使合口三等字声母腭化，而且使合口一等字在语音的类推作用下也衍生出 i 介音，与合口三等字合流，并进而随着三等字一同向前发展，

① 李新魁. 近代汉语介音的发展［A］. 李新魁语言学论集［C］. 北京：中华书局，1994. 178.

所以，蟹、遇、果、山、通等摄的合口一等字，没有三等 [i] 介音，其声母同样腭化为舌面前音 [tɕ tɕʻ ɕ]；在以泗水小岭村为代表点的泗水西部和南部的少数村点，i 介音消退的趋势使合口三等韵摄（遇摄除外）的字丢失 i 介音，与合口一等字合流，因此精组合口字的声母仍为舌尖前音 [ts tsʻ s]。

那么，为什么在泗水绝大多数村点都是 i 介音强化，而小岭村等少数村点却是 i 介音消退呢？而且 i 介音强化的力量不仅使合口三等字声母腭化，还使合口一等字也出现类推变化，衍生出 i 介音，进而使声母腭化，而泗水的少数村点却能置身事外，并向另一种变化趋势发展？仔细分析泗水这一小片的音系特征以及周边方言的特点，我们认为这少数村点的精组合口三等字声母仍为舌尖前音 [ts tsʻ s] 应该是受到了曲阜方言的影响所致。

《曲阜市志·第二十六篇·方言》载："曲阜方言的内部的一致性很强，但亦有所差异。按中古精系山臻两摄合口三等字声母的不同，大致可分为南、北、中三个区……在这三个区中，中古见系字在普通话中韵母是撮口呼的，其声母也不一样。"如表 2–20 所示：①

表 2–20　曲阜方言内部精、见两组字读音比较表

例字	南区今读	中区今读	北区今读
俊	tɕyə̃	tsuə̃	tsuə̃
泉	tɕʻyã	tsʻuã	tsʻuã
雪	ɕyə	suə	suə
卷	tɕyã	tsuã	tsuã
群	tɕʻyə̃	tsʻuə̃	tsʻuə̃
兄	ɕyŋ	suŋ	suŋ

从表 2–20 可知，曲阜方言的中区和北区不仅精系山臻两摄合口三等字声母读为 [ts tsʻ s]，而且部分中古见系合口字声母也读为 [ts tsʻ s]，所以泗水西部靠近曲阜的一些村点，如小岭村、滕家庄、芦沟、庠厂等地，精系山臻两摄合口三等字声母读为 [ts tsʻ s] 应该是受曲阜方言的影响所致。受其影响，在这些村点中，部分见系合口三四等字与精系合口三四等字合流，其声母也演变为 [ts tsʻ s]。泗水西部这些村点精系、见系合口细音字演变的情况详见表 2–21（以小岭村为代表）和《泗水方言地图（四）》。

---

① 山东省曲阜市市志编纂委员会. 曲阜市志 [M]. 济南：齐鲁书社，1993. 671.

表 2-21　泗水西部村点精系、见系合口细音字演变情况

中古音		例字	泗水小岭村方言	曲阜北区方言	泗水城关方言	普通话
精系	山合三	绝泉选	ts tsʻ s	ts tsʻ s	tɕ tɕʻ ɕ	tɕ tɕʻ ɕ
	遇合三	蛆	tɕʻ	tɕʻ	tɕʻ	tɕʻ
	臻合三	俊皴旬	ts tsʻ s	ts tsʻ s	tɕ tɕʻ ɕ	tɕ tsʻ s
	通合三	从	tsʻ	tsʻ	tɕʻ	tsʻ
见系	果合三	瘸靴	ts s	ts s	tɕ ɕ	tɕ ɕ
	山合三	捲劝	tsʻ	tsʻ	tɕʻ	tɕʻ
	山合四	缺玄	tsʻ s	tsʻ s	tɕʻ ɕ	tɕʻ ɕ
	臻合三	群军	tsʻ	tsʻ	tɕʻ tɕ	tɕʻ tɕ
	通合三	穷胸	tsʻ	tsʻ	tɕʻ	tɕʻ
	江开二	角摧学	ts tsʻ s	ts tsʻ s	tɕ tɕʻ ɕ	tɕ tɕʻ ɕ
	梗合三	琼兄	tsʻ	tsʻ	tɕʻ	tɕʻ
	遇合三	驹区虚	tɕ tɕʻ ɕ	tɕ tɕʻ ɕ	tɕ tɕʻ ɕ	tɕ tɕʻ ɕ

（三）精组合口韵字声母腭化的历史时期

从表 2-21 可以看出，泗水城关方言中，精组蟹、遇、果、山、臻、通合一、果开一、宕开一入都演变为舌面前音与撮口呼韵母相拼，我们认为这一现象是由于语音的类推作用，一等字衍生出 i 介音的结果。对于 i 介音衍生的问题，李如龙先生在论述见系声母逢二三四等字腭化时曾经解释道："可以肯定的是，凡是二等韵逢见系声母也读腭化声母的，其韵母必定是有韵头 i。对二等韵来说也是先有 -i- 再变为 -j- 的，也是韵头影响声母的表现。"① 与此相类似，泗水方言中精组合口一等字的声母腭化为舌面前音 [tɕ tɕʻ ɕ]，也可能是由于语音的类推作用，在演化的过程中，合口一等韵逐渐衍生出一个前高的 [i] 介音，同三等韵合流，先有 -i- 再变为 -j-、ju→y，进而在韵母的影响下，出于发音自然的要求，声母腭化为舌面前音 [tɕ tɕʻ ɕ]，因此，精组合口一等字的声母腭化为舌面前音 [tɕ tɕʻ ɕ] 最终也是"韵头影响声母的表现"。

从泗水方言精组合口字的演变来看，精组合口韵字声母腭化的前提条件是 [y] 韵头（韵母）的出现，而元代的鱼虞韵字念 [iu]，这个读音一直保持到 17 世纪中叶，大概到 17 世纪末年，这个 [iu] 才进一步单音化为 [y]。清代赵铭箕撰写的《拙庵韵悟》（书成于 1674 年）分"六奇韵"，即六个单元音韵母——

---

① 李如龙. 方言与音韵论集 [M]. 香港：香港中文大学中国文化研究所，1996. 30.

姑、格、基、支、咨、居，可知此时 [y] 音已经出现。由此可以推知，普通话中遇、山两摄精组合口三等字的声母腭化的时期可能是 17 世纪末叶。泗水方言属于北方方言的一个分支，其精组合口三等字声母腭化的时期可能也是在这一时期。在用山东方言写就的世情小说《醒世姻缘传》①（下文简称《醒》）中，已有例句显示出精组合口一等字声母腭化的迹象：

(1) 小献宝……一片声发作，只问说是谁的主意，口里胡言乱语的卷骂。（《醒》第 41 回，第 600 页）

(2) 计老道："好禹大哥，我没的因小女没了，就枉口拔舌的纂他！"（《醒》第 9 回，第 135 页）

(3) 他却恶人先要做，大骂纂舌头的，血沥沥咒这管家们。（《醒》第 78 回，第 1117 页）

(4) 一面口里村卷，一面将那做的衣裳扯的粉碎。（《醒》第 87 回，第 1235 页）

(5) 紧闭街门，饱饱的吃了他一肚村卷。（《醒》第 89 回，第 1270 页）

在泗水方言中，"卷人"即"骂人"，现仍在使用。《醒》中"卷"、"纂"换用，以"纂"来替代"卷"，明显是因二字音同所致。"纂"是精组山合一缓韵上声，"卷"是见组山合三狝韵上声，"卷"、"纂"同音，可见在《醒》的时代，山合一已经同山合三合流，并且其声母也已经腭化。对《醒》书的成书时代，现在专家多认为成书于明末清初，这和我们上面所论述的精组合口字声母腭化可能在 17 世纪末叶也是大致相吻合的。

三、中古日母字

泗水方言中古日母字分化为两个系列：中古止摄日母字，今普通话读 [ɚ]，本书称为儿系字；中古止摄以外的日母字（以及中古喻云、喻以部分字），今普通话读 [ʐ]，本书称为日系字。这两类字的面貌大不相同，本书分别加以考察。

(一) 儿系字

1. 儿系字的读音

中古儿系字普通话读作 [ɚ]，泗水绝大多数人读音与普通话相同，但是泗水东北部和新泰交界的部分村点读 [əl]。这部分村点原属新泰市，据《泗水县

---

① 本书所引《醒世姻缘传》例句出自上海古籍出版社黄肃秋校注本，1981 年版。该版本以 1933 年亚东图书馆排印本为底本，并以建德周氏藏本、同德堂本、首都图书馆藏本等版本对校，语料真实可靠。

地名志》所载："1959 年春，将新泰县西南部的尧山、西头、莲花峪、上峪、下峪、土门、王家庄、马家庄、尹家楼、鲍家庄、西枣山峪、东枣山峪、华村、两泉沟、石垒、小西辛庄十六个村划归泗水县。"①

　　据《新泰方言志》，新泰方言儿系字读音为 [əl]，泗水方言东北部的这些村儿系字读 [əl]，明显是受新泰方言影响的结果。泗水东部泉林镇、泗张镇和苗馆镇的大部分地区儿系字读 [lɨ]，和山东方言东区东潍片大致相同。据《山东方言研究》，东潍片儿系字读 [lə]，西鲁片读 [ɚ]，泗水方言西部儿系字读 [ɚ]，东部读 [lɨ]，北部读 [əl]，体现出方言接缘地带的过渡性特征。泗水方言儿系字的地域分布参见图 2-7。

图 2-7　泗水方言地图（二）："儿、耳、二"读音分布图

___
① 泗水县地名志编纂委员会，泗水县地名志 [M]．兖州：山东省兖州市印刷厂，1998.7.

2. 儿系字的历时演变

儿系字在泗水方言中读音很特殊，一读 [ɚ]，一读 [əl]，一读 [lɬ]。那么，这三个音的历史层次如何？其发展趋势又是怎样的？我们结合泗水方言和其他方言的材料来探讨这些问题，先看表 2 – 22 儿系字的读音：

表 2 – 22　泗水方言儿系字读音与胶辽官话、冀鲁官话的比较

方言区	方言点	儿	二	耳
胶辽官话	青岛	[lə]老　[ɚ]新	[ɚ]	[lə]老　[ɚ]新
	即墨	[lə]白　[ɚ]文	[lə]白　[ɚ]文	[lə]白　[ɚ]文
	胶南	[ɚ]	[lə]	[lə]
	诸城	[lə]	[lə]	[lə]
中原官话	泗水	[ɚ]西部　[lɬ]东部 [əl]北部	[ɚ]西部　[lɬ]东部 [əl]北部	[ɚ]西部　[lɬ]东部 [əl]北部
	曲阜	[ɚ]	[ɚ]	[ɚ]
	济宁	[ɚ]	[ɚ]	[ɚ]
	金乡	[ɚ]	[ɚ]	[ɚ]
冀鲁官话	新泰	[əl]	[əl]	[əl]
	博山	[lə]	[lə]	[lə]
	济南	[ɚ]	[ɚ]	[ɚ]
	淄川	[lə]	[lə]	[lə]

从表 2 – 22 可以看出，泗水东部儿系字的读音和胶辽官话、冀鲁官话的部分县市读音相同，这与其处于方言过渡区的特殊地理位置密切相关。从各个点的读音来看，[lə] 音层次较早，[ɚ] 音层次较晚，如即墨：白读层读 [lə]，文读层读 [ɚ]。同样，在泗水方言中，也是 [lɬ] 音层次较早，[ɚ] 音层次较晚。目前在泗水东部许多年轻人的口音中，既有 [ɚ]，又有 [lɬ]，这主要是由于受到普通话的影响。这种一字两读现象实质上也是一种文白异读现象，[ɚ] 是文读音，[lɬ] 是白读音。

在泗水北部的一些村点，儿系字和新泰的读音相同，读 [əl]①，[əl] 音还带有边音 [l] 的痕迹，同时和 [ɚ] 音又非常接近，如果舌尖翘起，所发的就是 [ɚ] 音，我们认为 [əl] 可能是儿系字读音由 [lɬ] 向 [ɚ] 过渡的一种中间状态。

---

① [əl]，开口度小，舌面平，舌根略往后缩，气流从舌两侧冲出。

　　那么另外的问题是：对于中古日母的音值，学者们一般将其构拟为*[nʑ]，但在现代山东的一些方言点中，如淄川、博山、寿光、广饶等地，日系字和儿系字都读 [l] 或 [ɭ] 声母，在今泗水方言中，虽仅剩儿系字读 [l] 声母，但日系字中仍有个别字也还读 [l] 声母，如"扔" [ləŋ^{113}]，"乳"在"豆腐乳"一词中读 [lu^{55}]。日母的音值是怎样发展为边音 [l]（或 [ɭ] 声母）的呢？对于这一问题，我们想从儿尾音的角度来探讨。

　　"儿"字的本义是男孩，许慎《说文解字》："儿，孺子也。从儿，象小儿头囟未合。"段玉裁注："儿孺双声，幼子也，引申为幼小之称。""儿"最初是单音词，后由一个实义词变为表示小称意义的词尾。对其本义和发展情况，王力先生曾作过深入探讨，他说："如果作一个比较谨慎的说法，应该说词尾'儿'字是从唐代才开始产生的。"① 潘允中则把这个时间提前了，他说："'儿'在南北朝的时候部分半虚化，部分完全虚化，并且有了新的发展：开始作为动词名物化的形态了。"② 既然"儿"和"儿尾词"有着密切的联系，因此，我们可以从"儿尾词"的读音来看"儿"字读音的变化情况。

　　郑张尚芳（1980）《温州方言儿尾词的语音变化（一）》指出，杭州话中儿尾音读 [l]，而它周围的儿尾音都是鼻音的 [n]、[ɲi]、[ŋ]，就连杭州近郊也是如此，唯独杭州方言的儿尾音不带任何鼻音成分，这个特点显然与北方官话相似而与吴方言不同。郑张尚芳先生认为这是 12 世纪宋室南渡在此建都后受北方语音影响的结果。这一事实说明，杭州话原儿尾音可能也是鼻音的 [n]。宋室南渡以后，大量北方移民涌入，北方官话占据优势，由于北方官话儿音值不带鼻音成分，在北方官话的强烈"冲刷"下，杭州方言的儿尾音 [n] 逐渐演变为没有鼻音成分的同部位的 [l] 尾。但"冲刷的结果一方面是强势语言在弱势语言中留下了其疏密不匀、深浅不一、时代不同的痕迹，形成一个个源自强势语言的'层次'；另一方面弱势语言也保存了一部分自身的固有特征，这可称之为'冲刷型遗存'"③。在杭州周围甚至其近郊所保存的鼻音成分的儿尾音大概就是原来弱势方言的"冲刷型遗存"。从发音原理讲，舌尖前浊鼻音 [n] 受北方方言影响变成同部位的浊边音 [l]，还是很自然的。

　　目前，杭州话自成音节的 [l] 正处于变化过程之中。20 世纪 20 年代赵元任先生在《现代吴语的研究》中对杭州话儿缀的读音留下了最早的记录，即记为自成音节的 [l]。

　　20 世纪 60 年代由傅国通等对浙江方言进行了较为全面的调查，在《浙江吴

---

①　王力. 汉语史稿·中册 [M]. 北京：科学出版社，1958. 229.
②　潘允中. 汉语语法史概要 [M]. 郑州：中州书画社，1982. 37.
③　曹志耘. 南部吴语语音研究 [M]. 北京：商务印书馆，2002. 191.

语分区》中杭州话的"儿"记为 [əl]。

20 世纪 80 年代美国学者史瑞明（Richard VanNess Simmons）在考察杭州话后，曾撰文指出杭州的这个"儿"尾念 [rɚ]①。

徐越（2002）指出："笔者发现老年和中青年在发音时舌尖抬起抵住上颚，在舌尖抬起的过程中带出一个轻微的 [ə]，故仍可记作 [əl]。大学生、中学生发音时舌尖抬起，在不经意时，就不再用力上抵，而是稍稍后卷，几近于普通话的卷舌元音 [ɚ]。但在强调逻辑重音时，如'格是花儿，不是草儿'，仍有舌尖抬起轻触上颚的动作。用他们的话说是'仔细的时光碰着，不仔细的时光碰不着'。可见杭州的'儿'仍应记为 [əl]，也可以记作 [l]，但显得太紧。而 [ɚ]、[rɚ] 显然是受普通话影响的结果。这种读音尚未稳定，我们只能静观其变。"② 可见，目前杭州话的"儿"音值正在逐步变化：[l] → [əl] → [rɚ] → [ɚ]，特别是大学生和中学生的口音中还处于一种自由变换的阶段，读音尚未稳定。

既然杭州方言由于北方官话的影响，儿音值能够从鼻音的 [n] 逐步演变为边音 [l]，那么，北方某些方言点的儿音值为 [l]，我们也可以大致推测这是逐步由鼻音 [n] 演变而来的。

关于"儿"的音变，王力先生说，"儿"音变的过程是 [nʑi] → [nʐʅ] → [ʑi] → [ʐʅ]，到了 [ʐʅ] 的阶段，突然元音和辅音对调位置，成为[ɻʐ] → [əl]。这是就北方官话来说的，但在北方某些方言点中，"儿"字的音变可能经历了另外的过程：[nʑi] → [ni] → [li] → [lə]（或 [lə]） → [əl] → [rɚ] → [ɚ]。到了 [lə] 的阶段，突然元音和辅音对调位置，这种元辅音位置的互换，叫作"语音变位"③。目前在泗水东部一些方言点中，儿系字仍读 [lɨ]（ɨ开口度介于ɨ和 ə 之间），但北部一些方言点读为 [əl]，西部一些方言点读 [ɚ]，泗水方言儿系字的读音现状大概可以为"儿"字音值的演变过程提供一些证据。

关于日母音值从鼻音向边音演变发生的时期，因为限于资料，所以我们所能发现的最早的山东方言的用例是明末清初的白话小说《醒世姻缘传》中的一段对话：

婆子又高声道："是人家请你看病！"萧北川又道："邻家请你扞饼，你就与他去扞扞不差。"（《醒世姻缘传》第 4 回，第 54 页）

这里用"邻家"打诨"人家"，表明"人"和"邻"同音，日母"人"读

---

① 史瑞明. 杭州方言里儿尾的发音 [J]. 方言，1989（3）.

② 徐越. 杭州方言儿缀词研究 [J]. 杭州师范学院学报，2002（2）.

③ [英] R. R. K. 哈特曼，F. C. 斯托克. 语言与语言学词典 [M]. 黄长著等译. 上海：上海辞书出版社，1981.

[l] 声母。

此外，清末高密人张祥晋在所著《七音谱》第八章下云："日母所属'人汝如若然髯而柔热惹'等……自潍县以西，寿光、乐安、青州、临淄，以至武定、济南、东昌、临清、泰安、兖州、济宁各府州所属，及沂水以西沂州、蒙、费，皆读为此谱重舌三位隆模之音。"① 日母字读为"隆模之音"，即读为 [l] 声母。

(二) 日系字

在泗水方言中，中古日系字声母的演变较为复杂：在今开口韵前，演变为 [z] 声母；但是在今合口韵前，内部各乡镇日系字声母又有三种演变情况，存在一定的差异：在县境北部、东部和中心地带，演变为 [v] 声母；在县境西南部山区一带，演变为零声母；在县境西部靠近曲阜的少数村点，演变为 [z] 声母。日系字声母的这种较为复杂的演变局面与知庄章组的演变有着密切的关系。在今开口韵前，知庄章三组声母泗水方言演变为 [ts tsʻ s]，相应的，在开口韵前，日系字声母演变为同擦音 [s] 相同部位的浊擦音 [z]。在今合口韵前，知庄章三组演变为三种基本类型：[pf pfʻ f]、[tɕ tɕʻ ɕ] 和 [ts tsʻ s/f]。因此，在今合口韵前，日系字声母也演变为三种类型：一种演变为同擦音 [f] 相同部位的浊擦音 [v]（臻合三"润"除外）；一种演变为零声母；另一种演变为与擦音 [s/f] 相对的浊擦音 [z/v]（臻合三"润"除外）。日系字的音值在泗水不同地点随着知庄章组声母音值的不同而变化，如表 2-23 所示：

表 2-23　泗水方言日系字在不同地点的音值变化

例字　中古音	地点及声母音值　例字	泗水尧山方言	泗水夹谷山方言	泗水城关方言	普通话
臻开三	珍陈身人	ts tsʻ s　z	ts tsʻ s　z	ts tsʻ s　z	tʂ tʂʻ　ʂ ʐ
山开三	展缠善然	ts tsʻ s　z	ts tsʻ s　z	ts tsʻ s　z	tʂ tʂʻ　ʂ ʐ
宕开三	庄疮霜弱	pf pfʻ f　v	tɕ tɕʻ ɕ　ø	ts tsʻ s/f　z/v	tʂ tʂʻ　ʂ ʐ
遇合三	猪初书如	pf pfʻ f　v	tɕ tɕʻ ɕ　ø	ts tsʻ s/f　z/v	tʂ tʂʻ　ʂ ʐ
山合三	砖穿说软	pf pfʻ f　v	tɕ tɕʻ ɕ　ø	ts tsʻ s/f　z/v	tʂ tʂʻ　ʂ ʐ
臻合三	准春顺润	pf pfʻ f　ø	tɕ tɕʻ ɕ　ø	ts tsʻ s/f　z/ø	tʂ tʂʻ　ʂ ʐ
通合三	中充叔绒	pf pfʻ f　v	tɕ tɕʻ ɕ　ø	ts tsʻ s/f　z/v	tʂ tʂʻ　ʂ ʐ
止合三	追吹睡瑞	pf pfʻ f　v	tɕ tɕʻ ɕ　ø	ts tsʻ s/f　z/v	tʂ tʂʻ　ʂ ʐ

---

① 转引自钱曾怡. 山东方言研究 [M]. 济南：齐鲁书社，2001.361.

从表 2 - 23 泗水方言日系字日母音值的演变中，我们可以看出日母音值的变化受到与其同部位的清擦音声母的制约。较为特殊的是泗水夹谷山等地，日系字日母音值演变为零声母，但零声母可视为由舌面浊擦音 [ȵʑ] 发展而来，演变过程为中古日母 [ȵʑ] → [ʑ] → [j] → [ø]，而同舌面清擦音 [ç] 相对的浊擦音正是 [ʑ]。因此，在演变规律上，中古知庄章三组声母的擦音音值与日母音值呈现出一种清浊相配的格局：[s] ↔ [z]；[f] ↔ [v]；[ç] ↔ [ʑ]。

但语言的发展，总是会出现各种各样的例外情形。在泗水方言中，日系字的演变也是如此。从演变规律来看，日母音值的变化受到与其同部位的清擦音声母的制约，但在知庄章组不同演变类型的交界地带，日系字的演变又呈现出一种不太规律的局面。如表 2 - 24 所示：

表 2 - 24　泗水方言日系字音值的例外情况

地点 ＼ 声母＼例字	砖	穿	拴	软
于家庄	tç	tçʻ	ç	v
立山庄	tç	tçʻ	f	ø
小河	tç	tçʻ	f	z
毛沃	ts	tsʻ	f	z

从前文中《泗水方言地图（一）》来看，以上四点都是分布在知庄章组不同演变类型的交界地带，如于家庄、立山庄处于 [tç tçʻ ç ø] 与 [ts tsʻ f v] 的过渡地带，小河处于 [tç tçʻ ç ø] 和 [ts tsʻ s z] 的过渡地带，而毛沃的居民大多是清代时由曲阜迁来。所以这种方言的演变例外现象的出现，主要是由于人口的迁移、通婚、文化教育的普及与提高等原因，使得各种方言类型相互渗透、融合，逐渐出现了一些新的方言特征。这一方面给方言调查增加了难度，笔者在西里仁（位于泗水西部杨柳镇）调查时，发现一家之中口音不同，如"说"字的字音，男主人是 [fə¹¹³]，而从小辛庄嫁过来的女主人是 [çyə¹¹³]，他们 15 岁的儿子在和笔者交谈时一会是 [suə¹¹³]，一会又是 [fə¹¹³]，这给我们记录"说"字的字音带来了一些困难；但另一方面，这种方言类型的相互交融、渗透又给我们研究方言特点的共时变异提供了极好的研究素材，所以说，"通过例外的分析研究，可以帮助我们进一步掌握规律"[1]。

---

① 李荣．语音演变规律的例外 [A]．李荣．音韵存稿 [C]．北京：商务印书馆，1982．107.

四、泗水方言开口呼疑母、影母

普通话开口呼零声母来源于中古开口一二等韵的疑、影二母，在《广韵》和36字母中，疑母读 [ŋ-]；影母为零声母，二者的区别是明显的，现代北方官话中的一些同音字，在那时并不同音：艺（鱼祭切）≠意（于记切）；鱼（雨居切）≠于（央居切）；魏（鱼贵切）≠畏（于胃切）；饿（五个切）≠遏（乌葛切）。前者的反切上字属疑母；后者的反切上字属影母。但是到了《中原音韵》时期（14世纪），大部分疑母字与影母字合并，小部分疑母字因仍有别义作用而独立存在。直到《韵略易通》时期（15世纪），疑母才与影母完全合并，发展为零声母。在泗水方言中，中古开口一二等韵的疑、影二母的演变比普通话要复杂得多，泗水内部存在着一定的地域差异。如表2-25所示：

表2-25　泗水方言疑、影二母演变的内部差异

声母 例字 地点		鲍家庄	历山	小岭	张庄	城关	金庄	中册
疑母	鹅	ŋ-	ɣ-	ɣ-	ɣ-	∅~ɣ-	ɣ-	∅~ɣ-
	藕	ŋ-	ɣ-	ɣ-	ɣ-	∅~ɣ-	ɣ-	∅~ɣ-
	熬	ŋ-	ɣ-	ɣ-	ɣ-	∅~ɣ-	ɣ-	∅~ɣ-
	岸	ŋ-	ɣ-	ɣ-	ɣ-	∅~ɣ-	ɣ-	∅~ɣ-
	鳌	ŋ-	ɣ-	ɣ-	ɣ-	∅~ɣ-	ɣ-	∅~ɣ-
影母	案	ŋ-	ɣ-	ɣ-	ɣ-	∅~ɣ-	ɣ-	∅~ɣ-
	袄	ŋ-	ɣ-	ɣ-	ɣ-	∅~ɣ-	ɣ-	∅~ɣ-
	爊	ŋ-	ɣ-	ɣ-	ɣ-	∅~ɣ-	ɣ-	∅~ɣ-
	熰	ŋ-	ɣ-	ɣ-	ɣ-	∅~ɣ-	ɣ-	∅~ɣ-
	安	ŋ-	ɣ-	ɣ-	ɣ-	∅~ɣ-	ɣ-	∅~ɣ-

鲍家庄北临新泰市，原隶属新泰，1959年划归泗水。受新泰方言影响，鲍家庄疑影二母都读 [ŋ-] 声母，历山、小岭、张庄、金庄四处疑影二母都读 [ɣ-] 声母。据《山东方言研究》，冀鲁官话疑母开口一二等字，如"爱"的声母读鼻音 [ŋ-]，中原官话疑母开口一二等字，如"爱"的声母读舌根浊擦音 [ɣ-]。[①]（参见《山东方言"爱"声母读音图》）

泗水方言中疑影二母 [ŋ-] 和 [ɣ-] 两种读音都有，存在一定程度的内部差异，也显示出泗水处于中原官话和冀鲁官话过渡区的独特的方言特征。如下

---

① 钱曾怡. 山东方言研究 [M]. 济南：齐鲁书社，2001. 51~43, 123,

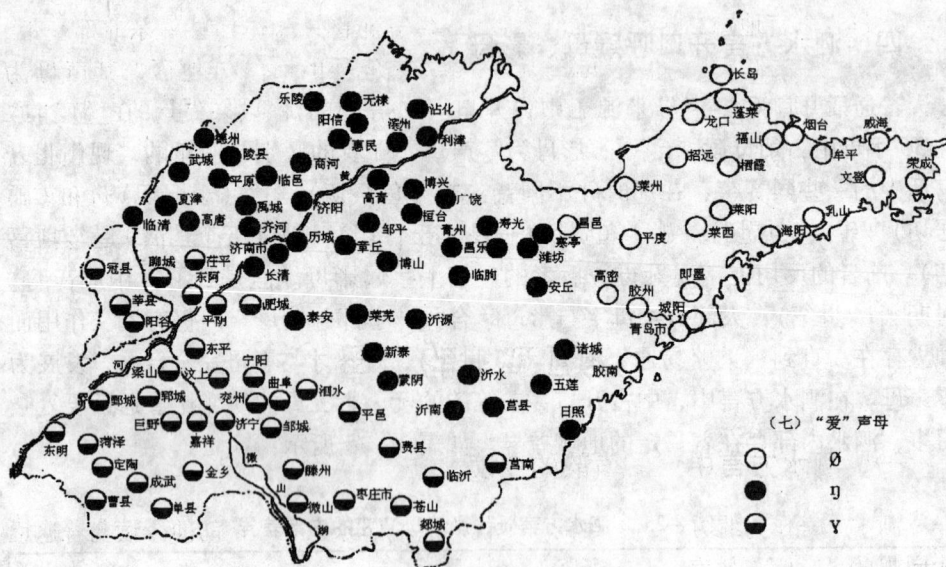

图2-8 山东方言"爱"声母读音图

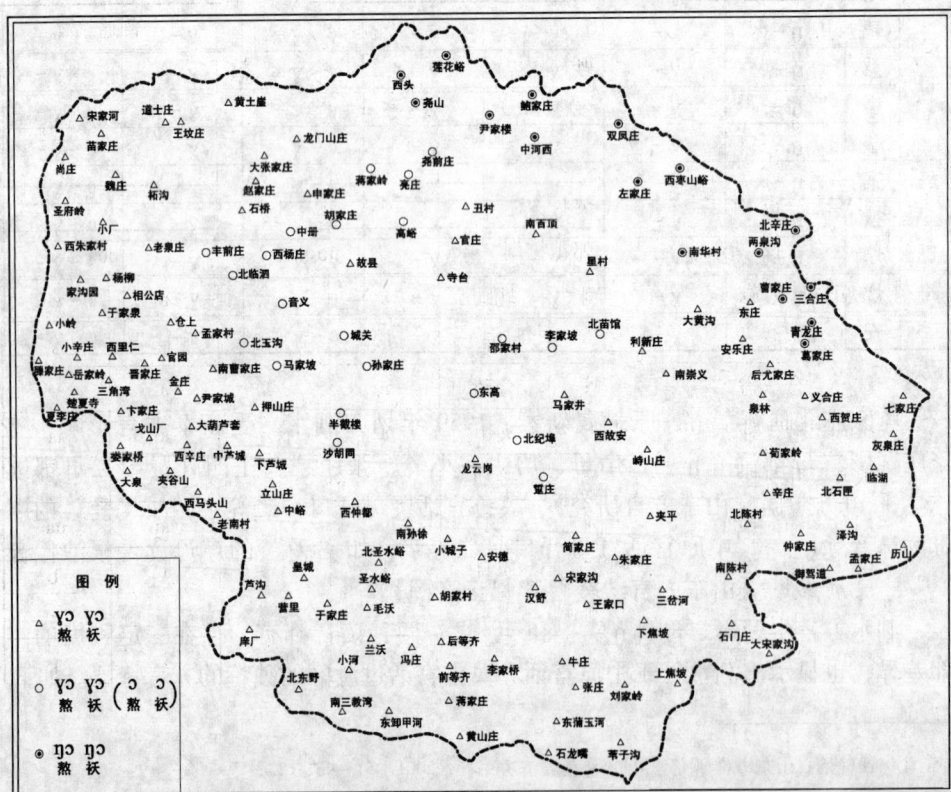

图2-9 泗水方言地图（五）："熬、袄"声母分布图

文中《泗水方言地图（五）》"熬、袄"声母分布图所示，在县境东北部一带，疑影二母字"熬、袄"的声母为［ŋ-］，在全县的大部分地区，其声母为［ɣ-］，而在城关、中册两地，疑影二母的［ɣ-］声母正处在失落的过程之中。目前，在老派的口音中，仍存在［ɣ-］声母，尤其在读音比较重或者是拖长音调的时候，［ɣ-］声母非常明显，但在多数新派的口音中，［ɣ-］声母和零声母已可以自由变读，甚至在少数新派的口音中，［ɣ-］声母已经消失，变成零声母了。

第五节 韵 母

一、泗水方言中古入声韵的今读

泗水方言作为北方官话方言的一个代表点，部分中古入声韵的今读与普通话相同或一一对应，如表2-26所示：

表2-26 泗水方言中古入声韵的今读与普通话对应关系表

中古入声韵	例字		泗水方言		普通话	
咸开四帖	跌挟协贴		iə		ie	
咸合三乏	法乏		a		a	
山开三四月、屑	揭歇节屑		iə		ie	
臻开一没	突骨忽窟		u		u	
宕合一铎	郭霍扩劐		uə		uo	
山开二黠、鎋	八铡	轧瞎	a	ia	a	ia
山开三薛	别	折	iə	ə	ie	ɤ
咸开一合、盍	答塔	合磕	a	ə	a	ɤ
咸开二洽、狎	眨	夹甲	a	ia	a	ia
咸开三叶、业	涉	接劫	ə	iə	ɤ	ie
山合二黠、鎋	滑刮	刷	ua	a	ua	ua
臻开三质、迄	七乞	质日	i	ʅ	i	ʅ
臻合三术	律恤	出术	y	u	y	u
梗开三四昔、锡	积绩	尺吃	i	ʅ	i	ʅ

（续上表）

中古入声韵	例字			泗水方言			普通话		
通合一屋沃	秃毒	族速		u	y		u	u	
通合三屋烛	福烛	足肃	菊锔	u	y	y	u	u	y
山合一末	拨泼	撮	夺阔	ə	yə	uə	o	uo	uo
深开三缉	立习	执湿	蛰	i	ʅ	ə	i	ʅ	ɤ
宕开一铎	博膜	铎托	各鹤	ə	uə	ə	o	uo	ɤ
山合三、四薛月屑	绝雪撅月决诀缺穴			yə			ye		
臻合三物、宕合三药	倔掘镢								

　　泗水方言中还有部分中古入声韵的今读与普通话不一致，或体现为山东方言的某种共性，或体现为泗水方言在韵母方面的某些特色。下面我们逐一论述。

　　1. 中古深曾梗臻摄入声韵母

　　中古深曾梗臻摄部分入声韵普通话分别以 [-ai、-ɤ、-ei、-i、-o] 作韵母，泗水方言都以 [e] 作韵母，两地形成一对五的对应关系。如表 2-27 所示：

表 2-27　泗水方言深曾梗臻摄部分入声韵今读与普通话的对应关系

中古韵	例字	泗水方言	普通话
深开三缉韵	涩	e	ɤ
曾开一德韵	塞刻墨则黑特德贼	e	ai、ei、ɤ
曾开三职韵	测色	e	ɤ
梗开二麦韵	麦摘策册隔	e	ai、ɤ
臻开三质韵	笔	e	i
梗开二陌韵	伯迫吓格客柏拍拆宅窄白	e	o、ɤ、ai

　　中古曾摄、梗摄陌、麦、德、职韵开口一二三等在今天许多官话方言点中大多已合流，今读为 [e]、[ei] 或 [ɛ]，体现出官话方言内部的某种一致性。因此，通过比较曾、梗两摄今韵母的异同，我们可以深入地认识官话方言内外的异同。对此，李荣先生在给首届官话方言国际学术讨论会所发的贺信中曾写道："把官话方言某些现象，登在地图上，画出同言线。这样就能对官话方言内外的

异同，有更明确的认识……山东新泰德韵与陌（二等）麦两韵同韵母，也跟职韵庄组同韵母［(u)e］。"下面我们列表比较一下曾、梗两摄今韵母在山东三大官话方言中的异同：

表 2-28　山东三大官话方言曾、梗两摄入声韵今读异同

片	点	德	刻	墨	贼	色	摘	隔	客	白
中原官话	泗水	e	e	e	e	e	e	e	e	e
	金乡	e	e	e	e	e	e	e	e	e
	枣庄	e	e	e	e	e	e	e	e	e
	临沂	e	e	e	e	e	e	e	e	e
冀鲁官话	新泰	e	e白	e	e	e	e	e	e	e
	博山	e	e	e	e	e	e	e老	e	e
	济南	e	e	e	e	e	e	e	e	e
	淄川	e	e白	e	e	e白	e	e白	e	e白
	德州	ɛ	ɛ	ɛ	ɛ	ɛ	ɛ	ɛ	ɛ	ɛ
胶辽官话	沂水	e	e	e	e	e	e	e	e	e
	诸城	e	e	e	e	e	e	e	e	e
	栖霞	ə	ə	ə	ə	ə	ə	ə	ə	ə
	牟平	ə	ə	o	o	ə	o	ə	o	ə
	烟台	ɤ	ɤ	o	ɤ	ɤ	ɤ	ɤ	ɤ	o

　　在上述 14 个山东方言点中，除栖霞、牟平、烟台、德州四点外，其他诸点的中古陌、麦、德、职韵开口一二三等字多读 ［e］，显示出山东三大官话方言内部的一致性。这一点从下面的山东方言"窄 策 色"韵母读音分布图[1]也能清楚地看出来：在山东方言多数调查点中曾梗两摄入声合流为 ［ei］／［e］韵母，在胶辽官话的少数调查点合流为 ［ɤ］／［ə］（［o］）韵母，在冀鲁官话的少数调查点合流为 ［ɛ］韵母。

---

① 引自钱曾怡. 山东方言研究 ［M］. 济南：齐鲁书社，2001. 128.

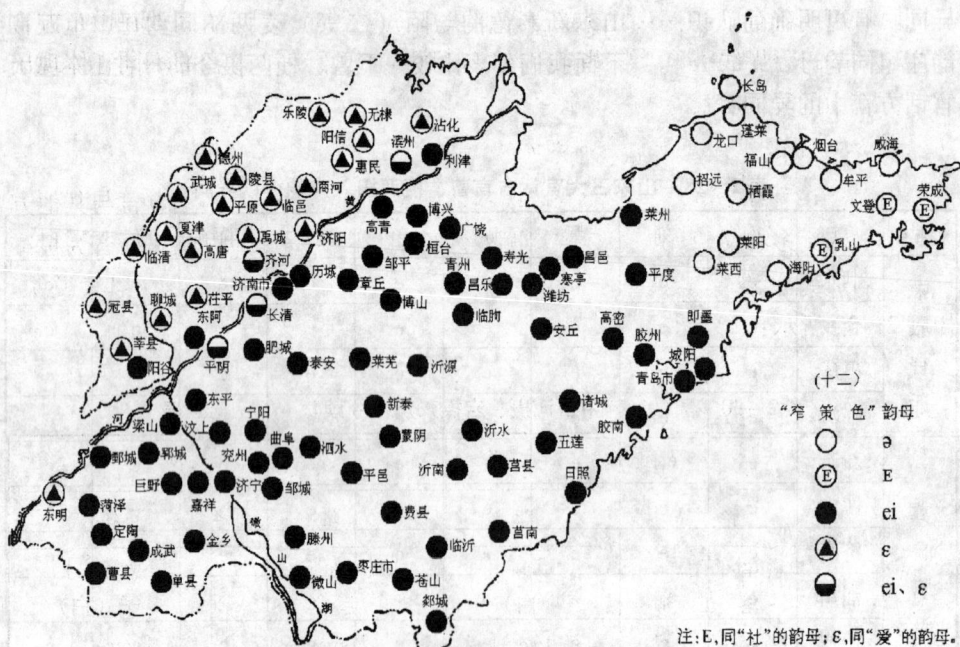

图 2-10　山东方言"窄、策、色"韵母读音分布图

2. 泗水曷韵"割"字、觉韵"雹、剥"字的今读

在泗水方言中，曷韵"割"字有两读，东部读 $[ka^{113}]$，西部读 $[kə^{113}]$；觉韵"雹、剥"两字东西部读音同样不同：东部读 $[pa^{51}]$、$[pa^{113}]$，西部读 $[pə^{51}]$、$[pə^{113}]$。"割、雹、剥"这三字，在泗水东部的读音相对保守一些，应当是古音的孑遗现象。这三字的两读现象与泗水所处的特殊地理位置有直接的关系。我们先看一下这三字在山东方言各区的读音情况：

表 2-29　　"割、雹、剥"在山东方言区的读音异同

例字	曲阜	金乡	泗水	新泰	淄川	济南	莒县	烟台	青岛	诸城
割	kə	kə	ka 东/kə 西	ka 白/kə 文	ka 白/kə 文	ka/kə	ka 白/kɣ 文	ka	ka	ka
雹	pə	pə	pa 东/pə 西	pa 白/pə 文	pa	pa	pa 白/pau 文	pa	pa	pa
剥	pə	pə	pa 东/pə 西	pa 白/pə 文	pa	pa	pa 白/pau 文	pa	pa	pa

曲阜、金乡属中原官话区，"割、雹、剥"读 $[kə]$、$[pə]$，新泰、淄川、济南、莒县属冀鲁官话区，烟台、青岛、诸城属胶辽官话区，这两区方言中"割、剥、雹"多读 $[ka]$、$[pa]$ 或者白读层读 $[ka]$、$[pa]$。泗水特殊的地理

位置使其方言兼有中原官话和冀鲁官话的某些特点，同时，泗水又处在山东方言东区和西区的分界线上，故一些入声韵字在泗水东部和西部读音的不同正体现出其作为方言过渡区所具有的方音特色。

3. 中古江摄、宕摄的部分入声字的读音

中古江开二觉韵见组字和宕开三药韵精、见、知照组字，泗水方言与其他方言点一样，大多有文白异读，读音情况较为复杂。因为普通话以北京语音为标准音，我们以北京语音为参照系，以"角、学、绰、雀"四字为例，列表说明。如表2-30所示：

表2-30　泗水方言中古江摄、宕摄入声字今读与北京话对应表

例字 / 方言点	江开二觉韵		宕开三药韵	
	角	学	绰	雀
北京话	[tɕiau⁵⁵] ~落（白） [tɕye³⁵] ~斗（文）	[ɕiau³⁵] （白） [ɕye³⁵] （文）	[tʂʻau⁵⁵] ~起（白） [tʂuo⁵¹] 宽~（文）	[tɕʻiau⁵⁵] ~子（白） [tɕʻye⁵¹] ~斑（文）
泗水方言	[tɕia⁵⁵] 三~湾（白） [tɕʻyə¹¹³] 屋~儿（白） [tɕiɔ⁵⁵] 三~形（文）	[ɕiɔ⁵¹] （白） [ɕyə⁵¹] （文）	[tsʻɔ⁵⁵] 宽~（白） [pfʻə³¹²] ~~有余（文）	[tɕʻiɔ¹¹³] 野~子（白） [tɕʻyə¹¹³] ~子（文）

中古江开二觉韵和宕开三药韵的部分入声字，在《中原音韵》中，萧豪、歌戈并收，从语音的发展历史来看，这类字原具有 a 类元音，其韵尾是 -k，入声韵尾丢失后，-k 转化为后高元音 [u]，于是与同类的阴声韵韵母合流，归入萧豪韵是顺理成章的，因此在泗水方言中，这部分字都有萧豪韵的读音，韵母为[ɔ]。"角"字还有 [tɕia⁵⁵] 这一读音，保存在"三角湾（地名）"和"羊角子风癫痫"这些固定的词语中。[tɕia⁵⁵] 音当是由 [tɕiau] 音脱落 [-u] 韵尾变来的。所以，现今泗水方言的 [ɔ] 韵当是由 [au] 韵变化而来，经历了一个双元音单音化的过程。

但在《中原音韵》中这部分字又被收入歌戈韵，反映出这些字在当时又有歌戈韵的异读。韵母主要元音可拟为 ＊[o]，和车遮韵分属两个不同韵部，车遮韵

主要元音拟 *[ɛ]①。但在现代泗水方言中，这部分字已同车遮韵完全合流，主要元音已变为 [ə]，如"角"读如车遮部的"绝"；"学"读如"穴"。歌戈韵和车遮韵的合流应当是最近两三百年的事情。在用山东方言写成的白话世情小说《醒世姻缘传》中，这两韵还是各自分用。关于《醒》书的成书时代，时贤一般认为是明末清初，对其作者问题，至今尚无定论。徐复岭（1993）曾考证作者是兖州、曲阜一带的贾凫西。② 诚如是，《醒》书应当反映的是鲁西南一带的方音特点。笔者也曾仔细分析了《醒》的音韵特点③，认为《醒》中车遮和歌戈两韵的分用十分明显，歌戈韵有七个韵段，车遮韵有两个韵段，无通押现象。宕摄入声药韵、铎韵押入歌戈韵，山摄入声薛韵和屑韵押入车遮韵，这和《中原音韵》的分立情况是一致的。

比如下面两个韵段：

(1) 兄弟同枝夫并穴，赤绳紫荆相结。恩义俱关切，今古不渝如石铁。性情顿与人相别，棠棣薰砧皆绝。缘斩仍腰绖，咒念弟夫双泯灭。——右调《惜分飞》（《醒世姻缘传》第 74 回，第 1048 页）

(2) 穷奇泼恶，帝远天高恣暴虐，性习苍鹰贪攫搏；话言不省，一味强欺弱。果然孽贯非天作，诸凡莽闯良心凿，业身一病无灵药；倘生令子，果报应还错。——右调《醉落魄》（《醒世姻缘传》第 39 回，第 1048 页）

韵段（1）押的是车遮韵，韵脚字为"穴结切铁别绝绖灭"，其中"穴结切铁绖灭"是中古山摄屑韵字，"别绝灭"是中古山摄薛韵字。韵段（2）押的是歌戈韵，韵脚字为"恶虐搏弱作凿药错"，其中"虐弱药"是宕摄药韵字，"恶搏作凿错"是宕摄铎韵字。《醒》书中车遮和歌戈两韵的分用十分明显，无通押现象。

在和《醒》书基本同时代的《聊斋俚曲集》中，歌戈韵和车遮韵的分用也很明显，张树铮先生认为"可以说在蒲松龄的时代，歌戈与车遮两韵的差别还是比较大的，可以将它们的主要元音分别拟为 o 和 ə"④，所以，尽管在现代的泗水方音中车遮和歌戈两韵已合流，但这两韵的合流可能只是在最近两三百年间才完成的。

二、泗水方言中古来母遇、臻、通三摄合口三等字的今读

中古来母遇、臻、通摄合口三等常用字有"绿吕铝驴滤虑律旅捋屡"，这些

① 杨耐思. 中原音韵音系 [M]. 北京：中国社会科学出版社，1981.

② 徐复岭.《醒世姻缘传》作者和语言考论 [M]. 济南：齐鲁书社，1993.

③ 王衍军.《醒世姻缘传》方音特点试析 [J]. 古汉语研究，2004（2）.

④ 张树铮. 蒲松龄《聊斋俚曲集》用韵研究 [J]. 古汉语研究，2001（3）.

字普通话读为 [ly]，泗水西部与普通话相同，泗水东部泉林镇、苗馆镇和泗张镇多数村点读作 [lu]。泗水周边的新泰、曲阜、邹城都不读 [lu]，只有泗水以东的平邑县这部分字读为 [lu]。据《平邑县志·方言》载："平邑话 u 韵母的字在普通话中有的是 u、ou，有的是 y，普通话中 l 声母和 y 相拼时，平邑话则不配合，没有 ly 这种音节。"[①] 泗水东部的几个乡镇，这些字读作 [lu]，应当是受平邑方言影响的结果。

这一规律所涉及的字数在各个点并不相同，以上面所列举的 10 个常用字为例，大体是越靠近平邑，涉及的字数越多。如历山，这 10 个字都读为 [lu]；而在西故安，只有两个字读为 [lu]，而且仅仅局限于"铝锅"、"毛驴"之类的固定词中，在单字音中，"铝"、"驴"读音已读为 [ly]。参见图 2－11。

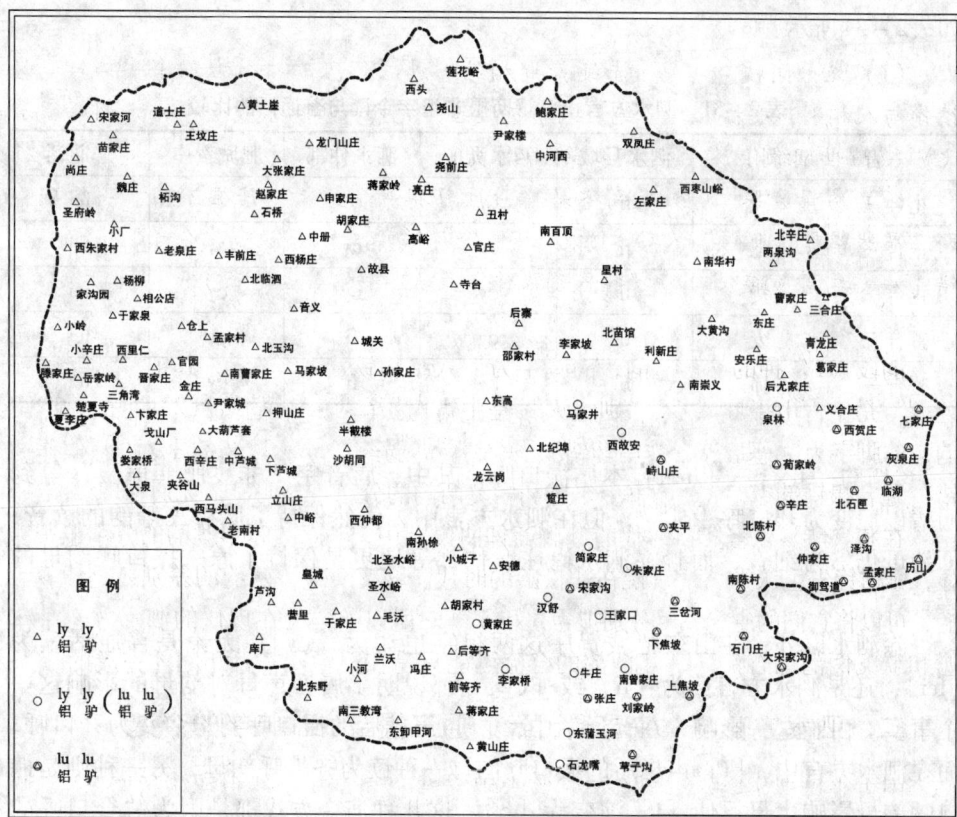

图 2－11　泗水方言地图（六）："铝、驴"读音分布图

---

① 山东省平邑县志编纂委员会. 平邑县志 [M]. 济南：齐鲁书社，1997. 666.

中古来母遇、臻、通摄合口三等字读为 [lu]，来母合口三等字与一等字合流。这一特点除平邑及泗水东部外，山东其他方言点未见提及，因此，这一特点在山东方言中显得较为特殊。但是，[l] 声母的拼合能力很强，可以与开齐合撮四呼相拼，而且泗水东部和平邑方言中也存在 [y] 韵母，如"女"读 [ȵy]，"女"≠"努"，为何却没有 [l] 与 [y] 相拼的音节，以致"驴"＝"卢"？对此问题，我们从其语音系统中，尚且找不到合理的解释。

三、中古止、蟹两摄非组字的读音

泗水方言中古非、敷、奉三母的蟹、止摄合口字的读音与普通话不同，这一来源的字，普通话是 [f] 与 [ei] 相配合，而泗水绝大多数人是 [f] 与 [i] 相配合，居住在金庄镇、杨柳镇一带的部分村点是 [ç] 与 [y] 相配合。如表2–31所示：

表2–31　泗水方言止、蟹两摄非组字今读与普通话的比较

中古音	例字	泗水县城	泗水尚庄	泗水仲都	肥城贺庄	普通话
止合三	飞	fi	çy	çy	çy	fei
止合三	肥	fi	çy	çy	çy	fei
止合三	费	fi	çy	çy	çy	fei
蟹合三	废	fi	çy	fi	çy	fei
蟹合三	肺	fi	çy	fi	çy	fei

《切韵》止合三 *[iuəi] 本属撮口呼，其中，唇音字"非飞肥菲扉微"等到明清以后变为开口呼 *[əi]①，但在泗水方言中，仍然保持了原有三等韵的读音，即韵母仍然为细音，而且在泗水尚庄、仲都等地更是保持了原来撮口呼韵母的读音。

除泗水以外，在山东肥城贺庄这两组字也读为 [çy]。无论是普通话读为 [fei]，还是泗水方言读为 [fi] 或 [çy]，都说明了唇音声母对韵母的影响这一个事实。由于这一影响，在普通话中，[f] 声母后的撮口呼韵母演变为开口呼；而在泗水方言中，[f] 声母后的撮口呼韵母一种读为齐齿呼韵母，另一种则是撮口呼韵母影响声母，使 [f] 演变为 [ç]。这几种演变方式都是因为"合口呼的 [u] 头和撮口呼的 [y] 都是圆唇的元音，前面有了唇音声母，就不一定再要圆

---

① 王力. 汉语语音史 [M]. 北京：中国社会科学出版社，1985. 572.

唇了"①。泗水方言止、蟹两摄非组字的读音在方言内部存在较大的差异，其各自读音分布区域参见图2-12。

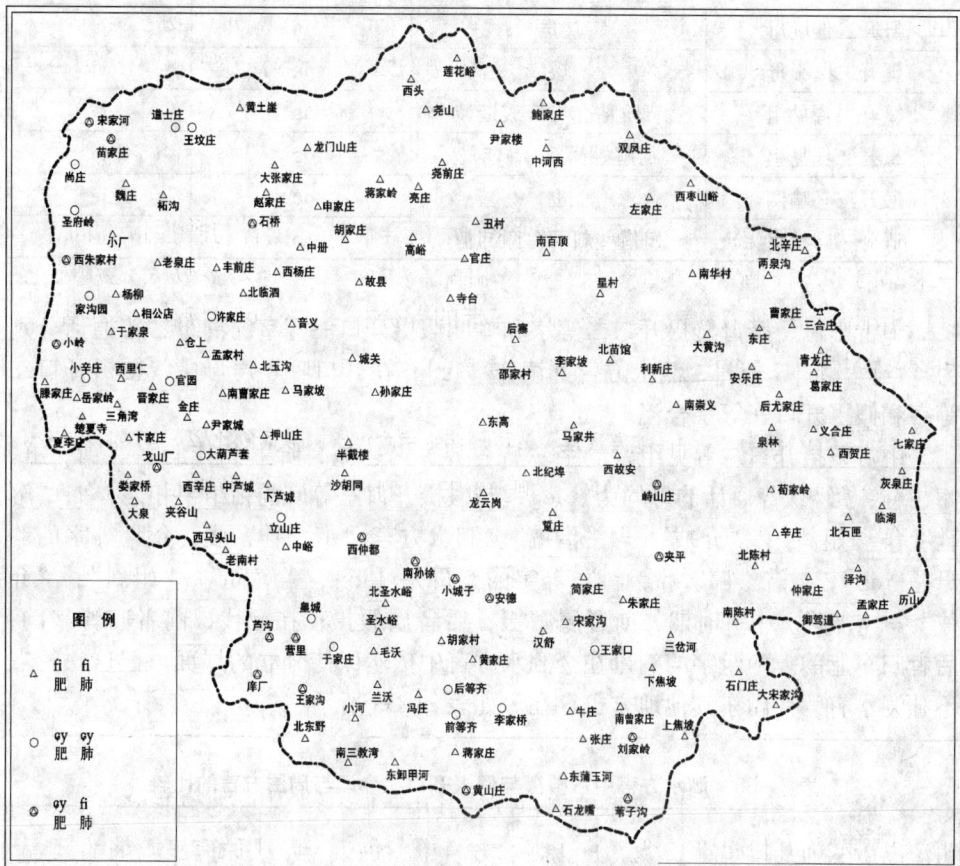

图2-12　泗水方言地图（七）："肥、肺"读音分布图

四、中古蟹摄开口二等字与假摄开口三等字的读音

中古蟹摄开口二等字与假摄开口三等字的读音与普通话不同，这两摄的字普通话韵母今读为［ai］、［ia］、［iɛ］，泗水方言多读为［iɛ］、［iə］，特别是蟹开二见组和假开三精组，普通话两组相混，而泗水方言两组分立。如表2-32所示：

---

① 王力. 汉语语音史［M］. 北京：中国社会科学出版社，1985. 573.

表2-32　泗水方言蟹摄与假摄开口字今读与普通话的差异

中古音	例字	泗水方言	普通话
蟹开二皆影母	挨	iɛ	ai
蟹开二佳疑母	崖涯	iɛ	ia
蟹开二蟹影母	矮	iɛ	ai
蟹开二皆见组	皆阶秸介界疥戒谐械	iɛ	ie
蟹开二佳见组	街解姓懈解解开鞋蟹	iɛ	ie
假开三马喻四	也	iɛ	ie
假开三麻精组	姐借些斜邪写谢卸裤	iə	ie

中古影母、疑母蟹摄开口二等字和喻四假摄开口三等字的韵母，普通话分别为［ai］、［ia］、［ie］，泗水方言都读作［iɛ］，在开口呼零声母中，蟹摄开口二等字和假摄开口三等字合流。

中古蟹摄开口二等见组皆韵字"皆、界、谐、械、阶"和佳韵字"街、解、懈、鞋、蟹"，普通话韵母均为［ie］，与假摄开口三等麻韵精组字相混，如"解鞋"＝"姐斜"；"介戒"＝"借裤"。泗水方言"街、鞋、戒、介"等字的韵母是［iɛ］，"借、裤、邪、斜"等字的韵母是［iə］，"解鞋"≠"姐斜"；"介戒"≠"借裤"。中古时期，前者属蟹摄，后者属假摄；在元代，前者归皆来韵，后者归车遮韵。两组字的韵母在今泗水方言中依然保持分立的局面。但这一特点不独泗水有，在山东其他地方也存在。如表2-33所示：

表2-33　泗水方言中古蟹摄与假摄开口字今读与周围方言的比较

方言点 ＼ 例字	也	崖	矮	挨	解	介	戒	鞋	借	裤
泗水	iɛ	iɛ	iɛ	iɛ	iɛ	iɛ	iɛ	iɛ	iə	iə
新泰	iə	iɛ	iɛ	iɛ	iɛ	iɛ	iɛ	iɛ	iə	iə
济南	iə	—	iɛ	iɛ	iɛ	iɛ	iɛ	iɛ	iə	iə
莒县	ie	iai	iai	iai	iai	iai	iai	iai	ie	ie
牟平	—	—	iai	iai	iai	iai	iai	iai	ie	ie
博山	iə	iɛ	iɛ	iɛ	iɛ	iɛ	iɛ	iɛ	iə	iə
金乡	iə	iə	iə	iə	iə	iə	iə	iə	iə	iə
淄川	iə	iɛ	iɛ	iɛ	iɛ	iɛ	—	iɛ	iə	iə
烟台	ie	iaɛ	ɜɛ	ɜɛ	iaɛ	iaɛ	iaɛ	iaɛ	ie	—

注："—"表示此音暂缺。

从上表可以看出：在上述各山东方言点中，只有泗水一点，"也"读［iɛ］，在开口呼零声母中，蟹摄开口二等字和假摄开口三等字合流，显示出泗水方言的特点。但是，中古蟹摄开口二等见组字和假摄开口三等精组字在山东其他方言点中，也是分立不混的，显示出山东方言的某种共性。关于这一点，高文达（1958）指出："北京的 iai 韵母只有一个'崖'字，可是山东 iai 韵母的字很多。这些字的规律是：北京 tɕ，ɕ 跟 ie 相拼的字一部分在山东变成了 tɕ，ɕ 跟 iai 相拼。也就是北京的 ie 和 tɕ，ɕ 相拼时在山东分成 ie，iai 两个韵母了。"①

五、泗水中古果摄见系一等字的今读

中古果摄见系合口一等戈韵部分字泗水方言与普通话读音不同，一些字如"戈戈山（地名）、棵、禾柴禾"在普通话中读开口呼［ɤ］，在泗水方言中读合口呼［uə］。这部分字在山东东西部的读音也有较大的差异。钱曾怡先生指出："果摄见系字的韵母从东部的合口呼到西部地区的开口呼，在地理上呈现逐渐过渡的态势，东部保存 uo（或 uə）韵母读音的字多，而西部则读开口呼韵母 ə 的字较多。"② 如表 2 - 34 所示：

表 2 - 34　泗水方言中古果摄见系一等字今读情况

方言点＼例字	戈	科	课	棵	禾	过	我
泗水	uə	ə	ə	uə	uə	uə（ə北部）	uə
牟平	—	uo	uo	uo	uo	uo	uo
烟台	—	uo	uo	uo	uo	uo	uo
淄川	uə/ə	uə/ə	uə/ə	uə/ə	uə	uə/ə	uə
新泰	ə	uə/ə	ɕ/ə	uə/ə	ə	uə（ə）en	uə
金乡	ə	ə	ə	uə/ə	—	uə	ə/uə
济南	—	ə	ə	ə	ə	ə	uə

注：斜线前的音是白读音或旧音，斜线后的音是文读音或新音，括号中的音是又读音。"—"表示此音暂缺。

牟平、烟台属山东方言东区，见系字全读［uə］，金乡、济南属山东方言西

---

① 高文达. 山东各地方音与北京语音在声母、韵母方面的一些比较［A］. 方言与普通话集刊. 第三本［C］. 北京：文字改革出版社，1958.

② 钱曾怡. 山东方言研究［M］. 济南：齐鲁书社，2001. 67.

区，读开口呼韵母［ə］的字较多，淄川、新泰处于鲁中地区，是过渡的中间地带，白读音或旧音读合口呼，文读音或新音读开口呼。泗水方言处于东西区的交界地带，一部分字如"科、课"读开口呼，一部分字如"戈、棵、禾"读合口呼，体现出东西区交界地带的方言特征；而泗水北部"过"字的韵母读为［ə］，与济南、淄川、新泰的读音相同，明显是受北部冀鲁官话渗透和影响的结果。

六、泗水方言的儿化

"儿化"指的是后缀"儿"与它前一音节的韵母结合成一个音节，并使这个韵母带上卷舌音色的一种特殊音变现象，这种卷舌化了的韵母就叫"儿化韵"。但在方言中，儿化韵的表现形式是多样的，例如在泗水方言中，不仅有卷舌型儿化，还有平舌型儿化。儿化不仅是一种语音现象，它跟词汇、语法也有着密切的关系。下面我们从儿化的类型、儿化韵的语音形式以及儿化对声母、对前一音节的影响等方面来探讨泗水方言儿化的问题。

（一）卷舌型儿化

儿化的过程是自成音节的"儿"尾向儿化韵逐渐过渡的过程，当这种过渡完成以后，出现了大量成套的儿化韵。按理说，一个基本韵母应当生成一个不同于其他的儿化韵，例如泗水方言有 37 个基本韵母，除去［ɚ］已经是卷舌元音，不存在儿化的问题外，其他 36 个基本韵母应该可以生成 36 个儿化韵，但实际上这种情况多不存在，多数方言中的情况是几个基本韵母共有一个儿化韵，儿化韵要少于基本韵母。"儿化韵生成时的调整和演变，是因为儿化韵韵尾的单一化减少了韵腹元音相同或相近的不同韵母存在的条件。不同韵尾的基本韵母在生成儿化韵以后韵尾变得相同，儿化韵也就成为同音。"① 泗水方言除［ɚ］以外的 36 个韵母儿化后只产生了 27 个儿化韵。如表 2 – 35 所示：

表 2 – 35　泗水方言的儿化韵

儿化韵	原韵母	例词			
ar	a	刀把儿	打杂儿	号码儿	一沓儿
iar	ia	哥俩儿	小鸭儿	小虾儿	豆芽儿
uar	ua	画画儿	小褂儿	小花儿	小袜儿
ər	ə	山坡儿	小车儿	唱歌儿	花萼儿

---

① 颜峰. 略论汉语方言儿化韵的历史演变［J］. 语言研究，2002（S1）.

（续上表）

儿化韵	原韵母	例词			
iẽr	iə	夜儿里			
iər		小碟儿	竹节儿	小姐儿	树叶儿
uər	uə	干活儿	鸟窝儿	小锣儿	小砣儿
yər	yə	木橛儿	小雀儿	小雪儿	小脚儿
er	ʅ	工资儿	裙子儿	高枝儿	菜汁儿
	ə̃	命根儿	脚跟儿	小镇儿	较真儿
	e	方格儿	合黑儿	每儿年	小客儿
	u	小猪儿	找主儿	属鼠儿哩	
ier	i	小鸡儿	米粒儿	下棋儿	小李儿
	iə̃	口信儿	花心儿	手印儿	皮筋儿
uer	ue	一会儿	小柜儿	没味儿	占位儿
	uə̃	作文儿	木棍儿	车轮儿	掉魂儿
yer	y	小雨儿	小驴儿	有趣儿	小鱼儿
	ye	壶嘴儿	杂碎儿	一堆儿	小翠儿
	yə̃	合群儿	花裙儿	这村儿	小军儿
ɔr	ɔ	小刀儿	小枣儿	小袄儿	树梢儿
iɔr	iɔ	小苗儿	高调儿	没料儿	开窍儿
ɛ̃r	ɛ̃	小孩儿	门牌儿	小菜儿	锅盖儿
	ã	小盘儿	书摊儿	瓜干儿	出汗儿
iɛ̃r	iɛ̃	大崖儿	崖儿子	捱儿忽	
	iã	眼儿	小燕儿	小钱儿	木锨儿
uɛ̃r	uɛ̃	一块儿	脚踝儿	线拐儿	糖块儿
	uã	拐弯儿	当官儿	撒欢儿	面团儿
yɛ̃r	yã	花卷儿	花圈儿	小院儿	有旋儿
ur	u	醋儿	牛犊儿	小屋儿	干部儿
ɔur	əu	小豆儿	小楼儿	小狗儿	活扣儿
iur	iu	加油儿	短袖儿	小牛儿	小舅儿

（续上表）

儿化韵	原韵母	例词			
ar	aŋ	李家庄儿			
$ɑ^{\sim 0}r$①		小缸儿	帮忙儿	鞋帮儿	茶缸儿
iar	iaŋ	荫凉儿	凉凉儿		
$iɑ^{\sim 0}r$		小羊儿	亮儿	秧儿	小枪儿
uar	uaŋ	水汪儿			
$uɑ^{\sim 0}r$		小筐儿	灯光儿	蛋黄儿	
ər	əŋ	过生儿	小绳儿	外甥儿	缝儿
$ə^{\sim 0}r$		窝棚儿	小缝儿	小凳儿	水坑儿
iər	iŋ	小名儿	树顶儿		
iɛ̃r		明儿里	过明儿		
$i^{\sim 0}r$		眼镜儿	肉丁儿	油星儿	没影儿
uər	uŋ	胡同儿	有空儿	公儿与母儿相对	
$u^{\sim 0}r$		水瓮儿	小红儿		
$y^{\sim 0}r$	yŋ	小熊儿	蚕蛹儿	小宋儿	

从表 2 - 35 可以看出，泗水方言的卷舌型儿化有两个突出的特点：

1. 几个基本韵母合流为一个儿化韵

在韵母儿化的过程中必然地要引起一套很复杂的音变，赵元任先生把这种音变所遵循的总原则叫作"可共存发音的同时性"②，即在发音时，跟卷舌不能同时共存的韵母在儿化时必须改变结构，使它适应"儿化"的要求。由于这一规则的限制和儿化韵韵尾的单一化减少了韵腹元音相同或相近的不同韵母存在的条件，因此方言中几个基本韵母在生成儿化韵以后，变得相同而趋于合流也就不可避免了。在泗水方言中，总共有 37 个韵母，除去卷舌韵母 [ɚ] 以外，其他 36 个韵母演变为 27 个儿化韵，部分基本韵母合流为同一个儿化韵，如 [ʅ、ə̃、e、u] 四个基本韵母合流为同一个儿化韵母 [er]。

2. 一个基本韵母分化为多个不同的儿化韵

多数方言中都是几个基本韵母合并为一个儿化韵，但是在泗水方言中还有一

---

① 读韵母记为 [ɑ^{\sim 0}r]，表示这一韵母正处于由后鼻音韵母 [ɑ^{\sim 0}r] 向鼻化韵 [ɑ̃r] 过渡的一个中间环节。下同。

② 赵元任. 汉语口语语法 [M]. 北京：商务印书馆，1979. 32 ~ 33.

种有意思的儿化现象，即一个基本韵母分化为两个或三个不同的儿化韵，以至在泗水方言中部分韵母同时存在多种儿化韵形式。我们把这些韵母从上表中摘出列成下表。

表2-36 泗水方言分化为多个儿化韵的基本韵母

基本韵母	儿化韵	例词			
iə	iɛ̃r	夜儿里			
	iər	小碟儿	竹节儿	小姐儿	树叶儿
u	er	小猪儿	找主儿	属鼠儿哩	
	ur	醭儿	牛犊儿	小屋儿	干部儿
iaŋ	iar	荫凉儿	凉凉儿荫凉地儿		
	iɑ̃ʳr	小羊儿	亮儿	秧儿	小枪儿
uaŋ	uar	水汪儿	乔家汪儿庄名		道士庄儿庄名
	uɑ̃ʳr	小筐儿	灯光儿	蛋黄儿	
əŋ	ər	过生儿	小绳儿	外甥儿	缝儿
	ə̃ʳr	窝棚儿	小缝儿	小凳儿	水坑儿
iŋ	iər	小名儿	树顶儿		
	iɛ̃r	明儿里	过明儿		
	ĩʳr	眼镜儿	肉丁儿	油星儿	没影儿
uŋ	uər	胡同儿	有空儿	公儿与母儿相对	
	ũʳr	水瓮儿	小红儿		

从表2-36来看，一个基本韵产生出多个儿化韵大致有三种情况：

（1）［iə］→［iɛ̃r］；［iŋ］→［iɛ̃r］。

两韵的儿化韵都是［iɛ̃r］。只在有限的口语常用词中使用。如"夜儿里"（昨天）；"明儿里"（明天）；"过明儿"（后天）。

（2）［u］→［er］；［iaŋ］→［iar］；［aŋ］→［ar］；［əŋ］→［ər］；［iŋ］→［iər］；［uŋ］→［uər］。

［u］韵儿化后演变为［er］，如"小猪"［çiɔ$_{33}^{55}$ pfu^{113}］，儿化后变为［çiɔ$_{33}^{55}$ pfer^{113}］；"地处"［ti$_{31}^{312}$ pfʻu^{312}］，儿化后变为［ti$_{31}^{312}$ pfʻer^{312}］；"属鼠哩"说成是［fu$_{33}^{55}$ fer^{55} li^{0}］。有的儿化以后的音节，当地人都不知道该写什么字了。如有人把"寻主儿"（妇女再嫁）写成"寻嘴儿"；"瓶埕儿"（瓶塞儿）写成"瓶锥儿"。

［iaŋ］韵等5个韵母儿化后，无一例外都丢掉后面的鼻音韵尾［ŋ］，显出一

种相当整齐的语音对应规律。而且 [iŋ、uŋ] 儿化后的韵母是 [iər、uər]，表明这种儿化韵母的产生应该是在 [iəŋ]、[uəŋ] 演变为 [iŋ]、[uŋ] 之前。但这种儿化韵演变规律，不能用于产生新词，或者说这一现象只出现在少数可列举的口语词或较为固定的人名、地名之中，不具有能产性。如"道士庄儿_{地名}"可读为 [tɔ$_{31}^{312}$ sʅ^0 pfar^{113}]，但"小庄儿"、"村庄儿"、"亮庄_{地名}"中"庄"只能读 [pfaŋ^{113}]。

（3） [iə] → [iər]； [u] → [ur]； [iaŋ] → [iɑ͂^{0}r]； [uaŋ] → [uɑ͂^{0}r]； [əŋ] → [ə͂^{0}r]； [iŋ] → [ĩ^{0}r]； [uŋ] → [ũ^{0}r]。

这种情况基本和普通话相同，据鲁允中《轻声和儿化》[①]，上述韵母普通话的儿化韵分别是： [ie] → [iɜˠ]； [u] → [uˠ]； [iaŋ] → [iã˕ˠ]； [uaŋ] → [uã˕ˠ]； [əŋ] → [ɔ̃ˠ]； [iŋ] → [iɔ̃ˠ]； [uŋ] → [uɔ̃ˠ]。

但这三种情况各有其使用的范围，并不可以自由变读，在使用的时候各有侧重。第一种情况仅出现在"夜儿里"、"明儿里"、"过明儿"等少数时间词中，[iə] 韵和 [iŋ] 韵都变为儿化韵 [iɛ̃r]。我们认为这可能是一种合音形式。即：

夜天儿： [iə tiɛ̃r] → [iə iɛ̃r] → [iɛ̃r]；明天儿： [miŋ tiɛ̃r] → [miŋ iɛ̃r] → [miɛ̃r]

后字"天"由于读为轻声，声母逐渐弱化，最后[t·]声母脱落，[iə]、[iɛ̃r] 都有 [i] 介音，两韵母逐渐合音为儿化韵 [iɛ̃r]；[iŋ]、[iɛ̃r] 都有鼻音成分，两韵母逐渐合音为一个儿化韵母 [iɛ̃r]。这两个词都变为单音节词，由于词汇双音化的要求，两词后又附加轻声后缀"里"。

在泗水方言中，"夜里"_{夜晚}≠"夜儿里"_{昨天}，"明里"_{与暗里相对}≠"明儿里"_{明天}。但"过明儿"_{后天}已是双音节词，所以其后没有再附加后缀"里"。"夜天"指"昨天"在其他方言也有。《汉语方言大词典·第三卷》第 3558 页：夜天，＜名＞昨天。① 中原官话。新疆吐鲁番。[iɛ^{55} tiɛn^0] 他 ～看电影子去咧。②晋语。山西太原。[ie^{45} tie^0] ③兰银官话。新疆乌鲁木齐。[iʏ$^{113-22}$ tiɛn^0] ～开会你咋莫来。④西南官话。四川邛崃 [ie^{23} t·ian^{55}]、名山 [je^{113} t·ian^{55}]。我们在调查时发现，"昨天"一词，泗水一部分人仍说成"夜天"，一部分人说成"夜儿里"[iɛ̃r^{31} li^0]。同样，"明天"一词也有一部分人仍说成"明天"，一部分人说成"明儿里"。"夜天"、"明天"当是合音前的形式，"夜儿里"、"明儿里"当是一种合音后的形式。

---

① 鲁允中. 轻声和儿化 [M]. 北京：商务印书馆，2001. 88～93.

第二种情况也仅用在少数可列举的词中，[u] 韵除上文所举的外，还有"没主儿"、"主儿家"、"找主儿"、"大地处儿"、"小地处儿"、"小树儿"、"小老鼠儿"等词。[iaŋ] 等 5 个韵母所能出现的儿化词也是可以穷尽列举的，如 [iaŋ] 韵只出现在少数词中，这些词语多是一些口语常用的词，"荫凉儿"、"凉凉儿"、"树凉儿里"、"小名儿"、"树顶儿"、"公儿"与"母儿"相对，多指动物，或者是一些旧有地名，如"道士庄儿"、"王家胡同儿"、"乔家洼儿"、"李家庄儿"等。而且一些词随着社会的发展和观念的更新，已很少使用，就"定格"在该形式少数词语之中。如"属鼠的"只有一些中老年人说"属鼠哩"［fu⁵⁵₃₃ fer⁵⁵ li⁰］，年轻人多直接说"属老鼠哩"［fu⁵⁵₃₃ lɔ⁵⁵₁₃ fu⁰ li⁰］；再如"寻主儿"［ɕiə̃⁵¹₃₁ pfer⁵⁵］，中老年人用来指"妇女再婚"，年轻人则很少这么说。

第三种情况在泗水方言中使用范围较广，一些新词也多用该式。如"电影儿"、"奖状儿"只用该式，绝对不会说 ［tiẽ³¹²₃₁ iər⁵⁵］或 ［tɕiaŋ⁵⁵₁₃ pfar³¹²］。

从上面的分析来看，我们认为第一种儿化韵形式应该是一种合音形式，不具有类推性和扩展性；第二种形式是一种老派读法，在使用范围上存在很大的局限性，只保存在一些较为常用的口语词之中。而且其在韵母的分布上，也是相当有限的，只存在于 [u]、[aŋ]、[iaŋ]、[əŋ]、[iŋ]、[uŋ] 六个韵母中，从形式上来说，更像是一种曾有过的儿化韵形式的"残迹"。从构词能力上来看，这一形式同样不具有产生新的儿化词的能力，而且逐渐趋于消亡，为第三种形式所替代。所以，我们认为儿化韵的后两种形式从性质上来说属于一种事实上的"文白异读"现象，因为儿化韵的这种两读现象与"文白异读"在很多方面性质是相似的：

①有异读的儿化韵不是个别的，而是相对普遍的。②两种形式之间有相当整齐的对应规律。③第二种形式多用于一些口语中常用的词，如"小名儿"、"没空儿"、"小树儿"等，或者用于一些旧有的地名，处于方言的白读层面。④使用第二种形式的多是一些中老年人，新派多采用第三种形式，而且在普通话的影响下，第二种形式渐趋萎缩，体现出文读音对白读音的冲刷影响。⑤有一部分儿化词已和文字失去联系。如"属水儿"其实是"属鼠儿"；"瓶塞儿"很多人写成"瓶锥儿"或"瓶椎儿"，其实本字应当是"瓶堻儿"。"堻"，《玉篇》："侧六切，塞也。"《广韵》："侧六切，塞也。"《新唐书·姚绍之传》："（姚绍之）即引力士十余曳凶至，筑其口。""筑"为同音替代，本字当是"堻"。屋韵泗水方言归入阴平，侧六切，读音为 ［pfu¹¹³］，［pfu¹¹³］儿化后变为 ［pfer¹¹³］，所以很多人将"瓶堻儿"写成"瓶锥儿"或"瓶椎儿"，音变之后，字也随之讹变了。

可以设想，儿化韵进一步受权威方言影响，第二种形式可能只保留在个别常用儿化词或一些旧有地名中，成为特殊的方言词，字形也会随音而变，音变字变，这也与文白异读的发展趋势是相同的。基于儿化韵两读的性质和文白异读相同这一认识，我们可以认为第二种形式是泗水方言原有的儿化韵形式，第三种形式则是普通话影响的结果。

据张鸿魁（1997）可知，在济南、聊城东南部和临清等地也存在着这一现象①。张先生认为这种儿化韵两读现象，从性质上来说，也是一种文白异读现象。而且，张先生明确指出："可以认为 B 式（按：即本书中的第二种形式）是冀鲁方言的底层，A 式（按：相当于本书的第三种形式）则是北京音的影响。"如果此说成立的话，那么，泗水方言所保留的第二种形式的儿化韵，应该是受冀鲁官话影响的结果，这也说明泗水尽管被划为中原官话区，但由于其特殊的地理位置，除具有中原官话的某些语音特点外，还具备冀鲁官话的一些语音特点。

（二）平舌型儿化

除了卷舌型儿化，我们在泗水东部毗邻平邑的部分村点如历山、临湖、东泽沟铺等地调查时还发现了另一种儿化现象，其相当于普通话儿化的地方用变韵表示。这种变韵的作用与普通话的儿化完全相同，因其不卷舌，与普通话儿化卷舌的特征截然不同，故被称为"平舌型儿化"。这种平舌型儿化特征目前正处于变化中，我们在调查中发现只有一些年轻人持这种口音，而一些中老年人仍然是卷舌型儿化或者根本不儿化。由于普通话的儿化是以卷舌为特征，而年轻人的这一平舌型儿化现象与普通话背道而驰，体现出一种逆潮流而行的"逆化"特点，所以非常值得我们关注。

1. 调查点和调查人的情况

表 2 - 37　　泗水平舌型儿化变韵调查点和被调查人情况

被调查人	调查点	年龄	性别	文化程度	职业
刘云	历山	16	女	小学	辍学在家
张家庆	历山	51	男	初中	农民
刘旗鹏	舜帝庙（平邑）	12	男	小学	学生
牛现明	舜帝庙（平邑）	58	男	小学	农民
杨宝华	临湖	18	男	初中	农民
杨国清	临湖	63	男	文盲	农民
任红美	灰泉	51	女	初中	农民

---

① 张鸿魁. 鲁西方言中的儿化韵两读现象［A］. 首届官话方言国际学术讨论会论文集［C］. 青岛：青岛出版社，1997. 181.

2. 泗水平舌型儿化变韵的分布区域

泗水平舌型儿化变韵，仅出现在泗水东部毗邻平邑县的部分村点，如历山、临湖、东泽沟铺等地。参见图 2–13。

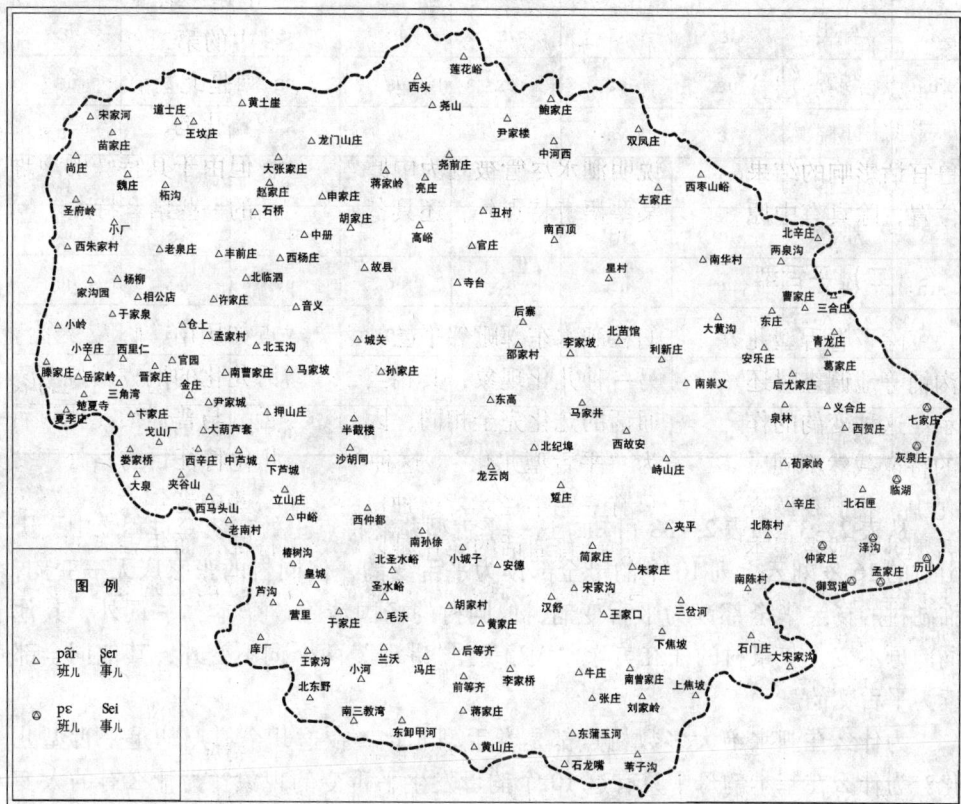

图 2–13 泗水方言地图（八）："班儿、事儿" 读音分布图

3. 泗水平舌型儿化变韵的变化规律

泗水东部少数村点平舌型变韵涉及的韵母有 10 个：[ã]、[iã]、[uã]、[yã]、[ə̃]、[iə̃]、[uə̃]、[yə̃]、[i]、[ɿ]。平舌变韵为 [ɛ]、[iɛ]、[uɛ]、[yɛ]、[e]、[ie]、[ue]、[ye]。平舌型儿化变韵与原韵母对应规律如表 2–38 所示：

表 2-38　泗水平舌型儿化变韵的变化规律

韵母	例词	刘云	张家庆	刘旗鹏	牛现明	杨宝华	杨国清	任红美
ã	小贩	ɛ	ã	ɛ	ɛ	ɛ	ã	ɛ
iã	针尖	iɛ	iã	iɛ	iɛ	iɛ	iẽ	iɛ
uã	拐弯	uɛ	uã	ɜɣ	ɜɣ	uɛ	uã	ɜɣ
yã	小院	yɛ	yã	yɛ	yɛ	yɛ	yẽ	yɛ
ɔ̃	赔本	e	ɔ̃	e	e	e	e	e
iɔ̃	带劲	ie	iɔ̃	ie	ie	ie	iɔ̃	ie
uɔ̃	作文	ue	uɔ̃	ue	ue	ue	uɔ̃	ue
yɔ̃	小村	ye	yɔ̃	ye	ye	ye	yɔ̃	ye
ɻ	大事	e	ɻ	e	e	e	yɔ̃	ɻ
i	讲理	ie	i	ie	ie	ie	i	i

从表 2-37 和表 2-38 可知，这一平舌型儿化特点正处在演变过程之中，历山村的 16 岁刘云上列 10 个韵母全部读为平舌变韵，但同村的张家庆无一变韵，临湖村的杨宝华全部读为平舌变韵，但同村的杨国清除"赔本"一词外，其他词韵母不变，灰泉村的任红美除"大事"、"讲理"两个词不变外，其他词全部读为平舌变韵。

为什么在泗水绝大多数村点都是卷舌型儿化，在这几个村点却是平舌型儿化？为什么在基本韵母中只有这 10 个韵母发生平舌变韵现象？为什么有的人变韵，有的人不变韵？为什么有些人只是部分变韵？从方言内部观察这种儿化变韵现象，这些问题确实难以回答。

把视野拓展到周围地区的方言，可以看到与泗水东部这几个点相邻的平邑方言也有这一现象，而且不论中老年还是年轻人的口音中都有平舌变韵这一特点，如笔者调查的舜帝庙村（位于平邑和泗水交界，属平邑县）就是这种情况。因此，我们可以大致推断泗水东部这几个村点所产生的这种平舌型儿化现象是平邑方言影响的结果。为什么会产生这种平舌型儿化现象呢？对此，张树铮先生在研究了淄博等地方言的儿化变韵后指出，"我们认为淄博一带的儿化变韵来自幼儿型儿化"①。我们认为这种说法是有道理的。从幼儿语音习得的过程来看，有些

---

① 张树铮. 方言历史探索 [M]. 呼和浩特：内蒙古人民出版社，1999. 181.

相对来说发音难度较大的音，幼儿初学时容易"走样"，在一般情况下，经过不断的矫正，儿童最终会掌握成人语音的特点。但是，如果这种走样由于某些原因而变成一种集体的行为，为更大年龄的人所接受，那么这种"幼儿型"的特点就变成了"成人型"的特点，成为当地方言的特点。平邑、泗水绝大多数点都是卷舌型儿化的事实，说明现在读为平舌型儿化的村点最初可能也是读为卷舌型儿化，但卷舌的特点，在幼儿阶段确实难以掌握，所以幼儿在发卷舌音时多是平舌型儿化，以至在我们听来，这种平舌型儿化带有一种撒娇的味道，如果年龄稍大仍然如此说话，我们一般说这个小孩有点"怯呆"（略带贬义，指故意撒娇，说话娇声娇气）。但由于某些原因，在一些地方，这种平舌型儿化的口音为大多数人所接受，在社会"约定俗成"的情况下，变成一种集体的行为，这种"幼儿型"特点就变成"成人型"的特点，又逐渐成为当地方言的特点。目前，在平邑县的仲村、舜帝庙村等，已经完成了这一转变，而在泗水的少数村点，这种转变还正在进行之中。如在历山村和临湖村，仅有少数年轻人有这一特点，而在灰泉村，我们调查到一位 51 岁的女性发音人除 [i] 韵和 [ɿ] 韵外，其他 8 个韵母已经全部读为平舌变韵，但是另外的三位调查人（张家庆、牛现明、杨国清）都仍读为原基本韵母，无一变韵。从具有平舌型儿化变韵特点的人群来看，先是部分年轻人有这一特点，进而部分成年人也具有这一特点，体现出一种从幼儿向成人过渡的态势，泗水方言平舌型儿化的这种演变事实，也证实了张树铮先生所提出的"淄博一带的儿化变韵（按：指平舌型儿化变韵）来自幼儿型儿化"的论断是有一定道理的。

这种平舌型儿化变韵现象的出现，也说明方言发展的多元化特点：既有向权威方言靠拢的一面，如泗水方言的后鼻音韵母儿化后原有白读音 [iar]、[uar]、[ər]、[iər]、[uər] 等，在普通话的影响下，逐步向权威方言靠拢，产生出文读层面的儿化韵 [ia˜ʳr]、[ua˜ʳr]、[ə˜ʳr]、[i˜ʳr]、[u˜ʳr]；又有背离权威方言逆向发展的一面，如泗水东部少数村点的这种平舌型儿化变韵现象。

（三）儿化音变对音节中声母的影响[①]

由于儿化时的卷舌过程，一些字的声母由舌尖前音变为舌尖后音。比如下列词语：

菜汁 [tsʻɛ³¹²₃₁ tsɿ¹¹³] →菜汁儿 [tsʻɛ³¹²₃₁ tʂer¹¹³]

写字 [ɕiə⁵⁵₃₃ tsɿ³¹²] →写字儿 [ɕiə⁵⁵₃₃ tʂer³¹²]

小车 [ɕiɔ⁵⁵₃₃ tsʻə¹¹³] →小车儿 [ɕiɔ⁵⁵₃₃ tʂʻər¹¹³]

---

① 由于平舌型儿化分布区域较小，且正处于发展变化之中，下文所谈"儿化"都是指卷舌型儿化。

小菜［ɕiɔ⁵⁵₃₃ tsʻɛ³¹²］→小菜儿［ɕiɔ⁵⁵₃₃ tʂʻɛ̃r³¹²］

没事［me⁵⁵₃₃ sʅ³¹²］→没事儿［me⁵⁵₃₃ ʂer³¹²］

小绳［ɕiɔ⁵⁵₃₃ səŋ⁵¹］→小绳儿［ɕiɔ⁵⁵₃₃ ʂər⁵¹］

瓜穰［kua¹¹³ zaŋ⁵¹］→瓜穰［kua¹¹³ ʐãŋr⁵¹］

小人［ɕiɔ⁵⁵₃₃ zɤ̃⁵¹］→小人儿［ɕiɔ⁵⁵₃₃ ʐɤ̃r⁵¹］

上述词语中，"汁、字"的声母［ts］变成［tʂ］；"车、菜"的声母由［tsʻ］变成舌尖后音［tʂʻ］；"事、绳"声母由舌尖前音［s］变为舌尖后音［ʂ］；"穰、人"的声母由［z］变成舌尖后音［ʐ］。这说明在语流中，儿化不仅会对韵母产生影响，而且也会对声母产生影响。

另外，我们发现儿化音变除了影响儿化音节本身之外，还会对其前面的音节产生某种影响，使前面音节的舌尖前音声母同样变为舌尖后音声母。例如：

找事［tsɔ⁵⁵₃₃ sʅ³¹²］→找事儿［tʂɔ⁵⁵₃₃ ʂer³¹²］

吃食［tsʻʅ¹¹³ sʅ⁵¹］→吃食儿［tʂʻ ʅ¹¹³ ʂer⁵¹］

张三儿狼［tsaŋ¹¹³₁₃ sã¹¹³］→张三儿狼［tʂaŋ¹¹³₁₃ ʂɛ̃r¹¹³］

十四［sʅ⁵¹₅₅ sʅ³¹²］→十四儿［ʂʅ⁵¹₅₅ ʂer³¹²］

石子［sʅ⁵¹ tsʅ⁵⁵］→石子儿［ʂʅ⁵¹ tʂer⁵⁵］

肉丝［zəu³¹² sʅ¹¹³］→肉丝儿［ʐəu³¹² ʂer¹¹³］

（四）儿化音变除语音形式的变化外，往往还伴有词汇或语法意义的变化

1. 附加细小、轻微、琐碎的意义

枝儿枝儿［tʂer¹¹³₁₃ tʂer¹¹³］，如"你把地下那些 ~ 拾拾"。

褶儿褶儿［tʂər¹¹³₁₃ tʂər¹¹³］，如"衣裳上整子怎么出来整点子这么多 ~ "。

渣儿渣儿［tʂar¹¹³₁₃ tʂar¹¹³］，如"一只鸡吃哩光剩下 ~ 啦"。

2. 附加"逐一"的意义

事儿事儿事儿［ʂer³¹²₃₁ ʂer³¹²₃₁ ʂer³¹²］，如" ~ 都得叫我操心"。

枝儿枝儿枝儿［tʂer¹¹³₁₃ tʂer¹¹³₁₃ tʂer¹¹³］，如"这花多好，~ 都开啦"。

扇儿扇儿扇儿［ʂɛ̃r³¹²₃₁ ʂɛ̃r³¹²₃₁ ʂɛ̃r³¹²］，如"这门做哩忒差劲啦，~ 都走扇儿"。

3. 附加有"短时、尝试"的意义

试儿试儿［ʂer³¹²₃₁ ʂer³¹²］，如"你 ~，看穿上唠不□［pɔ⁰］"。

招儿招儿扶着［tʂɔr¹¹³₁₃ tʂɔr¹¹³］，如"你帮忙 ~，我搦用绳子捆上它"。

绰儿绰儿用脚丈量［tʂʻɔr³¹²₃₁ tʂʻɔr³¹²］，如"你 ~，看床待在这里放开唠不□［pɔ⁰］"。

七、泗水方言音系结构的调整

普通话作为现代汉民族共同语，是高于各地方言的。"普通话对方言的影响是必然的，方言向普通话靠拢也是不可逆转的。"[①] 普通话对方言语音的影响表现在音类和音值两个方面。就泗水方言的音类来看，知庄章合口字声母有 [pf] 类和 [tɕ] 类两种类型，而普通话的知庄章合口字声母除少数字读 [ts] 类外，多数读 [tʂ] 类。在普通话的影响下，泗水方言的两种类型最后都在向舌尖前音 [ts] 类声母发展，而泗水方言中精组开口字读舌尖前音 [ts] 类。因此，从音类的角度来看，泗水方言中的知庄章组同精组字逐渐向着合并的方向发展。

再从音值来看，泗水方言的 [pf pfʻ f] 和 [tɕ tɕʻ ɕ] 与普通话的 [tʂ tʂʻ ʂ] 有着比较大的差别，由于普通话的影响，泗水方言的知庄章组合口字的声母逐渐变得和普通话相近。为什么只是变得与普通话相近而非相同？大概主要有以下原因：

（1）泗水方言的知庄章组开口字已经同精组字合流，[ts]、[tʂ] 不分，从音系协和的角度来看，知庄章组合口字自然也会沿着与精组字合流的方向往前发展，一般不会产生出一个新的音类从而重新造成音系的不协和。

（2）从听觉方面来说，一般人对自己母语中的音位对立听觉特别敏锐，而对非音位对立听觉比较迟钝，泗水方言中存在 [ts] 类音，[ts]、[tʂ] 不分，因此，普通话的 tʂ 类音值在泗水方言中被转换为本方言中所存在的与 [tʂ] 类近似的 [ts] 类音，而 [ts]、[tʂ] 的差别则被忽略了。

（3）从发音习惯来说，一般人自小习得母语，已经养成了特定的发音习惯，成年之后要想改变是非常困难的，因此，在模仿普通话时，往往只是把普通话的某类音值转换为母方言中的近似音，难以完全符合普通话的发音特点。

泗水方言受普通话影响而产生的音类和音值变化，改变了整个音系结构。例如从音类变化来看，音类的合并引起音系中音位数量的减少，而音位的数量减少了，自然也导致了音节拼合类型的减少和音节数目的减少。如在泗水方言新派的口音中，[pf]、[pfʻ] 两个音位消失了，原来 [pf]、[pfʻ] 拼开口呼的音节，如"转" [pfa³¹²]、"穿" [pfʻã¹¹³] 全被 [ts]、[tsʻ] 拼合口呼的音节替代；再如，泗水西南片方言中尽管 [tɕ]、[tɕʻ]、[ɕ] 三个音位并没有减少，但是在西南片新派口音中，"庄" [tɕyaŋ¹¹³]、"窗" [tɕʻyaŋ¹¹³]、"霜" [ɕyaŋ¹¹³] 这些撮口呼音节消失了，而全部代之以 [ts tsʻ s/f] 拼合口呼的音节。因此，在泗水方言中，由于普通话的影响而产生的音类和音值的变化，使泗水方言的音位数量

---

① 张树铮. 方言历史探索 [M]. 呼和浩特：内蒙古人民出版社，1999.198.

和音节数量都减少了，从而导致整个音系结构的变化。

泗水方言音系结构的总体变化趋势是逐渐地趋于简化。"所谓音系的简化，包括两种情况：（A）一个音系中音位数量的减少，如某个（或某些）声母、韵母、声调的消失，消失也可以说是合并，即一个音位归并到另一个（或几个）音位中去了；（B）一个音系中音节数量的减少，也可以说是音节拼合类型的减少。"[①]在泗水方言新派的读音中，[pf]、[pfʻ]、[ɣ] 三个音位已经消失，音位的数量少了，音节拼合的类型和数量自然就减少了；同时，像舌面前音同宕摄、江摄、通摄合口呼字拼合的音节也消失了。音位数量和音节结构数目的减少，表明泗水方言音系逐渐向简化的方向发展。

第六节　声　调

声调作为汉语音系中的重要组成部分，本身具有很强的系统性。声调系统由多个层面——单字调、入声字的归派等组成，前面我们主要从实验语音学的角度对单字调的调值进行了研究，本节则主要从入声字归派角度来考察泗水方言声调自中古以来的演变情况。

泗水方言的声调和普通话的声调一样，都演变为阴平、阳平、上声、去声四个调类，古平声字依据声母的清浊分化为阴平和阳平，全浊上声归入去声，全浊入声归入阳平，这些情况泗水方言和普通话相同，不同点在于清入和次浊入声字的分化上：古清声母入声字，普通话派入阴阳上去四声，泗水方言多归入阴平；古次浊入声字，普通话多派入去声，泗水方言多归入阴平。因此，根据入声字分化的情况，泗水方言隶属于中原官话区。

李荣先生《官话方言的分区》中提出了以"古入声字的今调类"作为官话方言分区的标准。依据这一标准，次浊入声和清入归入阴平是中原官话；次浊入声归入去声，清入归入阴平是冀鲁官话。泗水方言由于处在中原官话和冀鲁官话的过渡区域，所以次浊入声字的归属呈现出方言过渡区的特点。如表 2 - 39 所示：

---

① 张树铮. 方言历史探索 [M]. 呼和浩特：内蒙古人民出版社，1999. 186.

表2-39　泗水方言中古入声的归派特点

区	点	八	福	笔	月	木	辣	莫	洛	杂	毒
中原官话	徐州	ᶜpa	ᶜfu	ᶜpe	ᶜyə	ᶜmu	ᶜla	ᶜmə	ᶜluə	⊆tsa	⊆tu
	郑州	ᶜpa	ᶜfu	ᶜpe	ᶜyɛ	ᶜmu	ᶜla	ᶜmo	ᶜluə	⊆tsa	⊆tu
	金乡	ᶜpa	ᶜfu	ᶜpe	ᶜyə	ᶜmu	ᶜla	ᶜmə	ᶜluə	⊆tsa	⊆tu
	泗水	ᶜpa	ᶜfu	ᶜpe	ᶜyə	ᶜmu	ᶜla	məᶜ	ᶜluə		
冀鲁官话	新泰	ᶜpa	ᶜfu	ᶜpe	yəᶜ	muᶜ	laᶜ	məᶜ	luəᶜ	⊆tsa	⊆tu
	济南	ᶜpa	ᶜfu	ᶜpe	yəᶜ	muᶜ	laᶜ	məᶜ	luəᶜ	⊆tsa	⊆tu
	博山	ᶜpa	ᶜfu	ᶜpe	yəᶜ	muᶜ	laᶜ	məᶜ	luəᶜ	⊆tsa	⊆tu
	莒县	ᶜpa	ᶜfu	ᶜpe	yəᶜ	muᶜ	laᶜ	məᶜ	luəᶜ	⊆tsa	⊆tu

从表2-39可以看出，泗水方言部分次浊入声字归入阴平，如"月、木、辣"，部分次浊入声字归入去声，如"莫、洛"，体现出方言过渡区的特色。为了更清楚地说明这一点，我们依据《方言调查字表》中所列的101个次浊入声字作归类说明：

（1）"木、禄、鹿、狱、录、绿、摸、岳、乐音乐、搦、疟、虐、药、钥、麦、脉、墨、勒、肋、入、纳、拉、腊、蜡、月、叶、律、越、曰、袜、捋、辣、末、抹、沫、捋、捏、掣、裂、热、灭、劣、悦、若、镊、略省略、略侵略、力、蜜、域、没、立、笠、落［luə］、穆、日、业、密、物、烈"60个次浊入声字，泗水方言读为阴平，占59.40%。

（2）"莫、漠、洛、聂、蔑、阅、乐欢乐、落落下、六、沐、陆、肉、目、睦、牧、育、褥、玉、欲、浴、弱、跃、幕、历、沥、默、杌、列、猎、翼、逆、愕、逸、骆、掠"35个次浊入声字，泗水方言读为去声，占34.65%。

（3）"辱、惹"两个次浊入声字泗水方言读为上声，占1.98%。

（4）"膜、役、疫、额"4个次浊入声字，泗水方言读为阳平，占3.96%。

泗水方言中的次浊入声字多数归入阴平，但还有相当大的一部分归入去声，既有中原官话的特征，又兼有冀鲁官话的特点，显示出方言过渡区域的特色。关于泗水方言的归属问题，从方言特征、历史沿革、行政区划等因素来看，我们认为应该将泗水方言划入中原官话区。但不可否认的是，由于其独特的地理位置，泗水方言又带上了一定程度的冀鲁官话的特点。

第三章　词　汇

　　泗水方言处在中原官话和冀鲁官话的过渡地带。从语音的角度来看，泗水方言与中原官话更接近，那么，从词汇的角度来看，泗水方言更接近于哪一官话区呢？与普通话词汇和周边方言词汇相比，泗水方言词汇又有什么特点？在本书之前，还没有人对这些问题进行探讨。在本书中，我们选取了山东方言十个点 1 000 个基本词进行比较，这十个点分别是新泰、济南、利津（冀鲁官话）、龙口、荣成、莱州、诸城（胶辽官话）、郓城、曲阜、泗水（中原官话）。

　　在词条的选取上，主要参照钱曾怡在《山东方言研究》中所列的基本词。其中泗水方言词汇的语料为笔者调查所得，其余九个点的方言词汇参照钱曾怡《山东方言十个代表点 1 000 词语对照表》。本章主要从泗水方言词汇与普通话词汇的比较、泗水方言词汇与其他山东方言点词汇的比较、泗水方言古语词的词源考证及泗水方言分类词表四个角度来进行探讨。

第一节　泗水方言词汇与普通话词汇的比较

　　泗水方言与普通话尽管均属于北方方言，但毕竟是各自独立的系统，为进行词汇比较，我们首先确立了以下三个基本原则：

　　（1）如果两者只是单纯的音变、字变的不同，我们视为相同。如普通话"竖着"，泗水方言说"竖子"，在泗水方言中，"着"读为"子"［tsʅ⁰］，"竖子"和"竖着"我们视为泗水方言与普通话相同。

　　（2）某一词语义项多少不等，我们视作不同。如普通话的"猪圈"、"牛栏"、"羊圈"、"马棚"，泗水方言统称为"牛栏"。泗水方言的"牛栏"和普通话的"牛栏"义项多少不等，我们将这两个词视为不同的词。

　　（3）某一词语有多种说法，只要其中一种说法与普通话相同，我们即视为两者相同。如泗水方言"狼"既有"狼"的叫法，也有"张三儿"的特殊叫法，在"狼"这一词上，我们视为泗水方言与普通话相同。下面我们从泗水方言词汇①和普通话词汇的共同性及差异性两个方面进行比较。

一、泗水方言词汇与普通话词汇的共同性

在 1 000 条词汇中，泗水方言词汇与普通话词汇相同的有 590 条，占总数的 59%，其中各个类别②的情况如表 3 - 1 所示：

表 3 - 1　泗水方言词汇与普通话词汇的共同性

类别	词数		
	总词数	与普通话相同词数	占本类别词条总数比例
天文	44	31	70.45%
时令时间	40	18	45.0%
地理	34	26	76.47%
亲属	37	21	56.76%
人品	42	24	57.14%
身体	53	17	32.08%
病痛医疗	35	23	65.7%
日常生活	44	28	63.6%
动作	117	71	60.7%
婚丧	35	25	71.4%
迷信	12	9	75.0%
房屋器具	71	36	50.7%
衣服穿戴	46	24	52.2%
饮食	56	37	66.1%
农事	44	30	68.2%
商业	21	18	85.7%
文教	14	10	71.4%
游戏	30	17	56.7%
动物	62	21	33.9%
植物	45	17	37.8%

---

① 为便于比较，以下泗水方言词汇如无特别说明，即指笔者家乡县城驻地城关镇一带的词汇。

② 词语的分类我们主要参照《方言调查词汇表》，语言研究所方言组. 方言，1981 (3).

（续上表）

类别	词数		
	总词数	与普通话相同词数	占本类别词条总数比例
副词	30	22	73.3%
形容词	39	28	71.8%
数量词	20	15	75.0%
介词	14	10	71.4%
代词	15	12	80.0%

　　根据以上的统计，在 1 000 个基本词中，泗水方言与普通话不同的占41%，在所分的 25 个类别中，相同比例最高的商业类达85%以上，相同比例最小的身体类只有32.08%。可见，如果笼统地根据以上的选词和分类标准进行统计分析，我们很难根据统计结果对方言的亲疏问题进行科学有效的分析。那么，究竟如何对方言与普通话的词汇问题进行科学有效的比较分析，尚有待进一步探索。但尽管如此，根据以上的分类进行计量分析，还是能得出一些认识：

　　（1）泗水方言词汇作为北方方言的一个点，也是普通话的基础方言之一，与普通话有着相当大的共性，从整体来看，两者之间的共同性大于差异性。

　　（2）在各个类别的基本词中，天文、地理、婚丧、迷信、商业、文教、副词、形容词、数量词、代词、介词这 11 个类别中两地相同的基本词所占比例均超过70%，其中商业类别所占比例最高，占85.7%，这和商业类词汇与发达的社会形态关系密切、相对后起有关。

　　（3）亲属、房屋器具、时令时间、动物、植物、身体等类别中泗水方言与普通话相同的基本词所占比例较小，其中身体类所占比例最小，仅有32.08%。

　　（4）在所有 25 个类别中，泗水方言词汇与普通话词汇相同比例超过50%的有 21 类，大批词与普通话的说法一致或接近一致，由于这一原因，泗水方言区的人和北方方言区各地的人能较顺利地进行交际，而无须改变自己的方言。

　　（5）泗水方言词汇与普通话词汇农事类词语和动植物名称中家种、家养品种的名称大多说法一致，如"耩地、犁、镰、牲口、儿马、草驴、麦子、高粱"等词说法一致，这与汉族农牧文化的传播密切相关。

　　（6）婚丧、迷信类的词语两者说法也大多一致或接近一致，如"相亲、喜事、叫魂儿、算命、阎王、土地爷"等说法一致，体现出两者具有相同的文化传统和文化渊源。

　　（7）代词和数量词两者相当一致，反映出两者在名物和方位的指代以及数的计量上有着相同的认知心理。

二、泗水方言词汇与普通话词汇的差异性

泗水方言词汇与普通话词汇不同的有 410 条，通过对这 410 条词的仔细比较，我们发现：

（1）从类别的角度看，两者之间的差异主要集中在动物、植物、亲属、身体等少数类别中，动物、植物类别的词语两者差别较大，这一点赵元任也曾指出："在许多小植物、小动物的名称上，尤其是昆虫的名字，不但是北京的形式是地方性的，可以说没有任何方言里的名称够得上全国性。"① 如普通话的"麻雀、壁虎、蜥蜴、蚯蚓、蝉、山楂、蒲公英、芸豆、豇豆、西红柿、马铃薯"，泗水方言分别称为"小虫子、蝎虎子、蛇虫粒子、曲溜蜷儿、蚧了儿、酸楂、婆婆丁、眉豆子、豆角子、洋柿子、地豆子"。这种"同物异名"的现象也体现出不同地域人们对名物形态特征的认知心理以及文化心理上的差异。

（2）一部分词汇泗水方言既有与普通话一样的说法，也存在某些特殊的说法，如"厨师"，泗水方言既有"厨师、厨子"这类一般的说法，也有"摸油哩、造菜哩"等较为特殊的形象化的称谓。再如"公猪"，泗水方言既有"公猪、种猪"这类较文雅的说法，也有"趴蛋、牙瓜、牙包、角猪"这类相对粗俗的说法。

（3）与普通话相比较，泗水方言还存在一定数量的古语词。如"敹"[liɔ⁵¹]：泗水方言把简单的缝补衣服叫"敹"。如："这件衣服挂了个口子，你给我敹敹它吧。"清代翟灏《通俗编》三六杂字"敹"："按今谓略治衣曰敹一针。"五方元音葵韵雷母下平声："敹，今谓粗略治衣曰敹一针。"

（4）从构词的角度来看，泗水方言词汇与普通话词汇体现出一定的构词差异，这种构词差异反映出词汇"名异实同"的特点。

（5）从词义的角度来看，泗水方言词汇与普通话词汇也体现出一定的意义差异，这种意义差异反映出词汇"名同实异"的特点。下面我们主要从构词差异和意义差异两个方面来探讨泗水方言词汇与普通话词汇的差异。

（一）构词差异

词的内部结构形式主要是靠语音、语素以及它们各要素之间不同的组合方式来表现。泗水方言属于北方方言，词汇系统、句法系统都与普通话有很大的一致性，因此从构词法来说，构词手段的共性也是二者的主要特点。如表 3 - 2 所示：

① 赵元任. 汉语口语语法 [M]. 吕叔湘译. 北京：商务印书馆，2001.13.

表3-2　泗水方言与普通话构词手段的共性

构词方式			方言系统	
			普通话	泗水方言
单纯词		双声	伶俐	连力_{敏捷}
		叠韵	彷徨	才坏_{毛病}
		非双声叠韵	蝴蝶	麻利_{利索}
		叠音	猩猩	斗斗_{乳房}
合成词	复合式	主谓	日食	心惊_{心虚,害怕}
		述宾	沏茶	持服_{穿孝衣}
		偏正	流星	家猫_{家兔}
		中补	说明	饿倒_{头栽到地面}
		并列	理睬	铺衬_{碎布片}
	附加式	词根+词缀	苦头	奔头
		词缀+词根	老乡	老团_{老鳖}
	重叠式		偏偏	兜兜_{儿童肚兜}

从表3-2中列出的情况可以看出：泗水方言和普通话构词的基本规则是一致的，都有通过语音构词手段造出的单纯词，都有通过句法构词手段造出的复合式合成词、重叠式合成词和附加式合成词，构词手段的共性是二者在构词法方面的主要特点。因此，下面我们主要从语音、语素两方面来考察泗水方言词汇与普通话词汇构词上的差异。

1. 语音方面的差异

（1）部分词汇普通话以双音节词为主，泗水方言多为单音节词。如表3-3所示：

表3-3　泗水方言与普通话亲属称谓词的比较

泗水方言	普通话	泗水方言	普通话
叔	叔叔	儿	儿子
姐	姐姐	哥	哥哥
舅	舅舅	嫂	嫂子
姑	姑姑、姑妈	客 <背称>	女婿
爷 <面称>	岳父或公公	妮儿	姑娘、闺女
娘 $[\text{n̩ian}^{51}]$ / $[\text{n̩ia}^{51}]$	妈妈、母亲	姨	姨母、姨妈

（2）有些词在普通话词汇中是单音节词，但在泗水方言中却以双音节来体现，这部分词大多是分音词。如表 3 - 4 所示：

表 3 - 4 泗水方言中的分音词

泗水方言	普通话	泗水方言	普通话
壳郎	坑	忽拉	哗
不拉	扒	扑了	泡
不楞	蹦	扑楞	蓬
顾拥	拱	胡弄	哄
圪捞	搅	圪楞	艮
骨娄	滚	骨仑	棍
机灵	精	疵毛	糙
滓拉	渣	呲棱	噌

（3）泗水方言叠音词较丰富，一些在普通话中不是叠音词的，泗水方言多为叠音词，而且多音节词中带有叠音语素的也很多。如表 3 - 5 所示：

表 3 - 5 泗水方言中的叠音词

泗水方言	普通话	泗水方言	普通话
冻冻	冰块	凉凉儿	荫凉地
抽抽	抽屉	馍馍	馒头
口口儿、斗斗儿	乳房	花花儿	牛痘
洌洌 [liə$_{55}^{55}$ liə^{0}]	口水	呜呜儿	乐器
嘎嘎 <儿>	月亮	咕咕	布谷鸟
己己	自己	兜兜儿	儿童肚兜
蜓蜓	蜻蜓	琉琉儿	长条冰锥
叨叨	吵闹	唰唰	叫唤
嘟嘟	嘟噜	罗罗	打交道
咧咧 [liə$_{55}^{51}$ liə^{0}]	胡说	啦啦	说话
丘丘	稍微	寥寥	极少
婆婆丁	蒲公英	苦苦菜	苦菜
灰灰菜	藜、灰菜	独独拱	小推车

（续上表）

泗水方言	普通话	泗水方言	普通话
琉琉豆	玻璃球	咣咣镲子	钹
宁宁勾	泥鳅	葵葵头	向日葵
酒蔫蔫	喝酒迂磨的人	实在在	实在又老实的人

（4）表示时间的词普通话一般不用儿化形式，泗水方言则多用儿化形式，如表3-6所示：

表3-6 泗水方言中的时间词

泗水方言	普通话	泗水方言	普通话
即儿们儿	今天	夜儿里	昨天
前儿里	前天	明儿里	明天
过明儿	后天	改儿里	改天
年三十儿	除夕	年除儿	除夕晚上
拢明儿、东拔白儿	黎明	晌儿午顶儿	正午
合黑儿、上黄黑儿	傍晚	后儿晌	晚上
每儿遭儿	以前	每儿年	往年
日子儿	日期	多咎儿	什么时候
由咎儿	早于约定时间	小年儿	腊月二十三
十月一儿（农历）	亡人节、鬼节	年根儿	年底

2. 语素方面的差异

泗水方言词汇与普通话词汇构词语素方面的差异可分为以下三种类型：

（1）语素选择的差异。

汉语词汇是丰富的，其构词语素也是丰富的，既存在大量的同义语素，也存在大量的非同义语素，"当人们对同一个事物、同一种动作或状态选择了不同的语素加以表达时，就能形成不同形式的同义词，就能形成方言词汇差异。所以说语素选择的差异是形成方言词汇差异的重要原因"①。

---

① 董绍克. 汉语方言词汇差异比较研究［M］. 北京：民族出版社，2002.42.

①在构词时选择同义语素，如表 3-7 所示：

表 3-7 泗水方言与普通话同义语素比较

泗水方言	普通话	泗水方言	普通话
上冻	结冰	迎风	顶风
熬药	煎药	河涯	河岸
叫魂	招魂	倒酒	斟酒
掐腰	叉腰	挂牵	挂念
出丧	送丧	暖水袋	热水袋
堂屋	正房	偏屋	厢房
厨屋	厨房	风匣	风箱
该账	欠账	蹲级	留级
结账	杀账	坐钱	扣钱

"结冰"泗水方言说"上冻"，"上、结"同义；"冻、冰"同义。"顶风"泗水方言说"迎风"，"迎、顶"同义。"欠账"泗水方言说"该账"，"该、欠"同义。"正房"泗水方言说"堂屋"，"堂、正"同义；"屋、房"同义。两者在构词上体现出同义语素选择的差异性。

②在构词时选择非同义语素。如表 3-8 所示：

表 3-8 泗水方言与普通话非同义语素比较

泗水方言	普通话	泗水方言	普通话
白事	丧事	红事	婚事
填房	续弦	抬亲	娶亲
持服	带孝	垫肩	护肩
棒子	玉米	盖体、盖捂	被子
车脚儿	车轮儿	油鞋	雨鞋
牙狗	公狗	金瓜	南瓜

"丧事"泗水方言称为"白事"，与之相对的"婚事"称为"红事"；"被子"泗水方言称为"盖体"或"盖捂"；"雨鞋"称为"油鞋"，这些词泗水方言与普通话的说法完全不同，语素意义也各自有别，但各自组词之后所表示的意义却是一样的。

（2）语素顺序的差异，泗水方言与普通话相比，有些词语素相同而顺序不同，即同素逆序词。如表 3 - 9 所示：

表 3 - 9　泗水方言与普通话语素顺序的差异

泗水方言	普通话	泗水方言	普通话
头枕	枕头	挂牵	牵挂
念叨	叨念	实诚	诚实
捣鼓	鼓捣	嚏喷	喷嚏
熬煎	煎熬	收秋	秋收
家来	来家	齐整	整齐

3. 词缀的差异

泗水方言中有一些和普通话不同的词缀，如"二"、"巴"、"拉"、"歪"、"荒"，其使用频率较高。下面我们逐一例释：

（1）"二"。

普通话中，"二"一般不作构词前缀，但在泗水方言中"二"是一个使用频率较高的构词前缀，所构成的词大多表示不甚理想的状况，表示不好的人或品性，并且往往带有轻蔑或讽刺的意味。如：二小子不被尊重、受人使唤的人、二挤眼鲁莽的人、二杆子外行、技术不精的人、二五眼不会办事、往往吃亏的人、二红砖鲁莽的人、二皮虎恶霸、二流子游手好闲、不干正事的人、二不楞子楞头青、二半吊子手艺学得不深不透的人、二混子滥竽充数的人。

（2）"巴"。

在普通话中，"巴"一般不作为词缀，而在泗水方言中，"巴"不仅可作为后缀，还可以作中缀。作中缀时，所构成的词多为名词，起补足音节的作用，加不加"巴"，词性、意义均无变化。如"上牙巴颏子"、"下牙巴颏子"、"肋巴骨"、"肋巴扇"等。

"巴"作后缀时，可以作为形容词后缀，如"俊巴"、"瘦巴"、"赖巴"、"瘸巴"、"蹩巴"等；还可作为动词后缀，如"敲巴"、"掐巴"、"择巴"、"扫把"、"擦巴"、"洗巴"、"砸巴"、"拆巴"、"撕巴"、"抄巴"、"抹巴"、"搦巴"、"剁巴"等。这些动词可以重叠使用，以增强轻松随意的色彩。例句：①不用鼓捣整这么认真，芹菜叶子胡乱择巴择巴就行；②地很干净，你稍微扫把扫把就行。

（3）"拉"。

在普通话中，"拉"一般不作为词缀，但在泗水方言中，"拉"可用为中缀和后缀，而且使用频率很高。

①可用作中缀，多是名词。如：鸪拉木子啄木鸟、圪拉绷儿脖颈、圪拉拜儿膝盖、圪拉肢儿腋窝、蜗拉牛蜗牛、长不拉子喜鹊、页拉盖儿额头、残不拉子次品、布拉条子碎布条。

②可用作后缀，多是动词和形容词。如：胡拉用手聚敛、不拉扒、□［pei^{51}］拉用小棍拨动、□［xuɛ^{51}］拉用劲推搡、漓拉液体散落、甩拉挥动、□［li ã^{113}］拉雨一直滴答着下，或者液体不断地洒落、摩拉摩挲、污拉涂抹、撒拉、半拉、稀拉、拖拉。

（4）"歪"。

"歪"是泗水方言的一个动词后缀，多表示一种连续反复、令人反感的动作。如"黏歪"、"腻歪"、"候歪"、"吱歪"、"挣歪"、"蹭歪"、"咋歪"等。例句：①他黏歪唠半天，总算买唠两张卧铺票；②你别吱歪啦，又说不到点上去。

（5）"荒"。

"荒"是泗水方言的一个形容词后缀，多用于描摹一种心理状态。如"恶囊哩荒"、"高兴哩荒"、"饿哩荒"、"渴哩荒"、"心虚哩荒"、"恶影哩荒"、"害怕哩荒"等。例句：①清早没吃饭，有点儿饿哩荒；②一个人走夜路，确实有点儿害怕哩荒。

（二）意义差异

1. 词汇意义差异

（1）同形词所指不同。

由于对客观事物的分类不同，相应的方言词所指不同，如表3-10所示：

表3-10　泗水方言与普通话同形异义词举例

	普通话	泗水方言
家猫	家养的猫	家兔
小虫子	细小的虫子	麻雀
客	泛指客人	特指女婿
大梁	脊檩	特指脊椎骨
林	成片的树木	墓地，如"王家林"
棒子	棍子、木棒	玉米
果子	可以吃的果实	指花生
贵客	泛指尊贵的客人	特指新女婿
板	片状的坚硬物体	特指棺材
犯事	做犯罪或违纪的事	没事找事

（2）义项多少不一。

同一个词由于词义引申的角度或词语搭配的对象不同，造成词的义项多少不一。例如下列词在泗水方言和普通话中义项多少不等。如表 3 - 11 所示：

表 3 - 11   泗水方言与普通话词汇义项不等举例

普通话	泗水方言	普通话	泗水方言
鼻子	鼻子：①五官之一，鼻子；②鼻涕	包子	包子：①蒸包；②饺子
外甥：姐姐或妹妹的儿子	外甥：①姐姐或妹妹的儿子；②外孙	糊涂	糊涂：①不明事理；②粗粮面做的稠粥
外甥女：姐姐或妹妹的女儿	外甥女：①姐姐或妹妹的女儿；②外孙女	牛栏：牛棚	牛栏：①牛棚；②猪圈；③马棚；④羊圈
没意思：没意义	没意思：①没意义；②差不多，如"他俩~高"	水儿	水儿：①水；②特指母乳
盒子：盛东西的器物	盒子：①盛东西的器物；②指爱取巧，占便宜的人	面汤：煮过面条的水	面汤：①煮过面条的水；②面条
洗澡：用水洗身体，除去污垢	洗澡：①用水洗身体，除去污垢；②游泳	汤：热水	汤：①白开水；②咸汤或白汤

2. 语法意义差异

语法意义的差异体现在词的语法功能的不同。例如泗水方言中的量词"个"具有明显的"功能泛化"特点。普通话中的许多量词如"辆、支、只、顶、张、本、扇、件、部、位、把、条"等在泗水方言中都用量词"个"来替代，量词"个"具有一种"功能泛化"的特点。如表 3 - 12 所示：

表 3 - 12   泗水方言词汇与普通话词汇的语法差异

普通话	泗水方言	普通话	泗水方言
一只鸡	一个鸡	一支笔	一个笔
一顶帽子	一个帽子	一扇门	一个门
一张桌子	一个桌子	一件褂子	一个褂子

（续上表）

普通话	泗水方言	普通话	泗水方言
一本画	一个画	一支手电筒	一个手灯
一条毛巾	一个手巾	一面镜子	一个镜子
一把刀	一个刀	一只碗	一个碗
一位客人	一个客	一部电影	一个电影
一只小猪	一个小猪	一辆汽车	一个汽车

第二节　泗水方言词汇与其他山东方言点词汇的比较

在山东方言 10 个点 1 000 个基本词中，6～10 个点相同的有 632 条，这些词语大多分布在三大官话方言点中，因此我们选择山东方言 1～5 个点相同的 368 条词语来进行比较，以考察泗水方言与其他官话点词汇的关系。现将泗水方言与其他山东方言点 368 条词的比较数据列表如下。如表 3－13 所示：

表 3－13　泗水方言词汇与其他山东方言点的比较

比较项	数目
与三大官话同	90
与冀鲁、中原官话同	95
与中原、胶辽官话同	12
与冀鲁、胶辽官话同	11
与冀鲁官话同	30
与中原官话同	87
与胶辽官话同	21
其他官话点未见	22
既有与其他点相同的说法，又有自己较为特殊的说法	40

注：有些词语因既有与其他点相同的说法，又有自己较为特殊的说法，所以统计结果多于 368 条，实际为 408 条。

从表 3－13 可以看出：

（1）在仅 1～5 个山东方言点相同的词语中，有相当数量的泗水方言词在三大官话点中能找到大体一致的说法，如"日光灯"，泗水、济南、利津、郓城、荣成都称为"电棍儿"；"夜盲症"，新泰、济南、莱州、泗水称为"雀古眼"，利津称为"雀谷眼"；"水桶"，新泰、利津、郓城、泗水、诸城都称为"筲"。

（2）泗水方言与中原官话相同的词最多，达87条，这表明把泗水方言划入中原官话区是合乎语言事实的。

（3）泗水方言与冀鲁官话和中原官话两者相同的词语也比较多，达95条，这体现出泗水方言处于方言过渡区的特色，与其自身所处的地理位置是相符合的。

（4）尽管处在山东方言东区和西区的交界地带，但山东方言东区（东潍片）的词汇对其影响较小，这应与泗水在行政区划上一直隶属于济宁地区（处于西鲁片）的情况密切相关。

（5）一部分词语在泗水方言中具有比较特殊的说法，与其他官话点的表述不同，这部分词语有22条。这些词语有的包含一定的古语词语素，如"锅铲"称为"炝釜刀子"。"釜"为古汉语常用词，现在只能作为构词语素。"玩木偶"称为"掫大猴"。《广韵》："掫，持物相著，侧九切。""掫"义为"端着、拿着"，泗水方言读为 $[tsəu^{55}]$，音义相合。有的是泗水人根据事物的性状自己造词，如"扁豆"称为"猪耳朵眉豆子"、"麻雀"称为"小虫子" $[\varepsilon io_{33}^{55} pf'əŋ^{51} ts\gamma^0]$ 等。列表举例如下：

表3–14　泗水方言中较为特殊的方言词

普通话	泗水方言	普通话	泗水方言
裌褃	殼子	碌碡	立硪
稠粥	糊涂 $[xu^{55} təu^0]$	怎样	整子
鸡嗉子	鸡部脐	雪霰子	盐粒子、浮米
麻雀	小虫子	小推车	独独拱
玩木偶	掫大猴	向日葵	葵葵头
涂抹	污拉	花生米	果子米儿
锅铲	炝釜刀子	顶藤游戏	斗拐
公羊	羝羊、臊狐	扁豆	猪耳朵眉豆子
啄木鸟	鹁拉木子	吝啬的人	乜古头、尖腚棒子
小孩吃奶	喝斗斗、喝口口	送婚启	送启、下催妆帖
月亮	嘎嘎、月亮嘎	连襟	一担挑儿

（续上表）

普通话	泗水方言	普通话	泗水方言
再婚女人	过二道门坎哩	乞丐	歘街哩
修理	施为	打扮	□[sa³¹²]头
被子	盖体	公猪	趴蛋、牙瓜、牙壳娄
蟋蟀	拆拆洗洗	母猪	老美儿、母壳娄、老改
苍蝇卵	白煞	肮脏	扑囊、赖歪
脊椎骨	大梁	土匪	老粗
厨师	造菜哩、摸油哩	狼	张三儿
水黾	酸□□[n̪ia¹¹³ n̪iŋ⁰]	外行	力巴头
布谷鸟	臊咕咕、光棍哆嗦	骗子	云么拐子
脊梁	脊央[tɕi⁵⁵₃₃ iaŋ⁰]	雾	帐子
乳汁	水儿	傻子、二百五	二红砖、窑顶、两光、拼头
吵嘴	叨叨	遗失	云么
犹豫	试量	坐月子	占房啦、仰倒啦
窗户	亮窗	姜	横丝儿[xuŋ³¹² ʂer¹¹³]
煎饼	□□[n̪ia¹¹³ n̪iŋ⁰]	老面（酵母）	面引子
鞭炮	火鞭	儿马	儿马蛋子
公牛	牤牛蛋子	母蝈蝈	老母蚰
小儿顽劣	□[sɛ³¹²]	大雨	麻杆子雨
猪圈、牛棚	牛栏	水桶	洋筲
禽类下蛋	嫷，《广韵》："息也。"	谄媚	献诚子：《广韵》："诚，谄也。"

仔细剖析泗水方言这些比较特殊的方言词语，我们认为其大致有以下几种情形：

（1）一部分是泗水方言中所保存的古语词，这又有两种情况：

一种是仍然作词用，如"鸽"字，《广韵》："鸽，鸟啄物也，竹咸切，又苦咸切。"在泗水方言中禽鸟啄食为鸽，尤指鸡啄食为鸽，如"豆腐叫鸡给鸽啦"。"鸽"，在泗水方言中今读为[tsʻɑ¹¹³]，知组读为送气音。另外，"鸽"还可以作为构词语素，如"啄木鸟"在泗水方言中称为"鸽拉木子"。另外，形容人吃饭吃得较少，则说成"鸽打"。比如："她每天就鸽打那么点儿东西，不生病还倒怪了。"

　　另一种是不单用，但作为语素与其他语素构成合成词，如"锅铲"，泗水方言称为"炝釜刀子"。"釜"不能单用，但作为语素可构成合成词。又如"稆生子"一词，泗水方言指"自学手艺成才的人或半路学艺的匠人"，如"稆生子木匠、稆生子钟表匠"。此义引申自"稆"的本义。"稆"："自生稻也，力举切。"泗水方言"稆"读为 [ly^{55}]，音义相合。"稆"已不单用，只在"稆生子"一词中使用，不过，"稆生子"一词在意义上带有明显的贬义，显然是与此类匠人未经过师傅教导因而手艺多是"二把刀"有关。

　　（2）部分词语附加有较特殊的词缀。如"蛋子"指"雄性动物"，多带贬义。这类词较多，除上表中的"儿马蛋子、牤牛蛋子"外，还有"儿猫蛋子"等。"牙"也指"雄性动物"，如"牙壳娄、牙瓜、牙包"指"公猪"，"牙狗"指"公狗"。

　　"老"作前缀构成名词，指称某一类人或某一类事物，其中在指称具有某种性格的一类人时，多带有明显的贬义色彩。如"老粗"指土匪，"老母蚰"指"母蝈蝈"，后喻指"肚子大的男人"；"老七"大概从"七业子"一词而来，"七业子"指蛮横、霸道不讲理的人。"老七"与"七业子"同义，如"他是个老七，别给他一般见识"。再如"老歪、老抠"都指特别自私、抠门、小气的人。

　　（3）有些词是采用讳饰的方式造词，体现出泗水独特的文化内涵。如泗水方言中动物下崽谓之"将"，"将"、"姜"同音，为避讳这一粗俗义，便把"姜"称为"横丝儿" [xuŋ$^{312}_{31}$ ʂer^{113}]。

　　又如，因"疮"、"窗"同音，为避讳直接说"窗"，将"窗"称为"亮窗"；再如，"雾"、"误"同音，为避讳"误"音，将"雾"称为"帐子、幔子"。另外，泗水方言中有动词"误" [u^{312}]，指车中途抛锚或陷入泥中，如"车误到路上啦"，所以司机对 [u^{312}] 音尤为避忌。

　　另外，泗水有"窑顶"一词，用以评价某人缺心眼。此义来自"二红砖"一词。"二红砖"指没烧透的砖，比喻缺心眼的人。因窑顶的砖往往烧不透，所以泗水在评价某人缺心眼，多不直接说"二红砖"，而多委婉地称之为"窑顶"。此外，泗水评价某人缺心眼，还有"七成"一词。"七成"往往指"程度不够"，如"炉子没火了，蒸哩馍馍也就是有七成"。引申为指"人缺心眼"，如"这家伙也就是七成"。"七成"与"窑顶"有异曲同工之妙。

　　（4）部分词语与语流音变有关。有些词在泗水方言中经过反复的同化、异化，音讹字变，不仅与其他方言点不同，而且其本来面目都变得模糊难辨，在书写上多用与方言同音的字来代替。比如"脊梁"在泗水方言中称为"脊央" [tɕi^{113} iaŋ^{0}]，"梁"的声母在单字音中是 [l]，在语流中，由于前字声母 [tɕ]

的影响，声母［l］脱落，变成零声母，从而使［tɕ］声母和齐齿呼韵母［iaŋ］的发音更协和自然。而在阳谷、曲阜、德州、滨州、寿光、高密等地方，"脊梁"又进一步同化为"脊娘"［tɕi²¹ȵiaŋ⁰］①，也就是说，在前面［i］韵母和后面［ŋ］韵尾的双重影响下，又滋生出声母［ȵ］。

再如"□□"［ȵia¹¹³ ȵiŋ⁰］，意思是"煎饼"。在泗水农村，把玉米、小麦、高粱、地瓜、小米等浸泡后，打成面糊状，然后再掺上玉米面等，做成"沫子"，在专用的工具"鏊子"上烙成"□□"［ȵia¹¹³ ȵiŋ⁰］（煎饼），这一过程即称为"摊□□"。一般的农村妇女都会这门手艺，因为以前生活水平低，白面只是过节时才吃一点，"□□"（煎饼）则是日常生活中的主食，所以，"摊□□"是家庭主妇的主要工作之一，该词使用频率非常高，但是本字已很难辨识。据笔者考证，"□□"（煎饼）一词的本字即为"煎饼"，这从山东其他地方对"煎饼"的称谓中也可以得到证实。

比如，淄川方言即称为"煎饼"［tɕiã²¹⁴₃₁ piŋ⁰］，《淄川方言志》："煎饼，用鏊子摊上糊糊烙的薄饼，多为粗粮制作：棒槌面子～丨秫秫～丨谷～丨米～丨地瓜面子～。《增补幸云曲八回》：若见了他时，就像二月二的～。"淄川方言中所记载之"煎饼"，其做法和品种与泗水方言的"煎饼"完全一致，因此，泗水方言中的"□□"［ȵia¹¹³ ȵiŋ⁰］应当是"煎饼"读音不断演化后的读音，其本字应当就是"煎饼"。

再从山东更多的方言点来看，也能证明我们的这一观点。作为山东农村的一种主食，尽管煎饼的做法不大相同，但名称极为相似：

莒县、莒南方言称为"煎饼"［tsian¹³ piŋ⁰］（按：莒县、莒南尖音读 ts 类，团音读 tɕ 类）；邹城方言称为［ȵiã⁴²₅₅ ȵiŋ⁰］；沂水方言称为"煎饼"［ziã²¹³ miŋ⁰］（按：沂水方言分尖团音，精组细音读［z ts·s］）；曹县方言称为"煎饼"［tɕiã¹³ ȵiŋ⁰］；费县方言则称"煎饼"为［tɕia¹³ ȵiŋ⁰］；兖州方言称为［ȵiæ²¹³₂₁₁ ȵiŋ⁰］；曲阜方言称为［ȵiã²¹¹₂₁₃ ȵiŋ⁵⁵］；新泰方言称为"煎饼"［tɕiã²¹³₂₁₂ miŋ⁰］；枣庄方言称为"蔫宁"［ȵiæ²¹³ ȵiŋ⁰］；微山方言称为"煎饼"［ȵiã²¹³₂₁ ȵiŋ⁰］，但有意思的是，微山县渔民则称为"煎饼"［tɕiã²¹³₂₁ piŋ⁰］。

从上面各地方言对"煎饼"的称呼，我们很容易梳理出"煎饼"一词读音的同化异化的演变过程。"煎"字，中古山摄仙韵精母平声开口三等，王力先生拟音为［tsĭɛn］，董同龢先生拟音为［tsjæn］，李荣先生拟音为［tsiɛn］。"饼"字，中古梗摄清韵帮母上声开口三等，王力先生拟音为［pĭɛŋ］，董同龢先生拟音为［pjɛŋ］，李荣先生拟音为［piɛŋ］。因此，山东莒县、莒南"煎饼"读为

---

① 董绍克，张家芝. 山东方言词典［M］. 北京：语文出版社，1997. 188.

［tsian¹³ piŋ⁰］，保存的是中古以来的读音。此后，精组三等字声母由［ts］组腭化为［tɕ］组。从山东方言各点"煎饼"一词的实际读音来看，正是沿袭了这一演化轨迹：

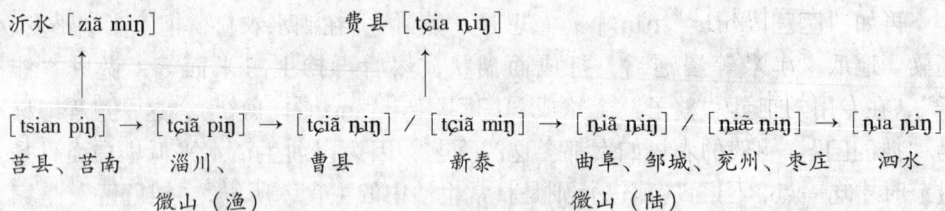

沂水［ziã miŋ］　　　　　费县［tɕia n̠iŋ］
　　↑　　　　　　　　　　　↑

［tsian piŋ］ → ［tɕiã piŋ］ → ［tɕiã n̠iŋ］／［tɕiã miŋ］ → ［n̠iã n̠iŋ］／［n̠iæ̃ n̠iŋ］ → ［n̠ia n̠iŋ］
莒县、莒南　　淄川、　　　　曹县　　　　新泰　　　曲阜、邹城、兖州、枣庄　　泗水
　　　微山（渔）　　　　　　　　　　　　　　　微山（陆）

　　莒县、莒南一带保存的是中古音［tsian¹³ piŋ⁰］，沂水仍分尖团音，读为［ziã²¹³ miŋ⁰］，"煎"字仍保存中古读音，但是后字"饼"在前字"煎"前鼻音韵尾的顺同化影响下，声母由［p］演变为［m］。

　　此后，精组三等字声母由［ts］组腭化为［tɕ］组，在淄川、微山（渔）方言中，"煎饼"分别读为［tɕiã²¹⁴₃₁ piŋ⁰］和［tɕiã²¹³₂₁ piŋ⁰］，同样，由于"煎"字前鼻音韵尾的顺同化影响，后字"饼"的声母由［p］同化为［n̠］或［m］，如"煎饼"一词在曹县读为［tɕiã¹³ n̠iŋ⁰］，在新泰读为［tɕiã²¹² miŋ⁰］。

　　在此阶段，由于后字"饼"的声母对"煎"字的声母、韵母都存在影响，又表现出两种不同的语流音变过程：

　　（Ⅰ）由于后字"饼"的鼻音声母对前字"煎"鼻音韵尾的异化作用，"煎"字鼻音韵尾脱落，比如，在费县"煎饼"一词读为［tɕia¹³ n̠iŋ⁰］。

　　（Ⅱ）由于后字"饼"的鼻音声母［n̠］或［m］对前字"煎"声母的逆同化作用，"煎"字声母由［tɕ］演变为［n̠］，比如，在曲阜、邹城、微山（陆）三地，"煎饼"一词读为［n̠iã²¹¹₂₁₃ n̠iŋ⁵⁵］（曲阜）、［n̠iã²¹³₅₅ n̠iŋ⁰］（邹城）、［n̠iã²¹³₂₁ n̠iŋ⁰］（微山）。

　　（Ⅲ）由于后字"饼"的鼻音声母对前字"煎"鼻音韵尾的异化作用，"煎"字韵母的鼻化韵尾脱落，又演变成［ia］韵母。比如，在泗水"煎饼"即读为［n̠ia⁵⁵ n̠iŋ⁰］。

　　综上，从其他方言点"煎饼"一词的读音来看，泗水的"［n̠ia¹¹³ n̠iŋ⁰］"一词，其本字应当就是"煎饼"，只不过由于该词在生活中使用频率较高，经过一系列同化、异化的语流音变过程，逐渐变得不知本字了。在有些词典或方言志中，音变字亦变，多写成同音字，如枣庄方言写成"蔫宁"。

　　另外，现在微山方言中陆地居民称"煎饼"为［n̠iã²¹³₂₁ n̠iŋ⁰］，而渔民（生活在微山湖上）则称为"煎饼"［tɕiã²¹³₂₁ piŋ⁰］。这应当是由于陆地居民"煎饼"的使用频率较高，逐渐产生了语流音变，而微山湖上的渔民"煎饼"的使用频率较低（以前主要靠打鱼为生），因此，保留了"煎饼"的原读音。这种一县之内有两种读音的事实也为我们的观点提供了一个有力的证据。因为同化是为了追求发音的顺口，异化是为了避免发音的拗口，两者在实质上都是为了追求发音的协和自然，而发音协和自然是语言作为交际工具的必然要求，这大概就是"煎饼"之类的词在语流中发生音变并逐渐变得本字难识的根本原因。

（5）部分词语大概是泗水人根据事物的属性，如颜色、形态、声音等自己造出来的。如"蟋蟀"，即"蛐儿蛐儿"，也被称为"拆拆洗洗"，有的村点又称为"吹吹喜喜"，大概都是根据声音造词。

"水黾"（一种节肢动物，身体细长，灰褐色，三对长足，浮游或跳跃于水面，活动迅速）在不同地点有不同的名称。因其灰褐色的颜色，很像"□□"[ȵia¹¹³ ȵiŋ⁰]的颜色，以前泗水农村用芋头面即地瓜面摊的"□□"[ȵia¹¹³ ȵiŋ⁰]正是灰褐色的，而且滋味酸溜溜的，而水黾闻起来味似酸□□[ȵia¹¹³ ȵiŋ⁰]，所以从颜色和气味的角度，泗水多数地方将水黾称之为"酸□□"[ȵia¹¹³ ȵiŋ⁰]。又因其在水面上转来转去，很像摊□□[ȵia¹¹³ ȵiŋ⁰]的动作，摊□□[ȵia¹¹³ ȵiŋ⁰]时，要用一种竹制的"筜子"在鏊子上转来转去，将滚在鏊子上的"沫子"摊平压薄，从动作的角度，鲍家庄一带将水黾称之为"摊酸□□[ȵia¹¹³ ȵiŋ⁰]哩"；南华村一带称之为"摊□□[ȵia¹¹³ ȵiŋ⁰]哩"。

（6）部分词语是由于义项的多寡不同。如"牛栏"在泗水方言中有多个义项：可指"牛棚、猪圈、羊圈"等；还可以指"茅子厕所"。再如"糊涂"[xu⁵⁵ təu⁰]除了作形容词指"不明事理"外，还可作名词，指"黏稠的粗粮面做的粥"，泗水指人"不明事理"有专门的一句俗语"糊涂一盆酱一盆"，如"你是糊涂一盆酱一盆啊"（你真是糊涂啊）。

（7）还有部分词本字不明。如"怵头"，泗水方言称为"□[sa³¹]头"；"小儿顽劣"称为"□[sɛ³¹²]"。又如，泗水方言"乞丐"还有"欻[pfʼa⁵⁵]街哩"一种说法，指"经常抢夺别人东西的乞丐"。《汉语方言大词典·第四卷》第6278页："欻，＜动＞抢；抢夺。①冀鲁官话。山东茌平、冠县、聊城。[tsʼua⁵⁵]他硬~我的｜我跟他~了半天没~过来。②中原官话。山东阳谷：他~人家哩东西吃，不要脸｜我把他手里棍子~过来，才免了这场祸。"

《广韵》："欻，暴起，许勿切。"音不合。李焱考释[ˊtsʼua]的本字为"撮"。①《集韵》："撮，初买切，以指取物也。"《玉篇·手部》："撮，三指取也。"音与今山东方音相合，但义又微有不合。故该字本字为何，仍待考，今从

---

① 李焱. 山东方言特征词初探. 汉语方言特征词研究［M］. 厦门：厦门大学出版社，2002. 66.

《汉语方言大词典·第四卷》暂写为"欸"。

第三节　泗水方言古语词的词源考证

《说文解字》、《方言》、《尔雅》、《广韵》、《集韵》、《玉篇》等古代的字书、韵书中保存了许多古代用字，有些字所代表的词在普通话中或被淘汰，或成了生僻字，但在现代方言口语中仍有遗留，因此，一部分方言词能根据古代的字书、韵书找到其"本字"。"本字"原是训诂学术语，相对于假借字而言。古人的著作中常有因袭的别字，使后人在读古书时迷惑不解。训诂学家"因声求义"，查出其"本字"，就能正确地训释古书。"方言研究中的'考本字'的含义已经不限于破除假借，它实际上是在古文献中为方言词寻找词源。"①

泗水方言中存在一些古语词，有些古语词已不明"本字"或写成同音字，如普通话的"瓶塞儿"，泗水方言多写成"瓶锥儿"，据笔者考求，"锥"的本字乃是"埪"。《玉篇》："埪，侧六切，塞也。"《广韵》："埪，侧六切，塞也。"《新唐书·姚绍之传》："（姚绍之）即引力士十余曳囚至，埪其口。""筑"系同音替代，本字当是"埪"。"埪"，庄母屋韵字，清入字泗水方言归入阴平，侧六切，读音为［pfu¹¹³］，［pfu¹¹³］儿化后变为［pfer¹¹³］，所以很多人将"瓶埪儿"写成"瓶锥儿"，音变字也随之讹变了。

以下考证部分泗水方言词的本字，以明其源，同时也考释一些近代白话著作中的方言词语，这些词语在现今泗水方言中仍在沿用。每条词语都先注泗水方音，然后说明该词在泗水方言的词义及用法，接着列出其在《广韵》、《集韵》、《玉篇》等韵书、字书中的调、韵、释义和反切，最后如有必要，再引证其他古籍。各条词语的先后顺序按音序排列。

埯［ɣa⁵⁵］，今泗水方言中，"埯"指泥坑。《玉篇》："于坎切，泥坑也。"如"趁子刚下过雨，待地里刨~点棒子（趁着刚下过雨，在地里刨坑种玉米）"。

鏊［ɣɔ³¹²］，一种铁制的用具，形圆，中间略微隆起，支在灶上，底下烧火，用来摊□□［n̠ia¹¹³ n̠iŋ⁰］（煎饼），泗水方言称"鏊子"。《广韵》去声号韵："鏊，饼鏊。五到切。"桂馥《札朴·乡言正字》："打饼器曰鏊。"

搕搋［ɣə¹¹³ sa⁰］，泗水方言中，杂乱地混杂在一起的脏东西称为"搕搋"。如"你把院子里哩~郎当哩东西拾掇拾掇（你把院子里的杂乱的脏东西收拾收拾）"。此义引申自"粪"义。《广韵》："搕，以手盍也，又搕搋，粪也。乌合切。""搋，搕搋，粪也。私盍切。"泗水方言中，合韵部分读为［ə］，如"合"

---

①　陈泽平. 福州方言研究［M］. 福州：福建人民出版社，1998. 91.

读为［xə⁵¹］，"伆"读为［kə¹¹³］；盍韵部分读为［a］，如"搚"读为［la¹¹³］。"搕搔"今读［ɣə¹¹³ saº］与《广韵》音义皆合。宋代文献即可指"垃圾"，如《五灯会元》卷十七，宝峰克文禅师："打叠面前搕搔。"

埲［paŋ³¹²］，尘土四起貌，如："你弄哩屋里忒埲啦，该先洒点水再扫地。"《广韵》上声董韵蒲蠓切："埲，塕埲，尘起。"泗水方言浊上读为去声，音义皆合。

褓［pɔ⁵⁵］，婴儿的小棉被。《经典释文》卷六《毛诗音义》："褓，音保，齐人名少儿被为褓。"现在泗水一般称之为"褓被"。《广韵》上声皓韵："褓，襁褓，博抱切。"博抱切，切音为"保"，与今泗水方言音义相合。

菢［pɔ³¹²］，泗水方言中母鸡孵卵叫"菢"。如"这一窝鸡蛋菢出来八个小鸡"。不媷蛋，母鸡老是趴在窝中称"菢窝"，又可形容"人睡懒觉不愿起床"，如："你菢窝呢，太阳老高啦，还不起?"《方言》校笺八："北燕朝鲜洌水之间谓伏鸡曰抱（房奥反）。"钱绎《笺疏》云："抱，亦作菢。"《玉烛宝典》卷一及《玄应音义》卷五引并作菢。《广韵》："菢，鸡伏卵。"

鐾［pi³¹²］，在缸沿、皮子或布上磨刀，使之锋利。《集韵》去声霁韵："鐾，治刀使利，蒲计切。"蒲计切，切音为"必"（去声），与今泗水方言音义相合。

滗［pi³¹²］，挡住渣滓或抛着的东西，把液体倒出去。如"滗子金瓜_{南瓜}馅子，把水滤出去"。《玉篇》："滗，音笔，筜去汁也。"《广韵》："滗，去滓。鄙密切。"鄙密切，切音为"必"（去声），与今泗水方言音义相合。

桂馥《札朴·乡言正字》："去滓曰滗。"《醒世姻缘传》第26回："水饭要吃那精硬的生米，两个碗扣住，逼得一点汤也没有才吃。"此处"逼"的本字当为"滗"。

埔［pu⁵¹］，泗水方言中尘土称为"埔土"，尘起称为"埔土杠烟"，如"扫哩屋里~土杠烟哩"。又，"一刮大风，吹哩到处是埔土"。泗水方言还有歇后语：吹子埔土找裂璺儿。义为"吹毛求疵，鸡蛋里挑骨头"。《玉篇》："埔，蒲忽切，尘貌。"《广韵》："埔，尘起。蒲没切。"《集韵》："埔，尘也。薄没切。"桂馥《札朴·乡言正字》："尘曰埔土。"泗水方言中全浊入声归入阳平，音义皆合。

殕［pu⁵¹］，食物腐败变质后，长出的一层白霉，叫"殕"，也叫"白殕"。如"馍馍都长殕啦，你可别吃啦"。《集韵》上声虞韵："殕，物败生白也。奉甫切。"今泗水方言义相合，声调转读为阳平。

拨擸［pu⁵⁵ laº］，"擸"今多写作"拉"。"拨擸"一词在今泗水方言意义有二：①抚摸，如"你手老实点，别乱拨擸"；②使衣物、纸张等干净、平整，如

"桌子上哩灰啊土啊哩，你也经常拨擸拨擸，别么懒"。《广韵》入声曷韵："擸：卢达切，拨擸，手披也。"卢达切，音"拉"，与今泗水方言音义相合。

鸽 [ts·a¹¹³]，在泗水方言中禽鸟啄食为鸽，尤指鸡啄食为鸽，如"豆腐叫鸡给～啦"。此外，泗水方言中"啄木鸟"称为"鸽拉木子"。《广韵》："鸽，鸟啄物也，竹咸切，又苦咸切。""鸽"字，知母读送气音。

沁 [ts·ŋ¹¹³]，指液体从小孔中喷出，如"高压水龙头压力大，能～到八楼上"。《广韵》入声质韵："沁，水潜。"资悉切。"沁"字，精母读送气音。《醒世姻缘传》第21回："他乌楼楼的睁着眼，东一眼西一眼的看人，焰着晁夫人的脸和鼻子，碧清的一泡尿雌将上去，笑的一个家不知怎么样的。""雌"为借音字，本字当是"沁"。

跐 [ts·ŋ⁵⁵]，用脚踩。如谚语："跐子鼻子上脸。"指要求不断提高。《广韵》上声纸韵："跐，蹈也，雌氏切，又阻买切。"桂馥《札朴·乡言正字》："接脚曰跐。"《醒世姻缘传》第40回："打发婆子上了骡子，给他掐上衣裳，跐上了镫。"

摡 [pf·ɛ¹¹³]，用拳头打。如"他照着我的头，摡唠一下子"。引申指用拳头和面。如"面有点儿穰，你再往里摡点面儿"。《广韵》平声皆韵："摡，以拳加物。丑皆切。"按，该字为开口二等彻母字，今泗水老派口音读为 [pf·] 声母拼开口韵，故"摡"字音义皆合。

瞪 [ti⁵⁵]，泗水方言谓患中耳炎为"害耳朵瞪子"，严重时流脓。一般写作"害耳朵底子"。"底"为记音字，本字为"瞪"。《广韵》上声荠韵："瞪，耳脓。都礼切。"桂馥《札朴·乡言正字》："疾病：耳病曰害瞪。"今泗水方言与之音义皆合。

宨 [tu¹¹³]，泗水方言谓"末尾"为"宨"。例如："头宨"义为"始末"。清蒲松龄《日用俗字·庄农章》："庄家忙乱无头宨，只有冬月稍清闲。"又，"叠宨"义为"大肠头"，"掉叠宨"即"脱肛"病。《广韵》入声屋韵："宨，尾下窍也。丁木切。"泗水方言清入归入阴平，音义皆合。

塅 [tu⁵¹]，泗水方言谓"锅灶走烟的通道"叫"灶塅"。例如："灶塅对子风口，烟有点儿倒灌。"又，"灶塅有点儿矮，再高点儿就好啦"。《广韵》入声没韵："塅，灶塅。陀骨切。"今泗水方言义相合，声母转读为不送气声母。

断 [tua⁵⁵]，拦截。如泗水拦路抢劫者称为"断路哩"。《集韵》上声缓韵："断，截也。"睹缓切。裴松之引《献帝起居注》："会曹操断道。"又引申为"追赶；赶"。随着词义的分化，声调读破为去声，读为 [tua³¹²]。如《醒世姻缘传》第68回："偏生的又撞见员外，又没叫俺进去，给了俺四五十个钱，立断出来了。"《聊斋俚曲·富贵神仙》第三回："独自一个人，占着店一间，三日头就要往外断，死乞白赖不肯搬。"这两例中"断"都是"追赶；赶"之义。李申《徐州方言志》（第155页）、王希文《枣庄方言志》（第106页）均释"断"为"追赶"。《汉语大词典》第六卷（第1085页）："断，方言。赶；追赶。秧歌剧《惯匪周子山》第十场：'你姐夫，你姐姐，你婆姨叫人家断跑了。'张初元《芦芽山下》：'民兵们乐得哈哈大笑，有的还一个劲地喊着：'断狗日的！'"

锬［tuə¹¹³］，用针刺；禽类用嘴啄也叫~。《玉篇》："锬，竹劣竹芮二切。针也。"《原本广韵》卷四："锬，针也。丁劣切。"《五音集韵》卷十："锬，针也。丁劣切。"由"针"引申指"针刺"义。桂馥《札朴·乡言正字》："针刺曰锬。""竹"，知母三等字，劣，来母薛韵合口三等字，古无舌上音，泗水方言中，入声韵混同于阴声韵，清声母入声韵派入阴平，故竹劣、丁劣二切，所切音为 duō，故今泗水方言中的"锬"与《广韵》中的"锬"音义皆合。《醒世姻缘传》作"掇"和"跢"。《醒世姻缘传》第72回："把大针在那鸡冠上狠掇，掇的那鸡冠就犹如程大姐那东西一般稀烂。""掇"为方言记音字，与《广韵》原有的表示"拾掇"义的"掇"形体偶然相同，即此处的"掇"仅仅是一个记音符号，与其字形无关。而作为一个记音符号，《醒》中除记为"掇"外，也记为"跢"。《醒》第52回："素姐拿着两个纳鞋底的大针，望着狄希陈审问一会，使针扎刺一会，叫他招称。……（狄婆子）往外推着狄希陈说道：'没帐！咱还有几顷地哩，我卖两顷你嫖，问不出这针跢的罪来！'"（第754页）

该词在《金瓶梅词话》中又写作"剁"。《金瓶梅词话》第75回："这等，叫刘婆子来瞧瞧，吃他服药；再不头上剁两针，由他自好了。"《集韵》："剁，都唾切，剉也，从刀。""剁"为方言记音字，与《集韵》原有的表示"剉"义的"剁"形体偶然相同。此处《醒》和《金》中的"掇"、"跢"和"剁"均为方言记音字，本字为"锬"。

冻［tuŋ¹¹³］，今泗水方言谓"冰"曰"冻冻"。例如：河里哩冻冻可厚啦，走过去没问题。"又，"冰箱里净冻冻块子，你也清理清理"。《广韵》平声东韵："冻，冻凌。德红切。"今泗水方言与之音义皆合。

舾［fa⁵¹］，将谷物碾去外面的粗皮。比如："你一会到碾上去舾点儿新麦子，咱晚上烧糊涂喝。"《广韵》入声月韵："舾，舂米。"房越切，音"伐"，与今泗水方言音义相合。

媍［fa³¹²］，禽鸟下蛋。《方言校笺》二："抱媍，（匹万反。一作媍。）耦也。（耦亦匹，互见其义耳。音赴。）荆吴江湖之间曰抱媍，宋颍之间或曰媍。"媍，《说文》作媍，注云："生子齐均也。读若幡。"案《玉烛宝典》卷二引《方言》"抱媍，耦也，注云：耦亦媍也，广见其义耳，媍音赴。"又引《仓颉篇》曰："媍，子出，音妨万反，一音赴。"考《礼记·月令》云："仲春之月玄鸟至，至之日，以大宰祠于高禖，天子亲往。"郑注云："玄鸟，燕也，燕以施生时来，巢人堂宇而孚乳，嫁娶之象也。"蔡邕《月令·章句》云："玄鸟感阳而至，集人室屋；其来主为娩乳蕃滋，故重至日，因以用事。"《广韵》去声愿韵芳万切："娩，息也。一曰鸟伏乍出也。"芳万切，音"饭"，与今泗水方言音义相合。

"娩"今多写作"蕃"，义为"繁殖生育"。最初既可以指鸟的娩乳蕃滋，也可以用以指人的蕃息，但现在泗水方言中，"娩"词义缩小，尽特指禽鸟下蛋。如"即门儿_{今天}俺家哩草鸡_{母鸡}～啰个双黄蛋"。

唻 [fu³¹²]，吮吸曰～。如人吮吸冰棍、手指头的动作叫～。《集韵》入声烛韵："唻，吸也，吮也。"输玉切。泗水方言生、书、禅母合口字声母读为 f，今泗水"～"音义与《广韵》皆合。

佮 [kə¹¹³]，泗水方言将"并合"说"佮"。可以作动词，如"～伙做买卖"、"两好～一好"；也可以作形容词，如"他俩不～（他俩不和）"。《说文》："佮，合也。古沓切。"《系传》曰："人相合也。"《广韵》入声合韵："佮，并合，聚也。古沓切。"今泗水方言中，清声母入声字今读阴平，见母合韵入声一等韵今读 [ə] 韵母，故"古沓切"所切音为 [kə¹¹³]，音义皆合。《醒世姻缘传》中写作"割"。《醒世姻缘传》第 90 回："况且他又是个秀才，好和你做伴读书。万一后来同住不得，好割好散，别要叫他过不得日子。"今泗水方言中，"割"和"佮"读音相同，故"割"为记音字，其本字当是"佮"。

痂瘕 [kə̃¹¹³₂₁₁ tsa⁰]，疮甲，也说"疮痂瘕"。例如："伤口快好啦，你看都定痂瘕啦。"《广韵》平声麻韵："痂，疮病。古牙切。瘕，侧加切，疮痂甲也。"泗水方言与之音义皆合。

艮 [kə̃⁵⁵]，泗水方言把瓜果坚硬不能任意咀嚼叫"艮"，另外语言生硬不中听也说"艮"。《说文》："艮，很也。从匕目。匕目，犹目相匕，不相下也。"段注："很者，不听从也。"《方言》："艮，坚也。"清王念孙《疏证》："说卦传云：艮为山，为小石，皆坚之义也。今俗语犹谓物坚不可拔曰艮。"可见"艮"古代就有两个意思，一曰坚，一曰生硬、不听从，泗水方言至今仍保留着这两个意思。

跍 [ku¹¹³]，泗水方言谓"蹲"为"跍丘"。如"你坐起来吧，别待那里跍丘子啦"。又，身子蜷缩成一团乱动，则谓之"跍涌"。如"你老实一会儿，别乱跍涌"。《广韵》溪母模韵："跍，蹲貌。苦胡切。"《戏曲剧本选集·五台会兄》："手扒栏杆过桥嘴，但见乌鸦跍几堆。"今泗水方言转读为不送气见母，义合而音略转。

膏 [kɔ³¹²]，动词，以油润之谓之"膏"。如"车毂轮子都转不动啦，你膏点油吧"。《广韵》去声诰韵："膏，膏车。古到切。"《诗·曹风·下泉》："芃芃黍苗，阴雨膏之。"《正义》："此苗之所以得盛者，由上天以阴雨膏泽之故也。今泗水方言与之音义皆合。"

效［xɛ¹¹³］，泗水方言谓"极多"曰"效"，经常用"效效哩"表示"人或物极多"。例如"集上人忒多啦，效效哩"。又如"人家哩钱可是效效哩，你不用担心人家不还你"。《广韵》平声咍韵："效，多也。苦哀切。"今泗水方言义相合，声母由送气的［kʻ］声母转读为［x］声母，义相合而音略转。

揔［xu¹¹³］，用板状物或手掌击。如"这孩子不听话，我～唠他一刮子"。《玉篇》："揔，苦忽切，椎击也。"《广韵》："揔，击也。苦骨切。"《集韵》："揔，呼骨切，楚谓击为揔，一曰去尘也。"《济南方言词典》："揔，［xu²¹³］，用手掌打：我～你！｜～屁股。｜这孩子不听话，我～了他一巴掌。"《醒世姻缘传》第88回："他要可恶不老实，呼顿板子，给他剥了衣裳，还叫他去做那徒夫。"这里"呼"为记音字，本字当为"揔"。

挥［xuei⁵⁵］，用手打人。如"他～人家来"。《说文》："挥，伤击也。许委切。段玉裁曰：'伤击者，击之而伤也。故其字从手毁。'"《广韵》上声纸韵："～，手～伤也。许委切。"泗水方言中的"挥"与《广韵》中的"挥"字音义相合。

皇皇［xuaŋ⁵¹ xuaŋ⁵¹］，泗水方言谓雨声大为"皇皇"。如"外面雨下哩忒大啦，皇皇哩"。《诗·小雅·斯干》八章："乃生男子，共注皇皇。"《诗集传》："皇皇，大声也。"今泗水方言仍保存这一象声词，音义皆合。

攉［xuə¹¹³］，倾倒。如"把盆子里哩水～唠"。《集韵》入声铎韵："攉，手反覆也。忽郭切。"《汉语方言大词典·第五卷》第7441页："攉，＜动＞倒掉。中原官话。山东郯城［xuə²¹³］。河南沈丘。"泗水方言中清入归入阴平，音义皆合。

劐［xuə¹¹³］，用刀剖开。如"～开猪肚子，把下水扒出来"。《广韵》："劐，裂也。虚郭切。"《集韵》："裂也，忽郭切。"《札朴·乡言正字》："刀刺曰劐。"泗水方言清入归入阴平，音义皆合。

熇［xu¹¹³］，用少量的水，盖紧锅盖，加热，半蒸半煮，把食物弄熟。如"～地瓜，～猪食"。《玉篇》："熇，炽也，烧也。许酷切。"《广韵》入声屋韵："熇，热貌。"呼木切。《集韵》入声屋韵："熇，《说文》：'火热也'引《诗》：'多将熇熇'。"

今泗水方言清入归入阴平，泗水方言中的"熇"与《广韵》中的"熇"字音义相合。《醒世姻缘传》第48回："定要似这么样着，我白日没工夫，黑夜也使黄泥呼吃了他！"这里"呼"为记音字，本字当为"熇"。

袷［tɕia¹¹³］，泗水方言里"～袄"指双层无絮的褂子。《广韵》入声洽韵："复衣，《说文》衣无絮也。古洽切。"今泗水方言清入归入阴平，故《广韵》中的"袷"字音义相合。

就［tɕiu⁵¹］，泗水方言谓"寻求东西以搭配着吃"为"就"。如"就仔咸菜喝唠二两酒"。甚至还有歇后语："包子（即饺子）就酒，越过越有。"就，上古从母幽部，《诗·大雅·生民》第四章："克岐克巅，以就口食。"今泗水方言仍保留这一用法。桂馥《札朴·乡里旧闻》："咸案：吾乡设酒品，四围皆甘果，肴居中央，谓之咸案。案：乡射礼注云'燕设啗具，所以案酒，邑人又称就酒。陆玑诗疏有就酒、按酒'之语。"

檗［tɕyə⁵¹］，泗水方言把短而粗、略微带点尖头的木棍叫"木头檗子"，条状的粪便叫"屎檗子"。《广韵》入声月韵："《说文》杙也，一曰门梱，亦作橛。居月切。"《广雅·释宫》王念孙疏证："檗者，（木之）直而短之名。"泗水方言清入归入阴平，今泗水方言与之义相合而音略转，读为阳平。

擪［tɕyə⁵⁵］，泗水方言谓"折断"曰"擪"。如，"秤杆子都擪断啦，整么重哩东西根本打不起来（义为不能称重那么重的东西）"。"我哩铅笔一下子擪断啦，给我削削吧？""擪"又写作"劈、剢"。《广韵》薛韵："劈：劈断物也。子悦切。"《集韵》："劈、剢、擪，断也。或从手从刀。租悦切。"《正字通·手部》："擪，同劈。"《龙龛手鉴·卷二》："擪：子雪反。手擪断也。"《札朴》中写作"捌"。《札朴·乡言正字》："手折曰捌。上声。""捌"字属山摄疑母月韵入声合口三等字，《说文解字》："折也。从手月声。鱼厥切。"与泗水方言表"折断"义的词语义合音不合，故其本字应为"擪"。

繓［tɕyə⁵⁵］，泗水方言谓"在一处反复乱缝"为"繓"。如"你别待那里乱繓查啦，拿过来我给你补补吧"。又如："你是缝扣子呢，还是繓疙瘩啊？"《广韵》入声末韵："繓，结繓也。子括切。"今泗水方言精组合口字读为［tɕ］声母拼撮口呼，故与之音义皆合。

洤［kʼɔ³¹²］，泗水方言谓"水蒸发干"为"洤干"。如"半年多没下雨啦，湖里哩水都洤干啦"。《广韵》上声皓韵："洤，水干。苦皓切。"今泗水方言与之音义皆合。

熇［kʼɔ³¹²］，泗水方言谓"因火而干"为"干"。如"你看子锅点，别连水给熇干唠"。又如"黑壶（烧水的铝壶）都熇干啦，没失火就是好事啦"。《广韵》上声皓韵："熇，火干。苦皓切。"今泗水方言与之音义皆合。

康㝢［kʼɔ¹¹³ laŋ⁰］，泗水方言谓空壳为"康㝢"，如"锅康㝢子"、"屋康㝢子"等。《说文》："康，屋康㝢也，苦冈切。㝢，康㝢也，音良，力康切。"《方言》："康，空也。"郭璞《方言注》："漮良，空貌。""康㝢"现在泗水方言读若

"壳郎"，当是由于韵母的同音异化。

唡 [la⁵¹]，说话，如"唡呱、唡家常"。《集韵》入声曷韵："诺唡，语声。郎达切。"《现代汉语词典》写作"拉"，"闲谈"义。郎达切，切音"拉"，阳平，今泗水方言音义皆合。

剺 [li⁵¹]，泗水方言曰"割破、划破"曰"剺"。如"割草洇的时候不小心把手剺破啦"。又如，"一不小心，叫玻璃碴子把手给剺破了"。《广韵》平声之韵："剺，剥也。里之切。"《集韵》平声之韵："剺，《说文》剥也，划也。陵之切。"柳亚子："杜门已悔锥处囊，亡命还愁剑剺面。"清代桂馥《札朴·乡言正字》："直破曰剺。""剺"的本字当是"剺"。

挒 [liə⁵⁵]，泗水方言谓"争斗、干架"为"挒"。如"你再么吧，反正是胳膊挒不过大腿"，"他忒有劲了，我可挒不了他"。引申为"做、干"。如"这事儿你另找人吧，我实在是挒不了"。《集韵》："挒：力结切，拗也。"今泗水方言部分次浊入声字，今读上声，"力结切"，音"咧"（上声），与今泗水方言音义相合。

跰 [liə³¹²]，义为"离开、后退、不靠近"。例如："这里危险，大家都往后跰跰。"《集韵》马韵："跰，身不就貌。力者切。"今泗水方言义相合，声调转读为去声。

捞 [lɔ³¹²]，用手或者借助工具来取放在高处或远处的东西。如："风筝挂树上啦，你帮我捞下来吧？"《广韵》去声号韵："捞，取物也。或作撩。郎到切。"

敹 [liɔ⁵¹]，泗水方言把衣服简单地缝补叫"敹"。如"这件衣服挂了个口子，你给我敹敹它吧"。《书·费誓》："善敹乃甲胄。"《疏》："郑（玄）云：'敹，谓穿彻之。'谓甲绳有断绝，当使敹理穿治之。"宋代蔡沈《集传》："敹，缝完也。"清代翟灏《通俗编》三六杂字敹："按今谓略治衣曰敹一针。"五方元音癸韵雷母下平声："敹，今谓粗略治衣曰敹一针。"

爒 [liɔ⁵⁵]，义为"用火烧、烤"。如"铝壶爒哩黢黑，所以俺这边把铝壶都叫黑壶"。又如"俺这边有哩人把老婆戏称为'爒锅底儿哩'"。《广韵》上声筱韵："爒，火炙。卢鸟切。"今泗水方言与之音义皆合。

诼 [luə¹¹³]，义为"胡言乱语，说话没有根据"。如"你别听他胡诼诼，他哩话一点儿也不靠谱"。或音转为"胡窝窝"，义为"胡说、乱说"。《广韵》入声铎韵："诼，谎，狂言。"今泗水方言清入归入阴平，故与之音义皆合。

捽 [ly³¹²]，倾斜容器，让水自行漏干曰捽。如"米里有沙子，你捽捽它再下锅"。《集韵》入声术韵："捽，去滓汁曰捽。劣戌切。"清代桂馥《札朴·乡言正字》："渍物去水曰捽。"泗水次浊入声少数字归入去声，今音与《集韵》音吻合。

马瓟 ［ma$^{55}_{113}$ pɔ^{0}］，瓟瓜，泗水谓之马瓟，叶蔓似甜瓜，野生，瓜大如指头，表面光滑，熟时黄色，味酸多不中食。《说文》："瓟，小瓜也。蒲角切。"《尔雅》、《毛诗》、《传》，皆作瓟。《系传》曰："今有马瓟，如小瓜也。"瓟，从瓜包声；瓟，从瓜交声，包、交均在第二部，音同。瓟、瓟当为异体字。

《醒世姻缘传》第 60 回："我揉不得东瓜，揉你这马勃罢!"东瓜大而硬，马勃小而软，意即欺软怕硬。"勃"为记音字，本字当为"瓟"。

怺 ［ma^{55}］，①忘记。如"这件事我怺拉不清啦"。②弄错。如"这笔账我算怺啦""不好意思啊，我记怺啦。"《广韵》入声末韵："忘也。莫拨切。"泗水方言部分次浊入声归入上声，音义皆合。

跋 ［ma^{113}］，超过。如"快到路口哩时候，你注意仔点儿，别跋过去唠"。看书超过某一页或越过去一行，也可以说"跋过去啦"。《集韵》入声末韵："跋，行过也。莫葛切。"泗水方言部分次浊入声归入阴平，音义皆合。

湎 ［mi^{55}］，泗水方言谓"小口吸吮"为"湎"。如"他湎溜唠两口酒"。又如"汤有点儿热，你湎溜子喝"。《广韵》上声纸韵："湎，饮也。绵婢切。"今泗水方言与之音义皆合。

馕 ［naŋ^{55}］，大口地吃东西。如"你别往嘴里馕整么多，又没人跟你抢，慢点吃"。泗水方言中还有"日～、堼～"指大口地吃东西，吃相不雅，带有贬义。特别是"堼"义为"塞"，"堼～"即不停地往嘴里塞，自然是强食，且吃相不雅，造词颇为形象。《广韵》平声江韵："馕，强食。女江切。"《醒世姻缘传》第 78 回："他也妆呆不折本，案着绝不作假，攮嗓了个够。""攮"为记音字，本字当是"馕"。女江切，音 náng，然泗水方言此处转读为上声，义相合而音略转。

纆 ［naŋ^{312}］，路上人多而拥挤的样子。如"腊月二十五集上市集上，人忒纆啦，一点也挤不动"。《方言》校笺十："魏，（恶孔反）、纆，（奴动反），娀，多也。南楚凡大而多谓之魏，或谓之纆。凡人语言过度及妄施行，亦谓之纆。"钱笺疏引《广雅》："魏、纆，多也。"《玉篇》："纆，大多也，或作勐。"《后汉书·崔铟传》："纷纆塞路。"李贤注引《方言》："纆，盛多貌也。"《集韵》："魏纆，多也。匿讲切。"匿讲切，音 nàng，今泗水方言与之音义皆合。

挼 ［nuə^{113}］，两手用力揉搓东西。如"～衣服"、"你把金瓜（南瓜）剁剁，然后用笼布包起来，挼挼它"。《集韵》入声屋韵："搐挼不申。女六切。"清代桂馥《札朴·乡言正字》："按物投水曰挼。"今泗水音多数归入阴平，今音与《集韵》音相合。

坡 ［pʻi^{113}］，器破而未离。如"吉他叫他给摔坡啦，不圆音啦"。《方言校笺》第 43 页："癍，披，散也。东齐声散曰癍，器破曰披。秦晋声变曰癍，器破而不殊其音亦谓之瘶，器破而未离谓之璺。南楚之间谓之㼝。"《广韵》平声支韵："㼝，器破而未离。敷羁切。"清代桂馥《札朴·乡言正字》："器破曰㼝。"

㧙［pʻi⁵⁵］，折断。把树枝~下来。《广韵》："㧙，枝折。匹靡切。"《汉语方言大词典》："㧙，＜动＞把树枝等折断。①胶辽官话。山东胶县。1931 年《增修胶志》：'枝折曰㧙。'②中原官话。山东郯城［pʻi²⁴］把树枝儿㧙下来。江苏徐州［pʻi³⁵］小孩儿把好好的筷子㧙两半了。山东曲阜。清代桂馥《札朴·乡言正字》：枝折曰~。"

谝［pʻiã⁵⁵］，自诩、吹牛。如"他老是谝他家有多少多少钱"，"人家比你厉害哩多，你就别待这里谝能哩啦"。《广韵》狝韵："谝，巧言。符蹇切。"符蹇切，切音为 piǎn，今泗水方言与之音义皆合。

潎［pʻiə¹¹³］，在液体表面舀，如"把肉汤子肤皮哩表面油潎出来"，"把水面上哩脏东西潎出来"。《广韵》薛韵："潎，漂潎。芳灭切。又匹蔽切。"芳灭切，切音为 piē，今泗水方言与之音义皆合。

嘘［pʻiə̌⁵¹］，泗水方言谓"话多"曰"嘘"，例如："嘘嘴呱拉舌"即形容某人话多、乱说。《广韵》平声真韵："嘘，多言。符真切。"泗水方言与之音义皆合。

撬［pʻu¹¹³］，泗水方言谓"打开、张开"曰"撬开"。如"天不早啦，快撬开铺床睡觉吧"。又如"一停儿你上台哩时候，你别慌，反正撬开就是卖哩"。《广韵》平声虞韵："撬，张也。芳无切。"今泗水方言与之音义皆合。

酇［tɕʻyã⁵¹］，泗水方言谓"聚集"曰"酇"。如"酇钱、酇水"。《玉篇》："酇，子管切。《说文》云：'百家为酇。酇，聚也。'"《广韵》平声桓韵："酇，聚也。在丸切。"泗水方言与之音义皆合。

缉［tɕʻi¹¹³］，将鞋帮上起或将裤腿用线缝起称为"缉"。《广韵》入声缉韵："缉，绩也，七入切。"七入切，切音为 qī，今泗水方言与之音义皆合。

赆［tɕʻiŋ⁵¹］，①赆受，"继承"义。如"他赆受唠他爷爷哩三间大瓦房"。②继承遗产，即"被动等着接受"，引申出"等待、等着接受"义。如"这事儿你甭管啦，你就赆好吧"。又如"人家揍你，你就赆仔挨啊？"《广韵》平声清韵："赆，受赐也。疾盈切。"今泗水方言与之音义皆合。

癄［tɕʻiɔ³¹²］，久置不移而退化、缩小，尤指木板、木门等受潮而变形，常用于双音节词"走癄"。如"这段时间忒潮了，你看门都走癄了，忒难开门啦"。《广韵》去声效韵："癄，侧教切，缩也，小也，也作瘶。"侧教切，切音为"qiào"，今泗水方言与之音义皆合。

㨃［tɕʻyə¹¹³］，敲击。如"你用蒜臼子㨃点蒜吧，一会好吃包子水饺"。《说文》："㨃，敲击也。苦角切。"《广韵》入声觉韵："㨃，击也，又音角。苦角切。"段玉裁曰："摧与敲，叠韵又双声也。"《汉书》："支断其母戚夫人手足，摧其眼。"今泗水方言与之音义皆合。

捘 [tɕʻyn⁵¹]，泗水谓跳高摧伤股足曰"捘"。如"他从墙上跳下来，连腿给捘啦"。《说文》："捘，推也。"《春秋》传曰："捘卫侯之手。"段玉裁曰："捘，谓排挤也。此谓卫侯欲先歃，涉佗执其手却之也。"《广韵》："捘，推也。《左传》云：'捘卫侯之手'。气伦切。又子寸切。"气伦切，切音为 qún，今泗水方言与之音义皆合。

靸 [sa¹¹³]，把鞋后跟踩在脚底下，如穿拖鞋一样。今泗水方言多用于双音节词"靸拉"。如"你别整天靸拉子鞋，一看就吊儿郎当哩，连好好哩鞋也都踩烂了"。《广韵》入声盍韵私盍切："靸，靸鞋。"私盍切，今泗水方言清入归入阴平，切音为"撒"（阴平），音义皆合。

燊 [sə̃¹¹³]，泗水方言谓"点火、点炉子"为"燊火、燊炉子"。如"天不早啦，咱早点儿燊炉子做饭吧"。又如"天忒冷啦，咱燊点儿火吧"。《广韵》平声臻韵："燊，炽也。所臻切。"今泗水方言平翘舌不分，故音义皆合。

潲 [sɔ³¹²]，雨斜着下。如"雨有点儿往屋里潲，你去把窗子关上它"。《广韵》效韵："潲，豕食。又雨溅也。所教切。"所教切，切音为 shào，泗水方言平翘舌不分，故今泗水方言与之音义皆合。

鉎鏉 [səŋ²¹¹¹¹³ fu⁰]，铁锈。泗水方言"铁生锈谓之鉎鏉"，如"刀都鉎鏉啦"。《广韵》："鉎，铁鉎。所庚切。"清代桂馥《札朴·乡言正字》："铁生锈曰鉎鏉。"《广韵》："鏉，铁生鏉。所祐切。"今泗水方言生母合口读 [f]，今泗水音与《广韵》音相合。

溚 [tʻa¹¹³]，泗水方言汗水湿透衣服叫"溚"，强调衣服被汗水浸湿即汗水流的多时，说"你看你热哩，衣裳都溚透啦"。《玉篇·水部》："他盍切，湿也。"清代桂馥《札朴·乡言正字》："借湿润物曰溚。"

煺 [tʻuei³¹²]，宰杀家畜、家禽时，用开水烫后，把毛去掉。如"煺猪、煺鸡"。《广韵》灰韵："煺，㷱毛。他回切。"《集韵》灰韵："煺，以汤除毛。通回切。或从推。㷟。"《字汇》又作"煺"，去声。今泗水方言"煺"字读去声与《广韵》、《集韵》音不合，但与《字汇》相合。

酘 [tʻəu⁵¹]，泗水方言谓过量饮酒后，次日复饮少量酒为"酘"。字多写作"投"。《醒世姻缘传》第 4 回："萧北川道：'这样，也等不到天明梳头，你快些热两壶酒来，我投他一投，起去与他进城看病。'婆子道：'人家有病人等你，象辰勾盼月的一般，你却又要投酒。……攒了药，你却在他家投他几壶。'萧北川道：'你说得也是。只是我不投一投，这一头宿酒，怎么当得？'"其本字为"酘"。《广韵》定母候韵："酘，酘酒。"桂馥《札朴·乡里旧闻》："酘酒：吾乡造酒者既漉复投以他酒更酿，谓之酘酒。字通作'投'。"从"复酿"引申为醉酒后复饮少量为"酘酒"。

绾〔uã⁵⁵〕，泗水方言谓"卷、系"为"绾"。如"地上有水，你把裤腿绾起来"。又如"头发忒长了，把头发绾起来，显得精神点儿"。《广韵》："绾，系也，乌板切。"今泗水方言与之音义皆合。

捼〔uə¹¹³〕，泗水方言中该字有两个义项：①用力使弯曲：捼钢筋；捼铁条；②折断：你试试把铁条能捼断唠不？《集韵》："捼，手萦也。乌和切。"乌和切，音 wō，今泗水方言与《集韵》音义相合。

擩〔vu⁵⁵〕，塞，以手塞物。如"擩给他几千块钱，什么事都解决啦"。《广韵》去声遇韵："擩，莝手进物。而遇切。"泗水方言日母合口字声母演变为〔v〕，故今泗水方言与《广韵》音义相合。此外，"塞"、"伸"等义，也单用作"汝"。《醒世姻缘传》第98回："素姐伶俐，爽俐把两只手望着狄希陈脸上一汝，说：'你看我那手待怎么？'""汝"实为"擩"。《汉语大字典》第三卷第1974页："擩，方言。插；塞。"陈刚、宋孝才、张秀珍《现代北京口语词典》第317页："擩，①不经心地搁、放。②塞。"释义确切。

谑〔çyə¹¹³〕，泗水方言谓"哄骗"曰"谑"。如"谑人"即"骗人"、"胡弄人"，"胡弄"为"哄"、"欺骗"义。如"我不谑你，你也别胡弄我"。《广韵》入声药韵："谑，戏谑。虚约切。"今泗水方言清入归入阴平，与之音义皆合。

讻〔çyŋ⁵¹〕，斥责、严厉批评。如"老师把我狠狠哩讻唠一顿"。《广韵》上声许拱切，"讻，吓也"。今泗水方言中上声许拱切没有音节组合，今音转读为"熊"（阳平），故音义亦均合。

砑〔ia³¹²〕，碾砑，如"砑麦子"，即用碌碡或拖拉机等工具来回碾砑，使麦子等作物脱粒。《广韵》去声祃韵："砑，碾砑。"吾驾切。《玉篇》卷廿二石部："砑，音砑，光石。"

酽〔iã³¹²〕，泗水方言谓茶酒浓稠为"酽"。如"茶忒酽啦，你喝唠睡着觉唠不？"《广韵》："酽，酒醋味厚。鱼欠切。"今泗水方言音义皆合。

護〔yə¹¹³〕，用手掂量或用称度量。如"咱護護合合，打总子总共算算要多少钱"。《广韵》："護，度也。忧缚切。又乙虢切。"

约子〔yə³¹²₃₁tsɿ⁰〕，泗水方言谓捆束之短绳索为"约子"。《说文》："约，缠束也。勺声，于略切。"《广韵》："约，约束也，又俭也，少也。鱼略切。"

繘〔iə⁵⁵〕，泗水方言长线直缝称为繘。如"盖体被子我都繘唠两趟道啦"。"我拆拆棉裤，洗洗再繘上它。"《广韵》："繘，缝衣相著。于谨切。"于谨切，所切音为 yǐn，今泗水方言与《广韵》音义相合。

搈 [yŋ⁵⁵]，使劲用力推。如"你把人家老太太都给搈倒啦，你挤个么?"《集韵》上声肿韵："搈，《说文》推捣也。"乳勇切。清代桂馥《札朴·乡言正字》："推倒曰搈倒。"乳勇切，反切音为 yǒng，今泗水方言与《集韵》音义相合。

辁 [yŋ⁵⁵]，用力推车。如："实在弄不动了，麻烦您帮俺把车辁上去吧?"又如："前面有个大崖子（土坡），你搭把手，帮忙把地排车排车给辁上去行不[pɔ⁰]?"《集韵》上声肿韵："辁，《说文》推捣也。乳勇切。"清代桂馥《札朴·乡言正字》："推倒曰搈倒。"乳勇切，反切音为 yǒng，今泗水方言与《集韵》音义相合。

夵 [tsa³¹²]，"举、竖"，今泗水方言多用于双音词"夵哈"，略带贬义。如"你别夵哈子手，给投降哩样"。《广韵》去声祃韵陟加切："夵，张也，开也。"陟加切，切音为 zhà，今泗水方言与《广韵》音义皆合。

嗷 [tsɔ¹¹³]，义为"小孩响亮的哭叫声"。如"孩子哭哩嗷嗷哩，他也不知道去抱一抱"。又如"这孩子一到晚上就嗷嗷哩哭，愁死啦"。《广韵》平声肴韵："嗷，小儿声。侧交切。"今泗水方言与之音义皆合。

塛 [tsə⁵¹]，由于被水浸泡、湿软等原因，房屋、院墙之类的建筑物慢慢往下陷，如："地塛了。"｜"坟头如果不培高点，一塛就没有了。"｜"下了一场大雨，操场塛了一个大坑。"《广韵》："塛，下入。直立切。又直辄切。"《集韵·业韵》："塛，田实也。直业切。贾思勰曰:'秋田塛实。'"

妯 [pfu⁵¹]，泗水方言兄弟妇称为"妯娌们"。《集韵》入声屋韵："妯，《方言》今关西兄弟妇相呼为妯娌，或作媰。佇六切。"佇，澄母鱼韵，六，来母屋韵，泗水方言全浊入声字派入阳平，知系合口三等字声母演变为 [pf]，故今泗水方言与《集韵》音义相合。

攃 [tsɛ³¹²]，把衣物上的附加物件缝上，在泗水方言谓之"攃"。《汉语大字典》（缩印本）："攃，zhài，方言，把衣服上附加的物件缝上。"如：攃纽扣儿。《金瓶梅》第74回：" '你把李大姐那皮袄与了我，等我攃上两个大红遍地金鹤袖。'"

第四节 泗水方言分类词表

凡 例

（1）本节将方言词语分为 21 类，每一类别又按照所属小类大致予以区分，同时按照联想的原则扩充词条，所属小类或有交叉。

（2）收录词语以常用词为主，并注重收录与普通话不同的词语，或者说法虽然相同，但是词义有别或是语音有明显特点的词语，同时收集了一部分习惯用语、成语和具有形容性的词语。本词表共收录泗水方言词 3 818 条。

（3）同义词语按出现频率排列，第一条顶格排列，其余另行前空一字排列，按出现频率排列，意义上可以互作说明的，不另作解释。另外，例句中的一些方言词的注释，在其后用小字注明。如：他将将_{刚刚}走，你赶快断_追赶去。

（4）各词条的内容顺序为：汉字、注音、释义，必要时加例句，例句不止一个时用"｜"隔开，跟普通话意义相同的词，只注音不释义。

（5）词条的汉字用本字写，写不出本字的用同音字代替，同音字下加下划的波浪线"﹏﹏"；没有同音字的用"□"代替，释文中所举例句属于儿歌、谚语、俗语，或用于某地在其后的圆括号中注明。

（6）词条的汉字、注音后面"＜＞"中的文字是对该词条的说明，＜面＞、＜背＞、＜新＞、＜老＞、＜儿＞分别表示面称、背称、新派说法、老派说法、小儿用语。

（7）同一词条的多个义项，根据义项的多少用①～⑩分别标出。

（8）轻声调值统一标注为 0，其他符号参照本文前言中的凡例说明。

（9）代替号"～"表示复举前面的词或词组。

（10）专有地名一律下加下划线。

一、天文

1. 日、月、星

老爷爷儿 ［lɔ_{33}^{55} iə^{51} iə^{0}］太阳。

老爷地儿 ［lɔ_{33}^{55} iə^{51} tier^{0}］①太阳：～出来啦。②阳光照着的地方：别站～里。

月亮 ［yə_{31}^{312} liaŋ^{0}］

　月亮嘎 ［yə_{31}^{312} liaŋ^{312} ka^{13}］

　嘎嘎 ［ka_{13}^{113} ka^{113}］＜儿＞。

月亮地儿 ［yə_{31}^{312} liaŋ^{312} tier^{0}］①月亮：～出来啦。｜即们儿_{今天}十五啦，～可亮啦。②月光照着的地方：她待～里站子来。

天河 ［t'iã^{113} xə^{51}］银河。

锅星 ［kuə_{13}^{113} çiŋ^{113}］北斗星。

　勺星 ［fə_{55}^{51} çiŋ^{113}］

慌毛子星 ［xuaŋ_{211}^{113} mɔ^{51} tsʅ^{0} çiŋ^{113}］金星。

大慌　[ta₃₁³¹² xuaŋ¹¹³]

贼星　[tse₅₅⁵¹ ɕiŋ¹¹³] 流星。

三慌　[sã₁₃¹¹³ xuaŋ¹¹³] 启明星。

扫帚星　[sɔ₅₃⁵⁵ pfu⁵⁵ ɕiŋ¹¹³] 彗星。

织女星　[tʂʅ₂₁₁¹¹³ ȵy⁵⁵ ɕiŋ¹¹³]

牛郎星　[ȵiu⁵¹ laŋ⁵¹ ɕiŋ¹¹³]

日子蚀　[ʐʅ₂₁₁¹¹³ tsʅ⁰ sʅ⁵¹]

月子蚀　[yə₂₁₁¹¹³ tsʅ⁰ sʅ⁵¹]

　天狗吃月亮　[t'iɛ̃¹¹³ kəu⁵⁵ tsʻʅ¹¹³ yə¹¹³ liaŋ⁰]

　阴凉儿　[iə̃¹¹³ liar⁵¹] 荫凉地儿。

　凉凉儿　[lia₅₅⁵¹ liar⁰]

雨嘎拉　[y₃₃⁵⁵ ka¹¹³ la⁰] 日晕。

　雨圆　[y₃₃⁵⁵ yã⁵¹]

风嘎拉　[fəŋ¹¹³ ka¹¹³ la⁰] 月晕。

　风圆　[fəŋ¹¹³ yã⁵¹]

　月亮晒耳　[yə¹¹³ liaŋ⁰ sɛ₃₁³¹² ɚ⁵⁵]（星村）。

风圈连　[fəŋ¹¹³ tɕ'yã¹¹³ liã⁵¹] 预示刮风的日晕或月晕。

　风罗圈　[fəŋ¹¹³ luə⁵¹ tɕ'yã¹¹³]（高峪尧山）。

2. 风、云、雷、雨

暴风　[pɔ₃₁³¹² fəŋ¹¹³] 大风。

黄风　[xuaŋ⁵¹ fəŋ¹¹³] 尘土很大的狂风。

拳风　[tɕ'yã⁵¹ fəŋ¹¹³] 旋风。

龙卷风　[luŋ⁵¹ tɕya⁵⁵ fəŋ¹¹³]

顶风　[tiŋ₃₃⁵⁵ fəŋ¹¹³]

　迎风　[iŋ⁵¹ fəŋ¹¹³]

顺风　[fə̃₃₁³¹² fəŋ¹¹³]

起风啦　[tɕ'i₃₃⁵⁵ fəŋ¹¹³ la⁰] 刮风了。

煞风啦　[sa₁₃¹¹³ fəŋ¹¹³ la⁰] 风停了。

云彩　[yə̃₅₅⁵¹ tsʻɛ⁰] 泛指各种云。

黑云彩　[xe¹¹³ yə̃₅₅⁵¹ tsʻɛ⁰] 乌云。

瓦碴子云　[ua₃₃⁵⁵ tsʻa₅₅⁵⁵ tsʅ⁰ yə̃⁵¹] 鱼鳞状的云。

打雷　[ta₃₃⁵⁵ le⁵¹]

打闪　[ta₃₃⁵⁵ sã⁵⁵]

霹雷　[p'i¹¹³ le⁵¹]

濛生　[məŋ₁₃¹¹³ səŋ¹¹³] 下毛毛雨。

濛生雨　[məŋ₁₃¹¹³ səŋ¹¹³ y⁵⁵] 细密的小雨。

麻杆子雨　[ma⁵¹ kã⁵⁵ tsʅ⁰ y⁵⁵] ①大雨。②雨大而紧。

雷暴雨　[le₅₅⁵¹ pɔ₃₁³¹² y⁵⁵] 暴雨。

瓢泼大雨　[p'iɔ⁵¹ p'ə¹¹³ ta₃₁³¹² y⁵⁵]

雨点子　[y₃₃⁵⁵ tiã⁵⁵ tsʅ⁰] 雨点。

滴答啦　[ti₂₁₁¹¹³ ta⁰ la⁰] 雨开始零星地下。

不下啦　[pu₁₃¹¹³ ɕia₃₁³¹² la⁰] 雨停了。

　住点啦　[pfu₃₁³¹² tiã⁵⁵ la⁰]

挨淋啦　[iɛ⁵¹ liə̃⁵¹ la⁰] 淋雨。

潲雨　[sɔ₃₁³¹² y⁵⁵] 雨斜着下。

发水　[fa₂₁₁¹¹³ fe⁵⁵] 连下暴雨后，河流猛涨。

　发大水　[fa¹¹³ ta₃₁³¹² fe⁵⁵]

3. 冰、雪、霜、露

冻冻　[tuŋ₂₁₁¹¹³ tuŋ⁰] 冰、冰块。

琉琉　[liu₅₅⁵¹ liu⁰] 屋檐下悬挂的冰锥儿。

上冻　[saŋ₃₁³¹² tuŋ³¹²] 结冰。

化冻　[xua₃₁³¹² tuŋ³¹²] 冰化了。

露水　[lu₃₁³¹² fe⁵⁵]

霜雪　[faŋ¹¹³ ɕyə¹¹³] 霜。

下霜啦　[ɕia₃₁³¹² faŋ¹¹³ la⁰] 降霜。

雹子　[pə₅₅⁵¹ tsʅ⁰] 冰雹（泗水西部），东部则读为 [pa₅₅⁵¹ tsʅ⁰]：雹起东北落东南，天黄闷热黑云翻。热过头时下

雹子，雷声不断雹出现。（农谚）

冷子 [ləŋ⁵⁵₁₁₃ tsʅ⁰]（泗水西部）。

帐子 [tsaŋ³¹²₃₁ tsʅ⁰] 雾。

下帐子 [ɕia³¹² tsaŋ³¹²₃₁ tsʅ⁰] 下雾。

浮米 [fu⁵¹ mi⁵⁵] 霰。

虹 [tɕiaŋ³¹²] 彩虹：东虹鸣喽西虹雨，南虹出来卖儿女。（农谚）

谢虹 [ɕiə³¹²₃₁ tɕiaŋ³¹²] 虹出则雨霁，祷雨有应故致祭。

鹅毛大雪 [ɣə⁵¹ mɔ⁵¹ ta³¹²₃₁ ɕyə¹¹³]

棉花套子雪 [miã⁵¹₅₅ xuə⁰ tʻɔ³¹²₃₁ tsʅ⁰ ɕyə¹¹³] 特大雪。

雪化了 [ɕyə¹¹³ xua³¹² la⁰]

4. 气候

天儿 [tʻiãr] 天气：即们儿今天~不孬。

好天 [xɔ⁵⁵₃₃ tʻiã¹¹³] 晴天。

孬天 [nɔ¹¹³₁₃ tʻiã¹¹³] 阴天。

阴雨天 [iə̃¹¹³ y⁵⁵₃₃ tʻiã¹¹³] 雨天。

响晴天 [ɕiaŋ⁵⁵₃₃ tɕʻiŋ⁵¹ tʻiã¹¹³] 大晴天。

连阴天 [liã⁵¹ iə̃¹¹³ tʻiã¹¹³] 连续阴沉的天气。

白阴天 [pe⁵¹ iə̃¹¹³ tʻiã¹¹³] 阴沉的天气。

白蜡天 [pe⁵¹₅₅ la⁰ tʻiã¹¹³]

火烧云 [xuə⁵⁵ sɔ¹¹³ yə̃⁵¹] 云霞。

早霞 [tsɔ⁵⁵₃₃ ɕia⁵¹]

早照 [tsɔ⁵⁵₃₃ tsɔ³¹²]

晚霞 [uã⁵⁵₃₃ ɕia⁵¹]

晚照 [uã⁵⁵₃₃ tsɔ³¹²]

天旱 [tʻiã¹¹³ xã³¹²]

天干 [tʻiã¹¹³₁₃ kã¹¹³]

涝了 [lɔ³¹² la⁰]

二、地理 方位

1. 地理

岭 [liŋ⁵⁵] 丘陵，小山丘。

山顶儿 [sã¹¹³₂₁₁ tiər⁵⁵]

山尖儿 [sã¹¹³₁₃ tɕia¹¹³]

山脚儿 [sã¹¹³₁₃ tɕyər¹¹³] 山根儿。

山半腰里 [sã¹¹³₁₃ pã³¹² iɔ¹¹³ li⁰]

半山腰里 [pã³¹²₃₁ sã¹¹³ iɔ¹¹³ li⁰]

石光梁 [sʅ⁵¹ kuaŋ¹¹³ liã⁵¹] 山上平滑的石坡。

山沟儿 [sã¹¹³₁₃ kəur¹¹³] 山间的流水沟：~可深啦，过河汕的时候要慢子点。

山沟 [sã¹¹³₁₃ kəu¹¹³] 山谷：过唠这个~，再翻过那个山顶儿就到啦。

山峪 [sã¹¹³₁₃ y³¹²] 两山之间低凹的地方。

土墩 [tʻu⁵⁵₃₃ tuə̃¹¹³] 土丘。

地 [ti³¹²] 田地。

沙土地 [sa¹¹³ tʻu⁵⁵ ti³¹²] 沙和土混合地，一般适于种花生。

好地 [xɔ⁵⁵₃₃ ti³¹²] 水田，能浇水的肥沃的土地。

孬地 [nɔ⁵⁵₃₃ ti³¹²] 旱地，较为贫瘠的土地。

薄地 [pə⁵¹ ti³¹²]

堎子 [luə̃⁵⁵₂₁₁ tsʅ⁰] 田埂，用以分界并蓄水，也用于方便农民及路人行走。

涝窝子 [lɔ³¹²₃₁ uə¹¹³ tsʅ⁰]

涝洼地 [lɔ³¹²₃₁ ua¹¹³ ti³¹²]

荒地 [xuaŋ¹¹³ ti³¹²]

平原地 [pʻiŋ⁵¹ yã⁵¹ ti³¹²]

盐碱地 [iã⁵¹ tɕiã⁵⁵ ti³¹²]

虹头 [xuŋ⁵¹₅₅ t·əu⁰] 耕地时回犁的地方：耕完地要刨~。

场儿 [ts·aŋr⁵¹] 为碾谷子、麦子而修整碾压的平地。

碌碡 [li¹¹³₂₁₁ pfu⁵⁵] 碾场用的石磙子。

打场儿 [ta⁵⁵₃₃ ts·aŋ⁵¹]

坡儿 [p·ə¹¹³] ①山坡：这一面~上种唠不少松树。②田地：我下~啦，刚从~里回来。

坡里 [p·ə¹¹³₂₁₁ li⁰] 野外；地里。

漫坡儿 [mã³¹²₃₁ p·ə¹¹³] 斜度不大的坡。

崖子 [iɛ⁵⁵₅₅ tsʅ⁰] 高冈：上去这个~，就看到王坟庄啦。

高枝儿 [kɔ¹¹³₁₃ tʂer¹¹³] 高处。也喻指优越的位置。

江河 [tɕiaŋ¹¹³ xə⁵¹]

潮水 [ts·ɔ⁵¹ fe⁵⁵]

涨潮 [tsaŋ⁵⁵₃₃ ts·ɔ⁵¹]

退潮 [t·ue³¹²₃₁ ts·ɔ⁵¹]

泉水 [tɕ·yã⁵¹ fe⁵⁵]

湖 [xu⁵¹]

坑 [k·əŋ¹¹³] 水坑。

大坑 [ta³¹²₃₁ k·əŋ¹¹²] 大池塘。

坑沿儿 [k·əŋ¹¹³ iãr⁵¹] 坑边。

水池子 [fe⁵⁵₃₃ ts·ʅ⁵¹₅₅ tsʅ⁰] 较小的水池。

河沿儿 [xə⁵¹ iãr⁵¹] 河岸：今年发大水了，水都漫过~了。

河沿儿边儿 [xə⁵¹ iɛ⁵¹ piãr¹¹³] 河边：他待~上种唠一排杨树。

河边 [xə⁵¹ piã¹¹³]

河涯儿 [xə⁵¹ iɛr⁵¹] ①河：他家里二孩子掉~里淹死啦。②河滩（河漕中无水部分）。

淹子 [iã¹¹³₂₁₁ tsʅ⁰] 潭，河涯中水很深的地方。

水花儿 [fe⁵⁵₃₃ xuar¹¹³] 河里的水泡。

沫 [mə¹¹³] 河里的泡沫。

滓泥 [tsʅ⁵⁵₃₃ ņi⁵¹] 淤泥：泞泞勾（泥鳅）都待~里钻子来。

河沟子 [xə⁵¹ kəu¹¹³ tsʅ⁰] 自然形成的小水沟。

垄沟子 [luŋ⁵¹ kəu¹¹³ tsʅ⁰] 田沟、地头水沟：那块地我还没浇完来，你别把~给我堵上唠。

河坝 [xə⁵¹₅₅ pa³¹²] 堤、坝。

堰 [iã³¹²] 用土石建成的河坝。

水渠 [fe⁵⁵ tɕ·y⁵¹] 人工挖掘的排水沟。

水库 [fe⁵⁵₃₃ k·u³¹²]

井 [tɕiŋ⁵⁵]

提水 [t·i⁵¹ fe⁵⁵] 打水。

井绳 [tɕiŋ⁵⁵₃₃ səŋ⁵¹]

机井 [tɕi¹¹³₂₁₁ tɕiŋ⁵⁵] 供抽水机抽水的井。

水头 [fe⁵⁵₃₃ t·əu] 洪峰。

压水井 [ia¹¹³₂₁₁ fei⁵⁵ tɕiŋ⁵⁵] 一种利用水压的取水设备：从~抽哩水不能喝，洗衣裳行。

泉眼 [tɕ·yã⁵¹ iã⁵⁵] 泉源。

老鸹枕头 [lɔ⁵⁵₁₁₃ kua⁰ tsə̃³¹²₃₁ t·əu⁰] 鹅卵石。

河流子 [xə⁵¹ liu⁵¹ tsʅ⁰]

滑溜溜<儿> [xua⁵¹₅₅ liu⁰ liu⁰]

河卵石 [xə⁵¹ luã⁵⁵ sʅ⁵¹]

沙 [sa¹¹³]

沙窝 [sa¹¹³₁₃ uə¹¹³] ①沙滩：老王待~地上种唠一大片芋头。②沙堆：不好找啦，叫他给埋~里去啦。

坯 [p·i¹¹³] 土坯。

土拉堆 [tʻu⁵⁵₁₁₃ la⁰ tɕye¹¹³] 土堆：车子歪~上啦，人倒是没摔着。

土拉面子 [tʻu⁵⁵₁₁₃ la⁰ mi ã³¹² tsɿ⁰] 颗粒细小的土。

坷垃 [kʻə⁵⁵₁₁₃ la⁰] 土块。

坷垃头 [kʻə⁵⁵₁₁₃ la⁰ tʻəu⁵¹]

瓦碴子 [ua⁵⁵₃₃ tsʻa¹¹³ tsɿ⁰] 瓦块。

石头蛋 [sɿ⁵¹ tʻəu⁰ tã³¹²] 不成材料的石头。

石子儿 [sɿ⁵¹ tʂer⁵⁵] 较小的碎石子。

青石 [tɕʻiŋ¹¹³ sɿ⁵¹] 一种黑灰岩。

火石 [xuə⁵⁵₃₃ sɿ⁵¹] 旧时引火用的石头，敲击时会迸出火星。

磨石 [mə³¹² sɿ⁵¹] 磨刀剪用的石头。

白灰 [pe⁵¹ xue¹¹³] 石灰。

洋灰 [iaŋ⁵¹ xue¹¹³] 水泥。

泥 [ȵi⁵¹] 泥土。

滓泥 [tsɿ⁵⁵₃₃ ȵi⁵¹] 烂泥。

瓦 [ua⁵⁵] 整的瓦。

瓦碴子 [ua⁵⁵₃₃ tsa¹¹³ tsɿ⁰] 碎的瓦片。

火烟儿 [xuə⁵⁵₃₃ iãr¹¹³] 指火焰和烟气，也指炊烟。

浓烟 [nuŋ⁵¹ iã¹¹³] 烟尘。

火星儿 [xuə⁵⁵₃₃ ɕiŋ¹¹³]

炭 [tʻã³¹²] 煤。

焦炭 [tɕiɔ¹¹³ tʻã³¹²]

无烟煤 [u⁵¹ iã¹¹³ me⁵¹]

木炭 [mu¹¹³ tʻã³¹²]

炭面子 [tʻã³¹²₃₁ miã³¹²₃₁ tsɿ⁰] 煤末子。

洋油 [iaŋ⁵⁵₅₅ iu⁵¹] 煤油。

火油 [xuə⁵⁵₃₃ iu⁵¹]

汽油 [tɕʻi³¹²₃₁ iu⁵¹]

臭球 [tsʻəu³¹²₃₁ tɕʻiəu⁵¹] 樟脑丸。

信石 [ɕiə³¹² sɿ⁵¹] 砒霜。

龙黄 [luŋ⁵¹ xuaŋ⁵¹] 硫黄。

锡 [ɕi¹¹³]

铝 [ly⁵⁵]

吸铁石 [ɕi³¹²₃₁ tʻiə¹¹³ sɿ⁵¹] 磁石。

白铁 [pe⁵¹ tʻiə¹¹³] 马口铁。

洋铁 [iaŋ⁵¹ tʻiə¹¹³]

垺土 [pu⁵⁵₅₅ tʻu⁰] 灰尘：桌子上落唠一层~。｜扫哩屋里~土杠烟哩。

垃圾 [la¹¹³₂₁₁ tɕi⁰]

失火啦 [sɿ¹¹³ xuə⁵⁵ la⁰]

着火啦 [pfə⁵¹ xuə⁵⁵ la⁰]

黑窟儿 [xe¹¹³₁₃ kʻu¹¹³] 黑暗处：小偷儿待~里藏子来。｜他待~里站子来。

就地 [tɕiu³¹²₃₁ ti³¹²] 地面：他待~上睡唠一夜。｜油饼掉~上啦。

集 [tɕi⁵¹] 集，指农村的商品交易市场：泗水一般每隔五天为一集，各乡镇日期不同，比如城关一带逢初五、初十为集；中册镇一带逢初一、初六为集；而金庄镇则是逢初四、初九为集。

赶集 [kã⁵⁵₃₃ tɕi⁵¹]

林 [liə̃⁵¹] 坟园，特别指某一家族的老祖坟："苏家林"指苏家祖坟，"王家林"指王家祖坟。如：他家哩地都待苏家林那边来。

老林 [lɔ⁵⁵₃₃ liə̃⁵¹]

坟 [fə̃⁵¹] 坟墓。

坟头子 [fə̃⁵¹ tʻəu⁵¹ tsɿ⁰]

乱葬岗子 [luã³¹²₃₁ tsaŋ³¹² kaŋ⁵⁵ tsɿ⁰]

上坟 [saŋ³¹²₃₁ fə̃⁵¹]

碑 [pe¹¹³] 墓碑：年时清明汕，咱又待王家林上立唠两管~。

园 [yã⁵¹] 菜园。

大路〔ta₃₁³¹² lu³¹²〕大路朝天，各走一边儿。（俗语）

小路〔ɕiɔ₃₃⁵⁵ lu³¹²〕

近路〔tɕiə̃₃₁³¹² lu³¹²〕捷径。

抄近道儿〔tsʻɔ¹¹³ tɕiə̃₃₁³¹² tɔ³¹²〕

公路〔kuŋ₁₃¹¹³ lu³¹²〕

　马路〔ma₃₃⁵⁵ lu³¹²〕

油漆路〔iəu⁵¹ tɕʻi¹¹³ lu³¹²〕柏油路。

2. 方位

外地〔uɛ₃₁³¹² ti³¹²〕

路口儿〔lu₃₁³¹² kʻəu⁵⁵〕

十字路口〔sʅ⁵¹ tsʅ³¹² lu³¹² kʻəu⁵⁵〕

丁字路口〔tiŋ¹¹³ tsʅ³¹² lu³¹² kʻəu⁵⁵〕

乡里〔ɕiaŋ₂₁₁¹¹³ li⁰〕乡下：他家待～住。｜他是～哩。"东乡里"指县城东部的一些乡镇；"西乡里"指县城西部的一些乡镇。

　乡下〔ɕiaŋ₁₃¹¹³ ɕia³¹²〕

　农村〔nuŋ⁵¹ tɕʻyə̃¹¹³〕

城里〔tsʻəŋ⁵¹ li⁵⁵〕

村儿〔tɕʻyer〕村庄。

庄儿〔pfaŋr¹¹³〕

当间儿哩〔taŋ₁₃¹¹³ tɕiɛ³¹² li⁰〕中间。

　当央儿哩〔taŋ₁₃¹¹³ iaŋ¹¹³ li⁰〕

窝儿〔uər¹¹³〕①戏称"家"：结了婚，没个～也不行啊！②泛指"地方"：你待哪～住啊？

哪窝儿里〔na₃₃⁵⁵ uər¹¹³ li⁰〕什么地方。你连钱夹子放～啦？整子怎么找不着啦？

下窝儿〔ɕia₃₁³¹² uər¹¹³〕常用来指东西"减少、折耗"：这一堆棒子玉米都剥了三天啦，就是不见～。

地下〔ti₃₁³¹² ɕiə⁰〕地底下：盖房子汕，他家从地下挖出来不少好东西。

街〔tɕiə¹¹³〕①街道，道路。②相当于小区：泗水城关内部原分为十个街，如现在西关街一带原为九街，县医院一带原为四街。

寨子〔tsɛ₃₁³¹² tsʅ⁰〕

壳郎〔kʻʻə₂₁₁¹¹³ laŋ⁰〕小坑：你看那个小～里还有鱼呢。

城壳郎子〔tsʻəŋ⁵¹ kʻʻə¹¹³ laŋ⁰ tsʅ⁰〕城区：泗水～里有十个街，俺待在九街上住。

城门楼子〔tsʻəŋ⁵¹ mə̃⁵¹ ləu₅₅⁵¹ tsʅ⁰〕

城门洞子〔tsʻəŋ⁵¹ mə̃⁵¹ tuŋ₃₁³¹² tsʅ⁰〕

城墙〔tsʻəŋ⁵¹ tɕʻiaŋ⁵¹〕

护城河〔xu₃₁³¹² tsʻəŋ⁵¹ xə⁵¹〕

大地处儿〔ta₃₁³¹² ti₃₁³¹² pfʻer⁰〕大城市，大地方。

小地处儿〔ɕiɔ₃₃⁵⁵ ti₃₁³¹² pfʻer⁰〕小城市，小地方。

关外〔kuã₁₃¹¹³ uɛ³¹²〕

云南吊之国〔yə̃⁵¹ nã⁵¹ tiɔ₃₁³¹² tsʅ¹¹³ kuə⁵⁵〕泛指极远的地方。

爪哇国〔tsɔ₃₃⁵⁵ ua¹¹³ kuə⁵⁵〕泛指极远的地方：不听话，一脚把你踢到～去。

外头〔uɛ₃₁³¹² tʻəu⁰〕外面。

前头〔tɕia₅₅⁵¹ tʻəu⁰〕前面。

后头〔xəu₃₁³¹² tʻəu⁰〕后面。

底下〔ti₁₁₃⁵⁵ ɕiə⁰〕

上头〔saŋ₃₁³¹² tʻəu⁰〕上面。

根儿里〔ker¹¹³ li⁵⁵〕脚下、眼前：墙～、床～。

根儿根儿〔ker₁₃¹¹³ ker¹¹³〕眼前，也泛指极近的地方：走到～啦，我才看见他。

楼底下 $[\text{ləu}^{51}\ \text{ti}_{113}^{55}\ \text{ɕiə}^{0}]$ 楼底。

夹巴道子 $[\text{tɕia}^{113}\ \text{pa}^{0}\ \text{tɔ}_{31}^{312}\ \text{tsɿ}^{0}]$ 院子内由前院通往后院的较窄的过道。

夹道子 $[\text{tɕia}^{113}\ \text{tɔ}_{31}^{312}\ \text{tsɿ}^{0}]$

碗底儿 $[\text{uã}_{33}^{55}\ \text{tier}^{55}]$

每遭儿 $[\text{mer}_{33}^{55}\ \text{tsɔr}^{0}]$ 以前：~，穷人家里连饭都吃不上。|~，农村大多都是点洋油灯。

以先儿 $[\text{i}_{33}^{55}\ \text{ɕiẽr}^{113}]$

赶等子 $[\text{kã}_{33}^{55}\ \text{təŋ}_{113}^{55}\ \text{tsɿ}^{0}]$ 以后：~有钱唠就再给你买套房子。

脚底下 $[\text{tɕyə}_{211}^{55}\ \text{ti}^{55}\ \text{ɕiə}^{0}]$ 脚底：俗话说哩好："~没鞋穷半截。"

转遭儿 $[\text{pfã}_{31}^{312}\ \text{tsɔr}^{113}]$ 周围：现在王家林~都盖起房子来啦，早晚得迁走。

八下里 $[\text{pa}_{13}^{113}\ \text{ɕia}^{31}\ \text{li}^{0}]$ 到处：你这是弄哩么哎，~不合适。

四下里 $[\text{sɿ}_{31}^{312}\ \text{ɕia}^{312}\ \text{li}^{0}]$

各处哪里 $[\text{kə}_{13}^{113}\ \text{pfu}^{312}\ \text{na}^{55}\ \text{li}^{0}]$

摇地里 $[\text{iɔ}^{51}\ \text{ti}^{312}\ \text{li}^{0}]$

两下里 $[\text{liaŋ}^{55}\ \text{ɕia}^{312}\ \text{li}^{0}]$ 两个方向，不一致：咱俩想到~去啦，其实目的都一样哩。

两岔股里 $[\text{liaŋ}_{33}^{55}\ \text{tsʼa}_{31}^{312}\ \text{ku}^{55}\ \text{li}^{0}]$

这下儿 $[\text{tsə}_{31}^{312}\ \text{xar}^{0}]$ 这里。

那下儿 $[\text{na}_{31}^{312}\ \text{xar}^{0}]$ 那里。

左稍头里 $[\text{tɕyə}_{33}^{55}\ \text{sɔ}^{113}\ \text{tʼəu}^{51}\ \text{li}^{0}]$ 左边。

右稍头里 $[\text{iu}_{31}^{312}\ \text{sɔ}^{113}\ \text{tʼəu}^{51}\ \text{li}^{0}]$ 右边。

别边儿 $[\text{piə}^{51}\ \text{piãr}^{113}]$ 其他地方。

当间儿 $[\text{taŋ}_{13}^{113}\ \text{tɕiã}^{113}]$ 中间儿。

当央儿 $[\text{taŋ}_{13}^{113}\ \text{iaŋr}^{51}]$

当街 $[\text{taŋ}_{13}^{113}\ \text{tɕiə}^{113}]$ 对着大街。

当门 $[\text{taŋ}_{13}^{113}\ \text{mə̃}^{51}]$ 对着门。

屋当门 $[\text{u}^{113}\ \text{taŋ}^{113}\ \text{mə̃}^{51}]$ 堂屋中间正对门口的地面：~忒脏啦，你也扫扫。

胡托儿 $[\text{xu}^{51}\ \text{tʼuər}^{51}]$ 胡同。

旮旯儿 $[\text{kə}_{211}^{113}\ \text{lar}^{113}]$ 角落。

当天井里 $[\text{taŋ}_{211}^{113}\ \text{tʼiã}^{113}\ \text{tɕiŋ}^{55}\ \text{li}^{0}]$ 院子里：他待~里栽唠两棵桃树。

头直上 $[\text{tʼəu}^{51}\ \text{tsɿ}^{51}\ \text{saŋ}^{0}]$ 躺着时头的前部：我哩眼镜哪？那不啥，就待你~来嘛。

半拉腰里 $[\text{pã}_{31}^{312}\ \text{la}^{0}\ \text{iɔ}_{211}^{113}\ \text{li}^{0}]$ 中途：干到~，你不干啦，这算什么事啊！

付皮儿 $[\text{fu}_{31}^{312}\ \text{pʼier}^{51}]$ 表层：雨下哩忒小啦，你看看地上一点水都没有，~都没湿。

三、时令　时间

1. 时令

春上 $[\text{pfʼə}_{211}^{113}\ \text{saŋ}^{0}]$ 春天：以前汕一到~，穷人家就青黄不接哩。

打春 $[\text{ta}_{33}^{55}\ \text{pfʼə}^{113}]$ 立春：即们儿~啦，天儿就越来越暖和啦。

开春 $[\text{kʼɛ}_{13}^{313}\ \text{pfʼə}^{113}]$ 初春。

立秋 $[\text{li}_{13}^{113}\ \text{tɕʼiu}^{113}]$

立冬 $[\text{li}_{13}^{113}\ \text{tuŋ}^{113}]$

三秋 $[\text{sã}_{13}^{113}\ \text{tɕʼiu}^{113}]$ 秋收、秋耕、秋种的统称。

春里 $[\text{pfʼəŋ}_{211}^{113}\ \text{li}^{55}]$ 春天。

秋里 $[\text{tɕʼiu}_{211}^{113}\ \text{li}^{0}]$ 秋天。

秋出凉哩 $[\text{tɕʼiu}^{113}\ \text{pfʼu}^{113}\ \text{liaŋ}^{51}\ \text{li}^{0}]$

冬里 $[\text{tuŋ}_{211}^{113}\ \text{li}^{55}]$ 冬天。

麦口 $[\text{me}_{211}^{113}\ \text{kʼəu}^{55}]$ 收割麦子的时节。

挨麦口 $[\text{iɛ}^{113}\ \text{me}^{113}\ \text{kʼəu}^{55}]$ 快到麦季。

麦里 $[\text{me}_{211}^{113}\ \text{li}^{0}]$ 收割麦子的季节里。

秋后［tɕʰiu¹¹³₁₃ xəu³¹²］一般指秋收以后。

年景［n̠iã⁵¹ tɕiŋ⁵⁵］

年成［n̠iã⁵⁵₅₅ tsʰəŋ⁰］

年年［n̠iã⁵¹ n̠iã⁰］过年时节：以前到~汕，穷人家才称点儿肉，包顿包子水饺吃。

头年里［tʰəu⁵¹ n̠iã⁵¹ li⁰］年前：他~借哩账还没还上来，再借朋怕恐怕不容易。

正月［tsəŋ¹¹³₁₃ yə¹¹³］

腊月［la¹¹³₁₃ yə¹¹³］

年头［n̠iã⁵¹ tʰəu⁵¹］年初。

年初头哩［n̠iã⁵¹ pfʰu¹¹³ tʰəu⁵¹₅₅ li⁰］

年底［n̠iã⁵¹ ti⁵⁵］

年尾儿［n̠iã⁵¹ uer⁵⁵］

年根儿［n̠iã⁵¹ ker¹¹³］

五黄六月［u⁵⁵₃₃ xuaŋ⁵¹ liu³¹² yə¹¹³］暑天。

十冬腊月［sʅ⁵¹ tuŋ¹¹³ la¹¹³₁₃ yə¹¹³］冬天最冷的时候。

上旬［saŋ³¹²₃₁ çyə̃⁵¹］

中旬［pfəŋ¹¹³ çyə̃⁵¹］

下旬［çia³¹²₃₁ çyə̃⁵¹］

闰月［yə̃³¹²₃₁ yə¹¹³］

三伏天［sã¹¹³ fu⁵¹ tʰiã¹¹³］在小暑与大暑之间，是一年中气温最高且又潮湿、闷热的日子。

伏天［fu⁵¹ tʰiã¹¹³］

当伏哩［taŋ¹¹³ fu⁵¹ li⁰］伏天之内。

入伏［vu¹¹³ fu⁵¹］进入伏天。

头伏［tʰəu⁵¹ fu⁵¹］一般为十天。

中伏［pfəŋ¹¹³ fu⁵¹］一般为十天或二十天。

三伏［sã¹¹³ fu⁵¹］一般为十天。

末伏［miə¹¹³ fu⁵¹］

交九［tɕio¹¹³₂₁₁ tɕiu⁵⁵］从冬至之日起，即进入了"数九寒天"，谓之交九。

数九［fu⁵⁵₃₃ tɕiu⁵⁵］

一九［i¹¹³ tɕiu⁵⁵］"数九"的第一个九天叫"一九"。

二九［ɚ³¹²₃₁ tɕiu⁵⁵］"数九"的第二个九天叫"二九"。

三九［sã¹¹³₂₁₁ tɕiu⁵⁵］"数九"的第三个九天叫"三九"，最后一个九天称"九九"。一年当中，最冷的时候即在"三九、四九"：三九四九，冻死猫狗。（谚语）

年三十儿［n̠iã⁵¹ sã¹¹³ ʂer⁵¹］除夕。

年除儿［n̠iã⁵¹ pfʰur⁵¹］

三十儿晚上［sã¹¹³ ʂer⁵¹ uã⁵⁵ saŋ⁰］

阳历年［iaŋ⁵¹₅₅ li³¹²₃₁ n̠iã⁵¹］元旦。

大年年［ta³¹² n̠iã⁵¹ n̠iã⁰］①正月初一。②春节后的几天。

大过年哩［ta³¹²₃₁ kuə³¹²₃₁ n̠iã⁵¹ li⁰］

阴历年［iə̃¹¹³ li³¹²₃₁ n̠iã⁵¹］正月初一。

春节［pfʰə̃¹¹³₁₃ tɕiə¹¹³］

年［n̠iã⁵¹］

拜年［pɛ³¹²₃₁ n̠iẽ⁵¹］

新年大正月哩［çiə̃¹¹³ n̠iã⁵¹ ta³¹²₃₁ tsəŋ¹¹³₁₃ yə¹¹³］正月期间，尤指过年时的一段日子。

擦过年儿［tsʰa¹¹³ kuə³¹² n̠iãr⁵¹］刚过年后的一段时间。

五忙一儿［u⁵⁵ maŋ⁵¹₅₅ ier¹¹³］正月初五：过唠~，过年哩很多忌讳就没有啦。

正月十五［tsəŋ¹¹³₁₃ yə¹¹³ sʅ⁵¹ u⁵⁵］元宵节。

灯节儿［təŋ¹¹³₁₃ tɕiər¹¹³］

二月二［ɚ³¹²₃₁ yə¹¹³ ɚ³¹²］农历二月初

二。泗水一带民俗：二月二，吃料豆。|二月二，龙抬头。（农谚）

散灯 [sã$_{31}^{312}$ təŋ^{113}] 正月十五晚上，将萝卜或白菜疙瘩等中间挖空，倒入菜油，插入捻子，制作成小油灯，在大门、房门、厨房等门口点放，祈求来年五谷丰登，消灾避邪。

清明 [tɕˑiŋ^{113} miŋ^{55}]

清明柳 [tɕˑiŋ^{113} miŋ^{55} liu^{55}] 泗水一带有清明节门口插柳枝、儿童戴柳帽的习俗。

五月端午 [u$_{33}^{55}$ yə^{113} tã$_{31}^{312}$ u^{55}] 端午节。

六月六 [liu$_{31}^{312}$ yə^{113} liu^{312}] 农历六月初六：六月六，日头红，晒了衣物不生虫。（谚语）

七月七 [tɕˑi$_{13}^{113}$ yə^{113} tɕˑi^{113}] 农历七月初七，乞巧节。

八月十五 [pa$_{13}^{113}$ yə^{113} sʅ^{51} u^{55}] 中秋节。

八月节 [pa$_{13}^{113}$ yə^{113} tɕiə^{113}]

九月九 [tɕiu$_{33}^{55}$ yə^{113} tɕiu^{55}]

重阳节 [pfˑəŋ^{51} iaŋ^{51} tɕiə^{113}]

老人节 [lɔ$_{33}^{55}$ zə̃^{51} tɕiə^{113}]

十月一儿 [sʅ^{51} yə^{113} ier^{113}] 即农历十月初一，是泗水一带所过的两大鬼节之一，另一个祭祖节日为清明，泗水一带至今仍有俗语："十月一儿，送寒衣。"在十月初一这天，用黄纸糊一些棉袄、棉裤、棉袍等衣饰，然后于傍晚时分在十字路口烧掉，嘴里还要念叨亡灵的名字，表示给死去的亲人送去了御寒的服装。

冬至 [tuŋ^{113} tsʅ^{312}]

腊八 [la$_{13}^{113}$ pa^{113}] 腊八节。

小年儿 [ɕiɔ$_{33}^{55}$ n̠iãr^{51}] ①腊月二十三，祭灶。②元宵节。

送灶王爷 [ɕyŋ$_{31}^{312}$ tsɔ$_{31}^{312}$ uaŋ^{51} iə^{51}] 泗水一带腊月二十三仍存祭灶习俗。

送灶户老爷上天 [ɕyŋ$_{31}^{312}$ tsɔ$_{31}^{312}$ xu^{0} lɔ$_{33}^{55}$ iə^{51} saŋ$_{31}^{312}$ tˑiã^{113}] 送灶王爷上天。

2. 时间

今年儿 [tɕiə̃^{113} n̠iãr^{51}] 今年。

年时 [n̠iã$_{55}^{51}$ sʅ^{0}] 去年。

每儿遭儿 [mer$_{113}^{55}$ tsɔr^{0}] 从前。

每儿年儿 [mer$_{113}^{55}$ n̠iãr^{0}] 往年。

这会儿里 [tsə$_{31}^{312}$ xuer^{312} li^{0}] 现在。

那会儿里 [na$_{31}^{312}$ xuer^{312} li^{0}] 那时。

那会儿汕 [na$_{31}^{312}$ xuer^{312} sã^{0}]

脚下 [tɕyə^{113} ɕia^{312}] 现在；目前（金庄）。

一会才 [i^{113} xuer^{312} tsˑɛ^{0}] 过一会儿再去做：吃饭吧？～。

一盼子 [i$_{13}^{113}$ pˑã$_{31}^{312}$ tsʅ^{0}] 一阵：他两个待屋里叽咕了～，也不知道说哩么。

一盼儿 [i$_{13}^{113}$ pˑãr^{312}]

一崩子 [i$_{13}^{113}$ pəŋ^{113} tsʅ^{0}] 一段时间：年时我上广州老二家过了～，到年底儿才回来。

一崩儿 [i$_{13}^{113}$ pəŋr^{113}]

这崩子 [tsə$_{31}^{312}$ pəŋ^{113} tsʅ^{0}] 这一段时间。

这一崩儿 [tsə$_{31}^{312}$ i$_{13}^{113}$ pəŋr^{113}]

这一盼儿 [tsə$_{31}^{312}$ i$_{13}^{113}$ pˑã^{312}]

那崩子 [na$_{31}^{312}$ pəŋ^{113} tsʅ^{0}] 那一段时间。

那一崩儿 [na$_{31}^{312}$ i$_{13}^{113}$ pəŋ^{113}]

那一盼儿 [na^{312} i$_{13}^{113}$ pãr^{312}]

一霎儿 [i^{113} sar^{312}] 极短的时间。

一袋烟哩功夫 [i^{113} tɕ^{312} iã^{113} li^{0} kuŋ$_{211}^{113}$

fu⁰]

饭时儿 [fã³¹² ʂer⁵¹] 吃饭时间。

空儿 [kuər³¹²] 空余时间：有~我就找你去。

过年 [kuə³¹²₃₁ n̪iã⁵¹] 明年，与"过新年"义相比，"过"字读音不同。

  下年 [çia³¹²₃₁ n̪iã⁵¹]

  来年 [lɛ⁵¹ n̪iã⁵¹]

过年 [kuə³¹²₅₃ n̪iã⁵¹] 过新年。

后年 [xəu³¹²₃₁ n̪iã⁵¹]

前年 [tɕʰia⁵¹₅₅ n̪iã⁰] 他爷爷是~没哩，他奶奶还活子来。

往年 [uaŋ⁵⁵ n̪iã⁵¹] 以前。

即们儿 [tɕi¹¹³₂₁₁ mer⁵⁵] 今天：他是~来哩。|~是正月初七，是人哩生儿。

夜儿里 [iɛ̃r³¹²₃₁ li⁰] 昨天：他是~回来哩。|~是腊月二十三，是灶户老爷上天哩日子。

大前儿里 [ta³¹²₃₁ tɕʰiãr⁵¹₅₅ li⁰] 大前天：他是~回来哩。|~是城里集，俺几个赶集去来。

前儿里 [tɕʰiãr⁵¹₅₅ li⁰] 前天：他是~回来哩。|~是城里集，俺几个赶集去来。

改儿里 [kɛ̃r³¹²₃₁ li⁰] 改天：即们儿不行啦，你看都整晚啦，赶~再说吧。

明儿里 [miɛ̃r⁵¹₅₅ li⁰] 明天：他赶~才能到家。他等到明天才能回到家。

过明儿 [kuə³¹²₃₁ miɛ̃r⁵¹₅₅] 后天：~就是正月十五啦。

大过明儿 [ta³¹²₃₁ kuə³¹²₃₁ miɛ̃r⁵¹₅₅] 大后天：~就是正月十五啦。

头晌午 [tʰəu⁵¹ saŋ⁵⁵ u⁰] 上午。

  头午 [tʰəu⁵¹ u⁵⁵]

过晌午 [kuə³¹²₃₁ saŋ⁵⁵ u⁰] 下午。

过午 [kuə³¹²₃₁ u⁵⁵]

夜里 [iə³¹²₃₁ li⁰] 夜晚：夜儿里~雨下哩可大啦。昨天夜里雨下得非常大。

多半天 [tuə¹¹³₁₃ pã³¹²₃₁ tʰiã¹¹³] 大半天。

清起来 [tɕʰiŋ¹¹³₂₁₁ tɕʰi⁵⁵₃₃ lɛ⁰] 清晨。

  早清起来 [tsɔ⁵⁵ tɕʰiŋ¹¹³ tɕʰi⁵⁵₁₁₃ lɛ⁰]

  清早起来 [tɕʰiŋ¹¹³ tsɔ⁵⁵ tɕʰi⁵⁵₁₁₃ lɛ⁰]

  大清起来 [ta³¹²₃₁ tɕʰiŋ¹¹³ tɕʰi⁵⁵₁₁₃ lɛ⁰]

晌午顶儿上 [saŋ⁵⁵₃₃ u⁰ tiə⁵⁵ saŋ⁰] 中午。

  大晌午头上 [ta³¹²₃₁ saŋ⁵⁵₃₃ u⁰ tʰ·əu⁵¹ saŋ⁰]

晌午歪 [saŋ⁵⁵₃₃ u⁰ uɛ¹¹³] 下午一两点左右。

白价里 [pe⁵¹₅₅ tɕiə³¹²₃₁ li⁰] 白天。

大天白价 [ta³¹²₃₁ tʰ·iɛ¹¹³ pe⁵¹₅₅ tɕiə³¹²₃₁] 光天化日：~哩就到人家家里偷东西，胆儿也忒大啦。

后儿晌 [xuŋr³¹²₃₁ saŋ⁰] 晚上：他是夜儿里~回来哩。他是昨天晚上回来的。

  黑家里 [xe¹¹³₁₃ tɕiə¹¹³ li⁰]

上黄黑儿 [saŋ³¹²₃₁ xuaŋ⁵¹ xer¹¹³] 傍晚。

擦黑儿 [tsʰa¹¹³₁₃ xer¹¹³] 傍晚；天刚上黑影：他是~就睡觉。

  挨黑儿 [iɛ¹¹³₁₃ xer¹¹³]

  傍黑儿 [paŋ³¹²₃₁ xer¹¹³]

  合黑儿 [xə⁵¹ xer¹¹³]

摸黑儿 [mə¹¹³₁₃ xer¹¹³] 夜里走动：家里有点儿事儿，夜儿里后儿晌昨天晚上我~就回来了。

头半夜 [tʰ·əu⁵¹ pã³¹²₃₁ iə³¹²]

  上半夜 [saŋ³¹²₃₁ pã³¹²₃₁ iə³¹²]

下半夜 [çia³¹²₃₁ pã³¹²₃₁ iə³¹²]

一更天 [i¹¹³₁₃ tɕiŋ¹¹³ tʰ·iã¹¹³]

二更天［ɚ$^{312}_{31}$ tɕiŋ^{113} t'iã^{113}］

三更天［sã$^{113}_{13}$ tɕiŋ^{113} t'iã^{113}］

四更天［sɿ$^{312}_{31}$ tɕiŋ^{113} t'iã^{113}］

五更哩［u$^{55}_{33}$ tɕiŋ^{113} li^{0}］

鸡叫头遍［tɕi^{113} tɕiɔ^{312} t'əu^{51} piã^{312}］

三更半夜［sã$^{113}_{13}$ tɕiŋ^{113} pã$^{312}_{31}$ iə^{312}］

通宵［tuŋ$^{113}_{13}$ ɕiɔ^{113}］整夜。

打通宵［ta$^{55}_{33}$ tuŋ$^{113}_{13}$ ɕiɔ^{113}］整夜不睡觉。

时辰［sɿ$^{51}_{55}$ tsə̃^{0}］每个时辰相等于现在的两小时。

季儿［tɕier^{312}］农作物一熟为一季儿：用上塑料大棚，西瓜一年可以收两~。

下乔儿啦［ɕia$^{312}_{31}$ tɕ'iɔ^{51} la^{0}］某农作物大收获的季儿过去啦：都入秋啦，西瓜早~。

星期［ɕiŋ$^{113}_{13}$ tɕ'i^{113}］

星期天［ɕiŋ$^{113}_{13}$ tɕ'i^{113} t'iã^{113}］

黄历［xuaŋ^{51} li^{312}］历书。

月初头哩［yə^{113} pfu^{113} t'əu^{51} li^{0}］月初。

一月过一半啦［i^{113} yə^{113} kuə^{312} i^{113} pãr^{312} la^{0}］月半。

上个月［saŋ^{312} kə^{0} yə^{113}］前个月。

见月［tɕiã$^{312}_{31}$ yə^{113}］每月。

几月［tɕi$^{55}_{33}$ yə^{113}］

几个月［tɕi$^{55}_{33}$ kə^{0} yə^{113}］

永世［yŋ$^{55}_{33}$ sɿ^{312}］永远。

日子［zɿ$^{113}_{211}$ tsɿ^{55}］每日生活；生计：她当家哩丈夫死唠以后，她哩~过哩详非常不易啦。

日子儿［zɿ$^{113}_{211}$ tʂer^{55}］日子（日期）：即们儿今天是个好~，结婚哩特别哩多。

号儿［xɔr^{312}］日子：即们儿几~啦？即们儿初一啦。

整年论辈子［tsəŋ^{51} ȵiã^{51} lu ə̃$^{312}_{31}$ pe$^{312}_{31}$ tsɿ^{0}］形容时间之长。

见天［tɕiã$^{312}_{31}$ t'iã^{113}］每天。

成天家［ts'əŋ^{51} t'iã^{113} tɕiə^{0}］一天到晚，整天：他~不着家，也不知道待哪里鬼混。

遭天［tsɔ$^{113}_{13}$ t'iã^{113}］

成天［ts'əŋ^{51} t'iã^{113}］

见年［tɕiã$^{312}_{31}$ ȵiã^{51}］每年。

年年［ȵiã^{51} ȵiã^{51}］

成年家［ts'əŋ^{51} ȵiã^{51} tɕiə^{0}］一年到头儿，整年：他~到处儿跑，没有没去过哩地方。

遭年家［tsɔ^{113} ȵiã^{51} tɕiə^{0}］

多昝儿［tuə$^{113}_{55}$ tsãr^{0}］什么时候：你~回来哩？|恁家老二~结哩婚？

十拉天［sɿ^{51} la^{0} t'iã^{113}］十几天，表示时间较长：事儿都过去~啦，你才知道啊？

十来天儿［sɿ^{51} lɛ^{0} t'iã^{113}］十几天，表示时间较短：他走唠有~啦吧。

当年［taŋ^{113} ȵiã^{51}］往年，以前：好汉不提~勇。

当年［taŋ$^{312}_{31}$ ȵiã^{51}］在同一年：投了五万块钱养猪，~就把本儿挣回来啦。

一集［i^{113} tɕi^{51}］五天。

大尽［ta$^{312}_{31}$ tɕi ə̃^{312}］指农历月份有30天。

小尽［ɕiɔ$^{55}_{33}$ tɕi ə̃^{312}］指农历月份有29天。

拢明儿［luŋ$^{55}_{33}$ miər^{51}］黎明。

拢哄明儿［luŋ$^{55}_{33}$ xuŋ^{55} miər^{51}］

蒙蒙亮儿［məŋ$^{113}_{13}$ məŋ^{113} liaŋr^{312}］

最早　[tɕye$_{31}^{312}$ tsɔ^{55}]

　在早　[tsɛ$_{31}^{312}$ tsɔ^{55}]

原先　[yã^{51} ɕiã^{113}] 原来，从前：他～不知道，过唠十拉多天才听说。

　根们儿　[kə̃$_{13}^{113}$ mer^{113}]

　早先　[tsɔ$_{13}^{113}$ ɕiã^{113}]

先会儿　[ɕiã$_{13}^{113}$ xuer^{312}] 刚才，之前。

将才　[tɕiaŋ^{113} ts'ɛ^{51}] 刚才。

早晚　[tsɔ$_{33}^{55}$ uã^{55}] 迟早。

　无早无晚　[u^{51} tsɔ^{55} u^{51} uã^{55}]

由昝儿　[iu^{51} tsãr^{55}] 时间提前，比预定时间要早：六点才开席，你整仔怎么～就来啦？

两头儿算上　[liaŋ$_{33}^{55}$ t'əu^{51} ɕyã$_{31}^{312}$ xaŋ^{0}] 开头和结尾都算上。

楚不几儿哩　[pfu$_{33}^{55}$ pu^{113} tɕier^{113} li^{0}] 偶然、偶尔。

年纪儿　[n̠iã$_{55}^{51}$ tɕier^{312}] 年龄：——您老多大～啦？——唉，七十多啦，不中用啦。

有年纪儿哩　[iu$_{33}^{55}$ n̠iã^{51} tɕier$_{31}^{312}$ li^{0}] 老人：那边过来个～，咱问问他吧。

有年岁儿啦　[iu$_{33}^{55}$ n̠iã^{51} ɕyer$_{31}^{312}$ la^{0}] 时间相当长：这棵树可～，得有个几百年啦吧。

有时候儿啦　[iu$_{33}^{55}$ sʅ^{51} xəur^{312}la^{0}] 很久；很长一段时间。

汕　[sã^{312}] ……的时候：放学～，我见过他。

四、农事　农具

1. 农事

场　[ts'aŋ^{51}] 用于轧晒庄稼的场地。

案场　[ã$_{31}^{312}$ ts'aŋ^{51}] 把轧晒庄稼的场地耙平，泼水润湿后，用石磙再轧实。

打场　[ta$_{33}^{55}$ ts'aŋ^{51}] 把晒干的庄稼在场里摊开，让牲口拉着石磙在场里来回地轧。

扬场　[iaŋ^{51} ts'aŋ^{51}] 用木锨把籽粒撒向空中，让风把糠皮吹出。

柴火垛　[ts'ɛ$_{55}^{51}$ xuə^{0} tuə^{312}] 柴火堆。

茅坑　[mɔ^{51} k'əŋ^{113}] 粪坑：～哩石头，又臭又硬。（俗语）

屎盆子　[sʅ$_{33}^{55}$ p'ə̃$_{55}^{51}$ tsʅ^{0}] 粪桶。

大粪　[ta$_{31}^{312}$ fə̃^{312}] 茅坑中的粪便。

上粪　[saŋ$_{31}^{312}$ fə̃^{312}] 给土地施粪。

拾粪　[sʅ^{51} fə̃^{312}]

撒粪　[sa$_{33}^{55}$ fə̃^{312}]

垫牛栏　[tiã$_{31}^{312}$ niu^{51} lã^{51}] 在猪圈或牛栏地面上撒上一层净土。

出粪　[pf'u$_{13}^{113}$ fə̃^{312}] 把猪圈里的粪肥清出。

追化肥　[pfe^{113} xua$_{31}^{312}$ fe^{51}]

保墒　[pɔ$_{33}^{55}$ saŋ^{113}] 保持土壤内的水分不蒸发、不渗漏。

抢墒　[tɕ'iaŋ$_{33}^{55}$ saŋ^{113}] 趁着土壤内水分较好时抓紧播种。

麦茬　[me^{113} ts'a^{51}] 指麦子收割后准备种植或已经种植的（土地或作物）：～地、～棒子玉米。

麦茬儿　[me$_{13}^{113}$ tsar^{312}] 麦子收割完后，地里剩下的麦秆以下的部分：小心～，别扎唠脚。

耪地　[p'aŋ$_{33}^{55}$ ti^{312}] 锄地。

薅草　[xɔ$_{211}^{113}$ ts'ɔ^{55}] 拔草。

上地　[saŋ$_{31}^{312}$ ti^{312}] 下地干农活。

　出工　[pf'u$_{13}^{113}$ kuŋ^{113}] 下地干活。

　下坡　[ɕia$_{31}^{312}$ p'ə^{113}]

种地［pfəŋ$_{31}^{312}$ ti^{312}］

住工［pfu$_{31}^{312}$ kuŋ^{113}］收工。

耕地［kəŋ$_{13}^{113}$ ti^{312}］犁地。

耙地［pa$_{31}^{312}$ ti^{312}］

耩麦子［tɕiaŋ$_{33}^{55}$ me$_{211}^{113}$ tsʅ^0］种麦。

耧麦子［ləu^{51} me$_{211}^{113}$ tsʅ^0］锄麦。

割麦子［kə$_{13}^{113}$ me$_{211}^{113}$ tsʅ^0］割麦子、夏收。

收麦子［səu^{113} me$_{211}^{113}$ tsʅ^9］

打麦子［ta$_{33}^{55}$ me$_{211}^{113}$ tsʅ^0］打麦。

扬麦子［iaŋ^{51} me$_{211}^{113}$ tsʅ^0］扬麦。

纺［faŋ^{55}］垂直向下用力：铁锨头有点儿松了，你把锨把儿倒过来~~。

埯儿［ã^{55}］在地里挖的用来下种的小坑：咱今晌午去刨~，趁子刚下完雨把棒子玉米种上。

点埯儿［tiã$_{33}^{55}$ ã^{55}］点种。

揽［lã^{51}］复收：他一冬天~唠不少果子花生。

揽场［lã^{51} tsʻaŋ^{51}］打完场后再次复收。

追化肥［pfe^{113} xua$_{31}^{312}$ fi^{51}］施肥。

打药［ta$_{33}^{55}$ yə^{113}］

敛［liã^{55}］用锨锄：你长用锨~~那些脏东西，弄哩院子里忒扑曩不整洁啦。

胡拉［xu$_{55}^{51}$ la^0］用手归拢：麦子都撒出来，你麻利哩~~，好装起来。

旁牛［paŋ$_{31}^{312}$ ȵiu^{51}］牵牛使之走正道：秀才~，请行。（俗语）

归堆［kue$_{13}^{113}$ tɕye^{113}］归拢为一堆。

杀绳［sa^{113} səŋ^{51}］将绳子把东西捆紧。

下瓜［ɕia$_{31}^{312}$ kua^{113}］收西瓜。

择果子［tse^{51} kuə$_{113}^{55}$ tsʅ^0］把花生从植株根部摘下来。

点棒子［tiã^{55} paŋ$_{31}^{312}$ tsʅ^0］在地里刨个小坑，点种玉米。

菜园［tsʻɛ$_{31}^{312}$ yã^{51}］

畦子［ɕi$_{55}^{51}$ tsʅ^0］

畦墙［ɕi^{51} tɕʻiaŋ^{51}］菜畦之间分界。

调畦子［tʻiɔ^{51} ɕi$_{55}^{51}$ tsʅ^0］把畦墙挑出来，把菜园分成若干细长的小畦子。

壳篓［kʻə$_{211}^{113}$ ləu^{55}］和辘轳配套使用的一种圆形尖底的取水器具，一般用来浇灌菜园：我根们儿先前还会打~来。

打壳篓［ta$_{33}^{55}$ kʻə$_{211}^{113}$ ləu^{55}］将辘轳架在井口上，用手转动摇把，用壳篓汲水。

辘轳［lu$_{13}^{113}$ lu^{113}］利用轮轴原理制成的井上汲水的起重装置。

姥娘土［lɔ$_{33}^{55}$ ȵiaŋ^{51} tʻu^{55}］移栽植物时，植物根部所保留的泥土。

2. 农具

地排车［ti$_{31}^{312}$ pʻɛ^{51} tsʻə^{113}］排子车。

排车［pʻɛ^{51} tsʻə^{113}］

粪叉子［fə̃^{312} tsʻa^{113} tsʅ^0］

洋车子［iaŋ^{51} tsʻə^{113} tsʅ^0］自行车。

马车［ma$_{33}^{55}$ tsʻə^{113}］

独轮车［tu^{51} lu^{51}ə^{51} tsʻə^{113}］一种山区普遍使用的只有一个胶轮的车，可两边儿拉人或载物。

独独拱［tu^{51} tu^{51} kuŋ^{55}］

三轮儿车［sã^{113} luer^{51} tsʻə^{113}］

筏子［fa$_{55}^{51}$ tsʅ^0］竹筏。

套车［tʻɔ$_{31}^{312}$ tsʻə^{113}］

车厢［tsʻə$_{13}^{113}$ ɕiaŋ^{113}］

车把［tsʻə^{113} pa^{55}］

车轴［tsʻə^{113} pfu^{51}］

襻带［pã$_{31}^{312}$ tɛ^0］一种装在排车前面的

皮带，套在肩膀上帮助拉车。

襻 [pʻã^{312}]

缰 [kəŋ^{113}] 拉车、耕地时套在牛身上的粗绳。

搭腰 [ta$^{113}_{13}$ iɔ^{113}] 从牛身上部约束缰的细绳。

车古轮儿 [tsʻə$^{113}_{13}$ ku^{113} luer^{51}] 车轮儿。

　车古轮子 [tsʻə$^{113}_{13}$ ku^{113} luə̃^{51} tsʅ^{0}]

千斤顶 [tɕʻiã$^{113}_{13}$ tɕiə̃^{113} tiŋ^{55}]

塞掌 [tsɛ$^{312}_{31}$ tsaŋ^{55}] 给马、骡子蹄子上钉掌。

笼嘴 [luŋ^{51} tɕye^{55}] 用皮条做成的套在骡、马、驴、牛头上的套子。

纲绳 [kaŋ^{113} səŋ^{51}]

犁 [li^{51}]

耙 [pʻa^{51}]

锄 [pfʻu^{51}] 锄头。

荡耙 [taŋ$^{312}_{31}$ pʻa^{51}] 荡地用的钉耙。

耪锄子 [pʻaŋ$^{55}_{33}$ pfʻu$^{51}_{55}$ tsʅ^{0}] 耪地用的锄头。

洋筲 [iaŋ^{51} sɔ^{113}] 汲水桶。

碌碡 [li^{113} pfu^{51}] 石制的圆柱形农具，用来轧谷物、碾平场地等。

镢 [tɕyə^{113}] 镐。

　䦆头 [tɕyə^{113} tʻəu^{51}]

抓钩 [pfa$^{113}_{211}$ kəu^{55}] 钉耙。

镰 [liã^{51}] 镰刀。

笿子 [yã$^{55}_{113}$ tsʅ^{0}] 鲁南一带农村中常用来盛装米、面、鸡蛋等物的一种圆形的篮子，带有粗把，可挎可提，多用细柳条编织而成。

钩担 [kəu$^{113}_{211}$ tã^{0}] 扁担。

　挑子 [tʻiɔ$^{113}_{211}$ tsʅ^{0}]

铁锨 [tʻiə$^{113}_{13}$ ɕiã^{113}]

木锨 [mu$^{113}_{13}$ ɕiã^{113}]

簸箕 [pə^{51} tɕʻi^{0}]

抬筐 [tʻɛ^{51} kʻuaŋ^{113}]

篓 [ləu^{55}] 用白蜡条编成的盛装东西的农具，有大篓小篓之分，一般用地排车运送。

鸡毛掸子 [tɕi^{113} mɔ^{51} tʻã$^{55}_{211}$ tsʅ^{0}]

木头橛子 [mu^{113} tʻəu^{0} tɕyə^{113} tsʅ^{0}] 露在外面的短木棍。

榫卯 [ɕy ə̃$^{55}_{33}$ mɔ^{55}] 两种木构件的统称。榫是突起物，卯是卯口，两者相合才能扣在一起。

销榫儿 [ɕiɔ$^{113}_{211}$ ɕyə̃^{55}]

　榫儿 [ɕyer^{55}]

卯儿 [mɔr^{55}]

卯窍 [mɔ$^{55}_{51}$ tɕʻiɔ^{312}] 卯眼，卯口。引申为"窍门"：做事要找～，找着～就好办啦。

大扫帚 [ta$^{312}_{31}$ sɔ$^{312}_{31}$ pfu^{0}] 扫帚（大）。

笤帚 [tʻiɔ$^{51}_{55}$ pfu^{0}] 扫帚（小）。

筢 [pʻa^{51}] 用竹子制成的长柄、前面带有钩齿的农具，常用来搂拾柴草、树叶等。

提篮子 [tʻi^{51} lã$^{51}_{55}$ tsʅ^{0}] 一种用来盛青菜的带圆把的小篮子，常用作称量青菜时的底盘。

家伙儿 [tɕia$^{113}_{211}$ xuər^{55}] 泛指各种农具。

洋钉 [iaŋ^{51} tiŋ^{113}] 铁钉。

砍刀 [kʻã$^{55}_{113}$ tɔ^{0}]

刀刃儿 [tɔ^{113} ier^{312}]

镊子 [ȵiə$^{113}_{211}$ tsʅ^{0}]

钳子 [tɕʻiã$^{51}_{55}$ tsʅ^{0}]

铁锤 [tʻiə^{113} pfʻe^{51}]

扳子 [pã$^{55}_{113}$ tsʅ^{0}]

碾［ȵia³¹²］

簸箕［pə³¹²₃₁ tɕʻi⁰］

碾盘［ȵia³¹²₃₁ pʻã⁵¹］

磨棍［mə³¹²₃₁ kuə̃³¹²］

轧米［ia³¹²₃₁ mi⁵⁵］碾米。

　伐米［fa⁵¹ mi⁵⁵］

绳扣［səŋ⁵¹ kʻəu³¹²］绳结。

活扣儿［xuə⁵¹₅₅ kʻəu³¹²］活结。

死扣儿［sʅ⁵⁵₃₃ kʻəu³¹²］死结。

车盘儿［tsʻə¹¹³ pʻã⁵¹］车架。

喷雾器［pʻə̃¹¹³ u³¹² tɕʻi³¹²］

粪箕子［fə̃³¹²₅₁ tɕi¹¹³ tsʅ⁰］：一种可以背在肩上、也可手提的以柳条、白蜡条等编成的农具，以前农村常有人背在肩上，沿路拾粪，故称~。

粪叉子［fə̃³¹²₃₁ tsʻa¹¹³ tsʅ⁰］粪杓。

锸爱子［tsʻa¹¹³ pʻaŋ⁵¹₅₅ tsʅ⁰］一种锸地瓜、萝卜的器具。

锸芋头［tsʻa¹¹³ y³¹²₃₁ tʻəu⁰］将地瓜锸成一片片的，以便晒干后贮藏。

水嘟喽［fe⁵⁵₃₃ tu⁵⁵ ləu⁰］水壶。

眼罩子［ia⁵⁵ tsɔ³¹²₃₁ tsʅ⁰］掩眼，牲口磨面时捂在牲口眼睛上的布片。

辖头［ɕyə¹¹³₂₁₁ tʻəu⁰］牛轭（给牲畜在脖子上配的大小适当的颈箍，以防走脱）。

　夹脖［tɕia¹¹³ pə⁵¹］

麻刀［ma⁵¹₅₅ tɔ⁰］一种细麻丝，碎麻，掺在石灰里起防裂、提高强度的作用。

锉［tɕʻyə³¹²］锉刀。

墨斗子［me¹¹³ təu⁵⁵₁₁₃ tsʅ⁰］

锯［tɕy³¹²］

瓦刀［ua³¹²₃₁ tɔ⁰］

平板［pʻiŋ⁵¹ pã⁵⁵］抹子。

铁棍［tʻiə⁵⁵₃₃ kuə̃³¹²］杵。

洋镐［iaŋ⁵¹ kɔ⁵⁵］镐头，俗称"十字镐"。

铲子［tsʻã⁵⁵₁₁₃ tsʅ⁰］铲子（大）。

笼嘴［luŋ⁵¹ tɕye⁵⁵］

鼻钳［pi⁵¹ tɕʻia⁵¹］牛鼻儿。

粮食囤［liaŋ⁵¹₅₅ sʅ⁰ tuə̃³¹²］囤。

风车子［fəŋ¹¹³ tsʻə¹¹³ tsʅ⁰］风车（扇车）。

筛子［sɛ¹¹³₂₁₁ tsʅ⁰］筛米用。

箩［luə⁵¹］筛面用。

碓臼子［tue³¹² tɕiu³¹² tsʅ⁰］碓臼。

碓锤子［tue³¹²₃₁ pfʻe⁵¹ tsʅ⁰］碓杵。

五、植物

1. 农作物

庄稼［pfaŋ¹¹³₂₁₁ tɕiə⁰］

粮食［liaŋ⁵¹₅₅ sʅ⁰］

五谷［u⁵⁵₃₃ ku¹¹³］

杂粮［tsa⁵¹ liaŋ⁵¹］

黄豆［xuaŋ⁵¹₅₅ təu⁰］

绿豆［ly¹¹³₂₁₁ təu⁰］

黑豆［xe¹¹³₂₁₁ təu⁰］

豇豆［tɕiaŋ¹¹³₂₁₁ təu⁰］

豌豆［uã¹¹³₂₁₁ təu⁰］

蚕豆［tsʻã⁵¹₅₅ təu⁰］

小豆［ɕiɔ⁵⁵₃₃ təu⁰］红小豆。

谷子［ku⁵⁵₁₁₃ tsʅ⁰］谷子。

　小米儿［ɕiɔ⁵⁵₅₁ mier⁵⁵］

米［mi⁵⁵］稻米。

　大米［ta³¹²₃₁ mi⁵⁵］

麦子［me¹¹³₂₁₁ tsʅ⁰］小麦。

大麦［ta³¹²₃₁ me¹¹³］

麦王［me¹¹³ uaŋ⁵¹］麦芒。

荞麦［tɕ'iɔ⁵¹ me¹¹³］

麦穗儿［me¹¹³ ɕyer³¹²］

麦秸［me²¹¹₁₃ tɕiɛ⁰］麦子打完后的麦秆儿。

麦秸垛［me₁₃¹¹³ tɕiɛ¹¹³ tuə³¹²］堆成一大垛的麦秸。

麦秸筳子［me₁₃¹¹³ tɕiɛ¹¹³ t'iŋ⁵¹ tsʅ⁰］手工去粒后的麦秆儿，麦秆坚硬，可搓草绳。

麦余子［me₁₃¹¹³ y⁵¹ tsʅ⁰］麦穗头。

麦个子［me₁₃¹¹³ kə³¹² tsʅ⁰］成捆的麦子。

水稻［fe₃₃⁵⁵ tɔ³¹²］稻子。

稻秸［tɔ₃₁³¹² tɕiɛ¹¹³］稻草。

早稻［tsɔ₃₃⁵⁵ tɔ³¹²］

晚稻［uã₃₃⁵⁵ tɔ³¹²］

东北大米［tuŋ¹¹³ pe⁵⁵ ta₃₁³¹² mi⁵⁵］粳米（谷粒较短圆、黏性较强）。

糯米［nuə₃₁³¹² ˌmi⁵⁵］

糠［k'aŋ¹¹³］

麸子［fu²¹¹₁₃ tsʅ⁰］麦麸。

秕子［pi₁₁₃⁵⁵ tsʅ⁹］秕谷。

圪当穰子［kə₁₃¹¹³ taŋ⁰ zaŋ⁵¹ tsʅ⁰］高粱秸秆去皮后的较软的白色部分，可用来制作一些小玩具。

秆草［kã₃₃⁵⁵ ts'ɔ⁵⁵］谷秸。以前穷人买不起棺材，用秆草一包就下葬了，所以泗水一带有俗谚："～包包老头，丢大人。"

莜草［iu₅₅⁵¹ ts'ɔ⁵⁵］稗子。

棒子［paŋ₃₁³¹² tsʅ⁰］玉米。

玉秫秫［y₃₁³¹² fu⁵⁵ fu⁰］（泗水东部）。

棒子秸［paŋ₃₁³¹² tsʅ⁰ tɕiɛ¹¹³］玉米的秸秆。

高粱［kɔ¹¹³ liaŋ⁵¹］

秫秸［fu⁵¹ tɕiɛ¹¹³］高粱秸秆。

芋头［y₃₁³¹² t'əu⁰］地瓜，红薯。

芋头母子［y₃₁³¹² t'əu⁰ mu₁₁₃⁵⁵ tsʅ⁰］作为种子留存下来的地瓜。

芋头牙子［y₃₁³¹² t'əu⁰ ia⁵¹ tsʅ⁰］利用芋头母子培育的地瓜苗。

芋头秧子［y₃₁³¹² t'əu⁰ iaŋ²¹¹₁₃ tsʅ⁰］地瓜秧。

芋头干子［y₃₁³¹² t'əu⁰ kã²¹¹₁₃ tsʅ⁰］锸成片状的地瓜。

芋头片子［y₃₁³¹² t'əu⁰ p'iã₃₁³¹² tsʅ⁰］

瓜干［kua₁₃¹¹³ kã¹¹³］

棉花［miã₅₅⁵¹ xuə⁰］

年花［ȵiã₅₅⁵¹ xuə⁰］（泗水东部乡镇）。

果子［kuə₁₁₃⁵⁵ tsʅ⁰］花生。

果子油［kuə₁₁₃⁵⁵ tsʅ⁰ iu⁵¹］花生油。

青菜［tɕ'iŋ¹¹³ ts'ɛ³¹²］蔬菜。

地豆子［ti₃₁³¹² təu³¹² tsʅ⁰］马铃薯。

丝瓜子［sʅ₁₃¹¹³ kua¹¹³ tsʅ⁰］丝瓜。

金瓜［tɕiə̃₁₃¹¹³ kua¹¹³］南瓜。

茄子［tɕ'iə₅₅⁵¹ tsʅ⁰］

黄瓜［xuaŋ₅₅⁵¹ kua⁰］

脆瓜［tɕ'ye₃₁³¹² kua⁰］

稍瓜［sɔ₂₁₁¹¹³ kua⁰］

洋柿子［iaŋ⁵¹ sʅ₃₁³¹² tsʅ⁰］西红柿。

横丝儿［xuŋ₃₁³¹² ʂer¹¹³］姜。

莴苣［uə₂₁₁¹¹³ tɕy⁵⁵］莴笋。

钢白菜［kaŋ¹¹³ pe₅₅⁵¹ ts'ɛ³¹²］卷心菜。

洋白菜［iaŋ⁵¹ pe₅₅⁵¹ ts'ɛ³¹²］

眉豆子［me⁵¹ təu₃₁³¹² tsʅ⁰］扁豆。

豆芽［təu₃₁³¹² ia⁵¹］有黄豆芽、绿豆芽之分。

芝麻　[tsʐ₂₁₁¹¹³ ma⁰]

豆角子　[təu₃₁³¹² tɕyə¹¹³ tsʐ⁰] 豆角。

马包儿　[ma₃₃⁵⁵ pɔ³¹²] 一种野生浆果。

芹菜　[tɕʻiə̃⁵¹ tsʻɛ³¹²]

冬瓜　[tuŋ₁₃¹¹³ kua¹¹³]

北瓜　[pe₃₃⁵⁵ kua¹¹³]

西葫芦　[ɕi¹¹³ xu₅₅⁵¹ ləu⁰]

葫芦　[xu₅₅⁵¹ ləu⁰]

牙牙葫芦　[ia⁵¹ ia⁵¹ xu₅₅⁵¹ ləu⁰] 一种上下较粗而中间较细的葫芦。

瓢　[pʻiɔ⁵¹] 葫芦一分为二，可舀水。

大葱　[ta₃₁³¹² tɕʻyŋ¹¹³]

洋葱　[iaŋ⁵¹ tɕʻyŋ¹¹³]

蒜头　[ɕyã̃³¹² tʻəu⁵¹]

蒜薹　[ɕyã̃³¹² tʻɛ⁵¹]

蒜苗子　[ɕyã̃₃₁³¹² miɔ⁵¹ tsʐ⁰]

蒜黄　[ɕyã̃³¹² xuaŋ⁵¹]

芫荽　[iã̃₅₅⁵¹ ɕye⁰]

香菜　[ɕiaŋ¹¹³ tsʻɛ³¹²]

佛手瓜　[fə⁵¹ səu⁵⁵ kua¹¹³]

红萝卜　[xuŋ⁵¹ luə₅₅⁵¹ pə⁰]

胡萝卜　[xu⁵¹ luə₅₅⁵¹ pə⁰]

水萝卜　[fe₃₃⁵⁵ luə₅₅⁵¹ pə⁰]

萝卜缨子　[luə₅₅⁵¹ pə⁰ iŋ₂₁₁¹¹³ tsʐ⁰] 萝卜缨儿。

萝卜干儿　[luə₅₅⁵¹ pə⁰ kãr¹¹³]

萝卜糠了　[luə₅₅⁵¹ pa⁰ pʻaŋ¹¹³ la⁰] 萝卜因失掉水分而中空，质地变得松而不实。

朝天椒　[tsʻɔ⁵¹ tʻiã̃¹¹³ tɕiɔ¹¹³]

菜椒子　[tsʻɛ₃₁³¹² tɕiɔ₂₁₁¹¹³ tsʐ⁰] 柿子椒（大青椒）。

大椒子　[ta₃₁³¹² tɕiɔ₂₁₁¹¹³ tsʐ⁰]

白菜　[pe₅₅⁵¹ tsʻɛ⁰]

白菜心儿　[pe₅₅⁵¹ tsʻɛ⁰ ɕier¹¹³]

白菜帮　[pe₅₅⁵¹ tsʻɛ⁰ paŋ¹¹³]

天津绿　[tʻiã̃₁₃¹¹³ tɕiə̃¹¹³ ly¹¹³]

抱头白　[pɔ₃₁³¹² tʻəu⁵¹ pe⁵¹]

小油菜　[ɕiɔ₃₃⁵⁵ iu⁵¹ tsʻɛ⁰] 油菜。

针针　[tsə̃₁₃¹¹³ tsə̃¹¹³] 黄花菜。

苋菜　[ɕiã̃₃₁³¹² tsʻɛ]

菠菜　[pə¹¹³ tsʻɛ⁰]

芥菜　[tɕiɛ₃₁³¹² tsʐ⁰]

花菜　[xua¹¹³ tsʻɛ⁰] 菜花。

苤拉　[pʻiə₁₁₃¹¹³ la⁰] 芜菁。

生菜　[səŋ¹¹³ tsʻɛ⁰]

油菜薹　[iu⁵¹ tsʻɛ⁰ tʻɛ⁵¹]

荠菜　[tɕi₃₁³¹² tsʻɛ⁰]

木耳　[mu¹¹³ ɚ⁵⁵]

黑木耳　[xe¹¹³ mu¹¹³ ɚ⁵⁵]

银耳　[iə̃⁵¹ ɚ⁵⁵]

苦瓜　[ku₃₃⁵⁵ kua¹¹³]

甜瓜　[tʻiã̃₅₅⁵¹ kua⁰]

西瓜　[ɕi₂₁₁¹¹³ kua⁰]

瓜圪针　[kua¹¹³ kə₅₅⁵¹ tsə̃⁰] 瓜蒂。

瓜瓤　[kua¹¹³ zaŋ⁵¹]

丝瓜瓤子　[sʐ¹¹³ kua⁰ zaŋ⁵¹ tsʐ⁰] 瓜络，可用来刷锅或洗碗。

葵葵头　[kʻue⁵¹ kʻue⁵¹ tʻəu⁵¹] 向日葵。

瓜子儿　[kua₂₁₁¹¹³ tʂer⁵⁵] 葵花子儿。

山药　[sɛ₁₃¹¹³ yə¹¹³]

毛芋头　[mɔ⁵¹ y₃₁³¹² tʻəu⁰] 芋艿。

甜杆子　[tʻiã̃⁵¹ kã₂₁₁¹¹³ tsʐ⁰] 甘蔗。

2. 花草树木

花骨朵　[xua¹¹³ ku₂₁₁¹¹³ tuə⁰] 花蕾（未开之花）。

花心米儿　[xua¹¹³ ɕiə̃¹¹³ mie⁵⁵] 花蕊。

皮儿［pʻier⁵¹］果皮。

果木［kuə₁₁₃⁵⁵ mə⁰］果树。

棵［kʻuə₁₁₃］一～树。

树栽子［fu₃₁³¹² tsɛ¹¹³ tsʅ⁰］树苗。

树林子［fu₃₁³¹² liə̃⁵¹ tsʅ⁰］

树叶子［fu₃₁³¹² iə₂₁₁¹¹³ tsʅ⁰］

树枝子［fu₃₁³¹² tsʅ₂₁₁¹¹³ tsʅ⁰］

树根［fu₃₁³¹² kə̃¹¹³］

树身子［fu₃₁³¹² sə̃¹¹³ tsʅ⁰］树干。

杀树［sa₁₃¹¹³ fu³¹²］伐树。

树梢儿［fu₃₁³¹² sɔr¹¹³］

树疤拉［fu₃₁³¹² pa₂₁₁¹¹³ la⁰］树节疤。

发芽［fa¹¹³ ia⁵¹］

栽树［tsɛ¹¹³ fu³¹²］种树。

松树［çyŋ¹¹³ fu³¹²］

松针［çyŋ¹¹³ tsə̃¹¹³］

松球［çyŋ¹¹³ tɕʻiu⁵¹］

松香［çyŋ¹¹³ çiaŋ¹¹³］

杉木［sa₁₃¹¹³ mu¹¹³］杉树。

柳树［liu₃₃⁵⁵ fu³¹²］

楝子树［liã₃₁³¹² tsʅ⁰ fu³¹²］苦楝树。

桑树［saŋ¹¹³ fu³¹²］

桑叶［saŋ₁₃¹¹³ iə¹¹³］

桑葚子［saŋ¹¹³ sə̃₃₁³¹² tsʅ⁰］

梧桐树［u⁵¹ tuŋ⁵¹ fu³¹²］

橘子［tɕy₂₁₁¹¹³ tsʅ⁰］

小金橘［çiɔ₃₃⁵⁵ tɕiə̃₁₃¹¹³ tɕy¹¹³］金橘。

柚子［iu⁵¹ tsʅ⁰］

荸荠［pi₅₅⁵¹ tɕʻi⁰］

葡萄［pʻu₁₁₃¹¹³ tʻɔ⁰］

李子［li⁵⁵ tsʅ⁰］

樱桃［iŋ¹¹³ tʻɔ⁵¹］

杏［çiŋ³¹²］

杨梅［iaŋ⁵¹ me⁵¹］

核儿［xur⁵¹］

桂圆［kue₃₁³¹² yã⁵¹］

荔枝［li₃₁³¹² tsʅ¹¹³］

竹子［pfu₂₁₁¹¹³ tsʅ⁰］

竹篾子［pfu¹¹³ mi⁵¹ tsʅ⁰］

竹竿子［pfu₁₃¹¹³ kã¹¹³ tsʅ⁰］

竹笋［pfu¹¹³ çyə̃⁵⁵］

香椿树［çiaŋ¹¹³ pfʻə̃⁵⁵ fu³¹²］一种叶子带有芳香气味的树，其初生嫩叶可食。

香椿芽［çiaŋ¹¹³ pfʻə̃⁵⁵ ia⁵¹］香椿树初生嫩叶。

臭椿树［tsʻəu₃₁³¹² pfʻə̃⁵⁵ fu³¹²］椿树的一种，因叶子带有臭味而得名。

枣核儿［tsɔ₃₃⁵⁵ xu⁵¹］

酸枣子［çyã₂₁₁¹¹³ tsɔ⁵⁵ tsʅ⁰］

无丝毛［u⁵¹ sʅ¹¹³ mɔ⁵¹］杨树的花。

槐连豆子［xuɛ⁵¹ liã⁵¹ təu₃₁³¹² tsʅ⁰］槐角，又名槐子，可入药。

柿子［sʅ₃₁³¹² tsʅ⁰］

婪柿子［lã⁵¹ sʅ₃₁³¹² tsʅ⁰］将柿子去涩味。

柿饼［sʅ₃₁³¹² piŋ⁵⁵］人工干燥成的饼状柿子。

草越子［tsʻɔ₃₃⁵⁵ yə₃₁³¹² tsʅ⁰］草绳。

　越子［yə₃₁³¹² tsʅ⁰］

苘［tɕʻiŋ⁵⁵］苎麻，多年生宿根性草本植物，是重要的纺织纤维作物。

麻［ma⁵¹］黄麻，主要用于纺织麻袋、粗麻布。

苇子［ue₅₅⁵¹ tsʅ⁰］芦苇。

白蜡［pe₅₅⁵¹ la⁰］一种灌木丛生植物。

白蜡条［pe₅₅⁵¹ la⁰ tʻiɔ⁵¹］即白蜡秆，柔韧性很好，鲁南农村中的编匠常用之编制粪箕子、大篓、小篓等农具。

酸楂〔ɕyã₁₃¹¹³ tsa¹¹³〕

莲子〔liã⁵¹ tsʅ⁵⁵〕

莲蓬〔liã⁵¹ pʻəŋ⁵¹〕

藕〔ɣəu⁵⁵〕

九月菊〔tɕiu⁵⁵ yə¹¹³ tɕy¹¹³〕

杜鹃花〔tu₃₁³¹² tɕyã¹¹³ xua¹¹³〕

季节桃子〔tɕi₃₁³¹² tɕiə¹¹³ tʻɔ⁵¹ tsʅ⁰〕

　凤仙花〔fəŋ₃₁³¹² ɕiã¹¹³ xua¹¹³〕

柳叶桃〔liu₃₃⁵⁵ yə¹¹³ tʻɔ⁵¹〕

月季花〔yə¹¹³ tɕi₃₁³¹² xua¹¹³〕

玻璃海棠〔pə¹¹³ li⁰ xɛ₃₃⁵⁵ tʻaŋ⁵¹〕

兰草〔lã⁵¹ tsʻɔ⁵⁵〕

鸡冠子花〔tɕi¹¹³ kuã¹¹³ tsʅ⁰ xua¹¹³〕

荷花〔xə⁵¹ xua¹¹³〕

冬青〔tuŋ¹¹³ tɕʻiŋ¹¹³〕

竹笋〔pfu₂₁₁¹¹³ ɕyə̃⁵⁵〕

蒺藜〔tɕi₅₅⁵¹ li⁰〕一种带刺的植物。

浮萍〔fu⁵¹ pʻiŋ⁵¹〕

　水萍〔fe₃₃⁵⁵ pʻiŋ⁵¹〕

香艾〔ɕiaŋ¹¹³ ɣɛ³¹²〕泗水一带端午节时要在大门上插香艾辟邪、并食用艾叶水煮的鸡蛋。

蘑菇〔mə₅₅⁵¹ ku⁰〕

青苔〔tɕʻiŋ₂₁₁¹¹³ tsʻɛ⁵⁵〕

迎春花〔iŋ⁵¹ pfʻə̃¹¹³ xua¹¹³〕

芍药〔fə⁵¹ yə¹¹³〕

石榴树〔sʅ⁵¹ liu⁰ fu³¹²〕

杏树〔ɕiŋ₃₁³¹² fu³¹²〕

桃树〔tʻɔ⁵¹ fu³¹²〕

梨树〔li⁵¹ fu³¹²〕

圪棒儿〔kə¹¹³ paŋr³¹²〕小的草棍儿或细小的枯枝。

马蜂菜〔ma₃₃⁵⁵ fəŋ¹¹³ tsʻɛ³¹²〕马齿苋。

婆婆丁〔pʻə⁵¹ pʻə⁵¹ tiŋ¹¹³〕蒲公英。

圪针〔kə₁₃¹¹³ tsə̃¹¹³〕植物的刺。

骨朵〔ku₁₁₃⁵⁵ tuə⁰〕花蕾。

谎花儿〔xuaŋ₁₁₃⁵⁵ xuar⁰〕不结果的花。

杻儿〔ȵiur⁵⁵〕瓜果类植物所结的细小果实。

苦苦菜〔ku₃₃⁵⁵ ku₃₃⁵⁵ tsʻɛ³¹²〕苦菜。

灰灰菜〔xue¹¹³ xue¹¹³ tsɛ³¹²〕灰菜。

拉拉秧〔la₃₃⁵⁵ la⁰ iaŋ¹¹³〕一种长藤带刺的草。

狗尾巴草〔kəu⁵⁵ i₁₁₃⁵⁵ pa⁰ tsʻɔ⁵⁵〕

莽牛墩〔maŋ¹¹³ ȵiu₅₅⁵¹ tuə̃¹¹³〕车前草。

菱角〔liŋ⁵¹ tɕyə¹¹³〕菱。

薄荷〔pə⁵¹ xə⁵¹〕

茶叶棒儿〔tsʻa⁵¹ iə¹¹³ paŋr³¹²〕茶叶梗。

摘花〔tse₁₃¹¹³ xua¹¹³〕

种花〔pfəŋ₃₁³¹² xua¹¹³〕

栽花〔tsɛ₁₃¹¹³ xua¹¹³〕

六、动物

1. 畜禽类

畜类〔pfu₃₁³¹² le³¹²〕①家畜。②詈词，语气极重，骂某人禽兽不如。

　牲灵〔səŋ¹¹³ liŋ⁵¹〕

头口〔tʻəu⁵¹ kʻəu⁵⁵〕牲口。

儿马〔ɚ⁵¹ ma⁵⁵〕公马。

　儿马蛋子〔ɚ⁵¹ ma⁵⁵ tã₃₁³¹² tsʅ⁰〕

骒马〔kʻə₃₁³¹² ma⁵⁵〕母马。

马驹子〔ma₃₃⁵⁵ tɕy¹¹³ tsʅ⁰〕

牤牛蛋子〔maŋ¹¹³ ȵiu₅₅⁵¹ tã₃₁³¹² tsʅ⁰〕公牛。

　趴牿〔pʻa₂₁₁¹¹³ ku⁰〕

　腱子〔tɕiã¹¹³ tsʅ⁰〕

牸牛 ［sʅ⁵¹₅₅ n̠iu⁵¹］母牛。

牛犊子 ［n̠iu⁵¹ tu⁵¹ tsʅ⁰］

黄牛 ［xuaŋ⁵¹ n̠iu⁵¹］

水牛 ［fe⁵⁵₃₃ n̠iu⁵¹］

骆驼 ［luə³¹²₃₁ tʰuə⁰］

叫驴 ［tɕiɔ³¹²₃₁ ly⁵¹］公驴。

草驴 ［tsʻɔ⁵⁵₃₃ ly⁵¹］母驴。

驴驹子 ［ly⁵¹ tɕy¹¹³ tsʅ⁰］小驴。

骡子 ［luə⁵¹₅₅ tsʅ⁰］

山羊 ［sã¹¹³₂₁₁ iaŋ⁰］

　山羊猴子 ［sã¹¹³₂₁₁ iaŋ⁰ xəu⁵¹₅₅ tsʅ⁰］

绵羊 ［miã⁵¹₅₅ iaŋ⁰］

羯羊 ［tɕiə¹¹³₂₁₁ iaŋ⁰］公绵羊。

骚狐 ［sɔ¹¹³₁₃ xu¹¹³］公山羊。

母羊 ［mu⁵⁵₃₃ iaŋ⁵¹］

羊羔子 ［iaŋ⁵¹ kɔ¹¹³ tsʅ⁰］

牙狗 ［ia⁵¹₅₅ kəu⁰］公狗。

母狗 ［mu⁵⁵₃₃ kəu⁰］

小巴狗 ［ɕiɔ⁵⁵₃₃ pa¹¹³ kəu⁵⁵］

哈巴狗 ［xa¹¹³ pa¹¹³ kəu⁵⁵］

疯狗 ［feŋ¹¹³ kəu⁵⁵］

儿猫 ［ɚ⁵¹₅₅ mɔ⁰］公猫。

　儿猫蛋子 ［ɚ⁵¹₅₅ mɔ⁰ tã³¹²₃₁ tsʅ⁰］

女猫 ［n̠y⁵⁵₁₁₃ mɔ⁰］母猫。

牙瓜 ［ia⁵¹₅₅ kua⁰］公猪。

老母儿 ［lɔ⁵⁵₃₃ mer⁵⁵］①老母猪。②个头较大的虱子。

角猪 ［tɕyə¹¹³₁₃ pfu¹¹³］种猪。

克娄 ［kə¹¹³₂₁₁ ləu⁰］阉过的半大猪。

母壳娄 ［mu⁵⁵ kʻə¹¹³₂₁₁ ləu⁰］阉过的半大的母猪。

牙壳娄 ［ia⁵¹ kʻə¹¹³₂₁₁ ləu⁰］阉过的半大的公猪。

娄娄 ［ləu⁵¹ ləu⁵⁵］唤猪声，小孩用语＜儿＞。

猪秧子 ［pfu¹¹³ iaŋ¹¹³ tsʅ⁰］猪崽。

　小猪儿 ［ɕiɔ⁵⁵₃₃ pfer¹¹³］

将 ［tɕiaŋ¹¹³］动物下崽：老母猪一窝～唠十个小猪儿。用于人则带有明显的贬义。泗水一带谓"姜"为"横丝儿"，音［xuŋ³¹²₃₁ ʂer¹¹³］，正是为了避讳该词。

打圈子 ［ta⁵⁵₃₃ tɕyã³¹² tsʅ⁰］母猪发情。

配种儿 ［pʻe³¹²₃₁ pfəŋr⁵⁵］猪交配。

吊秧子 ［tiɔ³¹²₃₁ iaŋ¹¹³₂₁₁ tsʅ⁰］狗交配。

　走草子 ［tsəu⁵⁵₃₃ tsʻɔ⁵⁵ tsʅ⁰］

　狗恋蛋子 ［kəu⁵⁵ liã³¹² tã³¹²₃₁ tsʅ⁰］

羯羔 ［tɕiə¹¹³₁₃ kɔ¹¹³］公羊。

母羊 ［mu⁵⁵ iaŋ⁵¹］

欢羔儿 ［xuã¹¹³₁₃ kɔr¹¹³］①羊交配。②兔子交配。

择 ［tse⁵¹］阉割公猪。

劁 ［tɕʻiɔ¹¹³］阉割母猪。

骟 ［sã¹¹³］阉割牛。

公鸡 ［kuŋ¹¹³₁₃ tɕi¹¹³］

草鸡 ［tsʻɔ⁵⁵₃₃ tɕi¹¹³］母鸡。

笨鸡 ［pə̃³¹²₃₁ tɕi¹¹³］土鸡。

洋鸡 ［iaŋ⁵¹ tɕi¹¹³］

笨鸡蛋 ［pə̃³¹²₃₁ tɕi¹¹³ tã³¹²］

鸡蛋 ［tɕi¹¹³₁₃ tã³¹²］

双黄蛋 ［faŋ¹¹³ xuaŋ⁵¹ tã³¹²］

小母鸡儿 ［ɕiɔ⁵⁵₃₃ mu⁵⁵₁₁₃ tɕier¹¹³］小母鸡（未下蛋）。

媵蛋 ［fã³¹²₃₁ tã³¹²］下蛋。

菢小鸡儿 ［pɔ³¹²₃₁ xiɔ⁵⁵ tɕier¹¹³］孵小鸡儿。

菢窝儿 [pɔ³¹² uər¹¹³] 母鸡孵小鸡儿。
也比喻人赖在床上不起床。

菢窝鸡 [pɔ³¹²uə¹¹³tɕi¹¹³]

鸡冠子 [tɕi¹¹³kuã¹¹³tsʅ⁰]

鸡爪子 [tɕi²¹¹pfa⁵⁵tsʅ⁰]

鸡嗉子 [tɕi¹¹³çy³¹²tsʅ⁰] 鸡嗉囊。

扁嘴 [piã⁵⁵tɕye⁵⁵] 鸭子。

扁蛋 [piã⁵⁵tã³¹²] 鸭蛋。

公鸭 [kuŋ²¹¹ia⁵⁵]

草鸭 [tsʻɔ⁵⁵ia⁵⁵] 母鸭。

野鸭子 [iə³³ia¹¹³tsʅ⁰] 水鸭。

公鹅 [kuŋ¹¹³ɣə⁵¹]

草鹅 [tsʻɔ⁵⁵ɣə⁵¹] 母鹅。

野兽 [iə³³səu³¹²]

狗黑子 [kəu⁵⁵xe¹¹³tsʅ⁰] 熊。

狗瞎子 [kəu³³çia¹¹³tsʅ⁰]

黑瞎子 [xe¹¹³çia²¹¹tsʅ⁰]

狓子 [pʻi⁵¹tsʅ⁰] 狐狸。

黄狓子 [xuaŋ⁵¹pʻi⁵¹tsʅ⁰] 黄鼠狼。

黄鼠狼子 [xuaŋ⁵¹pfu³³lan⁵¹tsʅ⁰]

豺嘴子 [tsʻɛ⁵¹tɕye⁵⁵tsʅ⁰] 狼。

张三儿 [tsaŋ¹¹³sãr¹¹³]

老虎 [lɔ³³xu⁵⁵]

狮子 [sʅ²¹¹tsʅ⁰]

豹子 [pɔ³¹²tsʅ⁰]

猴子 [xəu⁵¹tsʅ⁰]

刺猬 [tsʻʅ³¹²ue⁰]

尾巴 [i¹¹³pa⁰]

老鼠 [lɔ³³fu⁰]

家猫 [tɕia¹¹³mɔ⁵¹] 兔子。

家豁子 [tɕia¹¹³xuə¹¹³tsʅ⁰]

豁嘴子 [xuə²¹¹tɕye⁵⁵tsʅ⁰]

坡兔子 [pʻə¹¹³tʻu³¹²tsʅ⁰] 野兔。

长虫 [tsʻaŋ⁵¹pfʻəŋ⁵¹] 蛇。

臭花子 [tsʻəu³¹²xua¹¹³tsʅ⁰] 泗水一带
常见的一种无毒蛇。

老雕儿 [lɔ³³tiɔr¹¹³] 老鹰。

老老雕儿 [lɔ⁵¹lɔ⁵¹tiɔr¹¹³] <儿>

老鸹 [lɔ³³kua⁰] 乌鸦。

黑老鸹 [xe¹¹³lɔ⁵⁵kua⁰]

老鸹窝 [lɔ³³kua⁰uə¹¹³] 乌鸦巢。

长不拉子 [tsʻaŋ⁵¹pu⁰la⁰tsʅ⁰] 喜鹊。

野雀子 [iə³³tɕʻiɔ¹¹³tsʅ⁰]

小虫子 [çiɔ¹¹³pfʻəŋ⁵¹tsʅ⁰] 麻雀。

燕子 [iã³¹tsʅ⁰]

大雁 [ta³¹iã³¹²] 雁。

鹁鸽 [pu⁵¹kə⁰] 鸽子。

夜猫子 [iə³¹mɔ⁵¹tsʅ⁰] 猫头鹰。

光棍哆嗦 [kuaŋ¹¹³ku ə̃³¹²tuə²¹¹çyə⁰]
布谷鸟。

山鸡 [sã¹¹³tɕi¹¹³]

野鸡 [iə³³tɕi¹¹³]

绵绵乎子 [miã⁵¹miã⁵¹xu¹¹³tsʅ⁰] 蝙蝠。

鸟嘴 [n̩iɔ³³tɕye⁵⁵] 鸟喙。

翅膀 [tsʅ³¹²paŋ⁰]

爪子 [pfa⁵⁵tsʅ⁰]

鸟窝 [n̩iɔ³³uə¹¹³]

仙鹤 [çiã¹¹³xə³¹²] 鹤。

鹦鹉 [iŋ¹¹³u⁵⁵]

八哥 [pa¹¹³kə⁵⁵]

2. 虫鱼类

阿郎蛛子 [ɣə²¹¹laŋ⁰pfu²¹¹tsʅ⁰] 蜘蛛。

阿郎蛛子网 [ɣə²¹¹laŋ⁰pfu²¹¹tsʅ⁰
uaŋ⁵⁵] 蜘蛛网。

蟢子 [çi³³tsʅ⁰] 一种体形较小的蜘蛛。

蚂蚁 [ma³³i⁵⁵]

白蚁［pe⁵¹ i⁵⁵］

蟑螂［tsaŋ²¹¹₂₁₁ laŋ⁰］

花蝴蝶［xua¹¹³ xu⁵¹ tiə⁵¹］

马蜂［ma¹³₁₃ fəŋ⁰］

蜜蜂［mi²¹¹₁₁₃ fəŋ⁰］

蜇［tsə¹¹³］蜂蜇人。

蜂窝［fəŋ¹¹³₁₃ uə¹¹³］

蜂蜜［fəŋ¹¹³₁₃ mi¹¹³］

蛾子［ɣə⁵¹₅₅ tsʅ⁰］灯蛾。

　扑棱蛾子［pʻu¹¹³ ləŋ⁰ ɣə⁵¹₅₅ tsʅ⁰］

方便虫子［faŋ¹¹³ piã⁰ pfʻəŋ⁵¹ tsʅ⁰］萤火
虫。

蝼蛄儿［ləu⁵¹₅₅ kəu⁰］

土鳖子［tʻu⁵⁵ piə¹¹³₂₁₁ tsʅ⁰］

曲溜蜷儿［tɕʻy¹¹³₂₁₁ liu¹¹³ tɕʻyãr⁵¹］蚯蚓。

蜗拉牛子［uə¹¹³₂₁₁ laʻ⁰ ȵiu⁵¹₅₅ tsʅ⁰］蜗牛。

子儿［tʂer⁵⁵］蝉卵。

白吒［pe⁵¹ tsa³¹²］苍蝇卵。

屎壳郎［sʅ⁵⁵ kʻə¹¹³ laŋ⁵¹］蜣螂。

蝎虎子［ɕiə¹¹³₂₁₁ xu¹¹³₅₅ tsʅ⁰］壁虎。

毛毛虫［mɔ⁵¹ mɔ⁵¹ pfʻəŋ⁵¹］毛虫。

腻虫子［ȵi³¹² pfʻəŋ⁵¹ tsʅ⁰］蚜虫。

蝇子［iŋ⁵¹₅₅ tsʅ⁰］苍蝇。

蚊子［uə̃⁵¹₅₅ tsʅ⁰］

　花蚊子［xua¹¹³ uə̃⁵¹ tsʅ⁰］

草虫子［tsʻɔ⁵⁵₃₃ pfʻəŋ⁵¹₅₅ tsʅ⁰］

草鞋底［tsʻɔ⁵⁵₃₃ ɕiə⁵¹ ti⁵⁵］

蚊子咬人［uə̃⁵¹₅₅ tsʅ⁰ iɔ⁵⁵₃₃ zə̃⁵¹］蚊子
叮人。

圪蚤［kə¹¹³₂₁₁ tsɔ⁵⁵］跳蚤。

虱子［sʅ¹¹³₂₁₁ tsʅ⁰］

虮子［tɕi⁵⁵₁₁₃ tsʅ⁰］虱子的卵。

臭虫［tsʻəu³¹²₃₁ pfʻəŋ⁵¹］

蚰子［iu⁵¹₅₅ tsʅ⁰］蝈蝈。

蛐儿蛐儿［tɕʻyer¹¹³₂₁₁ tɕʻyer¹¹³］蟋蟀。

蚂蚱［ma¹¹³₂₁₁ tsa⁰］蝗虫。

牛虻［ȵiu⁵¹ məŋ⁵⁵］

接了［tɕiə¹¹³₂₁₁ liɔ⁰］蝉。

接了龟［tɕiə¹¹³₂₁₁ liɔ⁰ kuer¹¹³］蝉之幼虫。

　石猴儿［sʅ⁵¹ xəur⁵¹］

接了龟皮儿［tɕiə¹¹³₂₁₁ liɔ⁰ kuer¹¹³ pier⁵¹］
蝉蜕。

伏了［fu⁵¹₅₅ liɔ⁰］蝉之小者。

　伏天儿［fu⁵¹ tiẽr¹¹³］

臭大姐［tsʻəu³¹²₃₁ ta³¹²₃₁ tɕiə⁰］臭板虫儿。

花盖体［xua¹¹³ kɛ³¹²₃₁ tʻi⁰］瓢虫。

　花盖子［xua¹¹³ kɛ³¹²₃₁ tsʅ⁰］

刀螂［tɔ²¹¹₁₁ laŋ⁰］螳螂。

瞎撞子［ɕia¹¹³ pfʻaŋ³¹²₃₁ tsʅ⁰］金龟子。

蜓蜓［tʻiŋ²¹¹₁₁ tʻiŋ⁵⁵］蜻蜓。

茨嘈［tsʻʅ⁵¹₅₅ tsʻɔ⁰］地里的一种乳白色
害虫。

蠓虫子［məŋ¹¹³ pfʻəŋ⁵¹ tsʅ⁰］一种细
小、会飞的昆虫。

磕头虫［kʻə¹¹³ tʻəu⁵¹ pfʻəŋ⁵¹］

巴家子［pa¹¹³ tɕia¹¹³₂₁₁ tsʅ⁰］毒毛虫。

蛇虫粒子［sə⁵¹ pfʻəŋ⁵¹ li¹¹³₂₁₁ tsʅ⁰］蜥蜴。

土哲子［tʻu⁵⁵₃₃ tsə⁵¹ tsʅ⁰］一种类似蛐蛐
的昆虫，多生在秋天的玉米地里。

跟头虫［kə̃¹¹³ tʻəu⁵¹ pfʻəŋ⁵¹］蚊子的幼
虫。由蚊卵于水中孵化而成，其体细
长，游泳时身体一屈一伸。亦名"孑
孓"。

蜈蚣［u⁵¹₅₅ kuŋ⁰］

蚰蜒［iu⁵¹₅₅ iã⁰］

蝎子［ɕiə¹¹³₂₁₁ tsʅ⁰］

曹鱼［ts‘ɔ⁵¹ y⁵¹］鲫鱼。

大黄鱼［ta³¹² xuaŋ⁵¹ y⁵¹］

乌贼［u¹¹³ tse⁵¹］墨鱼。

红鱼［xuŋ⁵¹ y⁵¹］鲤鱼。

鳞刀鱼［liə̃⁵¹₅₅ tɔ⁰ y⁵¹］带鱼。

　鳞刀［liə̃⁵¹₅₅ tɔ⁰］

圪腮［kə²¹¹₂₁₁ sɛ⁵⁵］鱼鳃。

虾米［çia¹¹³₂₁₁ mi⁵⁵］

虾仁儿［çia¹¹³ zer⁵¹］

王八［uaŋ⁵⁵ pa⁰］乌龟。

团鱼［t‘uã⁵¹₅₅ y⁰］鳖：三爪～四爪鳖。
（俗语）

　老鳖［lɔ⁵⁵₃₃ piə¹¹³］

白鲢［pe⁵¹ liã⁵¹］

鲇鱼［n̠iã⁵¹₅₅ y⁰］

黄鳝［xuaŋ⁵¹ sã³¹²］

白条［pe⁵¹ t‘iɔ⁵⁵］

金鱼［tçiə̃¹¹³ y⁵¹］

鱿鱼［iu⁵¹ y⁵¹］

咸鱼干［çiã⁵¹ y⁵¹ kã¹¹³］鲞（鱼干）。

鱼鳔［y⁵¹ piɔ³¹²］

鱼鳞［y⁵¹ liə̃⁵¹］

鱼鳍［y⁵¹ tç‘i⁵¹］鳍。

鱼苗子［y⁵¹ miɔ⁵¹ tsʅ⁰］

鱼子［y⁵¹ tsʅ⁵⁵］

鱼刺［y⁵¹ ts‘ʅ³¹²］

打鱼［ta⁵⁵₃₃ y⁵¹］

钓鱼［tiɔ³¹²₃₁ y⁵¹］

鱼篓子［y⁵¹ ləu⁵⁵ tsʅ⁰］

渔网［y⁵¹ uaŋ⁵⁵］

蛤蜊［ka⁵¹₅₅ la⁰］

海蜇［xɛ⁵⁵₃₃ tsə¹¹³］

螃蟹儿［p‘aŋ⁵¹ çiɛr⁵⁵］

蟹黄［çiɛ³¹²₃₁ xuaŋ⁵¹］

宁勾［n̠iŋ⁵¹₅₅ kəu⁰］泥鳅。

　宁宁勾［n̠iŋ⁵¹₅₅ n̠iŋ⁰ kəu¹¹³］

蛤蟆［xə⁵¹₅₅ ma⁰］青蛙。

蛤蟆克台子［xə⁵¹₅₅ ma⁰ kə¹¹³₂₁₁ t‘ɛ¹¹³ tsʅ⁰］
蝌蚪。

疥蛤蟆［tçiɛ³¹²₃₁ xə⁵¹₅₅ ma⁰］蟾蜍。

蚂蚍［ma⁵⁵₃₃ p‘i¹¹³］水蛭。

水马儿［fe⁵⁵₃₃ mar⁵⁵］水面上转来转去的
长腿虫。

　酸□□［çyã¹¹³ n̠ia¹¹³ n̠iŋ⁰］

壳棚［k‘ə²¹¹₂₁₁ p‘əŋ⁰］蚌，贝壳。

蛆［tç‘y¹¹³］

七、房屋　器具

1. 房屋

宅子［tse⁵¹₅₅ tsʅ⁰］住宅。

宅基地［tse⁵¹ tçi¹¹³ ti³¹²］

盖房子［kɛ³¹²₃₁ faŋ⁵¹₅₅ tsʅ⁰］

垒墙［le⁵⁵ tç‘iaŋ¹¹³］砌墙。

　挑墙［t‘iɔ⁵⁵₃₃ tç‘iaŋ⁵¹］

屋［u¹¹³］房子。

天井［t‘iã¹¹³₂₁₁ tçiŋ⁰］院子。

　当院子［taŋ¹¹³ yã³¹²₃₁ tsʅ⁰］

瓦屋［ua⁵⁵₃₃ u¹¹³］

平房［p‘iŋ⁵¹ faŋ⁵¹］

楼［ləu⁵¹］楼房。

洋楼［iaŋ⁵¹ ləu⁵¹］洋房。

草屋［ts‘ɔ⁵⁵₃₃ u¹¹³］草房。

屋脊［u²¹¹₂₁₁ tçi¹¹³］房脊。

屋顶［u¹¹³ tiŋ⁵⁵］

屋檐［u¹¹³ iã⁵¹］房檐。

厦檐［sa³¹²₃₁ iã⁰］房前突出来用于遮挡
风雨的宽屋檐（一般一米左右）。

厦 [sa³¹²]

屋山 [u²¹¹ sã¹¹³] 山墙。

屋梁 [u¹¹³ liaŋ⁵¹] 梁。

大梁 [ta³¹² liaŋ⁵¹]

椽子 [pfʰã⁵¹ tsʅ⁰]

檩子 [liə⁵⁵ tsʅ⁰]

台阶儿 [tʰɛ⁵¹ tɕiɛr¹¹³]

顶棚 [tiŋ⁵⁵ pʰəŋ⁵¹]

吊顶 [tiɔ³¹² tiŋ⁵⁵] 扎顶棚。

楼梯 [ləu⁵¹ tʰi¹¹³]

窗子 [pfʰaŋ²¹¹ tsʅ⁰] 窗户。

窗帘儿 [pfʰaŋ¹¹³ liãr⁵¹]

窗户台 [pfʰaŋ²¹¹ xu⁰ tʰɛ⁵¹]

窗户棂子 [pfʰaŋ²¹¹ xu⁰ liŋ⁵¹ tsʅ⁰]

纱窗 [sa¹¹³ pfʰaŋ¹¹³]

就地 [tɕiu³¹² ti³¹²] 地面：好好哩玻璃杯叫他给掉~上摔烂啦。

住家儿 [pfu³¹² tɕia¹¹³] 住户：这个院子里原来有五户~，后来慢慢哩都搬走啦。

雀眼 [tɕʰyə²¹¹ iã⁵⁵] 旧式房子屋山上端垒的一定形状的小洞，多为通风、出烟、装饰之用。

阳台 [iaŋ⁵¹ tʰɛ⁵¹] 阳台。

棚子 [pʰəŋ⁵¹ tsʅ⁰]

栅栏 [tsa³¹² lã⁵⁵] 简易的围栏。

影背墙 [iŋ⁵⁵ pe³¹² tɕʰiaŋ⁵¹] 影壁。

院墙 [yã³¹² tɕʰiaŋ⁵¹]

封火墙 [fəŋ¹¹³ xuə⁵⁵ tɕʰiaŋ⁵¹]

地工 [ti³¹² kuŋ⁰] 地基。

出地工 [pfʰu¹¹³ ti³¹² kuŋ⁰] 挖地基。

坚脚 [tɕiã¹¹³ tɕyə¹¹³] 土墙下部用砖石砌的部分。

打坚脚 [ta⁵⁵ tɕiã¹¹³ tɕyə¹¹³] 垒墙基。

发碹 [fa¹¹³ tɕʰyã³¹²] 垒坚固的拱形地基。

篱笆帐子 [li⁵⁵ pa⁰ tsaŋ³¹² tsʅ⁰] 篱笆。

进深 [tɕiə̃³¹² sə̃¹¹³] 房屋前后墙之间的距离。

阳沟 [iaŋ⁵⁵ kəu⁰] 宅院向外流水的阴沟。

圪拉 [kə²¹¹ la⁰] 角落。

窟窿 [ku¹¹³ luŋ⁵¹] 洞。

房间 [faŋ⁵¹ tɕiã¹¹³] 屋子。

外间屋 [uɛ³¹² tɕiã⁰ u¹¹³] 外屋。

明间 [miŋ⁵¹ tɕiã¹¹³]

堂屋 [tʰaŋ⁵⁵ u⁰] 厅堂，正厅。

里间屋 [li³³ tɕiã⁰ u¹¹³] 里屋。

偏屋 [pʰiã²¹¹ u¹¹³] 厢房。

配房 [pʰe³¹² faŋ⁵¹]

东屋 [tuŋ¹¹³ u¹¹³] 东房。

厨屋 [pfu⁵¹ u¹¹³] 厨房。

滴水 [ti¹¹³ fe⁵⁵] 原为屋檐上流水滴到的地方，在农村中多指房屋外宅基地界线。

帐子 [tsaŋ³¹² tsʅ⁰] 板壁，多用以在房屋内隔开里间和外间。

薄 [pə⁵¹] 用高粱秸秆打制而成，主要用来覆盖屋顶和床撑，也多用作帐子以隔开房间。

茅子 [mɔ⁵⁵ tsʅ⁰] 厕所。

屎茅子 [sʅ⁵⁵ mɔ⁵⁵ tsʅ⁰]

马棚 [ma⁵⁵ pʰəŋ⁵¹]

牛栏 [ɳiu⁵¹ lã⁵¹] 牛棚；猪圈。

猪圈 [pfu⁵⁵ tɕyã³¹²]

狗窝 [kəu⁵⁵ uə¹¹³]

猪食槽 [pfu¹¹³ sʅ⁵¹ tsʰɔ⁵¹]

羊圈 [iaŋ⁵¹ tɕyã³¹²]

鸡窝［tɕi¹¹³₁₃ uə¹¹³］

鸡笼子［tɕi¹¹³ luŋ⁵¹ tsʅ⁰］

鸡网子［tɕi¹¹³ uaŋ⁵⁵₁₃ tsʅ⁰］

大门楼子［ta³¹²₃₁ mã⁵¹ ləu⁵¹ tsʅ⁰］

出路［pfʻu¹¹³ lu³¹²］大门前的空地及进出院落大门的通路：这位宅子待胡同儿紧里边儿，～不好，稍大点儿的车就进不去。

大门儿［ta³¹²₃₁ mer⁵¹］

正门儿［tsəŋ³¹²₃₁ mer⁵¹］

小门儿［ɕiɔ⁵⁵₃₃ mer⁵¹］边门。

前门儿［tɕʻiã⁵¹ mer⁵¹］

后门［xəu³¹²₃₁ mã⁵¹］

后门儿［xəu³¹²₃₁ mer⁵¹］①后门。②指走关系的、通融的、舞弊的途径。

门拉吊子［m ã⁵¹₅₅ la⁰ tiɔ³¹²₃₁ tsʅ⁰］门吊子。

门鼻子［mã⁵¹ pi⁵¹ tsʅ⁰］钉在门上的金属物件，借助其他东西扣门或用来挂明锁上锁。

栓儿［fãr¹¹³］门闩。

屋当门［u¹¹³₁₃ taŋ¹¹³ mã⁵¹］堂屋内正对屋门的地面：一摞菜盘子掉～上都摔烂啦。

门欠子［mã⁵¹ tɕʻiã³¹²₃₁ tsʅ⁰］门槛。

门柱子［mã⁵¹ pfu³¹²₃₁ tsʅ⁰］门柱（门的两侧）。

门砧［mã⁵¹ tsã⁵⁵］柱础（柱磉石）。

合叶［xə⁵¹ iə¹¹³］

门板［mã⁵¹ pã⁵⁵］

柱子［pfu³¹² tsʅ⁰］

2. 器具

家什［tɕia¹¹³₂₁₁ sʅ⁵⁵］家里比较大的东西，比如家具、农具之类。

家具［tɕia¹¹³₂₁₁ tɕy⁰］

家什儿［tɕia¹¹³ ʂer⁵⁵］家伙儿（指工具）。

家伙什儿［tɕia¹¹³₂₁₁ xuə⁰ ʂer⁵¹］

风门子［fəŋ¹¹³ mã⁵¹ tsʅ⁰］冬天加在房门前的挡风的门。

条儿［tʻiɔ⁵¹ tɕi⁵⁵］

八仙桌儿［pa¹¹³ ɕiã¹¹³ pfər¹¹³］

床边儿［pfʻaŋ⁵¹ piãr¹¹³］床沿。

床［pfʻuaŋ⁵¹］

床撑儿［pfʻaŋ⁵¹ tsʻəŋr³¹²］

床板［pfʻaŋ⁵¹ pã⁵⁵］

床腿儿［pfʻaŋ⁵¹ tʻuer⁵⁵］

铺［pʻu³¹²］铺上被褥后的床铺。

铺头上［pʻu³¹² tʻəu⁰ saŋ⁰］床头。

床头［pfʻaŋ⁵¹ tʻəu⁵¹］

铺底下［pʻu³¹² ti⁵⁵₁₁₃ ɕiə⁰］床底。

炕［kʻaŋ³¹²］

炕头［kʻaŋ³¹² tʻəu⁵¹］

竹床［pfu¹¹³ pfʻaŋ⁵¹］

铺床［pʻu¹¹³ pfʻaŋ⁵¹］

上铺［saŋ³¹²₃₁ pʻu³¹²］上床。

蚊帐［uã⁵¹₅₅ tsaŋ³¹²］

蚊帐钩子［uã⁵¹₅₅ tsaŋ³¹² kəu¹¹³₂₁₁ tsʅ⁰］

床围子［pfʻaŋ⁵¹ ue⁵¹ tsʅ⁰］

毯子［tʻã⁵⁵₁₁₃ tsʅ⁰］毛毯。

盖体［kɛ³¹²₃₁ tʻi⁰］被子。

盖体窝子［kɛ³¹²₃₁ tʻi⁰ uə¹¹³₂₁₁ tsʅ⁰］被窝。

被里［pe³¹²₃₁ li⁵⁵］被子里。

被面儿［pe³¹² miẽr⁵⁵］

被套［pe³¹²₃₁ tʻɔ³¹²］

被单子［pe³¹²₃₁ tã¹¹³ tsʅ⁰］

被罩儿［pe³¹² tsɔr³¹²］

棉花套子［miã⁵⁵₅₅ xuə⁰ t'ɔ³¹²₃₁ tsʅ⁰］棉胎。

豆枕［təu³¹²₃₁ tsə̃⁰］枕头。

豆枕布［təu³¹²₃₁ tsə̃⁰ pu³¹²］枕巾。

豆枕皮子［təu³¹²₃₁ tsə̃⁰ p'i⁵¹ tsʅ⁰］枕套。

豆枕胆儿［təu³¹²₃₁ tsə̃⁰ tãr⁵⁵］枕头芯。

褥子［zəu³¹²₃₁ tsʅ⁰］

草褥子［ts'ɔ⁵⁵₃₃ zəu³¹²₃₁ tsʅ⁰］冬季时用大袋子装上麦秸，做成～，垫在褥子下面来御寒。

草苫子［tsɔ⁵⁵ sã²¹¹ tsʅ⁰］草席。

席［ɕi⁵¹］竹席。

尿罐子［ɕye¹¹³ kuã³¹²₃₁ tsʅ⁰］夜壶。

尿尿盆子［ȵiɔ³¹²₃₁ ɕye¹¹³ p'ə̃⁵¹ tsʅ⁰］

夜壶［iə³¹²₃₁ xu⁵¹］

屎盆子［sʅ⁵⁵₃₃ p'ə̃⁵¹ tsʅ⁰］

擦腚纸［ts'a¹¹³ tiŋ³¹²₃₁ tsʅ⁵⁵］手纸。

烤火盆［k'ɔ⁵⁵₃₃ xuə⁵⁵ p'ə̃⁵¹］火盆。

烤火炉［k'ɔ⁵⁵₃₃ xuə⁵⁵ lu⁵¹］手炉。

暖水袋［nuã⁵⁵₃₃ fe⁵⁵ tɛ³¹²］热水袋。

水嘟噜［fe⁵⁵₃₃ tu¹¹³ ləu⁰］水壶。

熨头［yə̃³¹²₃₁ t'əu⁰］熨斗。

暖壶［nuã⁵⁵₃₃ xu⁵¹］暖水瓶。

黑壶［xe¹¹³ xu⁵¹］用来烧水的铝壶。

梳妆台［fu¹¹³ pfaŋ¹¹³ t'ɛ⁵¹］

镜子［tɕiŋ³¹²₃₁ tsʅ⁰］

洗脸盆子［ɕi⁵⁵₃₃ liã⁵⁵ p'ə̃⁵¹₅₅ tsʅ⁰］

洗脚盆子［ɕi⁵⁵₃₃ tɕyə¹¹³ p'ə̃⁵¹₅₅ tsʅ⁰］（用于洗脚的盆）。

盆架儿［p'ə̃⁵¹₅₅ tɕiar³¹²］脸盆架。

洗脸水［ɕi⁵⁵₃₃ liã⁵⁵₃₃ fe⁵⁵］

香胰子［ɕiaŋ¹¹³ i⁵¹ tsʅ⁰］香皂。

胰子［i⁵¹₅₅ tsʅ⁰］肥皂。

胰子沫［i⁵¹ tsʅ⁰ mə¹¹³］肥皂泡。

洗澡盆［ɕi⁵⁵₃₃ tsɔ⁵⁵ p'ə̃⁵¹］

擦脚布［ts'a¹¹³ tɕyə¹¹³ pu³¹²］

提包［t'i⁵¹ pɔ¹¹³］手提包。

钱夹子［tɕ'iã⁵¹ tɕia¹¹³ tsʅ⁰］钱包。

柜子［kue³¹²₃₁ tsʅ⁰］

箱子［ɕiaŋ²¹¹ tsʅ⁰］

碗柜儿［uã⁵⁵ kuer³¹²］

箱子鼻儿［ɕiaŋ¹¹³ tsʅ⁰ pier⁵¹］箱环。

袋子［tɛ³¹²₃₁ tsʅ⁰］

衣裳架子［i¹¹³₁₃ saŋ⁰ tɕia³¹²₃₁ tsʅ⁰］

晾衣裳架子［liaŋ³¹²₃₁ i¹¹³₁₃ saŋ⁰ tɕia³¹²₃₁ tsʅ⁰］

桌子［pfə¹¹³₂₁₁ tsʅ⁰］

方桌［faŋ¹¹³₁₃ pfə¹¹³］

圆桌［yã⁵¹ pfə¹¹³］

书桌［fu¹¹³₁₃ pfə¹¹³］

写字台［ɕiə⁵⁵₃₃ tsʅ³¹² t'ɛ⁵¹］

吃饭桌子［ts'ʅ¹¹³ fã³¹² pfə¹¹³₂₁₁ tsʅ⁰］饭桌。

桌布［pfə¹¹³₁₃ pu³¹²］

抽抽［ts'əu¹¹³₂₁₁ ts'əu⁰］抽屉。

条几子［t'iɔ⁵¹ tɕi⁵⁵ tsʅ⁰］条案。

茶几子［ts'a⁵¹ tɕi¹¹³₂₁₁ tsʅ⁰］

马扎儿［ma⁵⁵₃₃ tsar¹¹³］

杌子［u³¹²₃₁ tsʅ⁰］方凳。

圆凳子［yã⁵¹ təŋ³¹²₃₁ tsʅ⁰］

椅子［i¹¹³₁₃ tsʅ⁰］

蒲墩［p'u⁵⁵₃₃ tuə̃¹¹³］蒲团。

靠背［k'ɔ³¹²₃₁ pe³¹²］椅子背。

板凳［pã⁵⁵₁₁₃ t'əŋ⁰］

蜡烛［la¹¹³₂₁₁ pfu⁰］

油灯［iu⁵¹ təŋ¹¹³］

灯 $[təŋ^{113}]$ 灯盏。

灯罩子 $[təŋ^{113}\ tsɔ^{312}_{31}\ tsʅ^{0}]$

灯捻子 $[təŋ^{113}\ ȵiã^{312}_{31}\ tsʅ^{0}]$ 灯芯儿。

灯笼 $[təŋ^{113}_{211}\ ləu^{0}]$

烙铁 $[luə^{113}_{211}\ t'iə^{0}]$

大锅 $[ta^{312}_{31}\ kuə^{113}]$ 灶锅。

钢金锅 $[kaŋ^{113}_{13}\ tɕiə^{113}\ kuə^{113}]$ 铝锅。

砂锅 $[sa^{113}_{13}\ kuə^{113}]$

锅台 $[kuə^{113}\ t'ɛ^{51}]$ 灶台。

锅克郎子 $[kuə^{113}_{13}\ kə^{113}\ laŋ^{0}\ tsʅ^{0}]$ 炉膛：~有点小，再大点儿就好啦。

锅底灰 $[kuə^{113}\ ti^{55}_{33}\ xue^{113}]$ 锅烟子。

烟子 $[iã^{113}_{211}\ tsʅ^{0}]$

灶突 $[tsɔ^{312}_{31}\ tu^{51}]$ 烟囱。

炉子 $[lu^{51}_{55}\ tsʅ^{0}]$

锅盖儿 $[kuə^{113}_{13}\ kɛr^{312}]$

锅盖子 $[kuə^{113}\ kɛ^{312}_{31}\ tsʅ^{0}]$

炉条 $[lu^{51}\ t'iɔ^{51}]$

烧火棍子 $[sɔ^{113}\ xuə^{55}\ kuə̃^{312}_{31}\ tsʅ^{0}]$

火钩 $[xuə^{55}_{33}\ kəu^{113}]$ 通条。

火钎子 $[xuə^{55}_{33}\ tɕ'iã^{113}\ tsʅ^{0}]$

火筷子 $[xuə^{55}_{33}\ k'uɛ^{312}_{31}\ tsʅ^{0}]$ 火钳子。

风匣 $[fəŋ^{113}_{211}\ ɕiɛ^{55}]$ 风箱。

炭锨子 $[t'ã^{312}_{31}\ ɕiã^{113}\ tsʅ^{0}]$ 火铲。

柴火 $[ts'ɛ^{51}_{55}\ xuə^{0}]$ 柴草。

锯末 $[tɕy^{312}_{31}\ mə^{113}]$

刨花 $[pɔ^{312}_{31}\ xua^{113}]$

笊篱 $[tsɔ^{312}_{31}\ li^{0}]$

刷帚 $[fa^{113}_{211}\ pfu^{55}]$ 炊帚。

箅子 $[pi^{312}_{31}\ tsʅ^{0}]$ 蒸锅中的一种有网眼、用来隔物的屉子。

笼 $[luŋ^{51}]$ 蒸笼。

笼头 $[luŋ^{51}\ t'əu^{51}]$

笼扇 $[luŋ^{51}\ sã^{312}]$

笼布 $[luŋ^{51}\ pu^{312}]$

传盘 $[pf'ã^{51}\ p'ã^{51}]$

面笤帚 $[miã^{312}\ t'iɔ^{55}\ pfu^{0}]$ 做面食时打扫面案板的一种小扫帚。

炝刀子 $[tɕ'iaŋ^{113}\ tɔ^{51}_{113}\ tsʅ^{0}]$ 锅铲。

　炝除刀子 $[tɕ'iaŋ^{113}\ pf'u^{51}\ tɔ^{55}_{113}\ tsʅ^{0}]$

舀子 $[iɔ^{55}_{113}\ tsʅ^{0}]$ 舀水器具。

　瓢 $[p'iɔ^{51}]$

茶壶 $[ts'a^{51}\ xu^{51}]$

茶碗 $[ts'a^{51}\ uã^{55}]$

海碗 $[xɛ^{55}_{33}\ uã^{55}]$

茶缸子 $[ts'a^{51}\ kaŋ^{113}_{211}\ tsʅ^{0}]$

茶盘子 $[ts'a^{51}\ p'ã^{51}\ tsʅ^{0}]$

酒壶 $[tɕiu^{33}\ xu^{51}]$

酒瓯子 $[tɕiu^{55}\ ɣəu^{113}_{211}\ tsʅ^{0}]$ 酒杯。

醋浅子 $[ts'y^{312}_{31}\ tɕ'iã^{55}\ tsʅ^{0}]$

盘子 $[p'ã^{51}_{55}\ tsʅ^{0}]$

碟子 $[tiə^{51}_{55}\ tsʅ^{0}]$

盆子 $[p'ə̃^{51}_{55}\ tsʅ^{0}]$

罐子 $[kuã^{312}\ tsʅ^{0}]$ 罐子或汤罐。

坛子 $[t'ã^{51}\ tsʅ^{0}]$

酒坛子 $[tɕiu^{55}\ t'ã^{51}\ tsʅ^{0}]$

端子 $[tuã^{113}_{211}\ tsʅ^{0}]$ 酒提子。

瓶子 $[p'iŋ^{51}_{55}\ tsʅ^{0}]$

瓶锥儿 $[p'iŋ^{51}\ pfer^{113}]$ 瓶塞。

溜子 $[liu^{312}_{31}\ tsʅ^{0}]$ 一种上面口较大，下面连有细管，以向瓶子装酒、醋、酱油等的工具。

水瓮 $[fe^{55}_{33}\ uəŋ^{312}]$ 盛水的大缸。

大瓮 $[ta^{312}_{31}\ uəŋ^{312}]$

勺子 $[fə^{51}_{55}\ tsʅ^{0}]$ 饭勺子。

调羹儿 $[t'iɔ^{51}\ kəŋr^{55}]$ 羹匙。

调匙子 [t'iɔ⁵¹ tsʅ⁵¹ tsʅ⁰]

筷子 [k'uɛ³¹²₃₁ tsʅ⁰]

筷子笼子 [k'uɛ³¹²₃₁ tsʅ⁰ luŋ⁵¹₅₅ tsʅ⁰] 筷笼。

抹布 [ma²¹¹₁₁₃ pu⁰]

拖把 [t'uə²¹¹₁₁₃ p'a⁰]

切菜刀 [tɕ'iə¹¹³ ts'ɛ³¹²₃₁ tɔ¹¹³]

蒜臼子 [ɕyã³¹²₃₁ tɕiu³¹²₃₁ tsʅ⁰]

攉蒜 [tɕ'yə¹¹³₁₃ ɕyã³¹²] 捣蒜。

案板 [ɣã³¹²₃₁ pã⁵⁵] 剁菜或做面食用的面板。

擀面杖 [kã³³₅₅ miã³¹²₃₁ tsaŋ³¹²]

洋筲 [iaŋ⁵¹ sɔ¹¹³] 水桶。

恶水 [ɣə¹¹³ fe⁵⁵] 泔水。

杂菜缸 [tsa⁵¹ ts'ɛ³¹² kaŋ¹¹³] 泔水缸。

洋火 [iaŋ⁵¹ xuə⁵⁵] 火柴。

糨子 [tɕiaŋ³¹²₃₁ tsʅ⁰] 糨糊。

针线筐子 [tsə̃¹¹³₁₃ ɕiã³¹² k'uaŋ¹¹³₂₁₁ tsʅ⁰] 笸箩。

顶锥子 [tiŋ⁵⁵₃₃ pfe²¹¹₁₁₃ tsʅ⁰] 顶针儿。

纫针 [zə̃³¹²₃₁ tsə̃¹¹³] 穿针。

针锥 [tsə̃¹¹³₁₃ pfe¹¹³] 锥子。

补丁 [pu⁵⁵₃₃ tiŋ⁰]

搓板 [tɕ'yə¹¹³₂₁₁ pã⁵⁵] 洗衣板儿。

棒槌 [paŋ³¹²₃₁ pf'e⁵¹]

手戳 [səu⁵⁵₃₃ pf'ə¹¹³] 私章、印章。

戳儿 [pf'ər¹¹³]

洗一水 [ɕi⁵⁵₃₃ i¹¹³ fe⁵⁵] 衣服洗一次。

投 [t'əu⁵¹] 洗过衣服后，用清水冲。

轧衣裳 [tsa⁵¹ i¹¹³₂₁₁ saŋ⁰] 缝制衣服。

缝纫机 [fəŋ⁵¹ zə̃³¹² tɕi¹¹³]

套盖体 [t'ɔ³¹² kɛ³¹² t'i⁰] 用棉花、被套加被面、被里缝制棉被。

引盖体 [iə̃⁵⁵₃₃ kɛ³¹² ti⁰] 将棉被与被罩长线直缝在一起。

剪子 [tɕiã⁵⁵₁₁₃ tsʅ⁰]

牙刷子 [ia⁵¹ fa¹¹³ tsʅ⁰]

牙缸子 [ia⁵¹ kaŋ¹¹³ tsʅ⁰]

剃头刀子 [t'i³¹²₃₁ t'əu⁵¹ tɔ¹¹³ tsʅ⁰]

梳子 [fu²¹¹₁₁₃ tsʅ⁰]

篦子 [pi³¹²₃₁ tsʅ⁰] 一种齿儿较密的梳子。

荡刀布 [taŋ³¹²₃₁ tɔ¹¹³ pu³¹²] 旧时理发店中常见的一种镎刀以使之锋利的工具。

敹边儿 [liɔ⁵¹ piãr¹¹³] 简单地缝衣裳边儿。

锁边 [ɕyə⁵⁵₅₁ piã¹¹³] 缲边儿。

纳鞋底 [na¹¹³ ɕiɛ⁵¹ ti⁵⁵]

巴脚子 [pa¹¹³ tɕyə¹¹³₅₁ tsʅ⁰] 针脚：你敹的~忒大，纯粹是糊弄事儿。

拉盒儿 [la¹¹³ xər⁵¹] 电灯开关。

布袋儿 [pu⁵¹ tɛr⁵¹₅₁] 口袋儿：这身儿衣裳总共有六个~。

巴棍子 [pa¹¹³ kuə̃³¹²₃₁ tsʅ⁰] 短木棍：你拿子~干么？又不是去打架？

火鞭 [xuə⁵⁵₅₁ piã¹¹³] 鞭炮：买唠两挂~，长点哩，过年哩时候放。

电棒子 [tiã³¹²₃₁ paŋ³¹²₃₁ tsʅ⁰] 手电筒。

油鞋 [iu⁵¹ ɕiɛ⁵¹] 靴子：路上忒䪞泥泞啦，出去哩时候别忘了穿~。

铺盖 [p'u¹¹³₁₃ kɛ³¹²] 被褥。

锁 [ɕyə⁵⁵]

钥匙 [yə¹¹³₂₁₁ sʅ⁵⁵]

尺棒子 [ts'ʅ⁵⁵ paŋ³¹² tsʅ⁰] 尺子。

残不拉子 [ts'ã⁵¹ pu⁰ la⁰ tsʅ⁰] 次等货：没什么挑头儿啦，都是些~啦，你得便宜点儿。

鏊子［ɣɔ³¹²₃₁ tsɿ⁰］鲁南一带农村常用的一种铁制的圆形的摊煎饼用具。

纺线车子［faŋ⁵⁵₃₃ ɕiã³¹² tsʻə¹¹³ tsɿ⁰］

织布机［tsɿ¹¹³ pu³¹² tɕi¹¹³］

梭子［ɕyə¹¹³₂₁₁ tsɿ⁰］

针眼儿［tsə̃¹¹³₂₁₁ iãr⁵⁵］针鼻。

定杆子［tiŋ³¹²₃₁ kã¹¹³₂₁₁ tsɿ⁰］线轴。

八、人品 称谓

1. 人品

男哩［nã⁵¹ li⁰］男人。

　老爷们［lɔ⁵⁵₃₃ iə⁵¹ mer⁰］

女哩［ȵy⁵⁵₁₁₃ li⁰］女人。

　娘们儿［ȵiaŋ⁵¹₅₅ mer⁰］（贬义）。

小子［ɕiɔ⁵⁵₁₁₃ tsɿ⁰］男孩儿。

妮子［ȵi¹¹³₂₁₁ tsɿ⁰］女孩儿。

子羔子［tsɿ⁵⁵₃₃ kɔ¹¹³ tsɿ⁰］詈语，对男孩的詈骂。

小闺女儿［ɕiɔ⁵⁵₃₃ ku ə̃¹¹³₂₁₁ ȵyer⁵⁵］女孩儿。

　小妮子儿［ɕiɔ⁵⁵₃₃ ȵi¹¹³ tʂer⁰］

半大孩子［pã³¹²₃₁ ta⁰ xɛ⁵¹₅₅ tsɿ⁰］未成年的孩子。

老姑娘［lɔ⁵⁵₃₃ ku¹¹³₂₁₁ ȵiaŋ⁰］①年龄大而仍未出嫁的姑娘。②排行最末的女儿。

娃娃［ua⁵¹₅₅ ua⁰］婴儿。

小青年儿［ɕiɔ⁵⁵₃₃ tɕʻiŋ¹¹³ ȵiãr⁵¹］青年人。

老头儿［lɔ⁵⁵₃₃ tʻəur⁵¹］老头儿（褒义）。

老头子［lɔ⁵⁵₃₃ tʻəur⁵¹ tsɿ⁰］老头儿（贬义）。

老嬷嬷儿［lɔ⁵⁵₃₃ ma¹¹³₂₁₁ mar⁰］老太太（褒义）。

老嬷子［lɔ⁵⁵₃₃ ma¹¹³₂₁₁ tsɿ⁰］老太太（贬义）。

城里哩［tsʻəŋ⁵¹ li⁵⁵₁₁₃ li⁰］城里人。

乡里哩［ɕiaŋ¹¹³₂₁₁ li⁵⁵ li⁰］乡里人。

庄户人［pfaŋ¹¹³₂₁₁ xu⁰ zə̃⁵¹］农民。

土豹子［tʻu⁵⁵₃₃ pɔ³¹²₃₁ tsɿ⁰］农民（贬义）。

　泥腿子［ȵi⁵¹ tʻue⁵⁵₁₁₃ tsɿ⁰］农民（贬义）

自己人［tɕi³¹²₃₁ tɕi¹¹³ zə̃⁵¹］

当家子［taŋ³¹² tɕia¹¹³ tsɿ⁰］本家人。

模样［mu⁵¹₅₅ iaŋ⁰］相貌。

年纪儿［ȵiã⁵¹₅₅ tɕier³¹²］年龄。

有年纪儿哩［iu⁵⁵₃₃ ȵiã⁵¹₅₅ tɕier³¹² li⁰］老者。

外人［uɛ⁵¹ zə̃⁵¹］

当地人［taŋ³¹²₃₁ ti³¹² zə̃⁵¹］本地人。

生人［səŋ¹¹³ zə̃⁵¹］陌生人。

老乡［lɔ⁵⁵₃₃ ɕiaŋ¹¹³］同乡。

在行［tsɛ³¹²₃₁ xaŋ⁵¹］内行。

外行［uɛ³¹²₃₁ xaŋ⁵¹］

　力巴［li¹¹³₂₁₁ pa⁰］（贬义）。

　力巴头［li¹¹³₂₁₁ pa⁰ tʻəu⁵¹］

半瓶子醋［pã³¹² pʻiŋ⁵¹ tsɿ⁰ tɕʻy³¹²］

带犊子［tɛ³¹²₃₁ tu⁵¹₅₅ tsɿ⁰］

团圆媳妇儿［tʻuã⁵¹ yã⁰ ɕi¹¹³ fer⁰］童养媳。

光棍儿［kuaŋ¹¹³₁₃ kuer³¹²］单身汉：他混唠大半辈子啦，还是一个～。

绝户头［tɕyə⁵¹₅₅ xu⁰ tʻəu⁵¹］指无子嗣的人，带贬义：他一个老～，不讲理，别给他搭腔。

寡妇［kua⁵⁵₃₃ fu⁰］

扒灰头［pʻa¹¹³ xue¹¹³ tʻəu⁵¹］与儿媳妇

有不正当关系的公公（贬义）。

私孩子 [sʅ^{113} xɛ^{51} tsʅ^{0}] 詈语，私生子。

前窝儿哩 [tɕ·iã^{51} uər^{113} li^{0}] 前一个老婆所生子女。

后窝儿哩 [xəu^{312} uər^{113} li^{0}] 后一个老婆所生子女。

东西 [tuŋ^{211} ɕi^{0}] 詈语（指人）：他真不是~，翻脸不认人！

黄子 [xuaŋ$^{51}_{55}$ tsʅ^{0}] 詈语（贬义）：这~真不是东西！

回回子 [xue^{51} xue^{51} tsʅ^{0}] 指回民（贬义）。

二拼 [ɚ·$^{312}_{31}$ p·iə^{0}] 傻瓜。

蒲种 [p·u$^{55}_{33}$ pfəŋ^{55}] 笨蛋。

二流子 [ɚ·$^{312}_{31}$ liu^{51} tsʅ^{0}] 指流里流气，不正干的人（贬义）。

二乙子 [ɚ·$^{312}_{31}$ i$^{55}_{113}$ tsʅ^{0}] 两性人。

二皮虎 [ɚ·$^{312}_{31}$ p·i^{51} xu^{55}] 指流氓；恶霸（贬义）。

二挤眼 [ɚ·^{312} tɕi$^{55}_{33}$ iã^{55}] 傻里傻气的人（贬义）。

半吊子 [pã^{312} tiɔ^{312} tsʅ^{0}]

二百五 [ɚ·$^{312}_{31}$ pe$^{55}_{33}$ u^{55}]

二不愣子 [ɚ·$^{312}_{31}$ pu^{0} ləŋ$^{312}_{31}$ tsʅ^{0}] 指愣头青（贬义）。

二五眼 [ɚ·$^{312}_{31}$ u$^{55}_{33}$ iã^{55}] 指不会办事，往往吃亏的人（贬义）。

二杆子 [ɚ·$^{312}_{31}$ kã$^{113}_{211}$ tsʅ^{0}] 指做事不三不四的人（贬义）。

二小子 [ɚ·$^{312}_{31}$ ɕiɔ$^{55}_{33}$ tsʅ^{0}] 指被人呼来喝去的人，如伙计、学徒等（贬义）。

二婚头 [ɚ·$^{312}_{31}$ xu ã^{113} t·əu^{51}] 再婚者（贬义）。

暴发户 [pɔ$^{312}_{31}$ fa^{113} xu^{312}]

败家子儿 [pɛ$^{312}_{31}$ tɕia^{113} tʂer^{55}]

败坏头 [pɛ$^{312}_{31}$ xuɛ^{0} t·əu^{51}]

剌儿头 [tʂer^{312} t·əu^{51}] 难对付的人。

过二道门坎哩 [kuə$^{312}_{31}$ ɚ·$^{312}_{31}$ tɔ^{312} mã^{51} tɕiã^{312} li^{0}] 再婚的女人。

老实在在 [lɔ^{55} sʅ^{51} tsɛ^{0} tsɛ^{0}] 老实人。

正头香主 [tsəŋ^{312} t·əu^{51} ɕiaŋ^{113} pfu^{55}] 真正负责的主事人。

书呆子 [fu^{13} tɛ^{13} tsʅ^{0}]

别根头 [piə^{51} kã̃^{113} t·əu^{51}] 指办事别别扭扭的人（贬义）。

拧筋头 [ɳiŋ$^{55}_{33}$ tɕiã̃^{113} t·əu^{51}] 指钻牛角尖、认死理的人（贬义）。

绿头 [ly^{113} t·əu^{51}] 暗指某人老婆出轨，戏称其头戴绿帽子（贬义）。

醉汉头 [tɕye$^{312}_{31}$ xã$^{312}_{31}$ t·əu^{51}] 经常喝醉的人。

孙头 [ɕyã̃$^{113}_{211}$ t·əu^{0}] 不太精明的人，其做事往往只对别人有利，对自己不利甚至有害。

养汉头 [iaŋ$^{55}_{33}$ xã$^{312}_{31}$ t·əu^{51}] 指女子作风不正派（贬义）。

柴头 [ts·ɛ^{51} t·əu^{51}] 指很难对付的人。

硬碴儿 [iŋ$^{312}_{31}$ ts·ar^{51}]

善碴儿 [sã$^{312}_{31}$ ts·ar^{51}] 软弱、易于对付的人。

穰碴儿 [zaŋ^{51} ts·ar^{51}]

酒蔫蔫子 [tɕiu$^{55}_{33}$ iã$^{113}_{13}$ iã$^{113}_{211}$ tsʅ^{0}] 指喝酒拖的时间长、嗜酒贪杯的人。

稽生子 [ly^{55} səŋ^{113} tsʅ^{0}] 指未经老师指点，自己钻研掌握某一技能的人。

老油子 [lɔ$^{55}_{33}$ iu^{51} tsʅ^{0}] 指处事经验多而油滑的人。

病秧子 [piŋ³¹² iaŋ¹¹³ tsʅ⁰] 经常生病的人。

云么拐子 [yə̃⁵¹ mə⁰ kuɛ⁵⁵₁₁₃ tsʅ⁰] 指擅长花言巧语骗人的人。

尖腔棒子 [tɕiã¹¹³₁₃ tiŋ³¹² paŋ³¹²₃₁ tsʅ⁰] 小气而又特别自私的人（贬义）。

小撮 [ɕiɔ⁵⁵₃₃ tɕyə⁵⁵]

姑姑子 [ku¹¹³₁₃ ku¹¹³ tsʅ⁰] 尼姑。

乡瓜子 [ɕiaŋ¹¹³₁₃ kua¹¹³ tsʅ⁰] 乡巴佬。

山杠子 [sã¹¹³₁₃ kaŋ³¹² tsʅ⁰] 山民。

半掩门子 [pã³¹²₃₁ iã⁵⁵ mə̃⁵¹₅₅ tsʅ⁰] 不公开卖淫的女子。

泥腿子 [n̩i⁵¹ tʰue⁵⁵ tsʅ⁰] 泥瓦匠。

能豆子 [nəŋ⁵¹ təu³¹²₃₁ tsʅ⁰] 指经常编自己有能力、经常炫耀自己的人（贬义）。

七业子 [tɕʰi¹¹³₁₃ iə¹¹³ tsʅ⁰] 指愣头青、办事鲁莽的人（贬义）。

老七 [lɔ⁵⁵₃₃ tɕʰi¹¹³]

筒子货 [tʰuŋ⁵⁵₁₁₃ tsʅ⁰ xuə³¹²] 过于直率、无心计的人。

面糊子耳朵 [miã³¹²₃₁ xu³¹²₃₁ tsʅ⁰ ə·⁵⁵₃₃ tɔ⁰] 喻指毫无主见的人。

老擀 [lɔ⁵⁵₃₃ kã⁵⁵] 对土里土气的人的贬称（贬义）。

劳改犯 [lɔ⁵⁵₅₁ kɛ⁵⁵ fã³¹²] 囚犯。

吃现成饭哩 [tsʅ¹¹³ ɕiã³¹²₃₁ tsʰəŋ⁵¹ fã³¹² li⁰]

街孩子 [tɕiɛ¹¹³ xɛ⁵¹₅₅ tsʅ⁰] 指无所事事、整天游手好闲的年轻人。

土匪 [tʰu⁵⁵₃₃ fi⁵⁵]

老粗 [lɔ⁵⁵₃₃ tɕʰy¹¹³]

小偷 [ɕiɔ⁵⁵₃₃ tʰəu¹¹³]

俩夹儿 [lia⁵⁵₃₃ tɕia¹¹³]

掏包哩 [tʰɔ¹¹³ pɔ¹¹³ li⁰]

破鞋 [pʰ·ə³¹²₃₁ ɕiɛ⁵¹] 詈语，指作风不正派的女人。

老疯子 [lɔ⁵⁵₃₃ fəŋ¹¹³ tsʅ⁰] 神经病。

活宝 [xuə⁵¹ pɔ⁵⁵] 滑稽有趣的人。

拼头 [pʰiə̃¹¹³₂₁₁ tʰəu⁰] 傻子，傻而呱叽不太够头的人。

窑顶 [iɔ⁵¹ tiŋ⁵⁵]

二红砖 [ə·³¹²₃₁ xuŋ⁵¹ pfã¹¹³]

证见 [tsəŋ³¹²₃₁ tɕiã⁰] 证明人。

乖角儿 [kuɛ¹¹³₁₃ tɕyər¹¹³] 聪明机灵、做事乖巧的人。

心眼子包儿 [ɕiə̃¹¹³ iã⁵⁵ tsʅ⁰ pɔr¹¹³] 心眼儿特别多的人（贬义）。

意见包儿 [i³¹²₃₁ tɕiã³¹² pɔr¹¹³] 对人对事有很多意见的人。

鼻子筒 [pi⁵¹₅₅ tsʅ⁰ tʰuŋ⁵⁵] 邋遢、经常流鼻涕的人（贬义）。

木出狗儿 [mu¹¹³ pfʰu¹¹³ kəur⁵⁵] 喻指不爱说话的人。

顺毛驴儿 [fə̃³¹²₃₁ mɔ⁵¹ lyer⁵¹] 喻指只喜欢接受表扬奉承、从不接受批评的人。

财迷 [tsʰ·ɛ⁵¹ mi⁵¹] 守财奴。

伙计儿 [xuə⁵⁵₁₁₃ tɕiər⁰] 朋友。

挨门儿 [iɛ¹¹³ mer⁵¹] 邻居。

怂包儿 [ɕyŋ⁵¹ pɔr¹¹³] 没能力又极为软弱的人。

蒲种 [pʰ·u⁵⁵₃₃ pfəŋ⁵⁵]

窝囊废 [uə¹¹³ naŋ⁵⁵₃₃ fi³¹²]

手艺人 [səu⁵⁵ i³¹²₃₁ zə⁵¹]

下三滥 [ɕia³¹²₃₁ sã¹¹³ lã³¹²] 没有能力、品行恶劣的人。

芋头 [y³¹²₃₁ tʰəu⁰] 愚笨的人。

饭根 [fã³¹²₃₁ kə̃¹¹³] 吃饭总是最后吃完的人。

独熊 [tu⁵¹ çyŋ⁵¹] 晋语，老是吃独食极为自私的人。

馋熊 [ts·ã⁵¹ çyŋ⁵¹] 晋语，非常馋老想吃好东西的人。

孬熊 [nɔ¹¹³ çyŋ⁵¹] 晋语，极为不好的人。

丧门星 [saŋ³¹² mẽ⁵¹ çiŋ¹¹³] 比喻带来灾祸或者晦气的人。

洋鬼子 [iaŋ⁵¹ kue₃₃⁵⁵ tsʅ⁰] 洋人。

日本鬼子 [zʅ¹¹³ pẽ⁵⁵ kue₁₁₃⁵⁵ tsʅ⁰] 日本人，尤指"二战"时的侵华日军。

老毛子 [lɔ₃₃⁵⁵ mɔ⁵¹ tsʅ⁰] 称呼俄国人。

人贩子 [zẽ⁵¹ fã³¹² tsʅ⁰]

望风哩 [uaŋ₃₁³¹² fəŋ¹¹³ li⁰] 为秘密活动观察周围动静的人。

妍头 [p·iẽ₂₁₁¹¹³ t·əu⁰] 非夫妻关系而发生性行为的男女任何一方。

相好哩 [çiaŋ₃₁³¹² xɔ₃₃⁵⁵ li⁰]

冒失鬼 [mɔ₃₁³¹² sʅ¹¹³ kue⁵⁵]

死狗癞儿 [sʅ₃₃⁵⁵ kəu₃₃⁵⁵ lɛ³¹²] 蛮不讲理的人。

2. 称谓

(1) 亲属关系称谓词语。

老老爷 [lɔ₅₁⁵⁵ lɔ⁵⁵ iə⁰] 曾祖父。

老奶奶 [lɔ₅₁⁵⁵ nã⁵⁵ nã⁰] 曾祖母。

老爷 [iə⁵⁵ iə⁰] 祖父。

奶奶 [nã⁵⁵ nã⁰] 祖母。

姑老爷 [ku¹¹³ lɔ⁵⁵ iə⁰] 称呼父亲的姑父辈。

姑奶奶 [ku¹¹³ nã⁵⁵ nã⁰] 称呼父亲的姑母辈。

姑姥爷 [ku¹¹³ lɔ⁵⁵ iə⁰] 称呼母亲的姑父辈。

姑姥娘 [ku¹¹³ lɔ⁵⁵ ȵiaŋ⁰] 称呼母亲的姑母辈。

姨老爷 [i⁵¹ lɔ⁵⁵ iə⁰] 称呼父亲的姨父辈。

姨奶奶 [i⁵¹ nã⁵⁵ nã⁰] 称呼父亲的姨母辈。

姨姥爷 [i⁵¹ lɔ⁵⁵ iə⁰] 称呼母亲的姨父辈。

姨姥娘 [i⁵¹ nã⁵⁵ nã⁰] 称呼母亲的姨母辈。

舅老爷 [tçiu₃₁³¹² lɔ⁵⁵ iə⁰] 称呼父亲舅舅的父辈。

舅奶奶 [tçiu₃₁³¹² nã⁵⁵ nã⁰] 称呼父亲舅舅的母辈。

舅姥爷 [tçiu₃₁³¹² lɔ⁵⁵ iə⁰] 称呼母亲舅舅的父辈。

舅姥娘 [tçiu₃₁³¹² nã⁵⁵ nã⁰] 称呼母亲舅舅的母辈。

老姥娘 [lɔ₅₁⁵⁵ lɔ⁵⁵ ȵiaŋ⁰] 称呼姥娘的母亲。

老姥爷 [lɔ₅₁⁵⁵ lɔ⁵⁵ iə⁰] 称呼姥娘的父亲。

姥爷 [lɔ⁵⁵ iə⁰] 外祖父。

姥娘 [lɔ⁵⁵ ȵiaŋ⁰] 外祖母。

达达 [ta₅₅⁵¹ ta⁰] 父亲。

爹 [tiə¹¹³]

娘 [ȵiaŋ⁵¹] 母亲。

□ [ȵia⁵⁵] 泗水北部乡镇一带面称母亲。

大娘 [ta₃₁³¹² ȵiaŋ⁵¹] 旧时庶出的子女称呼嫡母。

大爷 [ta₃₁³¹² iə⁰] 伯父。

大娘 [ta₃₁³¹² ȵiaŋ⁵¹] 伯母。

姑父 [ku₂₁₁¹¹³ fu⁰]

姑 [ku¹¹³]

叔 [fu¹¹³]

姨 [i⁵¹]

姨父 [i⁵¹₅₅ fu⁰]

认干亲 [zə̃³¹² kã¹¹³₁₃ tɕˑiə¹¹³] 没有血缘关系或婚姻关系而结成的亲戚。认干亲，是旧时泗水乡间比较流行的一种民间礼俗。一般儿子或是多世单传，或是体弱多病，或是多姊无兄，一般认为让儿子另假他姓，就会躲过天灾，避过人祸，健康成长，于是就物色友好，携儿跪拜，结为干亲。

干爷 [kã¹¹³ iə⁵¹]

干娘 [kã¹¹³ ɲiaŋ⁵¹]

干儿 [kã¹¹³ ɚ⁵¹]

干闺女 [kã¹¹³ kuə̃¹¹³₂₁₁ ɲy⁵⁵]

兄弟们 [ɕyŋ¹¹³₂₁₁ liº mə̃⁰]

姊妹们 [tsʅ⁵⁵₁₁₃ meº mə̃⁰]

妯娌们 [pfu⁵¹₅₅ liº mə̃⁰] 弟兄的妻子们。

儿 [ɚ⁵¹] 儿子。

儿媳妇儿 [ɚ⁵¹ ɕi¹¹³₂₁₁ fer⁵⁵]

大小儿 [ta³¹²₃₁ ɕiɔr⁵⁵] 大儿子。

二小儿 [ɚ³¹²₃₁ ɕiɔr⁵⁵] 二儿子。

三儿 [sãr¹¹³] 三儿子。

小儿子 [ɕiɔ⁵⁵₃₃ ɚ⁵¹ tsʅ⁰] 老幺。

妮儿 [ɲier¹¹³]

闺女 [kuə̃¹¹³₂₁₁ ɲy⁵⁵] 女儿。

大妮儿 [ta³¹²₃₁ ɲier¹¹³] 大女儿。

二妮儿 [ɚ³¹²₃₁ ɲier¹¹³] 二女儿。

三妮儿 [sã¹¹³ ɲier¹¹³] 三女儿。

小妮儿 [ɕiɔ⁵⁵₃₃ ɲier¹¹³] 小女儿。

孙子儿 [ɕyə̃¹¹³₂₁₁ tʂer⁵⁵]

孙子儿媳妇儿 [ɕyə̃¹¹³₂₁₁ tʂer⁵⁵ ɕi¹¹³₂₁₁ fer⁵⁵]

重孙子儿 [pfˑəŋ⁵¹ ɕyə̃¹¹³₂₁₁ tʂer⁵⁵]

重孙女儿 [pfˑəŋ⁵¹ ɕyə̃¹¹³₂₁₁ ɲyer⁵⁵]

嘀哒孙儿 [ti¹¹³ taº ɕyer¹¹³] 玄孙。

哥 [kə⁵⁵]

兄弟 [ɕyŋ¹¹³₂₁₁ liº] 弟弟。

姐 [tɕiə⁵⁵]

妹妹 [me³¹²₃₁ meº]

堂兄弟 [tˑaŋ⁵¹ ɕyŋ¹¹³₂₁₁ liº]

堂姊妹 [tˑaŋ⁵¹ tsʅ⁵⁵₁₁₃ meº]

俺男哩 [ɣã⁵⁵ nã⁵¹ liº] 自称自己的丈夫。

小孩儿他达达 [ɕiɔ⁵⁵₃₃ xɛr⁵¹ tˑa¹¹³ ta⁵¹₅₅ taº]

俺当家哩 [ɣã⁵⁵ taŋ¹¹³ tɕia¹¹³ liº]

恁叔 [ne₃₃ fu¹¹³] 妻子根据丈夫与对方的关系自称自己的丈夫。

您男哩 [ne⁵⁵ nã⁵¹ liº] 称呼别人的丈夫。

他男哩 [tˑa¹¹³ nã⁵¹ liº]

某某家 [mu⁵⁵₃₃ mu⁵⁵ tɕiəº] "某某" 一般为妻子的姓名，用于指称某人的丈夫。

恁当家哩 [ne⁵⁵ taŋ¹¹³ tɕia¹¹³ liº]

俺家里哩 [ɣã⁵⁵ tɕia¹¹³₂₁₁ li⁵⁵ liº] 自称自己的妻子。

小孩儿他娘 [ɕiɔ⁵⁵₃₃ xɛr⁵¹ tˑa¹¹³ ɲiaŋ⁵¹]

他家里哩 [tˑa¹¹³ tɕia¹¹³ li⁵⁵ liº] 称呼别人的妻子。

某某家 [mu⁵⁵₃₃ mu⁵⁵ tɕiəº] "某某" 一般为丈夫的姓名或在家的排行，用于指称某人的妻子。

俺娘 [ɣã⁵⁵ ɲiaŋ⁵¹] 母亲 <背>

俺达达 [ɣã⁵⁵ ta⁵¹₅₅ taº] 父亲 <背>。

俺老公公 [ɣã⁵⁵ lɔ⁵⁵₃₃ kuŋ¹¹³ kuŋ¹¹³] 公公

＜背＞。

小孩儿他爷爷［ɕiɔ$^{55}_{33}$ xɛr^{51} t'a^{113} iə$^{51}_{55}$ iə^{0}］＜背＞。

俺老婆婆［ɣã^{55} lɔ$^{55}_{33}$ p'ə$^{51}_{55}$ p'ə^{0}］婆婆＜背＞。

小孩儿他奶奶［ɕiɔ$^{55}_{33}$ xɛr^{51} t'a^{113} nã^{55} nã^{0}］＜背＞。

俺哥［ɣã^{55} kə^{55}］哥哥＜背＞。

俺姐［ɣã^{55} tɕiə^{55}］姐姐＜背＞。

恁哥［ne^{55} kə^{55}］称呼比自己辈分低的中青年男子＜面＞。

恁姐［ne^{55} tɕiə^{55}］称呼比自己辈分低的中青年女子＜面＞。

恁嫂［ne^{55} sɔ^{55}］称呼比自己辈分低的中青年已婚女子＜面＞。

男爷们儿［nã^{51} iə^{51} mer^{0}］成年男子。

娘们儿［ȵiaŋ$^{51}_{55}$ mer^{0}］①指妇女，略带贬义。②指具有母子、母女、姑侄、婶侄关系的人。

小老婆［ɕiɔ^{55} lɔ$^{55}_{33}$ p'ə^{51}］

老丈人［lɔ^{55} tsaŋ$^{312}_{31}$ zə̃^{55}］岳父＜背＞。

俺老丈人［ɣã^{55} lɔ^{55} tsaŋ$^{312}_{31}$ zə̃^{55}］

小孩儿他姥爷［ɕiɔ^{55} xɛr^{51} t'a^{113} lɔ^{55} iə^{0}］

丈母娘［tsaŋ$^{312}_{31}$ mu^{55} ȵiaŋ^{51}］岳母＜背＞。

俺丈母娘［ɣã^{55} tsaŋ$^{312}_{31}$ mu^{55} ȵiaŋ^{51}］

小孩儿他姥娘［ɕiɔ^{55} xɛr^{51} t'a^{113} lɔ^{55} ȵiaŋ^{0}］

亲家［tɕ'iŋ$^{312}_{31}$ tɕiə^{0}］儿女亲家。

男亲家［nã^{51} tɕ'iŋ$^{312}_{31}$ tɕiə^{0}］亲家翁。

女亲家［ȵy^{55} tɕ'iŋ$^{312}_{31}$ tɕiə^{0}］亲家母。

客［k'e^{113}］女婿＜背＞。

他姐夫［t'a^{113} tɕiə$^{55}_{113}$ fu^{0}］女婿＜面＞。

舅［tɕiu^{312}］

妗子［tɕiə̃$^{312}_{31}$ tsŋ^{0}］舅母。

亲亲［tɕ'iə̃$^{113}_{13}$ tɕ'iə̃^{113}］亲戚。

走亲亲［tsəu$^{55}_{33}$ tɕ'iə̃$^{113}_{13}$ tɕ'iə̃^{113}］亲戚间走动。

大伯子哥［ta$^{312}_{31}$ pe^{51} tsŋ^{0} kə^{55}］大伯子。

老大伯［lɔ$^{55}_{33}$ ta$^{312}_{31}$ pe^{51}］

内兄弟儿［ne$^{312}_{31}$ ɕyŋ^{113} tier^{312}］＜背＞。

小孩儿他舅［ɕiɔ^{55} xɛr^{51} t'a^{113} tɕiu^{312}］指孩子的舅舅＜背＞。

大舅子［ta$^{312}_{31}$ tɕiu^{312} tsŋ^{0}］内兄＜背＞。

俺舅子哥［ɣã^{55} tɕiu$^{312}_{31}$ tsŋ^{0} kə^{55}］

小舅子［ɕiɔ^{33} tɕiu$^{312}_{31}$ tsŋ^{0}］内兄弟＜背＞。

大姑子［ta$^{312}_{31}$ ku^{0} tsŋ^{0}］＜背＞。

大姑子姐［ta$^{312}_{31}$ ku^{0} tsŋ^{0} tɕiə^{55}］

小姑子［ɕiɔ$^{55}_{113}$ ku^{0} tsŋ^{0}］＜背＞。

小叔子［ɕiɔ$^{55}_{33}$ fu^{113} tsŋ^{0}］称丈夫的弟弟＜背＞。

大姨子儿［ta$^{312}_{31}$ i^{51} tʂer^{55}］＜背＞。

小姨子儿［ɕiɔ$^{55}_{33}$ i^{51} tʂer^{55}］＜背＞。

前一个老婆［tɕ'iã$^{51}_{31}$ i^{113} kə^{0} lɔ^{55} p'ə^{0}］前妻。

断弦［tuã$^{312}_{31}$ ɕiã^{51}］丧妻。

续弦［ɕy$^{312}_{31}$ ɕiã^{51}］妻死再娶。

内侄儿［ne$^{312}_{31}$ tʂər^{51}］

内侄女儿［ne$^{312}_{31}$ tsŋ^{51} ȵyer^{55}］

外甥儿［uɛ$^{312}_{31}$ ʂər^{113}］外孙、外侄子。

外甥女儿［uɛ$^{312}_{31}$ ʂər^{113} ȵyer^{55}］外孙女、外侄女。

两乔儿［liaŋ$^{55}_{33}$ tɕ'iɔ^{51}］连襟。

两空乔［liaŋ$^{55}_{33}$ k'uŋ$^{312}_{31}$ tɕ'iɔ^{51}］

一担挑［i$^{113}_{13}$ tã^{113} t'iɔ^{113}］

长辈儿 [tsaŋ$_{33}^{55}$ per^{312}]

晚辈儿 [uã$_{33}^{55}$ per^{312}]

平辈儿 [pʻiŋ^{51} per^{312}]

晚娘 [uã$_{33}^{55}$ ȵiaŋ^{51}] 后妈。

　后娘 [xəu$_{31}^{312}$ ȵiaŋ^{51}]

晚爹 [uã$_{33}^{55}$ tiə^{113}] 后爹。

　后爹 [xəu$_{31}^{312}$ tiə^{113}]

仁兄弟 [zə̃^{51} ɕyŋ^{113} ti^{312}] 结拜兄弟。

(2) 职衔和职业称谓。

奶妈子 [nɛ^{55} ma^{113} tsʅ^{0}]

　保姆 [pɔ$_{33}^{55}$ mu^{55}]

　看孩子哩 [kʻã$_{31}^{312}$ xɛ$_{55}^{51}$ tsʅ^{0} li^{0}]

大师傅 [ta$_{31}^{312}$ sʅ$_{211}^{113}$ fu^{0}] 厨子。

　摸油哩 [mə^{113} iu^{51} li^{0}]

　厨子老师儿 [pfʻu^{51} tsʅ^{0} lɔ$_{33}^{55}$ ʂer^{113}]

忙头 [maŋ^{51} tʻəu^{51}] 在红白之类的事儿上操劳的主事人。

　大总理 [ta$_{31}^{312}$ tɕyŋ^{55} li^{0}]

助忙哩 [pfu$_{31}^{312}$ maŋ^{51} li^{0}] 在丧事上帮忙的人。

　忙丧 [maŋ$_{55}^{51}$ saŋ^{0}]

钩子 [kəu$_{211}^{113}$ tsʅ^{0}] 内线。

中人 [pfəŋ^{113} zə̃^{51}] 中间人。

撑子 [tsʻəŋ$_{211}^{113}$ tsʅ^{0}] 托儿。

做买卖哩 [tsəu$_{}^{312}$ mɛ$_{113}^{55}$ mɛ$_{31}^{312}$ li^{0}] 经商的。

老板娘 [lɔ$_{51}^{55}$ pã^{55} ȵiaŋ^{0}]

伙计 [xuə$_{33}^{55}$ tɕi^{0}]

　打杂哩 [ta^{55} tsa^{51} li^{0}]

　跑堂哩 [pʻɔ^{55} tʻaŋ^{51} li^{0}]

　学徒 [ɕyə^{51} tʻu^{51}]

摆摊儿哩 [pɛ^{55} tʻar^{113} li^{0}] 摊贩。

　小商小贩儿 [ɕiɔ$_{33}^{55}$ saŋ^{113} ɕiɔ$_{33}^{55}$ far^{312}]

当兵哩 [taŋ$_{13}^{113}$ piŋ^{113} li^{0}] 军人。

工人 [kuŋ^{113} zə̃^{51}]

先生 [ɕiã$_{211}^{113}$ səŋ^{0}] 医生。

　看病哩 [kʻã$_{31}^{312}$ piŋ^{312} li^{0}]

老师 [lɔ$_{33}^{55}$ sʅ^{113}]

　教员 [tɕiɔ$_{31}^{312}$ yã^{51}]

　教学哩 [tɕiɔ^{113} ɕyə^{51} li^{0}]

民办老师 [mi$_{31}^{51}$ pã^{312} lɔ$_{33}^{55}$ sʅ^{113}] 不列入国家教员编制的教学人员。

老师儿 [lɔ$_{33}^{55}$ ʂer^{113}] 具有一定技术特长的匠人，如厨子、司机、泥瓦匠等。

学生 [ɕyə$_{55}^{55}$ səŋ^{0}]

同学 [tʻuŋ^{51} ɕyə^{51}]

要饭哩 [iɔ$_{31}^{312}$ fã^{312} li^{0}] 乞丐。

　歘街哩 [pfʻa^{55} tɕiə^{113} li^{0}]

　要么吃哩 [iɔ$_{31}^{312}$ mə^{51} tsʻʅ^{113} li^{0}]

经纪 [tɕiŋ$_{211}^{113}$ tɕi^{55}] 荐头。

老娘婆 [lɔ$_{113}^{55}$ ȵiaŋ^{0} pʻə^{51}] 收生婆。

　拾娃娃哩 [sʅ^{51} ua$_{55}^{51}$ ua^{0} li^{0}]

卖野药哩 [mɛ$_{31}^{312}$ iə$_{33}^{55}$ yə^{113} li^{0}] 走江湖的郎中。

打铁哩 [ta$_{33}^{55}$ tʻiə^{113} li^{0}] 铁匠。

轧衣裳哩 [tsa^{51} i$_{211}^{113}$ saŋ^{0} li^{0}] 裁缝。

剃头哩 [tʻi$_{31}^{312}$ tʻəu^{51} li^{0}] 理发员。

杀猪哩 [sa^{113} pfu^{113} li^{0}] 屠夫。

说书哩 [fə$_{211}^{113}$ fu^{113} li^{0}] 说书艺人。

唱戏哩 [tsʻaŋ$_{31}^{312}$ ɕi^{312} li^{0}] 戏子。

做活哩 [tsəu$_{31}^{312}$ xuə^{51} li^{0}] 雇工。

长工 [tsʻaŋ^{51} kuŋ^{113}]

短工 [tuã$_{33}^{55}$ kuŋ^{113}]

吹呜哇儿哩 [pfʻe^{113} u$_{13}^{113}$ uar^{113} li^{0}] 在农村红白事上吹奏乐器的人。

卖东西哩 [mɛ$_{31}^{312}$ tuŋ^{113} ɕi^{0} li^{0}] 售货员。

扛大个哩 [kʻaŋ₃₁³¹² ta₃₁³¹² kə³¹² li⁰] 搬运工。

铜匠 [tʻuŋ₅₅⁵¹ tɕiaŋ⁰]

木匠 [mu₂₁₁¹¹³ tɕiaŋ⁰]

扎纸匠 [tsa¹¹³ tʂʅ⁵⁵ tɕiaŋ⁰]

泥瓦匠 [ɳi⁵¹ ua⁵⁵ tɕiaŋ⁰]

鞋匠 [ɕiɛ₅₅⁵¹ tɕiaŋ⁰]

拿笔杆子哩 [na⁵¹ pe⁵⁵ kã₁₁₃⁵⁵ tʂʅ⁰ li⁰] 文人。

跑龙套哩 [pʻɔ⁵⁵ luŋ⁵¹ tʻɔ³¹² li⁰] 配角,尤指从事无关紧要的事务的人。

玩把戏哩 [uã⁵¹ pa⁵⁵ ɕi³¹² li⁰] 变戏法的人。

变戏法哩 [pia³¹² ɕi₃₁³¹² fa¹¹³ li⁰]

种地哩 [pfəŋ₃₁³¹² ti³¹² li⁰] 农民。

赶脚儿哩 [kã⁵⁵ tɕyər¹¹³ li⁰] 赶骡马或毛驴拉货、载人的。

拉脚儿哩 [la₁₃¹¹³ tɕyər¹¹³ li⁰]

铜锅哩 [tɕy¹¹³ kuə¹¹³ li⁰] 补锅碗盆等的匠人。

警察 [tɕiŋ₃₃⁵⁵ tsʻa¹¹³]

丫鬟 [ia¹¹³ xuã⁵¹]

破落户儿 [pʻə₃₁³¹² luə¹¹³ xur³¹²]

出家人 [pfʻu¹¹³ tɕia¹¹³ zə̃⁵¹]

姑姑子 [ku₂₁₁¹¹³ ku¹¹³ tʂʅ⁰]

和尚 [xə₅₅⁵¹ saŋ⁰]

道士 [tɔ₃₁³¹² sʅ⁰]

老道 [lɔ₃₃⁵⁵ tɔ³¹²]

打鱼哩 [ta₃₃⁵⁵ y⁵¹ li⁰] 渔夫。

撑船哩 [tsʻəŋ¹¹³ pfʻã⁵¹ li⁰] 艄公。

挑挑子哩 [tʻiɔ¹¹³ tʻiɔ₂₁₁¹¹³ tʂʅ⁰ li⁰] 挑夫。

宰巴子 [tsɛ⁵⁵ pa⁰ tʂʅ⁰] 屠夫（贬义）。

衙役 [ia₅₅⁵¹ i⁰] 公差。

下人 [ɕia₃₁³¹² zə̃⁵¹] 仆人。

窑姐 [iɔ⁵¹ tɕiər⁵⁵] 妓女。

马子妮儿 [ma⁵⁵ tʂʅ⁰ ɳier¹¹³]

婊子 [piɔ⁵⁵ tʂʅ⁰]

看林哩 [kʻã₃₁³¹² liə̃⁵¹ li⁰] ①守护树林的人。②看护祖坟的人。

开车哩 [kʻɛ₁₃¹¹³ tsʻə¹¹³ li⁰] 司机。

相面哩 [ɕiaŋ₃₁³¹² miɛ³¹² li⁰] 看相的。

吃国家粮哩 [tsʻʅ¹¹³ kuə₅₅⁵¹ tɕiɔ⁰ liaŋ⁵¹ li⁰] 国家正式工作人员。

拉皮条哩 [la¹¹³ pʻi⁵¹ tʻiɔ⁵¹ li⁰] 介绍卖淫的皮条客。

九、身体　疾患

1. 身体部位

身子骨 [sə̃₂₁₁¹¹³ tʂʅ⁰ ku¹¹³] 身体。

秃子 [tʻu₂₁₁¹¹³ tʂʅ⁰] 秃头。

头顶儿 [tʻəu⁵¹ tiər⁵⁵]

后脑勺子 [xəu₃₁³¹² nɔ⁵⁵ fə₅₅⁵¹ tʂʅ⁰]

圪拉绷儿 [kə₂₁₁¹¹³ laʔ⁰ pəŋr⁵⁵] 脖子。

喉头 [xəu⁵¹ tʻəu⁵¹] 喉结。

胡仑儿 [xu₅₅⁵¹ luə̃⁰] 喉咙。

头发 [tʻəu₅₅⁵¹ fə⁰]

分头 [fə̃¹¹³ tʻəu⁵¹]

少白头 [sɔ₃₁³¹² pe⁵¹ tʻəu⁵¹]

掉头发 [tiɔ₃₁³¹² tʻəu⁵¹ fə⁰] 脱头发。

肤皮 [fu¹¹³ pʻi⁵¹] 头皮屑。

页拉盖儿 [iə₂₁₁¹¹³ laʔ⁰ kɛr³¹²] 额头。

眉头囟子 [me⁵¹ təu⁵¹ ɕiə̃₃₁³¹² tʂʅ⁰] 囟脑门儿。

花耳尖子 [xua₁₃¹¹³ ə˞⁵⁵ tɕiã₂₁₁¹¹³ tʂʅ⁰] 太阳穴、鬓角。

脸 [liã⁵⁵]

颧骨 [tɕʻya^{51}_{55} ku⁰]

抬头纹 [tʻɛ tʻəu⁵¹ uə̃⁵¹]

褶子 [ts$ə^{113}_{211}$ tsʅ⁰] 脸上的皱纹。

腮帮子 [s$ɛ^{113}_{13}$ paŋ¹¹³ tsʅ⁰]

眼 [iã⁵⁵]

眼眶子 [iã⁵⁵ kʻ$uaŋ^{312}_{31}$ tsʅ⁰]

眼珠子 [iã⁵⁵ pfu¹¹³ tsʅ⁰]

瞳仁儿 [tʻuŋ⁵¹ z̩er⁵¹]

眼子毛 [i$ã^{55}_{113}$ tsʅ⁰ mɔ⁵¹] 眼毛。

眉毛 [me⁵¹ mɔ⁵¹]

眵目糊 [tsʻʅ¹¹³ ma⁵⁵ xu¹¹³] 眼屎。

眯登眼儿 [mi^{113}_{51} təŋ¹¹³ iãr⁵⁵] 眯缝眼。

黑眼珠儿 [xe¹¹³ iã⁵⁵ pfer¹¹³]

白眼珠儿 [pe⁵¹ iã⁵⁵ pfer¹¹³]

淌眼泪 [tʻaŋ⁵⁵ i$ã^{55}_{33}$ le³¹²]

擦眼泪 [tsʻa¹¹³ i$ã^{55}_{33}$ le³¹²]

眼皮儿 [i$ã^{55}_{33}$ pʻier⁵¹]

单眼皮儿 [tã¹¹³ i$ã^{55}_{33}$ pʻier⁵¹]

双眼皮儿 [faŋ¹¹³ i$ã^{55}_{33}$ pʻier⁵¹]

鼻子 [pi^{51}_{55} tsʅ⁰] ①鼻子。②鼻涕：你看孩子淌哩满脸哩～，快给他擦擦。

鼻子尖儿 [pi^{51}_{55} tsʅ⁰ tɕiãr¹¹³]

鼻子尖 [pi^{51}_{55} tsʅ⁰ tɕiã¹¹³] 指某人的鼻子嗅觉特别灵敏，和儿化后的词义不同。

嘴头子 [tɕye⁵⁵ tʻ$əu^{51}_{55}$ tsʅ⁰] 嘴。

嘴巴子 [tɕye⁵⁵ pa^{312}_{31} tsʅ⁰] 耳光。

　耳刮子 [ɚ$^{55}_{33}$ kua¹¹³ tsʅ⁰]

嘴唇 [tɕye⁵⁵ pfʻə̃⁵¹]

酒糟鼻子 [tɕiu⁵⁵ tsɔ¹¹³ pi^{51}_{55} tsʅ⁰] 糟鼻子。

鼻孔眼子 [pi⁵¹ kʻuŋ⁵⁵ i$ã^{55}_{33}$ tsʅ⁰] 鼻窟窿。

擤鼻子 [çiŋ⁵⁵ pi⁵¹ tsʅ⁰] 擤鼻涕。

鼻圪齇 [pi⁵¹ k$ə^{113}_{55}$ tsa¹¹³] 鼻屎。

鼻梁骨 [pi⁵¹ liaŋ⁵¹ ku¹¹³]

吐沫 [tʻu³¹² mə⁰] 唾沫。

吐沫星子 [tʻu³¹² mə⁰ çi$ŋ^{113}_{211}$ tsʅ⁰] 唾沫星儿。

洌洌 [liə⁵⁵ liə⁰] 哈喇子。

淌洌洌 [tʻaŋ⁵⁵ liə⁵⁵ liə⁰] 流口水。

舌头 [s$ə^{55}_{55}$ təu⁰]

舌苔 [sə⁵¹ tʻɛ¹¹³]

牙根子 [ia⁵¹ kə̃¹¹³ tsʅ⁰] 牙床。

耳朵 [ɚ⁵⁵ tɔ⁰]

耳朵眼子 [ɚ⁵⁵ tɔ⁰ iã⁵⁵ tsʅ⁰] 耳朵窟窿儿。

耳朵眼儿 [ɚ⁵⁵ tɔ⁰ iãr⁵⁵] 常用来责骂某人没记性：你没长～啊，跟你说过多少遍了！

耳朵锤子 [ɚ⁵⁵ tɔ⁰ pfʻ e⁵¹ tsʅ⁰]

耳髓儿 [ɚ$^{55}_{33}$ çyer¹¹³] 耳屎。

大梁 [ta^{312}_{31} liaŋ⁵¹] 脊柱。

木疙瘩 [mu^{113}_{13} k$ə^{113}_{211}$ ta⁰] 身上起的疙瘩。

耳朵沉 [ɚ$^{55}_{33}$ tɔ⁰ tsʻə̃⁵¹] 耳背。

核心眼子 [xə⁵¹ cĩ¹¹³ iã⁵⁵ tsʅ⁰] 嗓子眼儿。

胡子 [xu^{51}_{55} tsʅ⁰]

人中 [zə̃⁵¹ pfəŋ¹¹³]

酒窝儿 [tɕiu⁵⁵ uər¹¹³]

辫子 [pi$ã^{312}_{31}$ tsʅ⁰]

穴儿 [çyə⁵¹] 头发旋。

齐眉穗儿 [tɕʻi⁵¹ me⁵¹ çyer³¹²] 刘海。

牙花子 [ia⁵¹ xua^{113}_{211} tsʅ⁰] 牙龈。

门牙 [me⁵¹ ia⁵¹]

大牙 [ta^{312}_{31} ia⁵¹]

虎牙 [xu⁵⁵ ia⁵¹]

牙锈 [ia⁵¹ ɕiu³¹²] 牙垢。

　牙屎 [ia⁵¹ sʅ⁵⁵]

虫牙 [pfʼəŋ⁵¹ ia⁵¹] 蛀牙。

换牙 [xuã³¹² ia⁵¹] 换乳牙。

板齿牙 [pã⁵⁵ tsʼʅ⁵⁵₃₃ ia⁵¹] 牙齿外露。

　龅牙子 [pɔ·i³¹²₃₁ ia⁵¹ tsʅ⁰]

手印儿 [səu⁵⁵₃₃ ier³¹²] 指印。

汗毛 [xã³¹²₃₁ mɔ⁰]

汗毛眼子 [xã³¹²₃₁ mɔ⁰ iã⁵⁵ tsʅ⁰]

后背 [xəu³¹²₃₁ pe³¹²]

脊央 [tɕi¹¹³₂₁₁ iaŋ⁵⁵] 脊梁。

胳咖 [kə¹¹³₂₁₁ pʼaʼ⁰] 胳膊。

胳咖肘子 [kə¹¹³₂₁₁ pʼaʼ⁰ tsəu⁵⁵₁₁₃ tsʅ⁰] 胳膊肘。

手 [səu⁵⁵]

左手 [tɕyə⁵⁵₃₃ səu⁵⁵]

右手 [iu³¹²₃₁ səu⁵⁵]

手脖子 [səu⁵⁵₃₃ pə⁵¹₅₅ tsʅ⁰] 手腕。

手指头 [səu⁵⁵₃₃ tsʅ¹¹³ tʼəu⁰]

手指头盖子 [səu⁵⁵₃₃ tsʅ¹¹³ tʼəu⁰ kɛ³¹²₃₁ tsʅ⁰] 指甲盖儿。

大𢲸指头 [ta³¹²₃₁ mə̃⁰ tsʅ¹¹³₂₁₁ tʼəu⁰] 大拇指。

二𢲸指头 [ɚʼ³¹²₃₁ mə̃⁰ tsʅ¹¹³₂₁₁ tʼəu⁰] 食指。

三𢲸指头 [sã³¹²₃₁ mə̃⁰ tsʅ¹¹³₂₁₁ tʼəu⁰] 中指。

四𢲸指头 [sʅ³¹²₃₁ mə̃⁰ tsʅ¹¹³₂₁₁ tʼəu⁰] 无名指。

小𢲸指头 [ɕiɔ⁵⁵₃₃ mə̃⁰ tsʅ¹¹³₂₁₁ tʼəu⁰] 小指。

手指头缝儿 [səu⁵⁵ tsʅ¹¹³ tʼəu⁰ fər³¹²] 手指缝。

手纹 [səu⁵⁵₃₃ uə̃⁵¹]

穴儿 [ɕyər⁵¹] 斗纹。

簸箕 [pə⁵¹ tɕ·i⁰] 箕纹。

虎口 [xu⁵⁵₅₁ kʼəu⁵⁵]

巴掌 [pa¹¹³ tsaŋ⁵⁵] 手掌。

　呱子 [kua¹¹³₂₁₁ tsʅ⁰]

手心 [səu⁵⁵ ɕiə̃¹¹³]

手面子 [səu⁵⁵ miã³¹² tsʅ⁰] 手背。

皮锤 [pʼi³¹² pfʼe⁵¹] 拳头。

胳啦肢 [kə¹¹³₂₁₁ la⁰ tsʅ⁵¹] 胳肢窝。

胳肢 [kə⁵¹₅₅ tsʅ¹¹³] 呵痒。

扣痒痒 [kʼ·uɛ⁵⁵ iaŋ⁵⁵₁₁₃ iaŋ⁰] 挠痒痒。

心口窝子 [ɕiə̃¹¹³₂₁₁ kʼəu⁵⁵ uə¹¹³₂₁₁ tsʅ⁰] 胃的上部，胸口。

心脯愣子 [ɕiə̃¹¹³₂₁₁ pʼu⁵⁵ ləŋ¹¹³₂₁₁ tsʅ⁰] 胸脯。

肋巴骨 [le¹¹³₂₁₁ pa⁰ ku¹¹³] 肋条。

都都儿 [təu¹¹³₁₃ təur⁰] 乳房。

　口儿口儿 [kʼ·əur⁵⁵₅₁ kʼ·əur⁵⁵]

　奶子 [nɛ⁵⁵₁₃ tsʅ⁰]

都儿都儿头 [təu¹¹³₁₃ təur¹¹³ tʼ·əu⁵¹] 乳头。

奶水儿 [nɛ⁵⁵ fer⁵⁵] 奶汁。

　奶 [nɛ⁵⁵]

腰 [iɔ¹¹³]

腿 [tʼue⁵⁵]

大腿 [ta³¹²₃₁ tʼue⁵⁵]

小腿 [ɕiɔ⁵⁵₅₁ tʼue⁵⁵]

大腿里子 [ta³¹²₃₁ tʼue⁵⁵ li¹¹³₁₃ tsʅ⁰] 大腿内侧。

腿肚子 [tʼue⁵⁵ tu³¹²₃₁ tsʅ⁰]

大胯 [ta³¹²₃₁ kʼua⁵⁵] 胯骨。

肚子 [tu⁵⁵₁₁₃ tsʅ⁰] 胃。

　小肚子 [ɕiɔ⁵⁵ tu³¹²₃₁ tsʅ⁰]

布气眼子 [pu⁵¹₅₅ tɕ·i³¹² iã⁵⁵₁₁₃ tsʅ⁰] 肚

脐眼。

圪拉拜子［kə₂₁₁¹¹³ la⁰ pɛ₃₁³¹² tsʅ⁰］膝盖。

腚［tiŋ³¹²］屁股。

腚锤子［tiŋ³¹² pf'e⁵¹ tsʅ⁰］屁股蛋。

腚眼子［tiŋ₃₁³¹² iã⁵⁵ tsʅ⁰］肛门。

腚沟［tiŋ₃₁³¹² kəu¹¹³］屁股沟。

腚帮骨［tiŋ³¹² paŋ⁰ ku¹¹³］尾骨。

鸡儿鸡儿［tɕier¹¹³ tɕier¹¹³］幼童性器官。

赘子［tɕi₂₁₁¹¹³ tsʅ⁰］

鸡巴［tɕi₁₃¹¹³ pa¹¹³］男阴。

屌［tiɔ⁵⁵］

把子［pa₁₁₃⁵⁵ tsʅ⁰］

蛋皮［tã₃₁³¹² p'i⁵¹］阴囊。

蛋子子［tã³¹² tsʅ⁰ tsʅ⁵⁵］睾丸。

尿泡儿［ɕyer₁₃¹¹³ p'ɔ¹¹³］膀胱。

屄［pi¹¹³］女阴。

屄豆子［pi¹¹³ təu₃₁³¹² tsʅ⁰］阴核。

夵屄［zʅ₁₃¹¹³ pi¹¹³］交合。

办事儿［pã₃₁³¹² ʂer³¹²］

同房［t'uŋ⁵¹ faŋ⁵¹］

干活儿［kã₃₁³¹² xuər⁵¹］

衣胞［i¹¹³ p'ɔ⁵¹］胞衣。

阴毛［i¹¹³ mɔ⁵¹］

屌毛［tiɔ₃₃⁵⁵ mɔ⁵¹］

屄毛［pi¹¹³ mɔ⁵¹］

怂［ɕyŋ⁵¹］精液。

月事［yə¹¹³ sʅ³¹²］月经。

身上［sə̃₂₁₁¹¹³ saŋ⁰］

光腚［kuaŋ¹¹³ tiŋ³¹²］全裸。

光腚猴子［kuaŋ¹¹³ tiŋ³¹² xəu₅₅⁵¹ tsʅ⁰］

光脊仰［kuaŋ¹¹³ tɕi¹¹³ iaŋ⁵⁵］光膀子。

踝子疙瘩［xuɛ₅₅⁵¹ tsʅ⁰ kə₂₁₁¹¹³ ta⁰］踝

子骨。

镰子骨［liã₅₅⁵¹ tsʅ⁰ ku¹¹³］胫面骨。

脚丫子［tɕyə¹¹³ ia⁵¹ tsʅ⁰］脚。

脚面子［tɕyə¹¹³ miã₃₁³¹² tsʅ⁰］脚背。

脚底板子［tɕyə¹¹³ ti⁵⁵ pa₁₁₃⁵⁵ tsʅ⁰］脚掌。

脚尖儿［tɕyə₁₃¹¹³ tɕiãr¹¹³］

脚心［tɕyə₁₃¹¹³ ɕiə̃¹¹³］

脚趾头［tɕyə₁₃¹¹³ tsʅ¹¹³ t·əu⁰］

脚趾头盖子［tɕyə₁₃¹¹³ tsʅ¹¹³ t·əu⁰kɛ₃₁³¹² tsʅ⁰］脚趾甲。

脚后跟儿［tɕyə¹¹³ xəu₃₁³¹² kə̃¹¹³］

脚花子［tɕyə₁₃¹¹³ xua₂₁₁¹¹³ tsʅ⁰］脚印儿。

失脚丫子［sʅ¹¹³ tɕyə¹¹³ ia₅₁¹¹³ tsʅ⁰］打赤脚。

纂［tɕyã⁵⁵］旧时已婚中青年妇女盘在脑后的发髻。

网子［uaŋ₁₁₃⁵⁵ tsʅ⁰］

圪圪纽子［kə¹¹³ kə¹¹³ ɳiu₅₅⁵¹ tsʅ⁰］

八岁毛［pa¹¹³ ɕye₃₁³¹² mɔ⁵¹］男孩出生后蓄在脑后的一缕毛发，又称撑根发，满八岁后去掉。

肩膀头子［tɕiã₁₃¹¹³ paŋ⁵⁵ t·əu₅₅⁵¹ tsʅ⁰］肩膀。

锁子骨［ɕyə⁵⁵ tsʅ⁰ ku¹¹³］肩胛骨。

下巴颏子［ɕia₃₁³¹² pa⁰ k·ə₂₁₁¹¹³ tsʅ⁰］下巴。

串腮胡［pf·ã₃₁³¹² sɛ¹¹³ xu⁵¹］络腮胡。

皮草儿［p'i₅₅⁵¹ ts·ɔr⁰］皮肤：这孩子～不好，破点儿皮儿就发。

青筋［tɕ·iŋ₁₃¹¹³ tɕiə̃¹¹³］

血［ɕiə⁵⁵］

血管儿［ɕiə₃₃⁵⁵ kuãr⁵⁵］

胆儿大［tãr⁵⁵ ta³¹²］胆子（大）。

肝伙［kã₂₁₁¹¹³ xuə⁰］肝。

腰子 [iɔ²¹¹₁₁₃ tsʅ⁰] 肾。

　腰花 [iɔ¹¹³₁₃ xua¹¹³]

肠子 [tsʰaŋ⁵¹₅₅ tsʅ⁰]

身子骨 [sə̃¹¹³ tsʅ⁰ ku¹¹³] 身体。

身材 [sə̃¹¹³ tsʰɛ⁵¹]

大高个子 [ta³¹₃₁₂ kɔ¹¹³ kə³¹₃₁₂ tsʅ⁰] 高个儿。

矮个子 [iɛ⁵⁵ kə³¹₃₁₂ tsʅ⁰]

长哩 [tsʰaŋ¹³₅₅ li⁰] 长相,相貌。

　样儿 [iaŋr³¹²] 样子。

年纪儿 [ȵiã⁵¹ tɕier³¹²] 年龄。

瘾 [iə̃⁵⁵]

腔儿 [tɕʰiaŋr¹¹³] 腔调。

劲儿 [tɕier³¹²] 力气。

味儿 [uer³¹²] 味道。

音儿 [ier¹¹³] 声音。

2. 身体疾患

胎记 [tʰɛ¹¹³ tɕi³¹²]

雀子 [tɕʰyɔ²¹¹₁₁₃ tsʅ⁰] 雀斑。

蝇子屎 [iŋ⁵¹₅₅ tsʅ⁰ sʅ⁵⁵] 脸上浅色的雀斑。

老年斑 [lɔ⁵⁵ niã⁵¹ pã¹¹³] 老人斑。

鸡眼 [tɕi¹¹³ iã⁵⁵]

咬碟子 [iɔ⁵⁵ tiə⁵¹₅₅ tsʅ⁰] 咬舌子。

记 [tɕi³¹²] 痣。

癣 [ɕyã⁵⁵]

粉刺 [fə̃⁵⁵₃₃ tsʰʅ³¹²]

　糟个瘩子 [tsɔ¹¹³ kə⁰ ta²¹¹₁₁₃ tsʅ⁰]

刺挠 [tsʰʅ³¹²₃₁₂ nɔ⁰] 身上刺痒,不舒服。

不得劲 [pu¹¹³ te⁵⁵ tɕiə̃³¹²] 病了。

　不舒坦儿 [pu¹¹³ pfʰu¹¹³ tʰãr⁵⁵]

　有症候儿 [iu⁵⁵ tsə̃³¹²₃₁ xəu⁰]

　不得腔儿 [pu¹¹³ te⁵⁵ tɕʰiaŋ¹¹³]

病厉害了 [piŋ³¹² li³¹²₃₁ xɛ³¹² la⁰] 病重了。

拉肚子 [la¹¹³ tu³¹² tsʅ⁰] 腹泻。

　跑肚 [pʰɔ⁵⁵ tu³¹²]

起角眼 [tɕʰi⁵⁵ tɕyə⁵⁵₅₅ iã⁵⁵] 眼角长疮。

发烧 [fa¹³₁₃ sɔ¹¹³] 发热。

感冒 [kã⁵⁵ mɔ⁰]

　冻仔了 [tuŋ³¹ tsʅ⁰ la⁰] 伤风。

　受凉 [səu³¹²₃₁ liaŋ⁵¹]

　闪汗啦 [sã⁵⁵ xã³¹² la⁰]

肚子疼 [tu³¹² tsʅ⁰ tʰə̃⁵¹] 胃疼。

咳嗽 [kʰ'ə²¹¹₁₁₃ sɔ⁰]

干哕 [kã¹³₁₃ yə⁵⁵] 恶心。

　翻棱 [fã¹¹³₂₁₁ leŋ⁰]

哕了 [yə⁵⁵₁₁₃ la⁰] 吐了。

哆嗦 [tuə²¹¹₁₁₃ ɕyə⁰] 发抖。

　打合撒 [ta⁵⁵₃₃ xə⁵¹ sa⁰]

发冷 [fa¹¹³ lə̃⁵⁵]

头晕 [tʰəu⁵¹ yə̃¹¹³]

淤血 [y¹¹³ ɕiə⁵⁵]

淌血 [tʰaŋ³¹₃₃ ɕiə⁵⁵] 流血。

肿啦 [pfə̃ŋ⁵⁵₁₃ la⁰] 红肿。

葬弄儿 [tsaŋ³¹₃₁₂ luŋ⁰] 致人生病。

打冷出伸 [ta⁵⁵ lə̃⁵⁵ pfʰu¹¹³₁₃ sə̃¹¹³] 打冷战。

打摆子 [ta⁵⁵ pɛ⁵⁵₁₁₃ tsʅ⁰] 发疟子。

种花花儿 [pfə̃ŋ³¹² xua²¹¹₁₁₃ xuar⁰] 种痘。

出花花儿 [pfʰu¹¹³ xua¹¹³₂₁₁ xuar⁰] (出)痘(天花)。

水痘子 [fe⁵⁵ təu³¹²₃₁ tsʅ⁰] 水痘。

羊夹子风 [iaŋ⁵¹ tɕia¹¹³₂₁₁ tsʅ⁰ fəŋ¹¹³] 羊角风。

疹子 [tsə̃⁵⁵₁₁₃ tsʅ⁰] 麻疹。

疥疮 ［tɕiɛ³¹² pfʻaŋ¹¹³］

冻疮 ［tuŋ³¹² pfʻaŋ¹¹³］

皲啦 ［tɕʻyə̃²¹¹¹³ la⁰］皲裂。

大麻疯 ［ta³¹ ma³³ fəŋ¹¹³］麻风。

长疮 ［tsaŋ⁵⁵ pfʻaŋ¹¹³］生疮。

溃脓 ［xue³¹² nuŋ⁵¹］化脓。

定疙疤 ［tiŋ³¹² kə̃¹³ tsa¹¹³］结痂。

蹭破皮儿 ［tsʻəŋ³¹² pʻə̃³¹² pʻier⁵¹］

剻个口子 ［li⁵¹ kə⁰ kʻ əu⁵⁵¹¹³ tsʅ⁰］刺个口子。

发啦 ［fa²¹¹ la⁰］伤口发炎。

疤瘌 ［pa²¹¹ la⁰］疤。

痱子 ［fi³¹² tsʅ］

抽筋儿 ［tsʻəu¹³ tɕier¹¹³］抽筋。

错环儿 ［tɕʻyə̃³¹² xuɛr⁵¹］脱臼。

大脖子 ［ta³¹² pə⁵¹ tsʅ⁰］甲状腺肿大。

　气拉脖子 ［tɕʻiˑ³¹² la⁰ pə⁵⁵¹ tsʅ⁰］

夽拉肩 ［ta²¹¹ la⁰ tɕiã¹¹³］溜肩膀（肩膀下垂）。

左撇咧子 ［tɕʻyə̃⁵⁵ pˈiə⁵⁵ liə²¹¹³ tsʅ⁰］左撇子。

斗鸡眼儿 ［təu³¹² tɕi¹³ iãr⁵⁵］斗眼儿。

看病 ［kʻã³¹² piŋ³¹²］诊病。

见轻了 ［tɕiã³¹² tɕʻiŋ¹¹³ la⁰］病较轻了。

开药单子 ［kʻ ɛ¹¹³ yə¹³ tã¹¹³ tsʅ⁰］开方子。

　开方子 ［kʻ ɛ¹¹³ faŋ²¹¹³ tsʅ⁰］

一服药 ［i¹¹³ fu³¹² yə¹¹³］一剂药。

　一副药 ［i¹¹³ fu³¹² yə¹¹³］

熬药 ［ɣɔ⁵¹ yə¹¹³］煎药。

发汗 ［fa¹³ xã³¹²］表汗。

打针 ［ta⁵⁵ tsə̃¹¹³］

败火 ［pɛ³¹² xuə⁵⁵］去火。

解毒 ［tɕiɛ⁵⁵ tu⁵¹］去毒。

剻心 ［li⁵¹ ɕiə̃¹¹³］因胃酸过多而致的胃部不适感。

打够得 ［ta⁵⁵ kəu²¹¹ te⁰］打嗝。

鸡宿眼 ［tɕi¹¹³ ɕy¹¹³ iã⁵⁵］夜盲症。

　雀瞀眼 ［tɕʻyə¹¹³ ku³³ iã⁵⁵］

远视眼 ［yã⁵⁵ sʅ³¹² iã⁵⁵］老花眼。

近视眼 ［tɕiə̃³¹² sʅ³¹² iã⁵⁵］

风罗眼 ［feŋ¹¹³ luə⁵¹ iã⁵］羞明；迎风流泪。

铺了 ［pʻu¹¹³ liɔ⁵⁵］泡。

着人 ［pfə⁵¹ zə̃⁵¹］传染。

害耳朵底子 ［xɛ³¹² ɚ⁵⁵ tɔ⁰ ti¹¹³⁵⁵ tsʅ⁰］中耳炎。

起鸡皮疙瘩 ［tɕʻi⁵⁵ tɕi¹¹³ pʻi⁵¹ kə²¹¹ ta⁰］

疯啦 ［fəŋ²¹¹¹¹³ la⁰］发疯。

才坏 ［tsʻɛ⁵¹ xuɛ⁰］残疾。

　残废 ［tsʻã⁵¹ fi⁰］

瘸巴腿 ［tɕʻyə⁵¹ pa⁰ tʻue⁵⁵］瘸子。

背弓子 ［pe³¹² kuŋ¹¹³ tsʅ⁰］罗锅儿。

　罗锅腰 ［luə⁵¹ kuə⁰ iɔ¹¹³］

瞎子 ［ɕia²¹¹ tsʅ⁰］

聋子 ［luŋ⁵¹ tsʅ⁰］

哑巴 ［ia⁵⁵¹¹³ pa⁰］

麻子 ［ma⁵¹ tsʅ⁰］麻脸。

疯子 ［fəŋ²¹¹ tsʅ⁰］

败顶 ［pɛ³¹² tiŋ⁵⁵］头顶头发脱落。

结巴 ［tɕiə²¹¹ pa⁰］口吃。

豁子嘴 ［xuə²¹¹ tsʅ⁰ tɕye⁵⁵］豁唇。

豁子牙 ［xuə²¹¹ tsʅ⁰ ia⁵¹］豁牙。

齆鼻子 ［uəŋ³¹² pi⁵¹ tsʅ⁰］鼻塞。

六指儿 ［liu³¹² tʂer⁵⁵］

胀饱 ［tsaŋ³¹² pɔ⁰］胃胀、积食。

消齾食儿 [ɕiɔ¹¹³ xuə⁵⁵ ʂer⁵¹] 消食。

放屁 [faŋ³¹² p‘i³¹²]

尿下 [ȵiɔ³¹² ɕiə⁰] 尿床。

疝气 [sã¹¹³ tɕ‘i³¹²]

气蛋 [tɕ‘i³¹² tã³¹²] 指发生在阴囊部位的疝气。

齁些篓子 [xəu¹¹³ ɕiɛ⁵⁵ ləu⁵⁵¹¹³ tsʅ⁰] 经常性气喘的人。

中暑 [pfəŋ³¹² fu⁵⁵]

中风 [pfəŋ³¹² fəŋ¹¹³]

子宫下垂 [tsʅ⁵⁵₃₃ kuŋ¹¹³ ɕia³¹² pf‘e⁵¹] 子宫脱垂。

黄病 [xuaŋ⁵¹ piŋ³¹²] 黄疸。

胃病 [ue³¹² piŋ³¹²]

伤寒病 [saŋ¹¹³ xaŋ⁵¹ piŋ³¹²]

痨病 [lɔ⁵¹ piŋ³¹²] 肺痨。

半身不遂 [pã³¹² sə̃¹¹³ pu¹¹³ ɕye⁵¹]

瘫痪 [t‘ã²¹¹ xuã⁰]

痴呆 [tsʅ⁵¹ tɛ¹¹³]

跑马 [p‘ɔ⁵¹ ma⁵⁵] 遗精。

嘴臭 [tɕye⁵⁵₃₃ ts‘əu³¹²] 口臭。

狐臭 [xu⁵¹ ts‘əu³¹²]

茧子 [tɕiaŋ⁵⁵¹¹³ tsʅ⁰] 手足老茧。

踆 [tɕ‘yə̃] 高处跳落，摧伤股足。

瘊子 [xəu⁵¹₅₅ tsʅ⁰]

痔疮 [tsʅ³¹² pf‘aŋ¹¹³]

痄腮 [tsa³¹² sɛ⁰] 腮腺炎。

腹里带哩 [fu¹¹³ li⁰ tɛ³¹²₃₁ li⁰] 先天的。

请先生 [tɕ‘iŋ⁵⁵ ɕiã²¹¹ səŋ⁰] 延医。

　搬大夫 [pã¹¹³ tɛ³¹² fu⁰]

候脉 [xəu³¹² me¹¹³] 号脉。

　摸脉 [mə¹¹³ me¹¹³]

偏方 [p‘iã¹¹³₁₃ faŋ¹¹³]

秘方 [mi¹¹³ faŋ¹¹³]

药铺 [yə¹¹³ p‘u³¹²] 药房。

药引子 [yə¹¹³ iə̃⁵⁵₁₃ tsʅ⁰]

汤药 [t‘aŋ¹¹³ yə¹¹³]

药渣子 [yə¹¹³ tsa²¹¹ tsʅ⁰] 泗水一带风俗，煎过的 ~ 要倒在路中间，任人踩踏。

药罐子 [yə¹¹³ kuã³¹²₃₁ tsʅ⁰] ①煎中药的罐子。②喻指身体有病经常吃药的人。

药水儿 [yə²¹¹ fer⁵⁵]

药面子 [yə¹¹³ miã³¹² tsʅ⁰] 药粉。

药片子 [yə¹¹³ p‘iã³¹² tsʅ⁰]

药丸子 [yə¹¹³ uã⁵¹ tsʅ⁰]

掩药面 [yã⁵⁵ yə¹¹³ miã³¹²] 上药面。

抹药膏 [mə⁵⁵ yə¹¹³₁₃ kɔ¹¹³] 搽（药膏）。

狗皮膏药 [kəu⁵⁵ p‘i⁵¹ kɔ¹¹³₁₃ yə¹¹³]

挂吊瓶 [kua³¹² tiɔ³¹²₃₁ p‘iŋ⁵¹] 滴注。

　打吊针 [ta⁵⁵ tiɔ³¹² tsə̃¹¹³]

打小针 [ta⁵⁵ ɕiɔ⁵⁵₃₃ tsə̃¹¹³] 打针。

开刀 [k‘ɛ¹¹³ tɔ¹¹³] 动手术。

摸乱 [mə¹¹³ luã³¹²] 心中异常烦乱。

昏过去 [xuə̃¹¹³ kuə⁰ tɕi³¹²] 休克。

㤭躁 [ɣɔ²¹¹ tsɔ⁵⁵] 心中不满又无法发泄。

还醒 [xuã⁵⁵ ɕiŋ⁰] 苏醒过来。

针灸 [tsə̃¹¹³₁₃ tɕiu¹¹³]

拔火罐子 [pa⁵¹ xuə⁵⁵ kuã³¹² tsʅ⁰]

大疮 [ta³¹² pf‘aŋ¹¹³] 花柳病。

十、衣服穿戴

1. 衣服

衣裳 [i¹¹³₂₁₁ saŋ⁰] 衣服。

扎刮 [tsa¹¹³ kua¹¹³] 打扮。

穿巴哩〔pf'ã²¹¹¹³ pa⁰ li⁰〕衣着。

汗衫儿〔xã³¹² sãr¹¹³〕短袖

褂子〔kua³¹² tsʅ⁰〕上衣。

大衣〔ta³¹² i¹¹³〕

裤子〔k'u³¹² tsʅ⁰〕

单裤子〔tã¹¹³ ku³¹² tsʅ⁰〕单裤。

裤头〔k'u³¹² t'əu⁵¹〕短裤。

裤衩子〔k'u³¹² ts'a⁵⁵ tsʅ⁰〕

毛裤〔mɔ⁵¹ k'u³¹²〕毛线裤。

秋衣〔tɕ'iu¹¹³ i¹¹³〕秋冬季穿的保暖内衣。

秋裤〔tɕ'iu¹¹³ k'u³¹²〕秋冬季穿的保暖内裤。

开裆裤〔k'ɛ¹¹³ taŋ¹¹³ k'u³¹²〕

露裆裤〔ləu³¹² taŋ¹¹³ k'u³¹²〕

裤裆〔k'u³¹² taŋ¹¹³〕

裤腰〔k'u³¹² iɔ¹¹³〕

裤腿〔k'u³¹² t'ue⁵⁵〕

裹腿〔kuə⁵⁵ t'ue⁵⁵〕

笼衣裳哩〔luŋ⁵¹ i²¹¹ saŋ⁰ li⁰〕罩袍。

贴身儿哩〔t'iə¹³ sə̃r¹¹³ li⁰〕内衣（贴身穿的）。

外面穿哩〔uɛ³¹² miã⁰ pf'ã²¹¹¹³ li⁰〕外衣。

外套〔uɛ³¹² t'ɔ³¹²〕

红棉袄〔xuŋ⁵¹ miã⁵¹ ɣɔ⁵⁵〕按照传统习俗，泗水一带结婚时新娘要穿红棉袄、红棉裤，即使是夏天也要穿，取过门后"日子红火、家底儿厚实"之义。

红棉裤〔xuŋ⁵¹ miã⁵¹ k'u³¹²〕

棉衣裳〔miã⁵¹ i²¹¹ saŋ⁰〕

单衣裳〔tã¹¹³ i²¹¹ saŋ⁰〕单衣。

夹袄〔tɕia²¹¹ ɣɔ⁵⁵〕夹衣。

大褂子〔ta³¹² kua³¹² tsʅ⁰〕长衫。

衬褂儿〔ts'ə̃³¹² kuar³¹²〕衬衣。

茄克〔tɕ'ia⁵⁵ k'ə⁰〕夹克衫。

皮棉袄〔p'i⁵¹ miã⁵¹ ɣɔ⁵⁵〕皮袄。

毛衣〔mɔ⁵¹ i¹¹³〕毛线衣。

旗袍〔tɕ'i⁵¹ p'ɔ⁵¹〕

西服〔ɕi¹¹³ fu⁵¹〕

风衣〔fəŋ¹¹³ i¹¹³〕

背心儿〔pe³¹² ɕier¹¹³〕

小褂儿〔ɕiɔ⁵⁵ kuar³¹²〕

坎肩儿〔k'ã⁵⁵ tɕiãr¹¹³〕

衣裳襟儿〔i¹¹³ saŋ⁰ tɕier¹¹³〕衣襟。

大襟儿〔ta³¹² tɕier¹¹³〕

小襟儿〔ɕiɔ⁵⁵ tɕier¹¹³〕

对襟儿〔tue³¹² tɕier¹¹³〕

衣裳边儿〔i¹¹³ saŋ⁰ piãr¹¹³〕下摆。

镶边〔ɕiaŋ¹³ piã¹¹³〕贴边

面儿〔miãr³¹²〕（衣服）面子。

里儿〔lier⁵⁵〕（衣服）里子。

衣领子〔i²¹¹ liŋ¹¹³ tsʅ⁰〕

袖子〔ɕiu³¹² tsʅ⁰〕

布袋儿〔pu⁵¹ tɛr⁵¹〕衣裳兜儿。

裙子〔tɕ'yə̃⁵¹ tsʅ⁰〕

围裙〔ue⁵⁵ tɕ'yə̃⁰〕

骑马布子〔tɕ'i⁵¹ ma⁵⁵ pu³¹² tsʅ⁰〕月经带。

卫生带儿〔ue³¹² səŋ¹¹³ tɛr³¹²〕

束腰带〔pfu³¹² iɔ¹¹³ tɛ³¹²〕腰带。

漫头抹儿〔mã³¹² t'əu⁵¹ mar¹¹³〕从头上脱下来的衣服。

兜儿兜儿〔təur¹¹³ təur¹¹³〕兜肚。

褯子〔tɕiə³¹² tsʅ⁰〕尿布。

蓑衣〔ɕyə²¹¹ i¹¹³〕

雨衣〔y³³ i¹¹³〕

襻带 [pʻã³¹² tɛ⁰] 襻在肩上的带有两条布带的裤子。

裸被 [pɔ¹¹³₁₃ pe³¹²] 小儿被。

2. 鞋子

鞋 [ɕiɛ⁵¹]

草鞋 [tsʻɔ⁵⁵₃₃ ɕiɛ⁵¹]

凉鞋 [liaŋ⁵¹₃₁ ɕiɛ⁵⁵]

拖鞋 [tʻuə¹¹³ ɕiɛ⁵¹]

皮鞋 [pʻi⁵¹ ɕiɛ⁵¹]

布鞋 [pu³¹² ɕiɛ⁵¹]

球鞋 [tɕʻiu⁵¹ ɕiɛ⁵¹]

鞋垫子 [ɕiɛ⁵¹ tiã³¹²₃₁ tsʅ⁰]

鞋撑子 [ɕiɛ⁵¹ tsʻəŋ¹¹³₂₁₁ tsʅ⁰] 鞋楦（撑鞋用的木质模型）。

鞋拔子 [ɕiɛ⁵¹ pa⁵¹ tsʅ⁰] 穿鞋时用于提鞋的用具。

靴子 [ɕyə¹¹³₂₁₁ tsʅ⁰] 雨鞋。

鞋帮子 [ɕiɛ⁵¹ paŋ¹¹³₂₁₁ tsʅ⁰]

鞋底儿 [ɕiɛ⁵¹ tier⁵⁵]

袜子 [ua¹¹³₂₁₁ tsʅ⁰]

线袜子 [ɕiã³¹²₃₁ ua¹¹³ tsʅ⁰]

长袜子 [tsʻaŋ⁵¹ ua¹¹³ tsʅ⁰]

短袜子 [tuã⁵⁵ ua¹¹³ tsʅ⁰]

跟脚儿 [kə̃¹¹³₁₃ tɕyər¹¹³] 鞋穿在脚上大小合适。

裹脚布 [kuə⁵⁵₃₃ tɕyə¹¹³ pu³¹²]

纳鞋底 [na¹¹³ ɕiɛ⁵¹ ti⁵⁵]

铺衬 [pʻu¹¹³₁₃ tsʻə̃¹¹³] 破布头、碎布条。

殻子 [tɕʻyə¹¹³₂₁₁ tsʅ⁰] 隔褙，用糨糊把一些铺衬黏在一起做成的硬布，用来做鞋帮、鞋底等。

3. 饰物

伞 [sã⁵⁵]

帽席夹子 [mɔ³¹²₃₁ ɕi⁵¹ tɕia¹¹³ tsʅ⁰] 草帽。

转圪拉 [pfã³¹² kə¹¹³₂₁₁ la⁰] 涎布。

围脖 [ue⁵¹ pə⁵¹] 围巾。

手套子 [səu⁵⁵ tʻɔ³¹² tsʅ⁰]

耳暖子 [ɚ⁵⁵₃₃ nuã⁵⁵ tsʅ⁰] 耳朵帽儿。

钱包 [tɕʻiɛ⁵¹ pɔ¹¹³] 荷包。

戒溜子 [tɕiɛ³¹²₃₁ liu¹¹³ tsʅ⁰] 戒指。

金溜子 [tɕiə̃¹¹³₁₃ liu¹¹³ tsʅ⁰] 金戒指。

别针 [piə⁵¹ tsə̃¹¹³]

耳环 [ɚ⁵⁵ xuã⁵¹]

簪子 [tsã¹¹³₂₁₁ tsʅ⁰]

手镯子 [səu⁵⁵ pfə⁵¹ tsʅ⁰]

发夹子 [fa¹¹³ tɕʻia¹¹³ tsʅ⁰] 发夹（大）。

小夹子 [ɕiɔ⁵⁵ tɕʻia¹¹³ tsʅ⁰] 发夹（小）。

耳坠子 [ɚ⁵⁵ pfe³¹²₃₁ tsʅ⁰]

项链儿 [ɕiaŋ³¹²₃₁ liãr³¹²]

挖耳簪子 [ua¹¹³ ɚ⁵⁵ tsã¹¹³₂₁₁ tsʅ⁰]

拐杖 [kuɛ⁵⁵₁₁₃ tsaŋ⁰] 手杖。

手表 [səu⁵⁵ piɔ⁵⁵]

怀表 [xuɛ⁵¹ piɔ⁵⁵]

车衣 [tsʻə¹¹³₁₃ i¹¹³]

旱烟袋 [xã³¹²₃₁ iã¹¹³ tɛ³¹²]

扣子 [kʻəu³¹²₃₁ tsʅ⁰]

扣眼儿 [kʻəu³¹²₃₁ iãr⁵⁵]

摁扣儿 [ɣə̃³¹²₃₁ kʻəur³¹²]

手巾 [səu¹¹³₁₁₃ tɕiə̃⁰] 毛巾。

手绢儿 [səu⁵⁵₃₃ tɕyãr³¹²]

眼镜 [iã³³₃₃ tɕiŋ³¹²]

近视镜 [tɕiə̃³¹²₃₁ sʅ³¹² tɕiŋ³¹²]

老花镜 [lɔ⁵⁵₃₃ xua¹¹³ tɕiŋ³¹²]

烟袋 [iã¹¹³₁₃ tɛ³¹²]

烟袋锅儿 [iã¹¹³₁₃ tɛ³¹² kuər¹¹³]

烟袋嘴儿〔iã$^{113}_{13}$ tɛ^{312} tɕyer^{55}〕

烟袋杆儿〔iã$^{113}_{13}$ tɛ^{312} kãr^{113}〕

围巾儿〔ue^{51} tɕier^{113}〕头巾。

丝巾儿〔sʅ$^{113}_{13}$ tɕier^{113}〕

围脖〔ue^{51} pə^{51}〕

胭脂〔iã$^{113}_{13}$ tsʅ^{113}〕

扇子〔sã^{312} tsʅ^0〕

蒲扇〔p'u$^{51}_{55}$ sã^0〕芭蕉扇。

十一、饮食

1. 饭食

饭食〔fã$^{312}_{31}$ sʅ^{51}〕伙食。

伙食〔xuə^{55} sʅ^{51}〕

家常饭〔tɕia^{113} ts'aŋ^{51} fã^{312}〕便饭。

清早饭〔tɕ'iŋ^{113} tsɔ^{55} fã^{312}〕早饭。

晌午饭〔saŋ$^{55}_{33}$ u^{55} fã^{312}〕午饭。

后晌饭〔xuŋ$^{312}_{31}$ saŋ^0 fã^{312}〕晚饭。

夜宵〔iə$^{312}_{31}$ ɕiɔ^{113}〕消夜。

零嘴〔liŋ^{51} tɕye^{55}〕零食。

点心〔tiã$^{55}_{33}$ ɕiə̃^{113}〕

大米饭〔ta$^{312}_{31}$ mi^{55} fã^{312}〕

煳了〔xu$^{51}_{55}$ la^0〕饭菜焦了。

骨都〔ku$^{113}_{211}$ təu^0〕煮。

丝挠了〔sʅ$^{113}_{211}$ nɔ^{55} la^0〕饭菜馊了。

有味啦〔iu^{55} uer^{312} la^0〕

剩饭〔səŋ$^{312}_{31}$ fã^{312}〕

锅圪巴〔kuə$^{113}_{13}$ kə^{113} pa^0〕锅巴。

面〔miã^{312}〕面粉。

白面〔pe$^{51}_{55}$ miã^0〕

棒子面儿〔paŋ$^{312}_{31}$ tsʅ^0 miãr^0〕玉米面。

高粱面〔kɔ^{113} liaŋ^{51} miãr^0〕

豆面儿〔təu$^{312}_{31}$ miãr^0〕

面条子〔miã$^{312}_{31}$ t'iɔ^{51} tsʅ^0〕面条儿。

挂面〔kua$^{312}_{31}$ miã^{312}〕

汤〔t'aŋ^{113}〕热水。

咸汤〔ɕiã^{51} t'aŋ^{113}〕带点儿菜叶的面疙瘩汤。

圪娄〔kə$^{113}_{13}$ ləu^{55}〕焦黄酥脆的食物。

包子〔pɔ$^{113}_{211}$ tsʅ^0〕①饺子。②蒸包。

下包子〔ɕia$^{312}_{31}$ pɔ$^{113}_{211}$ tsʅ^0〕饺子。

大包子〔pɔ^{113} tsʅ^0〕蒸包。

糖角〔t'aŋ^{51} tɕyə^{113}〕捏成三角形后蒸熟的糖包子。

面叶子〔miɛ̃$^{312}_{31}$ iə$^{113}_{211}$ tsʅ^0〕面片儿。

清汤面〔tɕ'iŋ$^{113}_{13}$ t'aŋ^{113} miã^{312}〕

肉丝面〔zəu$^{312}_{31}$ sʅ^{113} miã^{312}〕

糊都儿〔xu$^{51}_{55}$ təu^0〕用玉米面等粗粮烧成的较稠的面汤。

稀饭〔ɕi$^{113}_{13}$ fã^{312}〕粥米汤。

绿豆汤〔ly^{113} təu^0 t'aŋ^{113}〕

绿豆棋子〔ly^{113} təu^0 tɕ'i$^{51}_{55}$ tsʅ^0〕面食，先熬好绿豆汤，然后倒入面棋子一起煮。

馍馍〔mə$^{51}_{55}$ mə^0〕馒头。

馄饨〔xuə̃$^{51}_{55}$ tuə̃^{0}〕

元宵〔yã^{51} ɕiɔ^{113}〕汤圆。

粽子〔tɕyŋ$^{312}_{31}$ tsʅ^0〕

卷子〔tɕyã$^{55}_{113}$ tsʅ^0〕

馓子〔sã$^{55}_{113}$ tsʅ^0〕

口酥〔k'əu$^{55}_{33}$ ɕy^{113}〕

月饼〔yə^{113} piŋ^{55}〕

花卷儿〔xua$^{113}_{13}$ tɕyɛ̃r^{55}〕

枣卷子〔tsɔ^{55} tɕyã$^{55}_{113}$ tsʅ^0〕

锅饼〔kuə$^{113}_{13}$ piŋ^{55}〕北方面食，圆形，大如盘，厚约5厘米，用小火烙熟的一种死面饼。

烧饼 [so₁₃¹¹³ piŋ⁵⁵]

　烧饼卷儿 [so¹¹³ piŋ⁵⁵ tɕyãr⁵⁵]

火烧儿 [xuə₃₃⁵⁵ sor⁰]

油饼 [iu⁵¹ piŋ⁵⁵] 葱油饼。

锅圪巴 [kuə¹¹³ kə₂₁₁¹¹³ pa⁰] 做面食时靠锅边而熟的焦黄部分，香而酥脆。

　圪馇 [kə₁₃¹¹³ tsa¹¹³]

年糕 [ŋiã⁵¹ ko¹¹³] 糕。

呱达 [kua₂₁₁¹¹³ ta⁰] 以面粉、油盐、适量凉水做成面糊，在锅里烙制的一种面饼，香而酥脆。

手擀面 [səu⁵⁵ kã⁵⁵ miã³¹²]

芝麻盐 [tsʅ¹¹³ ma⁵⁵ iã⁵¹] 将芝麻文火炒熟，凉置后放入适量精盐拌均匀，再用擀面杖擀碎。

豆浆 [təu₃₁³¹² tɕiaŋ¹¹³]

豆汁儿 [təu₃₁³¹² tʂer¹¹³]

做饭 [tsəu₃₁³¹² fã³¹²]

淘米 [t'o⁵¹ mi⁵⁵] 洗米。

面引子 [miã₃₁³¹² iə̃⁵⁵ tsʅ⁰] 面酵子。

和面 [xuə⁵¹ miã³¹²]

面剂子 [miã³¹² tɕi₃₁³¹² tsʅ⁰] 将面团分成的一个个小面块。

包包子 [po¹¹³ po₂₁₁¹¹³ tsʅ⁰] 包水饺。

馅子 [ɕiã₃₁³¹² tsʅ⁰] 馅儿。

皮子 [p'i⁵¹ tsʅ⁰] 皮儿。

面醭 [miã₃₁³¹² pu⁵¹] 做面食时防止黏连的面粉。

糗 [tɕ'iu⁵⁵] 面条、粥之类因冷凝而变稠。

糊啦 [xu₅₅⁵¹ la⁰] 饭菜烧焦。

咯吱 [kə¹¹³ tsʅ⁰] 饭生：包子还有点~，再煮一会儿吧。

　圪生 [kə₃₁³¹² səŋ⁰] 饭生。

欠火 [tɕ'iã₃₁³¹² xuə⁵⁵]

2. 菜肴

酥菜 [ɕy₁₃¹¹³ ts'ɛ³¹²] 油炸的藕盒、肉、鱼、花生米等统称~。泗水一带过年时要炸各种酥菜，以备过年所需，至今仍保留此习俗。

青菜 [tɕ'iŋ₁₃¹¹³ ts'ɛ³¹²] 蔬菜。

咸菜 [ɕiã⁵¹ ts'ɛ³¹²]

　咸菜疙瘩 [ɕiã⁵¹ ts'ɛ³¹² kə¹¹³ ta⁰]

豆腐 [təu₃₁³¹² fu⁰]

豆腐皮儿 [təu₃₁³¹² fu⁰ p'ier⁵¹]

豆腐乳 [təu₃₁³¹² fu⁰ lu⁵⁵] 酱豆腐。

豆腐脑儿 [təu₃₁³¹² fu⁰ nor⁵⁵]

豆腐干儿 [təu₃₁³¹² fu⁰ kãr¹¹³]

臭豆腐 [ts'əu³¹² təu₃₁³¹² fu⁰]

馇豆腐 [ts'a¹¹³ təu₃₁³¹² fu⁰] 用黄豆和各种菜蔬所做成的一种菜豆腐。

粉皮儿 [fə̃₃₃⁵⁵ p'ier⁵¹]

粉条儿 [fə̃₃₃⁵⁵ t'ior⁵¹]

凉皮儿 [liaŋ⁵¹ p'ier⁵¹] 凉粉儿。

粉丝 [fə̃⁵⁵ sʅ¹¹³]

油 [iu⁵¹] 菜油。

油条 [iu⁵¹ t'io⁵¹]

果子米儿 [kuə₁₁₃⁵⁵ tsʅ⁰ mier⁵⁵] 花生仁儿。

果子油 [kuə₁₁₃⁵⁵ tsʅ⁰ iu⁵¹] 花生油。

香油 [ɕiaŋ¹¹³ iu⁵¹] 芝麻油。

大油 [ta₃₁³¹² iu⁵¹] 猪油。

盐 [iã⁵¹]

酱油 [tɕiaŋ₃₁³¹² iu⁵¹]

酱豆子 [tɕiaŋ³¹² təu₃₁³¹² tsʅ⁰] 豆豉。

醋 [tɕ'y³¹²]

　忌讳 [tɕi₃₁³¹² xue³¹²]

红糖 [xuŋ⁵¹ t'aŋ⁵¹]

白糖 [pe⁵¹ t'aŋ⁵¹]

冰糖 [piŋ¹¹³ t'aŋ⁵¹]

高粱饴 [kɔ¹¹³ liaŋ⁵¹ i⁵¹] 饴糖。

荷包蛋 [xə⁵¹ pɔ¹¹³ tã³¹²]

鸡蛋膏子 [tɕi¹¹³ tã³¹² kɔ$^{113}_{211}$ tsʅ⁰]

咸鸡蛋 [ɕiã⁵¹ tɕi¹¹³ tã³¹²]

小炒 [ɕiɔ⁵⁵ tsʻɔ⁵⁵] 炒菜。

清氽丸子 [tɕ'iŋ¹¹³ pf'ã¹¹³ uã⁵¹ tsʅ⁰] 氽丸子。

葱花儿 [tɕ'yŋ¹¹³ xuar¹¹³]

炝锅儿 [tɕ'iaŋ¹¹³ kuər¹¹³] 先把葱花、姜、蒜等用热油略炒，再加主菜炒或用水煮。如~面条儿、~豆腐。

盐味儿 [iɛ⁵¹ uer³¹²] ①泛指一般的炒菜：炒点儿~咱弟兄俩喝点儿。②咸味：菜没~，你再长放点儿盐吧。

肉菜 [zəu$^{312}_{31}$ tsʻɛ³¹²] 荤菜。

下酒菜 [ɕia$^{312}_{31}$ tɕiu⁵⁵ tsʻɛ³¹²]

就头 [tɕiu⁵¹ t'əu⁵¹]

猪蹄子 [pfu¹¹³ t'i⁵¹ tsʅ⁰]

猪肉 [pfu¹¹³ zəu³¹²]

肥肉 [fi⁵¹ zəu³¹²]

瘦肉 [səu³¹² zəu³¹²]

肘子 [tsəu$^{55}_{113}$ tsʅ⁰] 蹄膀。

肝火 [kã²¹¹³ xuə⁰]

猪舌头 [pfu¹¹³ sə$^{51}_{55}$ t'əu⁰]

腰花 [iɔ¹¹³ xua¹¹³] 腰子。

下水 [ɕia$^{312}_{31}$ fe⁰] 内脏。

猪血 [pfu¹¹³ ɕiə⁵⁵]

红豆腐 [xuŋ² təu$^{312}_{31}$ fu⁰]

油淬拉子 [iu⁵¹ tsʅ⁵⁵ la⁰ tsʅ⁰] 油渣。

香肠 [ɕiaŋ¹¹³ tsʻaŋ⁵¹]

鸡不脐 [tɕi¹¹³ pu⁵¹ tɕ'i⁰] 鸡肫。

素菜 [ɕy$^{312}_{31}$ tsʻɛ³¹²]

青菜 [tɕ'iŋ¹¹³ tsʻɛ³¹²]

干菜 [kã$^{113}_{13}$ tsʻɛ³¹²]

迟鱼 [tsʅ⁵¹ y⁵¹] 杀鱼，剖鱼。

择菜 [tse⁵¹ tsʻɛ³¹²] 去掉蔬菜中不能吃的部分，选取可吃的部分。

3. 饮料小吃

开水 [k'ɛ$^{113}_{211}$ fei⁵⁵] 烧开的水。

凉开水 [liaŋ⁵¹ k'ɛ¹¹³ fe⁵⁵]

温乎儿水 [uə̃¹¹³ xuə⁰ fer⁵⁵] 温水儿。

兀都水 [u$^{113}_{211}$ təu⁰ fe⁵⁵] 半开不开的水。

哑巴水 [ia⁵⁵ pa⁰ fe⁵⁵]

溲鸡蛋 [tɕ'iə̃¹¹³ tɕi¹¹³ tã³¹²] 冲鸡子儿。

鸡蛋汤 [tɕi¹¹³ tã³¹² t'aŋ¹¹³]

冲茶 [pf'əŋ¹¹³ tsʻa⁵¹] 沏茶。

长水 [tsaŋ$^{55}_{33}$ fe⁵⁵] 添水。

黄酒 [xuaŋ⁵¹ tɕiu⁵⁵]

白酒 [pe⁵¹ tɕiu⁵⁵]

辣酒 [la$^{113}_{211}$ tɕiu⁵⁵]

白哩 [pe$^{51}_{55}$ li⁰]

辣哩 [la$^{113}_{211}$ li⁰]

糯米酒 [nuə¹¹³ mi⁵⁵ tɕiu⁵⁵]

茶叶 [tsʻa⁵¹ iə¹¹³]

松花蛋 [ɕyŋ¹¹³ xua¹¹³ tã³¹²]

麻汁 [ma⁵¹ tsʅ¹¹³] 芝麻酱。

糖蒜 [t'aŋ⁵¹ ɕyã³¹²]

材料 [tɕ'yə$^{55}_{33}$ liɔ³¹²] 佐料。

棒子花 [paŋ$^{31}_{31}$ tsʅ⁰ xua¹¹³] 爆米花。

爆米花 [pɔ³¹² mi⁵⁵ xua¹¹³]

爆棒子花 [pɔ³¹² paŋ³¹² tsʅ⁰ xua¹¹³] 用特制的密闭的炉子加热，使其中的玉米粒爆开。

酽茶 [iã$^{312}_{31}$ tsʻa⁵¹] 浓茶。

冰糕［piŋ$_{13}^{113}$ kɔ^{113}］冰棍儿。

冰糖葫芦［piŋ^{113} t'aŋ^{51} xu$_{55}^{51}$ lu^0］

十二、红白事　迷信

1. 红白事

婚事儿［xuə̃$_{13}^{113}$ ʂer^{312}］

红事儿［xuŋ^{51} ʂer^{312}］喜事。

白事儿［pe^{51} ʂer^{312}］丧事。

提亲［t'i^{51} tɕ·iə̃^{113}］说媒。

提亲哩［t'i^{51} tɕ·iə̃^{113} li^0］媒人。

结婚［tɕiə$_{13}^{113}$ xuə̃^{113}］

相亲［ɕiaŋ$_{13}^{113}$ tɕ·iə̃^{113}］

许亲［ɕy$_{33}^{55}$ tɕ·iə̃^{113}］订婚。

属相［fu^{55} ɕiaŋ^{312}］生肖。

属水儿哩［fu$_{51}^{55}$ fer^{55} li^0］属鼠的。

属小龙哩［fu$_{51}^{55}$ ɕiɔ^{55} luŋ^{51} li^0］属蛇的。

娶媳妇儿［tɕ·y^{55} ɕi$_{211}^{113}$ fer^0］

说媳妇儿［fə^{113} ɕi$_{211}^{113}$ fer^0］给男子介绍对象儿。

找主儿［tsɔ$_{51}^{55}$ pfer^{55}］女子找对象儿。

又寻主儿［iu^{312} ɕi ə̃^{51} pfer^{55}］妇女再婚儿。

过二道门［kuə$_{31}^{312}$ ɚ^{312} tɔ$_{31}^{312}$ mer^{51}］

改节［kɛ$_{33}^{55}$ tɕiə^{113}］

发驾［fa$_{13}^{113}$ tɕia^{312}］女方从家里起轿。

主持人［pfu^{55} ts'ʅ^{51} zə̃^{51}］喜事中主持仪式的人。

照应客哩［tsɔ$_{31}^{312}$ iŋ^0 ke^{113} li^0］

大总理［ta^{312} tɕyŋ$_{51}^{55}$ li^{55}］丧事中主持仪式的人。

忙头［maŋ^{51} t'əu^{51}］

忙上［maŋ$_{55}^{51}$ saŋ^0］助忙的人。

出门子［pf·u^{113} mə̃^{51} tsʅ^0］出嫁。

喜礼［ɕi$_{51}^{55}$ li^{55}］

添箱［t'iā$_{13}^{113}$ ɕiaŋ^{113}］闺女结婚，女方家的亲戚朋友去闺女家送喜礼。

喜酒［ɕi$_{51}^{55}$ tɕiu^{55}］

看日子儿［k'ā^{312} zʅ$_{211}^{113}$ tʂer^{55}］订喜期。

花轿［xua$_{13}^{113}$ tɕiɔ^{312}］

送亲哩［ɕyŋ$_{31}^{312}$ tɕ·iə̃^{113} li^0］送亲的。

女送亲哩［ŋy^{55} ɕyŋ$_{31}^{312}$ tɕ·i ə̃^{113} li^0］伴娘。

换亲［xuā$_{31}^{312}$ tɕ·iə̃^{113}］双方父母各以自己的女儿嫁给对方的儿子。

转亲［pfā$_{31}^{312}$ tɕ·iə̃^{113}］一般由条件大致相当的三家兄妹或姐弟转着相互娶嫁。

填房儿［t'iā^{51} faŋ^{51}］称男子丧偶后再娶的妻子：她给人家做～。

喝喜酒［xə^{113} ɕi$_{51}^{55}$ tɕiu^{55}］

蒙头红子［məŋ^{51} t'əu^{51} xuŋ$_{55}^{51}$ tsʅ^0］结婚时新娘蒙在头上的红布，新郎要用秤杆儿将之挑下。

拜天地［pɛ^{312} t'iā$_{13}^{113}$ ti^{312}］拜堂。

新郎儿官［ɕiə^{113} laŋr^{51} kuā^{113}］新郎。

新媳妇儿［ɕiə^{113} ɕi$_{13}^{113}$ fer^{312}］新娘。

洞房［tuŋ$_{31}^{312}$ faŋ^{51}］新房。

闹洞房［nɔ^{312} tuŋ$_{31}^{312}$ faŋ^{51}］

撒床［sa$_{33}^{55}$ pf·aŋ^{51}］撒帐。

交杯酒［tɕiɔ^{113} pe^{113} tɕiu^{55}］

倒插门［tɔ^{312} ts·a^{113} mə̃^{51}］结婚后男方到女方家里居住。

回门子［xue^{51} mə̃^{51} tsʅ^0］回门。

有啦［iu$_{113}^{55}$ la^0］有喜了。

怀上啦［xuɛ^{51} saŋ^{312} la^0］

重身子［pf·əŋ^{51} sə̃^{113} tsʅ^0］孕妇。

小月啦［ɕiɔ$_{33}^{55}$ yə^{113} la^0］小产。

掉啦［tiɔ³¹² la⁰］

开怀儿［kʼɛ¹¹³ xuɛr⁵¹］指女子生育子女：他第一个老婆一直没～。

快生啦［kʼuɛ³¹² səŋ¹¹³ la⁰］临产。

仰倒了［iaŋ⁵⁵ tɔ⁵⁵ la⁰］妇女生了孩子。

送粥米［ɕyŋ³¹² pfu¹¹³ mi⁵⁵］一般是生男孩12天左右，生女孩11天左右，亲戚朋友至刚生孩子之家送小米、鸡蛋、红糖等，以贺生孩子之喜，主人家则要办宴席招待宾朋。

收生［tɕiə¹¹³ səŋ¹¹³］接生。

头生儿［tʼəu⁵¹ sər¹¹³］头胎。

坐月子［tɕyə³¹² yə¹¹³ tsʅ⁰］

双生儿［faŋ¹¹³ sər¹¹³］双胞胎。

背生子［pe³¹² səŋ¹¹³ tsʅ⁰］遗腹子。

抓生儿［pfa¹¹³ sər¹¹³］抓周儿。

送粥米［ɕyŋ³¹² pfu¹¹³ mi⁵⁵］亲戚、邻居给产妇送米、面、鸡蛋等补品。

喝都都儿［xə¹¹³ təu¹¹³ təur⁰］婴儿吃母乳。

掐奶［tɕʼia¹¹³ nɛ⁵⁵］给孩子断奶。

看孩子［kʼã³¹² xɛ⁵⁵ tsʅ⁰］带孩子。

怕人［pʼa³¹² zə̃⁵¹］认生。

挪臊窝儿［nuə⁵¹ sɔ¹¹³ uər¹¹³］满月。

满月［mã⁵⁵ yə¹¹³］

走满月［tsəu⁵⁵ mã⁵⁵ yə¹¹³］

走娘家［tsəu⁵⁵ n̠iaŋ⁵¹ tɕiə⁰］

温锅［uə̃¹¹³ kuə¹¹³］亲朋为搬入新居之人，送锅、面、米、豆芽等物，以贺乔迁之喜。

生儿［sər¹¹³］生日。

过生儿［kuə³¹² sər¹¹³］做寿。

孝子［ɕiɔ³¹² tsʅ⁵⁵］

倒头［tɔ⁵⁵ tʼəu⁵¹］断气。

落气［lɔ³¹² tɕʼi³¹²］

蒙头纸［məŋ⁵¹ tʼəu⁵¹ tsʅ⁵⁵］蒙在死者脸上的草纸。

出煞［pfʼu¹¹³ sa³¹²］泗水一带在死者断气后，要立即以布或纸掩其面，所居若是瓦屋，立即揭去一片瓦；若为草屋，则立即戳开一个洞，让死者魂魄飞升，俗称～。

烧倒头纸［sɔ¹¹³ tɔ⁵⁵ tʼəu⁵¹ tsʅ⁵⁵］当老人咽下最后一口气时，子孙要聚集在身边，烧倒头纸为老人送终。

送老衣裳［ɕyŋ³¹² lɔ⁵⁵ i¹¹³ saŋ⁰］寿衣。

冠带冠带［kuã³¹² tɛ⁰ kuã³¹² tɛ⁰］给死者穿老衣。

灵床［liŋ⁵¹ pfʼaŋ⁵¹］

停灵［tʼiŋ⁵¹ liŋ⁵¹］出煞后，脱去死者生前衣物，用热水擦洗全身，为其换上"送老衣裳"，转移至灵堂，仰卧于灵床之上，头朝大门，脚底点燃一盏长明灯，并烧起纸钱，名为"头道纸"。停于此直至出殡，整个过程谓之～。

守灵［səu⁵⁵ liŋ⁵¹］死者子女及本家小辈日夜守在死者身旁。

长明灯［tsʼaŋ⁵¹ miŋ⁵¹ təŋ¹¹³］在灵床前的供桌上点的灯。

老啦［lɔ⁵⁵ la⁰］死了。

不在啦［pu¹¹³ tsɛ³¹² la⁰］

走啦［tsəu⁵⁵ la⁰］

殇［saŋ¹¹³］夭折。

寻短见［ɕiə̃⁵¹ tuã⁵⁵ tɕia³¹²］寻死。

想不开［ɕiaŋ⁵⁵ pu¹¹³ kʼɛ¹¹³］

药死［yə¹¹³ sʅ⁵⁵］毒死。

淹死 [iã¹¹³ sʅ⁵⁵] 溺死。

上吊 [saŋ³¹²₃₁ tiɔ³¹²]

板 [pã⁵⁵] 棺材。

叫魂 [tɕiɔ³¹²₃₁ xuə̃⁵¹] 招魂。

送度 [ɕyŋ³¹²₃₁ tu³¹²] 超度。

送魂 [ɕyŋ³¹²₃₁ xuə̃⁵¹]

发丧 [fa¹¹³₁₃ saŋ¹¹³] 为死者做葬礼，从死者咽气烧倒头纸到发丧的最后一个环节（出殡）一般为三天。

成殓 [tsʻəŋ⁵¹ liã⁵⁵] 入殓。

牌位儿 [pʻɛ⁵¹ uer³¹²] 灵位。

持服 [tsʻʅ¹¹³₁₃ fu⁵¹] 戴孝，发丧后为死者穿孝，表示对死者的哀悼。

穿服 [pfʻã¹¹³₁₃ fu⁵¹]

孝帽子 [ɕiaŋ³¹²₃₁ mɔ³¹²₃₁ tsʅ⁰] 送葬男子戴的白布帽。

白大褂 [pe⁵¹ ta³¹²₃₁ kua³¹²] 孝衣。

大头 [ta³¹²₃₁ tʻəu⁵¹] 孝巾，由孝妇女戴在头上。

疙瘩帽 [kə¹¹³ ta⁰ mɔ³¹²] 由孝子戴在头上。

叩头绳 [kʻəu³¹²₃₁ tʻəu⁵¹ səŋ⁵¹] 孝绳，儿子缠在腰间。

绳 [səŋ¹¹³] 孝绳，女婿缠在腰间。

出丧 [pfʻu¹¹³₁₃ saŋ¹¹³] 出殡。

摔老盆 [fe¹¹³ lɔ⁵⁵ pʻə̃⁵¹] 出丧过程中的一个重要的仪式，由长子（或长孙）将丧盆摔碎。

老盆 [lɔ⁵⁵ pʻə̃⁵¹] 泗水一带出丧之始，棺材抬出大门时，由长子（或长孙）把灵前祭奠烧纸所用的瓦盆摔碎。盆谓之"阴阳盆"，又俗称"丧盆子、老盆"。摔盆仪式很重要，摔盆者一般是死者的长子或长孙。如果死者无儿无孙，而不得不由别人来代摔，这一仪式就会使摔盆者与死者的关系变近，甚至确立财产继承关系。摔盆讲究一次摔碎，甚至越碎越好。因为按照习俗，这盆是死者的锅，摔得越碎越方便死者携带。

堂祭 [tʻaŋ⁵¹ tɕi³¹²] 发丧中的一个环节，指在出丧前亲戚朋友及子孙在灵堂前祭奠死者。

路祭 [lu⁵¹ tɕi³¹²] 发丧中的一个环节，指在出殡的路上，于十字路口设下供桌，亲戚朋友及子孙后代在路口处祭奠死者，为死者送行。

老林 [lɔ⁵⁵ liə̃⁵¹] 祖坟。

哀杖子 [ɣɛ¹¹³ tsaŋ³¹²₃₁ tsʅ⁰] 哀杖，即发丧时孝子手持的哭丧棒。

吊孝 [tiɔ³¹²₃₁ ɕiɔ³¹²] 吊唁。

复三 [fu³¹²₃₁ sã¹¹³] 死者下葬后的第三天，于凌晨时分坟前添土、摆上酒食祭奠死者。

香篓子 [ɕiaŋ¹¹³ ləu⁵⁵₁₁₃ tsʅ⁰] 香炉。

香 [ɕiaŋ¹¹³] 线香。

蜡烛台 [la¹¹³₁₃ pfu¹¹³ tʻɛ⁵¹] 烛台。

烧香 [sɔ¹¹³₁₃ ɕiaŋ¹¹³]

火纸 [xuə⁵⁵₅₁ tsʅ⁵⁵] 草纸，一般用来做成元宝形的纸锞，烧给祖先或丧仪上烧化给死者。

纸儿 [tʂer⁵⁵] 纸钱。做成圆形或元宝形的火纸，有的还用硬币在纸上打印，谓之"打纸"。

送信儿 [ɕyŋ³¹²₃₁ ɕier³¹²] 报丧。

送帐子 [ɕyŋ³¹²₃₁ tsaŋ³¹² tsʅ⁰] 在红白事上给主家送布料。红事一般送鲜艳的被面儿、绸缎、毛巾被；白事一般送黑色的整块布料，现在也有送毛巾被者。

骨灰 [ku₁₃¹¹³ xue¹¹³]

社火 [sə₃₁³¹² xuə⁰] 纸扎，为死者扎的纸楼、纸箱子、纸家具等。

开圹 [kʻε₁₃¹¹³ kʻuaŋ³¹²] 修坟。

供桌子 [kuŋ₃₁³¹² pfə¹¹³ tsʅ⁰] 香桌。

看林地 [kã³¹² liɔ̃⁵¹ ti³¹²]

2. 迷信

求签儿 [tɕʻiu⁵¹ tɕʻiãr¹¹³]

土地庙 [tu₃₃⁵⁵ ti³¹² miɔ³¹²]

龙王庙 [luŋ⁵¹ uaŋ⁵¹ miɔ³¹²]

关二爷庙 [kuã¹¹³ ɚ³¹² iə⁵¹ miɔ³¹²] 关帝庙。

阎王爷 [iã₅₅⁵¹ uaŋ⁰ iə⁵¹]

阴间 [iɔ̃₁₃¹¹³ tɕiã¹¹³]

牛头马面 [ȵiu⁵¹ tʻəu⁵¹ ma⁵⁵ miã³¹²]

祠堂 [tsʻʅ⁵¹ tʻaŋ⁵¹]

算卦 [ɕyã₃₁³¹² kua³¹²] 算命。

命 [miŋ³¹²] 命运。

时运 [sʅ₅₅⁵¹ yɔ̃⁰] 运气。

算命哩 [ɕyã₃₁³¹² miŋ³¹² li⁰] 算命先生。

相面 [ɕiaŋ₃₁³¹² miã³¹²] 看相。

耶稣教 [iə₁₃¹¹³ ɕy¹¹³ tɕiɔ³¹²] 基督教。

太公在此 [tʻε₃₁³¹² kuŋ¹¹³ tsε₃₁³¹² tsʻʅ⁵¹] 家中贴的避邪的符咒。

泰山石敢当 [tʻε₃₁³¹² sã¹¹³ sʅ⁵¹ kã⁵⁵ taŋ¹¹³] 贴在屋檐上或正对大路的墙上的符咒。

老天爷 [lɔ₃₃⁵⁵ tʻiã¹¹³ iə⁵¹] 天神。

灶王爷 [tsɔ₃₁³¹² uaŋ⁵¹ iə⁵¹] 灶君。

　灶户老爷 [tsɔ₃₁³¹² xu⁰ lɔ⁵⁵ iə⁰]

神仙 [sɔ̃⁵¹ ɕiã¹³] 神明。

观音菩萨 [kuã₁₃¹¹³ iɔ̃¹¹³ pʻu₅₅⁵¹ sa⁰]

送子娘娘 [ɕyŋ₃₁³¹² tsʅ⁵⁵ ȵiaŋ₅₅⁵¹ ȵiaŋ⁵¹]

捞猫猴子 [lɔ¹¹³ mɔ⁵¹ xəu⁵¹ tsʅ⁰] 魔鬼。

　妖怪 [iɔ₂₁₁¹¹³ kuε⁰]

上供 [saŋ₃₁³¹² kuŋ³¹²] 摆供品。

打纸 [ta₃₃⁵⁵ tsʅ⁵⁵] 用硬币在火纸上盖印，将火纸做成冥币，烧化给死者。

请老哩 [tɕʻiŋ₃₃⁵⁵ lɔ⁵⁵ li⁰] 于年节之时，请历代祖先到家中过节，故春节时堂屋八仙桌两侧的椅子外人不能坐，直到初一清早燃放鞭炮，把祖先送走后才可以入座。

送老哩 [ɕyŋ₃₁³¹² lɔ⁵⁵ li⁰] 于年节后，把请至家中的历代祖先送走。

挂锁子 [kua₃₁³¹² ɕyε⁵⁵ tsʅ⁰] 小孩瘦弱或久病，旧俗以为或受邪祟，请神老妈子看后，在身上挂上一种符咒，以禳破解。

殉头年 [ɕyɔ̃⁵¹ tʻəu⁵¹ ȵiã⁵¹] 73 岁和 84 岁是两个 ~，据说这两个年份死的人特别多。相传这是因为至圣先师孔子在 73 岁时去世，亚圣孟子在 84 岁时去世，而一般人的寿命是不应该超过圣人的，因此，73 岁和 84 岁谓之 ~。泗水一带也把这两个年份看作两个坎儿：明年 73 啦，到唠 ~ 啦，我知不道过去过不去呢。

祭祖 [tɕi₃₁³¹² tɕy⁵⁵]

牌位儿 [pʻε⁵¹ uer³¹²] 神主牌。

求雨 [tɕʻiu⁵¹ y⁵⁵] 祈雨。

跳大神 [tʻiɔ³¹² ta₃₁³¹² sɔ̃⁵¹] 下神。

神老妈子 [sɔ̃⁵¹ lɔ⁵⁵ ma₁₃⁵⁵ tsʅ⁰] 巫婆。

许愿 [ɕy₃₃⁵⁵ yã³¹²]

还愿 [xuã⁵¹ yã³¹²]

化缘 [xua₃₁³¹² yã³¹²]

信教哩 [ɕiɔ̃³¹² tɕiɔ₃₁³¹² li⁰] 教徒（天主

教或基督教)。

在教 [tsɛ³¹²₃₁ tɕiɔ³¹²] 信教。

风水先生 [fəŋ¹¹³ fe⁵⁵ ɕiã¹¹³] 看风水的人。

看宅基 [kã³¹²₃₁ tse⁵¹ tɕiˑi¹¹³]

十三、日常生活　交往

1. 日常生活

起 [tɕiˑi⁵⁵] 起床。

洗脸 [ɕi⁵⁵₃₃ liã⁵⁵]

漱漱嘴 [fu³¹²₃₁ fu³¹² tɕye⁵⁵] 漱口。

刷牙 [fa¹¹³₁₃ ia⁵¹]

刮胡子 [kua⁵⁵ xu⁵¹ tsʐ⁰]

梳头 [fu¹¹³₁₃ təu⁵¹]

收工 [səu¹¹³₁₃ kuŋ¹¹³] 歇工。

出去了 [tsˑu¹¹³ tɕiˑi³¹²₃₁ la⁰] 出门儿了。

家去了 [tɕia¹¹³ tɕiˑi³¹²₃₁ la⁰] 回家了。

溜达 [liu¹¹³₂₁₁ ta⁰] 散步。

单过 [tã¹¹³ kuə³¹²] 自己另外做饭,不与子女同吃住:她老伴不在了,自己~很多年了。

单开火 [tã¹¹³ kˑɛ¹¹³ xuə⁵⁵]

吃饭 [tsˑʐ¹¹³₁₃ fã³¹²]

日囊 [zʐ¹¹³ naŋ⁵⁵] 吃,带有明显的贬义。

追囊 [pfe¹¹³ naŋ⁵⁵]

刀菜 [tɔ¹¹³₁₃ tsˑɛ³¹²] 夹菜。

使筷子 [sʐ⁵⁵ kˑuɛ³¹²₃₁ tsʐ⁰] 用筷子。

饭夹生 [fã³¹² tɕia¹¹³ səŋ¹¹³]

咬不动 [iɔ⁵⁵₃₃ pu¹¹³ tuŋ³¹²] 嚼不动。

打嗝类 [ta⁵⁵ kə⁵¹₅₅ le³¹²] 打嗝。

喝茶 [xə¹¹³ tsˑa⁵¹]

喝西瓜 [xə¹¹³ ɕi¹¹³₂₁₁ kua⁰] 吃西瓜。

喝酒 [xə¹¹³₁₃ tɕiu⁵⁵]

抽烟 [tsˑəu¹¹³₁₃ iɛ¹¹³]

洗手 [ɕi⁵⁵₃₃ səu⁵⁵]

洗脚 [ɕi⁵⁵₃₃ tɕy¹¹³]

洗澡 [ɕi⁵⁵₃₃ tsɔ⁵⁵]

解小手儿 [tɕiɛ⁵⁵ ɕiɔ⁵⁵₅₁ səur⁵⁵] 小便。

解大手儿 [tɕiɛ⁵⁵ ta³¹²₃₁ səur⁵⁵] 大便。

歇凉儿 [ɕiə¹¹³ liar⁵¹] 乘凉。

晒暖儿 [sɛ³¹²₃₁ nuar⁵⁵] 晒太阳。

　晒老爷地儿 [sɛ³¹²₃₁ lɔ⁵⁵ iə⁵¹ tier³¹²]

烤火 [kˑɔ⁵⁵₃₃ xuə⁵⁵]

点灯 [tiɛ⁵⁵₃₃ təŋ¹¹³] 点油灯。

歇歇 [ɕiə¹¹³₂₁₁ ɕiə⁰] 休息。

打个迷瞪眼 [ta⁵⁵₃₃ kə³¹²₃₁ mi⁵¹ təŋ⁰ iar⁵⁵] 打盹儿。

困了 [kˑuə̃³¹²₃₁ la⁰] 瞌睡。

铺床 [pˑu¹¹³ pfˑaŋ⁵¹] 收拾床铺,铺上铺盖。

仰下 [iaŋ⁵⁵ ɕiə⁰] 躺下。

睡了 [fe³¹²₃₁ la⁰] 睡觉了。

合眼儿 [xə⁵¹ iar⁵⁵] 睡觉。

打呼娄 [ta⁵⁵ xu¹¹³₂₁₁ ləu⁰] 打鼾。

睡不着 [fe³¹² pu¹¹³ pfə⁵¹] 失眠。

睡晌午觉 [fe³¹² saŋ⁵⁵₃₃ u⁵⁵ tɕiɔ³¹²] 睡午觉。

立愣仔膀子睡 [li¹¹³₂₁₁ ləŋ⁰ tsʐ⁰ paŋ⁵⁵₁₁₃ tsʐ⁰ fe³¹²] 侧着身体睡。

趴仔睡 [pˑa¹¹³ tsʐ⁰ fe³¹²] 俯睡。

蜷仔腿睡 [tɕˑyã⁵¹₅₅ tsʐ⁰ tˑue⁵⁵ fe³¹²] 蜷腿睡。

脖子转筋 [pə⁵¹₅₅ tsʐ⁰ pfã³¹²₃₁ tɕiə̃¹¹³] 落枕。

腿肚子转筋 [tue⁵⁵ tu³¹²₃₁ tsʐ⁰ pfã³¹²₃₁ tɕiə̃¹¹³] 抽筋。

做梦 [tsəu₃₁³¹² məŋ³¹²]

说梦话 [fə¹¹³ məŋ₃₁³¹² xua⁰]

寂上眼 [tɕi₂₁₁¹¹³ xaŋ⁰ iã⁵⁵] 闭住眼睛。

睁开眼 [tsəŋ₁₃¹¹³ k˙ɛ¹¹³ iã⁵⁵]

眯煞眼 [mi¹¹³ sa⁰ iã⁵⁵] 眯眼。

挤勾眼 [tɕi⁵⁵ kəu⁰ iã⁵⁵] 眨眼。

瞪侯眼 [teŋ₃₁³¹² xəu⁰ iã⁵⁵] 瞪眼。

熬眼儿 [ɣɔ⁵¹ iɛ̃r⁵⁵] 熬夜。

开夜车 [k˙ɛ¹¹³ iə³¹² ts˙ə¹¹³]

经眼 [tɕiŋ¹¹³ iã⁵⁵] 过目。

家务子事 [tɕia¹¹³ u³¹² tsʅ⁰ sʅ³¹²]

霸揽 [pa₃₁³¹² lã⁵⁵] 采用强硬手段把东西圈在自己名下：你~整么多，你吃了唠不？

忌口 [tɕi₃₁³¹² k˙əu⁵⁵] 由于治疗需要，禁忌病人吃某些食物：你上火啦，得~，不能再吃辣椒啦。

没见啦 [mu⁵¹ tɕiã³¹² la⁰] 丢了：俺哩手机~，你麻利哩帮俺找找。

找着了 [tsɔ⁵⁵ pfə⁵¹ la⁰]

2. 交往

外场儿 [uɛ₃₁³¹² ts˙aŋ⁵⁵] 应酬：他~多，遭天儿喝哩找不着家。

来往 [lɛ⁵¹ uaŋ⁵⁵] 亲戚间的走动。

走动 [tsəu⁵⁵ tuŋ³¹²]

男客 [nã⁵¹ k˙e¹¹³] 男客人。

女客 [ny⁵⁵ k˙e¹¹³] 女客人。

送礼 [ɕyŋ₃₁³¹² li⁵⁵]

迎客 [iŋ⁵¹ k˙e¹¹³]

送客 [ɕyŋ³¹² k˙e¹¹³]

待客 [te³¹² k˙e¹¹³]

倒茶 [tɔ³¹² ts˙a⁵¹]

旱烟 [xã₃₁³¹² iã¹¹³]

洋烟 [iaŋ⁵¹ iã¹¹³] 纸烟。

请帖 [tɕiŋ⁵⁵ t˙iə¹¹³] 请柬。

摆酒席 [pɛ⁵⁵ tɕiu₃₃⁵⁵ ɕi⁵¹] 置酒席。

一桌席 [i¹¹³ pfə¹¹³ ɕi⁵¹] 一桌酒席。

入席 [vu¹¹³ ɕi⁵¹] 入酒席就座。

坐席 [tɕyə₃₁³¹² ɕi⁵¹]

散席 [sã₃₁³¹² ɕi⁵¹] 下席。

一把手 [i¹¹³ pa⁵⁵ səu⁵⁵] ①酒桌上的最重要的客人。②是单位的主要负责人。

老一 [lɔ₃₃⁵⁵ i¹¹³]

二把手 [ɚ³¹² pa⁵⁵ səu⁵⁵] 仅次于一把手的人。

砸实 [tsa₅₅⁵¹ sʅ⁰] 说死定死：这个事儿咱就这样~啦。

酒场儿 [tɕiu₅₁⁵¹ ts˙aŋr⁵⁵]

外场儿 [uɛ₃₁³¹² ts˙aŋ⁵⁵]

席口 [ɕi⁵⁵ k˙əu⁵⁵] 泗水农村旧俗，一般用八仙桌在堂屋设宴待客，座位面南背北，左为上首，右为下首，来宾中最尊贵的宾客坐上首，陪客中最主要的宾客坐下首，余者在八仙桌两侧依次按左右位次而坐。对面则为席口（即座位面北背南），坐此位者为把席口。主要任务是接菜、调菜、让菜、倒酒等，现依然如是。

把席口 [pa₅₁⁵¹ ɕi⁵¹ k˙əu⁵⁵]

上首儿 [saŋ₃₁³¹² səur⁵⁵] 上座儿。

下首儿 [ɕia₃₁³¹² səur⁵⁵] 下座儿。

上菜 [saŋ₃₁³¹² ts˙ɛ³¹²] 菜肴一道道上桌。

倒酒 [tɔ₃₁³¹² tɕiu⁵⁵] 斟酒。

让酒 [zaŋ₃₁³¹² tɕiu⁵⁵] 劝酒。

敬酒 [tɕiŋ₃₁³¹² tɕiu⁵⁵] 敬酒。

门前盅 [mə̃⁵¹ tɕ˙iã⁵¹ pfəŋ¹¹³] 宾客面前的酒杯。

碰杯 [p˙ə̃ŋ₃₁³¹² pe¹¹³]

谢客 [ɕiə³¹² kʰe¹¹³]

点心 [tiã³³ ɕiə̃¹¹³] 简单吃点：都到中午了，你~~再走吧。

为人儿 [ue⁵¹ zə̃r⁵¹] 做人、搞好人际关系：你待社会上要学会~。

来事儿 [lɛ⁵¹ ʂer³¹²] 办事、处理人际关系：他待公司很会~，领导很看重他。

划拳 [xua⁵¹ tɕʰyã⁵¹] 饮酒时两人同时伸出手指并各说一个数，谁说的数目跟双方所伸手指的总数相符，谁就算赢，输的人喝酒。

猜拳 [tsʰɛ¹¹³ tɕʰyã⁵¹]

失拳 [ʂʅ¹¹³ tɕʰyã⁵¹] 划拳者喊出的数必须是自己伸出的手指数与5相加得数以内的数，否则即谓之~。按照规定，失拳者要罚酒。

亲戚里道 [tɕʰiə̃¹¹³ tɕʰi¹¹³ li⁵⁵ tɔ³¹²] 具有亲戚或邻里关系：咱们~哩，别整么客气！

投脾气 [tʰəu⁵¹ pʰi⁵⁵ tɕʰi⁰] 性情相合。

近乎 [tɕiə̃³¹² xu⁰] 关系感觉比较亲近：他一说话就让人觉子很~。

不伢 [pu¹¹³ kə¹¹³] 不和，不睦。

不伢卯 [pu¹¹³ kə¹¹³ mɔ⁵⁵]

不搭腔 [pu¹¹³ ta¹¹³ tɕʰiaŋ¹¹³] 不说话。

麻烦 [ma⁵¹ fã⁵¹] 劳驾。

没事儿 [me¹¹³ ʂer³¹²] 没关系。

别客气 [pɛ⁵¹ kʰə³¹² tɕʰi⁰] 不客气。

作弄 [tsəu³¹² luŋ⁰] 他就是会~人，你可小心他点儿。

死对头 [sʅ⁵⁵ tue³¹² tʰəu⁰] 冤家。

冤枉 [yã²¹¹ uaŋ¹¹³]

背黑锅 [pe³¹² xe¹³ kuə¹¹³] 背罪名。

欺负 [tɕʰi²¹¹ fu⁰] 欺侮。

拿架子 [na⁵¹ tɕia³¹² tsʅ⁰] 摆架子。

摆谱 [pɛ⁵⁵ pʰu⁵⁵]

拿捏 [na⁵¹ ȵiə¹¹³] 处在某一环境中，感到局促、拘束、不自然：人家闺女刚到恁家，难免有点儿~哩上。

丢人现眼 [tiu¹¹³ zə̃⁵¹ ɕiɛ̃³¹² iɛ⁵⁵] 出洋相。

撑 [tsʰəŋ¹¹³] ①排挤：他后来被~走啦。②吃得肚子发胀：肚子吃~啦。

锔锅儿 [tɕy¹¹³ kuər¹¹³] 使关系复合：他两口子闹乱子，我去给他们~去啦。

救活儿 [tɕiu³¹² xuər⁰] 拦阻：要不是我多加~，上次恁爹还不得狠揍你一顿？

得……劲 [te¹¹³ tɕiə̃³¹²] 得到某人的照料：他俩儿死哩早，最后得孙子的劲啦。

合计 [xə⁵⁵ tɕi⁰] 商量。

人情 [zə̃⁵¹ tɕʰiŋ⁵¹] 人情（礼金）：这几年~来往也不少花钱。

作登 [tɕyə¹¹³ təŋ⁵⁵] 作践：他家原先儿不孬，叫他俩儿~净啦。

哭穷 [kʰu¹¹³ tɕʰyŋ¹¹³] 嘴上喊穷。

有人 [iu⁵⁵ zə̃⁵¹] 有关系：他家上面儿~，估计找工作不用担心。

有后门儿 [iu⁵⁵ xəu³¹² mer⁵¹]

有一腿 [iu⁵⁵ i¹¹³ tʰue⁵⁵] 意谓彼此关系暧昧：他俩应该~，要不然人家也不会说他们。

作假儿 [tɕyə³¹² tɕia⁵⁵] 虚假的作态，比如没吃饱，表示自己吃好了：别~，多吃点儿，要不一会儿就饿了。

嬉溜 [ɕi¹¹³ liu⁰] 闹着玩：你严肃点，这可不是跟你~子玩儿。

离细 [li⁵¹ ɕi³¹²]

偎脚儿 [ue^113 tɕyər^55] 依靠：他一直跟子奶奶过，奶奶一走，他连个～也没有了。

打了盆说盆，打了碗说碗 [ta^55 lɔ^0 p'ɔ̃^51 fə^113 p'ɔ̃^51, ta^55 lɔ^0 uã^55 fə^113 uã^55] 意谓就事说事，不要牵扯其他：咱～，别扯那些没用的。

捎个信儿 [sɔ^113 kə^312_31 ɕier^312] 传讯息：闺女结婚哩时候，记哩给俺～来。

钻头不顾腔 [tɕyã^113 t'əu^51 pu^113 ku^312_31 tiŋ^312] 顾这不顾那：老二整天家～，忙三慌四哩。

一张纸掀过去 [i^113 tsaŋ^113 tsɿ^55 ɕiã^113 kuə^0 tɕ·i^0] 意谓过去的事就算过去啦：上次哩事儿，咱就～啦，再出事儿你就直接走人吧。

不见兔子不撒鹰 [pu^113 tɕiã^312 t'u^312_31 tsɿ^0 pu^113 sa^113 iŋ^113] 比喻没有看到真正的目标，绝不出手或亮出自己的底线：他做生意详精啦，总是～。

站客难打发 [tsã^312 k·e^113 nã^51 ta^55 fa^0] 来客不坐下，表示对主人有意见。也比喻与有意见的人很难相处：常言道，"～，你再有意见，咱也得先坐下来再慢慢谈吧。"

摊上 [t·ã^113 saŋ^0] 遇到，遭到：～上这种事，你也只能捏子鼻子受啦。

碎嘴离子 [ɕye^312_31 tɕye^55 li^51 tsɿ^0] 爱唠叨的人（贬义）。

不养人 [pu^113 iaŋ^55 zɔ̃^51] 说话难听，易得罪人：他说话～，又冲又直。

扯屌蛋 [ts·ə^55_51 tiɔ^55 tã^312] 胡说八道：你别听他～，他就这样哩人，嘴上没把门哩。

屙血 [ɣə^113 ɕiə^55] 詈语，造谣、胡说：你别待这里～八道哩，麻利哩滚蛋。

云山雾罩 [yɔ̃^51 sã^113 u^312_31 tsɔ^312] 说话云里雾里，让人摸不着头脑。

挨门儿 [iɛ^113 mer^51] 邻居：他两家是～，一直不搭腔。

隔墙 [ke^113 tɕ·iaŋ^51]

则儿咂儿 [tser^113 tsar^113] 象声词，本指喝酒的声音。比喻生活惬意、日子舒适：他现在可不少钱花，小日子过哩～哩。

赔事 [p'e^51 sɿ^312] 向人道歉：俺那孩子整天给人打架，弄哩我天天～人家。

钻干 [tɕyã^113 kã^113] 善于钻营：他忒会～啦，生意做哩可大发啦。

钻挤 [tɕyã^113 tɕi^55]

圪气 [kə^113 tɕ·i^312] 生气。

扒瞎 [pa^113 ɕia^113] 说瞎话、说谎话。

扒瞎话 [pa^113 ɕia^113 xua^312]

啦瞎云 [la^51 ɕia^113 yɔ̃^51]

犯事儿 [fa^312_31 ʂer^312] 没事找事。

闹乱子 [nɔ^312_31 luã^312_31 tsɿ^0] 打架。

掉价儿 [tiɔ^312_31 tɕiar^312] 丢面子。

帮衬 [paŋ^113 tsɔ̃^312] 帮忙。

各伙 [kə^113 xuə^55] 合伙；联合：他俩～做买卖。

十四、动作 行为

1. 人体活动

不晒头 [pu^113_13 sɛ^113 t·əu^51] 摇头。

昦脸儿 [tɕɛ^113_13 liãr^55] 抬头。

凄临头 [tɕ·i^113 liɔ^51 t·əu^51] 低头。

转脸儿 [pfã^55_51 liãr^55] 回头。

抹［ma¹¹³］摘下；摸取：你把帽子～下来吧？｜该谁～牌儿啦？

扝［kˀuɛ⁵⁵］挠：～痒痒。

跌些脸［tiə⁵¹ ɕiə⁰ liã⁵⁵］脸拉得很长，形容不高兴、不满意的样子：他就这样，整天～，你别理他。

瘪古嘴［piə₁₁₃⁵⁵ ku⁰ tɕye⁵⁵］瘪嘴：小女孩吓哩一～，哭啦。

张开嘴［tsaŋ₁₁₃⁵⁵ kˀɛ¹¹³ tɕye⁵⁵］张嘴。

绷嘴儿［pəŋ₃₁⁵⁵ tɕyer⁵⁵］闭嘴。

骨都嘴儿［ku₂₁₁¹¹³ təu⁰ tɕyer⁵⁵］噘嘴。

眼珠子乱转［iã₃₃⁵⁵ pfu¹¹³ tsɿ⁰ luã₃₁³¹² pfã³¹²］转动眼球，形容人心眼儿活泛、比较狡猾的样子。

对上眼［tue₃₁³¹² xaŋ³¹² iã⁵⁵］两人互相欣赏对方：他俩这是～啦，你看聊哩多热乎。

含子泪［xə̃₅₅⁵¹ tsɿ⁰ le³¹²］眼里噙着眼泪。

撒手［sa₂₁₁¹¹³ səu⁵⁵］松手。

抻手［tsˀə̃₂₁₁¹¹³ səu⁵⁵］伸手：莫～，～必被捉。

不拉［pu⁵⁵ la⁰］拨拉，挑拣：你别待碗里乱～，你～过来～过去哩，人家整子吃？

抰哈［tsa³¹² xa⁰］张开双臂：妈妈刚回家，孩子就～开手，扑唠过来。

干仗儿［kã₃₁³¹² tsaŋ³¹²］打架。

闹乱子［nɔ³¹² luã₃₁³¹² tsɿ⁰］

拍呱儿［pˀe₂₁₁¹¹³ kua¹¹³］拍手：这小孩高兴哩直～。

把屎［pa₃₃⁵⁵ sɿ⁵⁵］架起小孩的双腿，托着其后背，让小孩拉屎。

把尿［pa₃₃⁵⁵ ɕye¹¹³］架起小孩的双腿，托着其后背，让小孩小便。

撒腿［sa₂₁₁¹¹³ tˀue⁵⁵］迈开腿：看到有人发现他啦，那小偷～就跑。

虾腰［ɕia₁₃¹¹³ iɔ¹¹³］弯腰，弓腰：看到地上有五块钱，他～就拾起来啦。

撑腰［tsˀəŋ₁₃¹¹³ iɔ¹¹³］在背后支持，打气：你不用怕他，我们大家都给你～。

擤［ɕiŋ⁵⁵］你别乱～鼻子，你看弄哩到处都是，脏兮兮哩。

打阿嚏［ta₃₃⁵⁵ a₁₃¹¹³ tˀi³¹²］打喷嚏。

打嚏春［ta⁵⁵ tˀi₃₁³¹² pfˀə̃¹¹³］

蹲［tuə̃¹¹³］

闻［uə̃⁵¹］嗅：你～～，天武潮了，衣裳都发霉了。

绊倒［pã₃₁³¹² tɔ⁰］跌倒。

亲嘴儿［tɕˀiə̃¹¹³ tɕyer⁵⁵］亲吻。

捱熊［iɛ⁵¹ ɕyŋ⁵¹］被批评。

碰见［pˀəŋ₃₁³¹² tɕia⁰］遇见。

聊［ə⁵⁵］理睬：这黄子家伙不讲理，你别～他。

揪［tsəu¹¹³］搀扶（往上扶）：孩子摔倒啦，你把他～起来。

招子［tsɔ₂₁₁¹¹³ tsɿ⁰］扶着。

看［kˀã³¹²］拜望。

串门子［pfˀã₃₁³¹² mə̃⁵¹ tsɿ⁰］

招［tsɔ¹¹³］摸：这东西武贵啦，你要是不买的话，别乱～。

搓悠［tɕˀyə₁₃¹¹³ iu⁰］搓：这个牌子的洗衣粉不行，～半天，一点也不下灰。

摆坏［pɛ₁₁₃⁵⁵ xuɛ⁰］摆弄：这是人家哩电脑，还得还人家哩，你可别乱～。

攉［xuə¹¹³］倒：这些垃圾都好几天没往外～啦，你麻利哩赶快～出去吧。

施翻［sɿ₁₃¹¹³ fã¹¹³］翻找：你连这些旧衣裳～过来，干么啊？

施维［ʂʅ¹¹³ ue⁵⁵］修理：洋车子坏啦，麻烦你给～～吧。

胡拉［xu⁵¹₅₅ la⁰］用手将地上的东西敛起来：麦粒子都攉出来啦，你赶快～进去吧。

套近乎［tʻɔ³¹² tɕiə̃³¹²₃₁ xu⁰］拉关系。

巴结［pa²¹¹₁₁₃ tɕiə⁰］奉承。

看起了［kʻã³¹²₃₁ tɕʻi⁵⁵ lɔ⁰］看得起。

看不起［kʻã³¹²₃₁ pu¹¹³ tɕʻi⁵⁵］

搁［kə¹¹³］放：菜哩你要多～点盐。

拾掇［ʂʅ⁵¹₅₅ tuə⁰］收拾。

攒［xəŋ³¹²］丢，扔：人家哩衣裳就算放到你床上啦，你也不能给人家～它？

拽［pfɛ¹¹³］掷：两口子闹乱子，叫他连暖壶～院子里去啦。

棱［ləŋ¹¹³］（泗水东部、北部）。

揉［zəu¹¹³］挥动；抽；甩：～鞭子。｜车猛哩一停，她就从车里～出去啦。

搂［kʻue³¹²］对折并起：你把床单子～过来，整理整理，叠起来放衣橱里吧。

发［fa¹¹³］用力帮助别人把重物提起或背起：你把那个麻袋～发给我，我给你背上去。

挎［kʻua³¹²］挽（篮子）。

圪捞［kə²¹¹₁₁₃ lɔ⁰］搅：你把锅里哩糊涂～～，别糊唠锅。

搁［kə¹¹³］放（～桌子上）：你把碗～桌子上就行啦。

传［pfʻã⁵¹］递过去：你把盘子～那边儿去。

勒［le¹¹³］你把绳子再～紧一点，别到路上再掉唠。

夹拉［tɕia⁵⁵₅₅ la⁰］夹在腋下：他～子棉袄就进来啦。

搓揉［tɕʻyə¹¹³₁₃ iu¹¹³］捻（线、纸捻）：你别～那个面团子啦，扫扫屋当门吧。

打扑［ta⁵⁵₁₃ pʻu⁰］拂尘：你把桌子上哩灰也～～，你看脏哩成什么样啦。

拽长［pfɛ³¹²₃₁ tsʻaŋ⁵¹］拉（长）：袖子有点短，你把袖子～一点。

掐［tɕʻia¹¹³］拧：你别老是～人哎。

扭［ɳiu⁵⁵］

拧［ɳiŋ⁵¹］你把衣服～十一点再晾。

摁［ɣə̃³¹²］按（住）：他使劲～住那头猪，一刀就解决啦。

戳［pfʻə⁵¹］叫他连窗户纸～唠个洞。

起［tɕʻi⁵⁵］剥（皮）：你老实点，再骂人哩话，我～你哩皮。

剥［pa¹¹³］（泗水东部乡镇）。

剺开［xuə¹¹³₁₃ kʻɛ¹¹³］剖开：～肚子，才能把下水扒出来。

甩［sɛ⁵⁵］你～～水再晾晒。

撬［tɕʻiɔ³¹²］～门。

捅［tʻuŋ⁵⁵］～马蜂窝。

绊倒［pã³¹²₃₁ tɔ⁰］跌倒。

跷脚［tɕʻiɔ³¹²₃₁ tɕyə¹¹³］踮脚。

跺脚［tuə³¹²₃₁ tɕyə¹¹³］

步辇子［pu³¹²₃₁ ɳiãr⁵⁵ tsʅ⁰］步行；走路：路不远，俺～就来啦。

铰［tɕiɔ⁵⁵］剪（指甲）。

剁［tuə³¹²］～肉酱。

攉［ua⁵⁵］盛取：没钱啦，你～点麦子到集上去卖吧？换点钱给孩子交学费。

圪当［kə⁵⁵₃₃ taŋ³¹²］单足跳。

臀［tʻuə⁵⁵］腰弯向后，腹部向前突出：他～子个大肚子，一步三摇哩就来啦。

除［pfʻu⁵¹］平着铲起：你把院子里哩鸡屎～它，显哩忒铺囊啦。

敛［liã⁵⁵］

引朵［iə̃₁₃⁵⁵ tuə⁰］逗（孩子）：你别～孩子啦，干你哩活儿去吧。

攘［naŋ⁵⁵］刺：叫他一刀就～进去啦。｜小偷拿子刀子，看见谁靠近他就～谁。

胡罗罗［xu⁵¹ luə¹¹³ luə⁰］乱来：你真是～，这么点小孩，你把他自己扔家里啊？

秃喽［t·u¹¹³ ləu⁵⁵］从上往下滑：那个小孩儿从滑梯上一下子就～下来啦。

茁牙［tsa¹¹³ ia⁵¹］长牙：小孩～啦吗？多大啦？

轧马路［ia³¹² ma₃₃⁵⁵ lu³¹²］形容人在路上闲逛。

合撒［xə⁵¹₅₅ sa⁰］①抖落身上的尘土等：身上整点子灰，你～～。②哆嗦、发抖：天忒冷啦，俺几个都冻哩直～。

拔腚［pa⁵¹ tiŋ³¹²］抬屁股：话不投机，他二话不说，～就走。

打提溜儿［ta⁵⁵ ti¹¹³ liur⁰］手攀住某物使身体悬起：孩子高兴哩抱着他达达哩吃拉绷儿～。

白［pe⁵⁵］手持筷子类的工具来回拨动，以挑拣东西：碗里哩菜你别乱～。你把碗里哩包子都～～，别黏到一块唠。

　白拉［pe⁵⁵ la⁰］

扒拉［pa₂₁₁¹¹³ la⁰］大口吃：他～唠三大碗面条。

咋呼［tsa₂₁₁¹¹³ xu⁵⁵］叫喊：人家都睡觉唠，你可别～啦。

揎［çyã¹¹³］撵、赶：你再吵，我拿巴棍子～出你去。

骑拉［tɕ·i₅₅⁵¹ la⁰］骑（贬义）：他整天～子个破洋车子到处跑。

白棱［pe₅₅⁵¹ ləŋ⁰］翻白眼怒视：从那以后，他一见面就～我。｜有事说事，你别老是～人。

趋［tɕ·y¹¹³］踢：你把那个小石头给我～过来。

排［p·ε⁵⁵］踹：门上的钥匙掉了，叫他一脚就把门给～开啦。

圪意［kə₁₃¹¹³ i³¹²］注意：我哩钱包找不着啦，你～放哪去啦吗？

　圪睬［kə₂₁₁¹¹³ ts·ε⁵⁵］

呼［fu³¹²］吮吸：雪糕快化啦，你麻利哩～～它。

顾拥［ku₂₁₁¹¹³ yŋ⁰］蠕动：我给你贴膏药来，你别乱～。

顾搋［ku⁵⁵ pfε⁰］身体或车等物体笨拙地移动：车子陷泥窝里去啦，一点也～不动啦。

骨娄［ku₂₁₁¹¹³ ləu⁵⁵］滚：她从楼上～下来啦，从三楼一直～到一楼，摔哩不轻。

担待［tã₂₁₁¹¹³ tε⁰］不予计较；原谅。

巴仔眼望［pa¹¹³ tsʅ⁰ iε̃⁵⁵ uaŋ³¹²］盼望：你赶快回家吧，家里喷正在～你回来呢。

拾拉拉剩［sʅ⁵¹ la¹¹³ la⁰ səŋ³¹²］捡拾别人剩下的东西：下班忒晚啦，只能去市场上～啦。

舔腚眼子［t·iã⁵⁵ tiŋ³¹² iã⁵⁵ tsʅ⁰］奉承巴结：他忒会～，没点儿人样，你可别学他。

怀拉［xuε⁵⁵ la⁰］对人连续推拉：她怀孕三个月啦，抬杠哩时候叫她老公一~，~掉啦。

刳查 [$k'u^{113}_{211}$ $ts'a^{113}$] 用铲子之类的东西刮：粘锅啦，你长用炝除刀子_{锅铲}~~，要不一会就糊锅了。

2. 语言 心理

叨叨 [$tɔ^{113}$ $tɔ^{113}$] 嚷嚷：一点小事，恁俩~起来没完啦？不就是摔唠个碗嘛！

学舌 [$ɕyə^{51}$ $sə^{51}$] 把大人的话学说给另外的人。

抬杠 [$t'ɛ^{51}$ $kaŋ^{312}$] 吵嘴：他两口子天天~，早晚得离婚。

争白 [$tsən^{113}$ pe^{51}] 争论。

告讼 [$kɔ^{312}$ $ɕyŋ^{113}$] 告诉。

花白 [xua^{113} pe^{51}] 讥笑，挖苦：你可别乱~人，你有什么了不起？

顶嘴 [$tiŋ^{55}_{33}$ $tɕye^{55}$] 回嘴。

掉答嘴儿 [$tiɔ^{312}$ ta^0 $tɕyer^{55}$]

咧咧 [$liə^{113}$ $liə^{113}$] 瞎胡说：你别听他~，他穷哩叮当响，哪里有钱还账啊？

央央 [$iaŋ^{113}$ $iaŋ^{113}$]

夸 [$k'ua^{55}$] 说话不像本地人：他媳妇说话~不叽哩，像四川那边的口音。

诀 [$tɕyə^{51}$] 骂：他堵子人家大门，~唠人家半天。

骂誓 [ma^{312} $sʅ^{312}$] 赌咒发誓：我没拿他哩手表，要不咱~。

赚便宜 [$pfã^{312}$ $p'iə^{51}$ i^0] 占便宜。

拍马屁 [$p'e^{113}$ ma^{55} $p'i^{312}$] 奉承、巴结。

该咋说咋说 [$kɛ^{113}$ tsa^{55} $fə^{113}$ tsa^{55} $fə^{113}$] 事实是什么样，就怎样说，也指应该按照实际情况去做：到唠那里你不用害怕，~。

没话搭拉话 [me^{113} xua^{312} ta^{113}_{211} la^0 xua^{312}] 无话找话。

多嘴聊舌 [tua^{113} $tɕye^{55}$ $liɔ^{51}$ $sə^{51}$] 插嘴：他整天~哩，就是这张嘴经常坏事儿。

嚼舌头根子 [$tɕyə^{51}$ $sə^{55}_{55}$ $təu^0$ $kə^{113}$ $tsʅ^0$] 背后说人坏话；诽谤：她就是喜欢~，你可别理她。

递播 [ti^{312}_{31} $pə^{113}$]

驴唇不对马嘴 [ly^{51} $pf'ə̃^{51}$ pu^{113} tue^{312} ma^{55}_{33} $tɕye^{55}$] 答非所问或事物两下不相合。

重言不道语 [$pf'ən^{51}$ $iã^{51}$ pu^{113} $tɔ^{55}_{33}$ y^{55}] 说话重复：他喝多啦，说话~哩，给倒粪样。

倒粪 [$tɔ^{312}_{31}$ $fə̃^{312}$]

恶影 [$ɣə^{113}_{211}$ $iŋ^{55}$] 讨厌：我最~那个人啦，没什么本事，还自以为很了不起。

心疼 [$ɕiə̃^{113}$ $t'ən^{51}$] 爱惜、舍不得。

疼哩慌 [$t'ən^{51}$ li^0 $xuaŋ^{113}$]

向 [$ɕiaŋ^{312}$] 偏向：我觉哩老爸一直~老三，有什么好事总是先想子老三。

迭不哩 [$tiə^{51}$ pu^{113} li^0] 来不及：时间忒紧啦，我~去给你告别啦，希望你不要介意。

信 [$ɕiã^{312}$] 相信。

拿不定主意 [na^{51} pu^{113} $tiŋ^{312}$ pfu^{55}_{33} i^{312}] 打不定主意：到底是去还是不去，我一直到现在还~。

挂牵 [kua^{312} $tɕ'iã^{113}$] 挂念。

笑话 [$ɕiɔ^{312}_{31}$ xua^0] 嘲笑。

操心 [$ts'ɔ^{113}$ $ɕiã^{113}$] 操劳、费心。

没主心骨 [me^{113} pfu^{55}_{33} $ɕiã^{113}$ ku^{113}] 没有主见，主意：她这个人~，谁哩话都觉子有道理。

畏脓 [ue^{55} $nuŋ^0$] 形容人唯唯诺诺、得

过且过：这孩子忒～，一点儿出息都没有。

毛点子［mɔ⁵¹ tiã⁵⁵ tsʅ⁰］惊慌失措：警察一来，这伙小偷都～啦。

胡吹海嗙［xu⁵¹ pfʻe¹¹³ xɛ⁵¹ pʻaŋ⁵⁵］吹牛：他一贯～，你可别信他哩话。

吹大牛［pfʻe¹¹³ ta³¹² n̩iu⁵¹］吹牛。

说大话［fə¹¹³ ta³¹² xua³¹²］

影［iŋ⁵⁵］令人不安宁：你可别转过来转过去啦，～死人啦。

指派［tsʅ³³⁵⁵ pʻɛ³¹²］吩咐。

骂大街［ma³¹² ta³¹² tɕiə¹¹³］骂街：那个老娘儿们跟周遭邻居都不和，一天到晚～。

卷空儿［tɕyã³³⁵⁵ kʻuŋr³¹²］

搭腔［ta¹¹³ tɕʻiaŋ¹¹³］搭理。

找碴儿［tsɔ³³⁵⁵ tsʻar⁵¹］故意挑毛病。

吐口［tʻu³³⁵⁵ kʻəu⁵⁵］答应：我求唠他半天，他就是不～。

接话巴子［tɕiə¹¹³ xua³¹² pa⁰ tsʅ⁰］插嘴接舌：你别老是～，别人还没说完来。

不认哩［pu¹¹³ zə̃³¹²³¹ li⁰］不认识：俺几个都～他。

迭不哩［tiə⁵¹ pu¹¹³ li⁰］来不及：这次回来，我～去看你去啦。

知不道［tsʅ¹¹³ pu₁₃¹¹³ tɔ³¹²］不知道。

学舌［ɕyə⁵¹ sə⁵¹］学说某人的话：这孩子不小啦，会～啦，你说话注意子点儿。

不吱声［pu₁₃¹¹³ tsʅ¹¹³ səŋ¹¹³］不说话。

数量［fu₁₁₃⁵⁵ liaŋ⁰］批评：老板忒难伺候了，所有员工整天叫他～哩脸上没皮。

嘟娄［tu₂₁₁¹¹³ ləu⁵⁵］唠叨：她忒能～啦，叫她～哩你整天家心烦意乱哩。

屈吃［tɕʻy₁₃¹¹³ tsʻʅ¹¹³］无声地哭泣，抽泣：他待屋里～半天啦，你过去看看去吧。

狼嚎［laŋ⁵⁵ xɔ⁵¹］大声地哭：你还有完吗？从大清早起来就开始～，恶影讨厌死啦！

嗷嚎［ɣɔ¹¹³ xɔ⁵⁵］高声叫嚷：你可别～啦，把人都乱死啦。

3. 其他

兴［ɕiŋ¹¹³］流行。

钢［kaŋ³¹²］淬火：刀有点钝了，得找打铁哩～～刀啦。

攘［zaŋ³¹²］在切好的藕或豆腐中添加肉馅：～藕盒、～豆腐等。

拕［təŋ³¹²］突然用力摇或拉：床单儿有点儿皱皱巴巴哩，咱俩～～它吧。

缉［tɕʻi¹¹³］装订：你把那些复印好哩文件都～上它，要不一会儿就弄乱啦。

捡［sʅ⁵¹］碰撞：他老婆一头～到墙上碰死了。

趖［tsʻɔ³¹²］用步子丈量：你～～，这个房子大概有多少平方？

耽［tã¹¹³］承受：他爹娘又不待这里，～好不～孬，他要是出点儿事，咱可～不起。

杀［sa¹¹³］缝合：～裤腰，～袖口。

捞［lɔ³¹²］从高处取下来：我哩风筝挂树上啦，你给我～下来，行不？

煨［ue¹¹³］用微火加热：把饭菜给你～到炉子上啦，你回来吃就行啦。

摽［piɔ³¹²］①比赛：他两家～子放火鞭。②孩子黏人：孩子忒～人啦，弄哩我没点空儿。

续［ɕy³¹²］把柴火放到锅底下：锅底下

哩火快灭了，你麻利哩~上点儿木头。

搚 [tɕiə¹¹³] 轻拉：她很精明，你~~她哩衣裳襟儿，她就知道是怎么回事儿。

刅 [pfʻaŋ⁵¹] 细长的杆状物刺：那个小孩儿把另一个小孩儿哩眼给~瞎啦。

折 [tsə¹¹³] 把几种菜合在一起：你把酒桌上哩菜~~它，拾掇拾掇桌子。

浲 [kʻuŋ³¹²] 沥干水分：你把青菜从盆里捞出来，~~水儿再炒。

熥 [tʻəŋ¹¹³] 细火烘干：馍馍有点儿凉，你放火上~~再吃。

抠 [ɣəu⁵⁵] 燃烧不充分：你投投那个炉子，你看看~哩屋里烟杠杠哩。

卬 [ɣaŋ⁵⁵] 烧：两口子打架闹离婚，他老婆一气之下，连屋给~啦。

硌 [kə⁵¹] 硬物使身体不舒服：你穿上鞋，你不~哩脚上啊？

尅 [kʻe⁵¹] ①捕捉：这回发财啦，~着一条大鱼。②吃、喝：他几个忒能喝啦，整整~唠三斤酒。③批评、斥责：这回逮住机会，叫我把他~唠一顿。

剜钻 [uã¹¹³ tɕyã¹¹³] 编造事体造谣。

估摸 [ku²¹¹ mə⁰] 估量：我~子他大概有40多岁啦。

云么 [yə̃$^{51}_{55}$ mə⁰] 迷失：叫我把钱包~路上啦。

施为 [sʅ¹¹³ ue⁵⁵] 做：你~么来？好几天见不着你？

影儿 [iŋ⁵⁵] ①影子。②事实根据：那是没~的事儿，你别信。

要孬 [fa⁵¹ nɔ¹¹³] 耍无赖：你可别~，说好哩年底前把钱还我哩。

混人 [xuə̃$^{312}_{31}$ zə̃⁵¹] 骗人。

生分 [səŋ$^{311}_{13}$ fə̃³¹²] 生疏。

长脸 [tsaŋ$^{55}_{33}$ liã⁵⁵] 增光：两个儿都考上博士了，可给他爹~啦。

拉巴 [la²¹¹ pa⁰] 抚养。

会水儿 [xue$^{312}_{31}$ fer⁵⁵] 会游泳：河里淹死的都是~哩。

不匝儿 [pu¹¹³ tsar⁵⁵] 品味：你~~，尝尝我泡哩这个酒怎么样啊？

蹅泥 [tsʻa$^{55}_{33}$ n̠i⁵¹] 路途非常泥泞，艰难地在泥路中穿行：这几天一直下雨，上学哩路上学生哩少不了~，要是早点儿铺上油漆路就好啦。

算计 [ɕya$^{312}_{31}$ tɕi⁰] 打算：他忒会~啦。|常言道："吃不穷喝不穷，~不到就受穷。"

趔弄 [tsʻɔ$^{312}_{31}$ luŋ⁰] 欺骗：这回叫他把咱几个都~啦。

施黏 [sʅ¹¹³ n̠iã⁵⁵] 磨蹭：这孩子做作业忒~啦。|你别整~啦，咱快点走吧，快到点啦。

勾兑 [kəu¹¹³ tue³¹²] 兑（酒）：酒是用酒精~哩，你可少喝点。

瞎了 [ɕia²¹¹ lɔ⁰] 浪费：俗语说"吃唠不疼~疼"，你要爱惜粮食。

澒锅 [yʅ$^{113}_{13}$ kuə¹¹³] 液体从锅里溢出来：我锅里煮子包子来，你看子点儿，别~。

随 [ɕye⁵¹] 像：这个小孩子长哩~她娘，可俊巴啦。

扬翻 [iaŋ$^{51}_{55}$ fã¹¹³] 趾高气扬：你不用~，早晚得收拾你一顿。

猜希 [tsʻɛ$^{113}_{51}$ ɕi¹¹³] 疑心：我~俺家哩羊叫收废品哩给偷去啦。

得架儿［te¹¹³ tɕiar³¹²］得到合适的机会：他前几年被人欺负，现在后台硬了，掌权了，～就找那些人的麻烦。

鼓捣［ku⁵⁵₁₁₃ tɔ⁰］做：你最近～么来？一直见不着你？

胡弄［xu³¹²₃₁ luŋ⁰］①凑合：你可别～，学习可是你自己哩事。②欺骗：他专门～你。

撮弄［tɕˈyə⁵¹₅₅ luŋ⁰］怂恿，教唆：都是叫他给～，小事叫他～成大事。

米量［mi⁵⁵₁₁₃ liaŋ⁰］比较：你～～，他俩谁高？

漓拉［li⁵¹₅₅ la⁰］液体散落：干活一点也不细心，叫你倒点儿酱油，你～哩到处都是。

争白［tsən¹¹³ pe⁵¹］争执：一家人过日子，～两句也是常有哩事。

栽排［tsɛ²¹¹₁₁₃ pˈɛ⁵⁵］嘱咐：临走我再～你两句，出门在外多加小心。

圪研［kə²¹₁₁₃ iɛ⁰］研磨：花椒我炒完了，你～～它吧，～完装到瓶子里调馅子用。

浼罗［uə¹¹³ luə⁵⁵］衣服弄皱：你把衣裳叠叠再放起来，你看都～成么啦？

挑和［tˈiɔ⁵⁵₁₁₃ xuə⁰］挑拨搅和：你别听他～，他一贯这样挑三豁四哩。

打尖［ta⁵⁵₃₃ tɕiã¹¹³］中途休息：走唠多半天啦，咱到前面～。

把咕仑［pa⁵⁵ ku¹¹³₂₁₁ luə̃⁰］抱摔，引申指打架：他两口子遭天～，早晚得离婚。

拉饥荒［la¹¹³ tɕi¹¹³₂₁₁ xuaŋ¹¹³］欠债：这几年因为孩子多，不少～。

投脾气［tˈəu⁵¹ pˈi⁵¹ tɕˈi³¹²］对脾气。

胡闹锅台［xu⁵¹ nɔ³¹² kuə¹¹³ tˈɛ⁵¹］瞎胡闹：你这不是～啊？有病光信神就行啦？

涮碗底子［fã³¹²₃₁ uã⁵⁵ ti¹¹³₁₁₃ tsʅ⁰］算旧账：他就是会～，以前的陈年旧账就别提了。

挤轧油儿［tɕi⁵⁵ ia³¹²₃₁ iur⁰］互相拥挤取暖：天忒冷啦，大家待墙边～。

糊弄局儿［xu³¹²₃₁ luŋ⁰ tɕyer⁵¹］敷衍，应付：他也是个～，没什么本事，别指望他。

抹不下脸来［ma¹¹³ pu¹¹³ ɕiə³¹²₃₁ liɛ⁵⁵ lɛ⁵¹］碍于情面：乡里乡亲哩～，糊弄过去算了吧。

十五、商业

商店［saŋ¹¹³₁₃ tiã³¹²］商号。

代销点［tɛ³¹²₃₁ ɕiɔ¹¹³ tiã⁵⁵］

牌子［pˈɛ⁵¹₅₅ tsʅ⁰］招牌。

幌子［xuaŋ⁵⁵ tsʅ⁰］

开店［kˈɛ¹¹³₁₃ tiã³¹²］开铺子。

门面［me⁵¹ miã³¹²］铺面。

书店［fu¹¹³ tiã³¹²］

房租［faŋ⁵¹ tɕy¹¹³］

地租［ti³¹²₃₁ tɕy¹¹³］

地契［ti³¹²₃₁ tɕˈi³¹²］

跑单帮［pɔ⁵⁵₃₃ tã¹¹³₁₃ paŋ¹¹³］一个人来回进货，做买卖。

做买卖［tsəu³¹² mɛ⁵⁵₃₃ mɛ³¹²］做生意。

开市［kˈɛ¹¹³₁₃ sʅ³¹²］开始卖出货物儿。

开业［kˈɛ¹¹³₁₃ iə¹¹³］

会［xue¹¹³］一年两次的大型贸易活动：四月八到啦，明儿里就是城里哩～啦，咱赶～去吧。

市儿［ʂer³¹²］农贸市场上某类货物的

集中交易地：猪～、羊～、粮食～、菜～等。

收市了 ［səu$_{13}^{113}$ sʅ^{312} la^0］①集市散场了：这里就是半天哩集，你来哩时候早就～。②货物全要了：剩下哩这些，我～，你算算多少钱吧。

倒闭 ［tɔ$_{31}^{55}$ pi^{312}］关门、停业。

盘出去 ［p‘ã^{51} pf‘u^{113} tɕ‘i^0］顶出去：生意不大旺象，那几间门面房都叫他～啦。

租房子 ［tɕy^{113} faŋ$_{55}^{51}$ tsʅ^0］赁房子。

点货 ［tiã$_{33}^{55}$ xuə^{312}］盘货。

柜台 ［kue$_{31}^{312}$ t‘ɛ^{51}］

掌柜哩 ［tsaŋ$_{33}^{55}$ kue^{312} li^0］老板。

学活儿哩 ［ɕyə^{51} xuər^{51} li^0］学徒。

主顾儿 ［pfu^{55} kur^{312}］经常购买东西的顾客：他卖豆芽十拉年啦，有很多～。

百货大楼 ［pe^{113} xuə^{312} ta$_{31}^{312}$ ləu^{51}］百货店。

铸锅厂 ［tɔ^{312} kuə^{113} ts‘aŋ^{55}］

旅社 ［ly$_{33}^{55}$ sə^{312}］客栈。

开价 ［k‘ɛ$_{13}^{113}$ tɕia^{312}］要价。

还价 ［xuã^{51} tɕia^{312}］

回个价儿 ［xue^{51} kə^0 tɕiar^{312}］

开 ［k‘ɛ^{113}］批发：他大清早到菜市场上～唠菜，再摆摊零卖。

　批 ［p‘i^{113}］

不讲价儿 ［pu^{113} tɕiaŋ^{55} tɕiar^{312}］不讨价还价。

销路好 ［ɕiɔ^{113} lu^{312} xɔ^{55}］畅销。

贱 ［tɕiã^{312}］便宜。

贵 ［kue^{312}］价高。

包圆儿 ［pɔ^{113} yãr^{51}］把剩余商品全部买下：你要是～的话，我给你打个

五折。

　包啦 ［pɔ$_{211}^{113}$ la^0］

打不开锣儿 ［tɛ$_{33}^{55}$ pu^{113} k‘ɛ^{113} luər^{51}］食物、钱或人力等不够用：又是盖房子，又是供两个孩子上大学，我这点工资确实有点儿～。

行市 ［xaŋ^{51} sʅ^{312}］通行的价格，市场的行情：今年西瓜～不好，凡是种瓜哩都赔啦。

觅 ［mi^{113}］雇：商店刚开业，我～唠几个人当伙计。

记账 ［tɕi$_{31}^{312}$ tsaŋ^{312}］赊账。

该账 ［kɛ$_{13}^{113}$ tsaŋ^{312}］欠账。

死账 ［sʅ$_{33}^{55}$ tsaŋ^{312}］烂账。

要账 ［iɔ$_{31}^{312}$ tsaŋ^{312}］

收账 ［səu^{113} tsaŋ^{312}］

存款 ［tɕ‘yə^{51} k‘uã^{55}］

零钱 ［liŋ^{51} tɕiã^{51}］

零花 ［liŋ^{51} xua^{113}］零用。

收条 ［səu^{113} t‘iɔ^{51}］收据。

算盘 ［ɕyã^{312} p‘ã^{51}］

秤 ［ts‘əŋ^{312}］

盘子称 ［p‘ã^{51} tsʅ^0 ts‘əŋ^{312}］盘秤、天平。

秤些儿 ［ts‘əŋ$_{31}^{312}$ ɕiər^{113}］秤星。

秤砣 ［ts‘əŋ$_{31}^{312}$ t‘uə^{51}］秤锤。

秤盘子 ［ts‘əŋ$_{31}^{312}$ p‘ã^{51} tsʅ^0］

秤杆子 ［ts‘əŋ$_{31}^{312}$ kã^{55} tsʅ^0］

秤钩子 ［ts‘əŋ$_{31}^{312}$ kəu$_{211}^{113}$ tsʅ^0］

称 ［ts‘əŋ^{113}］称（重量）。

秤高 ［ts‘əŋ^{312} kɔ^{113}］秤尾高。

秤低 ［ts‘əŋ^{312} ti^{113}］秤尾低。

掂掂 ［tiã^{113} tiã^{113}］掂掇一下重量。

开销 ［k‘ɛ$_{13}^{113}$ ɕiɔ^{113}］开支。

路费 [lu³¹² fi³¹²] 盘缠。

本钱 [pɤ̃⁵⁵ tɕ·iɑ⁵¹] 老本儿。

　本儿 [per⁵⁵]

利息 [li³¹² ɕi¹¹³]

驴打滚儿 [ly⁵¹ ta³³ kuer⁵⁵] 高利贷。

时运好 [sʅ⁵¹ yɤ̃³¹² xɔ⁵⁵] 走运。

该 [kɛ¹¹³] 欠：他～人家不少钱，过年都不敢回家。

赚钱 [pfɑ̃³¹² tɕ·iɑ⁵¹] 挣钱。

赔钱 [p·e⁵¹ tɕ·iɑ⁵¹]

　赔本儿 [p·e⁵¹ per⁵⁵]

涨钱 [tsaŋ⁵⁵ tɕ·iɑ⁵¹] 涨价。

降价 [tɕiaŋ³¹² tɕia³¹²] 减价。

　贱卖 [tɕiɑ³¹² mɛ³¹²]

找钱 [tsɔ⁵⁵ tɕ·iɑ⁵¹] 找零钱。

换钱 [xuɑ̃³¹² tɕ·iɑ⁵¹] 兑钱。

制钱子 [tɕi³¹² tɕ·iɑ⁵¹ tsʅ⁰] 铜钱。

铜子儿 [t·uŋ⁵¹ tʂer⁵⁵] 铜钱（铜板儿，板状无孔，也叫铜圆、铜板）。

字儿 [tʂer³¹²] 铜钱有字的一面。

闷儿 [mɤ̃r³¹²] 铜钱无字的一面。

袁大头 [yɑ̃⁵¹ ta³¹² t·əu⁵¹] 银圆。

一块钱 [i¹¹³ k·uɛ³¹² tɕ·iɑ⁵¹] 一元钱。

一毛钱 [i¹¹³ mɔ⁵¹ tɕ·iɑ⁵¹] 一角钱。

分各儿 [fɤ̃¹¹³ kər¹¹³] 硬币。

馍馍坊 [mə⁵¹ mə⁰ faŋ⁵¹] 饽饽铺。

炭厂 [t·ɑ̃³¹² ts·aŋ⁵⁵] 煤厂。

饭店 [fɑ̃³¹² tiɑ³¹²] 饭馆。

块煤 [k·uɛ³¹² me⁵¹] 烟煤。

蜂窝儿煤 [fəŋ¹¹³ uər¹¹³ me⁵¹]

油坊 [iu⁵¹ faŋ⁵¹] 小型的榨油作坊。

卖缺 [mɛ³¹² tɕ·yə¹¹³] 因市场上缺货而借机提高价格。

要谎 [iɔ³¹² xuaŋ⁵⁵] 开价时提高商品的价格。

大差 [ta³¹² ts·a¹¹³] 少：买唠二斤豆腐，结果～二两多。

杀账 [sa¹¹³ tsaŋ³¹²] 结账。

账黄啦 [tsaŋ³¹² xuaŋ⁵¹ la⁰] 欠账难以收回。

外找儿 [uɛ³¹² tsɔr⁵⁵] 正常收入以外的灰色收入：他当子主任，～大。

　外扩 [uɛ³¹² k·uɛ⁵⁵]

论堆儿 [luɤ̃³¹² tɕyer¹¹³] ①贱卖货物。②比喻毫无办法，随任处置。

扒不开麻 [pa¹¹³ pu¹¹³ k·ɛ¹¹³ ma⁵¹] 弄不清楚：他们之间的关系咱～，咱也管不了。

坐 [tɕyə³¹²] 从预留或应给的收入里面扣除：你要是不好好哩干，我到时候～你哩工钱。

落 [luə¹¹³] 剩下：毛收入一万五，不算人工，去唠本儿，还～八千块钱。

包 [pɔ¹¹³] 赔偿：你撞唠人家，就得～人家哩误工费和医疗费。

割耳朵 [kə¹¹³ ɚ⁵⁵ tɔ⁰] 中人牟利。

工钱 [kuŋ¹¹³ tɕ·iɑ⁵¹] 酬金。

理发店 [li⁵⁵ fa¹¹³ tiɑ³¹²]

　剃头铺儿 [t·i³¹² t·əu⁵¹ p·ur³¹²]

剃头 [t·i³¹² t·əu⁵¹] 理发。

刮脸 [kua³³ liɑ⁵⁵] 修面。

澡堂子 [tsɔ⁵⁵ t·aŋ⁵¹ tsʅ⁰]

搓脊阳 [tɕ·yə¹¹³ tɕi²¹¹ iaŋ⁵⁵] 搓澡。

寿衣店 [səu³¹² i¹¹³ tiɑ³¹²]

肉食店 [zəu³¹² sʅ⁵¹ tiɑ³¹²] 肉铺。

扯布 [ts·ə³³ pu³¹²] 买布。

　拽布 [pfɛ³¹² pu³¹²]

称肉 [ts'əŋ¹¹³ zəu³¹²] 买肉。

抓药 [pfa₁₃¹¹³ yə¹¹³] 抓中药。

　拿药 [na⁵¹ yə¹¹³] 买药。

长钱 [tsaŋ₃₃⁵⁵ tɕ'iã⁵¹] 付钱，埋单。

没款气 [me¹¹³k'uã⁵⁵ tɕi³¹²] 差不多：这两种样式～，买哪个都行。

涨包了 [tsaŋ₃₁³¹² pɔ¹¹³ la⁰] 超支：不行，这套衣裳忒贵了，有点儿～，还是买那套吧。

下饭店 [ɕia³¹² fã₃₁³¹² tiã³¹²] 下馆子。

踢蹬 [t'i₁₃¹¹³ təŋ⁵⁵] 折本处理：这批货就这点儿啦，本儿也换回来了，干脆～唠算了。

十六、文教 制度

1. 文化教育

学堂 [ɕyə⁵¹ taŋ⁵¹] 学校。

课室 [k'ə₃₁³¹² sʅ¹¹³] 教室。

上学哩 [saŋ₃₁³¹² ɕyə⁵¹ li⁰] 读书人。

　文化人儿 [uə̃⁵¹ xua³¹² zer⁵¹]

识文解字哩 [sʅ⁵¹ uə̃⁵¹ ɕiɛ₃₁³¹² tʂer₃₁³¹² li⁰] 认字的。

睁眼瞎子 [tsəŋ₁₃¹¹³ iã⁵⁵ ɕia₂₁₁¹¹³ tsʅ⁰] 不认字儿的人，文盲。

卷子 [tɕyã₃₁³¹² tsʅ⁰] 试卷。

交卷儿 [tɕiɔ¹¹³ tɕyãr³¹²]

交白卷儿 [tɕiɔ¹¹³ pe⁵¹ tɕyãr³¹²]

改卷子 [kɛ₃₃⁵⁵ tɕyã₃₁³¹² tsʅ⁰] 评卷。

张榜 [tsaŋ₂₁₁¹¹³ paŋ⁵⁵] 发榜。

第一名 [ti₃₁³¹² i¹¹³ miŋ⁵¹] 头名。

倒数第一 [tɔ₃₁³¹² fu⁵⁵ ti₃₁³¹² i¹¹³] 最后一名。

满分儿 [mã₃₃⁵⁵ fer¹¹³]

考上啦 [kɔ₃₃⁵⁵ saŋ₃₁³¹² la⁰] 考取了：他考哩不错，考唠700多分，～。

没考上 [me¹¹³ k'ɔ⁵⁵ saŋ³¹²]

考上唠 [kɔ₃₃⁵⁵ saŋ₃₁³¹² lɔ⁰] 能考上：他成绩不错，待班上排前五名，绝对考上唠。

考不上 [kɔ⁵⁵ pu¹¹³ saŋ³¹²]

毕业了 [pi¹¹³ iə¹¹³ la⁰]

上学 [saŋ₃₁³¹² ɕyə⁵¹] ①上学。②入学。

下学 [ɕia₃₁³¹² ɕyə⁵¹] ①放学。②退学或毕业。

书 [fu¹¹³]

课本儿 [k'ə₃₁³¹² ber⁵⁵]

书包 [fu₁₃¹¹³ pɔ¹¹³]

本子 [pə̃₁₃⁵⁵ tsʅ⁰]

上班 [saŋ₃₁³¹² pã¹¹³] 上课：都～啦，还不进教室啊？

下班 [ɕia₃₁³¹² pã¹¹³] 下课：打铃啦，～啦，咱去买瓶水吧？

上班儿 [saŋ₃₁³¹² pãr¹¹³] ①在规定时间去工作。②指参加工作：小王～啦吗？待哪里～？

下班儿 [ɕia₃₁³¹² pãr¹¹³] 每天规定的工作时间结束。

跳级 [tiɔ³¹² tɕi¹¹³] 越级，学生越过本来应该经过的班级。

放假 [faŋ₃₁³¹² tɕia⁵⁵]

放暑假 [faŋ₃₁³¹² fu₃₃⁵⁵ tɕia⁵⁵]

放年假 [faŋ₃₁³¹² ɲiã⁵¹ tɕia⁵⁵] 放寒假。

麦假 [me¹¹³ tɕia⁵⁵] 泗水一带以前在割麦期间的学生假期。

洋码子 [iaŋ⁵¹ ma₁₁₃⁵⁵ tsʅ⁰] 泛指各种西洋文字：这些～，它认哩我，我不认哩它。

打草稿 [ta$_{33}^{55}$ ts‘ɔ$_{51}^{55}$ kɔ^{55}]

铅笔 [tɕ‘ia$_{13}^{113}$ pe^{113}]

橡皮 [ɕiaŋ$_{31}^{312}$ p‘i^{51}]

钢笔 [kaŋ$_{13}^{113}$ pe^{113}] 自来水笔。

圆子笔 [yã$_{55}^{51}$ tsʅ^{0} pe^{113}]

毛笔 [mɔ^{51} pe^{113}]

对子 [tue$_{31}^{312}$ tsʅ^{0}] 对联。

纸 [tsʅ^{55}]

信 [ɕiə̃^{312}]

画儿 [xuar^{312}]

文凭 [uə̃^{51} p‘iŋ^{51}]

毕业 [pi$_{13}^{113}$ iə^{113}]

毕业证 [pi$_{13}^{113}$ iə^{113} tsəŋ^{312}]

信儿 [ɕier^{312}] 消息：大叔那边捎～来啦，叫你过去看看他去。

墨水儿 [me$_{13}^{113}$ fer^{55}]

墨汁 [me$_{13}^{113}$ tsʅ^{113}]

砚网 [iã$_{31}^{312}$ uaŋ^{55}] 砚台。

磨墨 [mə^{51} me^{113}] 研墨。

洇 [iə̃^{113}] 液体落在纸或其他物体上向四外散开：这种纸不好，用钢笔写字有点儿～。

膏笔 [kɔ$_{31}^{312}$ pe^{113}] 搽笔，用毛笔蘸墨汁在砚台上弄均匀。

写仿 [ɕiə$_{33}^{55}$ faŋ^{55}]

描红 [miɔ^{51} xuŋ^{51}]

污啦 [u$_{211}^{113}$ la^{0}] 涂抹（错字）：你写错唠划掉就行啦，别乱～，卷面儿要整洁。

课堂 [k‘ə^{312} t‘aŋ^{51}]

粉笔 [fə̃$_{33}^{55}$ pe^{113}]

教杆儿 [tɕiɔ$_{31}^{312}$ kãr^{113}]

黑板擦子 [xe$_{13}^{113}$ pã^{55} ts‘a$_{211}^{113}$ tsʅ^{0}]

一画 [i^{113} xua^{312}]

一横 [i^{113} xəŋ^{312}]

一竖 [i^{113} fu^{312}]

一提 [i^{113} t‘i^{51}] 一挑。

一点 [i^{113} tiã^{55}]

一撇 [i^{113} p‘iə^{55}]

一捺 [i^{113} na^{113}]

部首 [pu$_{31}^{312}$ səu^{55}] 偏旁。

单人儿旁 [tã^{113} zer^{51} p‘aŋ^{51}]

双人儿旁 [faŋ^{113} zer^{51} p‘aŋ^{51}]

竖心旁 [fu$_{31}^{312}$ ɕiə^{113} p‘aŋ^{51}]

宝盖头儿 [pɔ^{55} kɛ^{312} t‘əur^{51}]

耳朵边儿 [ɚ^{55} tɔ^{0} piãr^{113}]

反文儿 [fã$_{33}^{55}$ uer^{51}] 反文旁。

提土儿 [t‘i^{51} t‘ur^{55}] 提土旁。

病克郎 [piŋ$_{31}^{312}$ k‘ə^{113} laŋ^{0}] 病旁。

走之儿 [tsəu^{55} tʂer^{113}]

草字头 [ts‘ɔ^{55} tsʅ^{312} t‘əu^{51}]

写白字儿 [ɕiə^{55} pe^{51} tʂer^{312}] 写错别字。

落字儿 [la^{51} tʂer^{312}] 掉字。

念书 [ȵiã^{312} fu^{113}] 学习。

贪玩儿 [t‘ã^{113} uã^{312}]

玩艺儿 [uã$_{31}^{312}$ ier^{0}] 玩具。

皮筋儿 [p‘i^{51} tɕier^{113}] 橡皮筋。

风筝 [fəŋ$_{13}^{113}$ tsəŋ^{113}]

逃学 [t‘ɔ^{51} ɕyə^{51}]

点名 [tiã$_{33}^{55}$ miŋ^{51}]

请假 [tɕ‘iŋ$_{51}^{55}$ tɕia^{55}]

爬黑板 [p‘a^{51} xe$_{211}^{113}$ pã^{55}] 上黑板。

哨子 [sɔ$_{31}^{312}$ tsʅ^{0}]

照片儿 [tsɔ$_{31}^{312}$ p‘iãr^{113}]

泼闷儿 [p‘ə^{113} mer^{312}] 出谜语。

猜估估 [ts‘ɛ^{113} ku$_{13}^{113}$ ku^{113}] 猜谜。

下棋儿 [ɕia^{312} tɕier^{51}]

拱卒子 [kuŋ^{55} tɕy^{51} tsʅ^{0}]

支士 [tsʅ¹¹³ sʅ³¹²]

飞相 [fi¹¹³ ɕiaŋ³¹²]

架炮 [tɕia³¹² pʻɔ³¹²] 拉炮。

将军 [tɕiaŋ¹¹³ tɕyə̃¹¹³] 下象棋时攻击对方的"将"或"帅"。

　将 [tɕiaŋ¹¹³]

翻线 [fã¹¹³ ɕiã³¹²] 女孩子玩的橡皮筋游戏，将橡皮筋翻来翻去，构成一些图案。

蹲级 [tuə̃¹¹³₁₃ tɕi¹¹³] 留级。

看闲书 [kʻã³¹² ɕiã⁵¹ fu¹¹³] 看课外书。

打飘儿 [ta⁵⁵₃₃ pʻiɔr¹¹³] 打水漂儿。

藏毛猴儿哩 [tsʻaŋ⁵¹ mɔ⁵¹ xəur¹¹³ li⁰] 捉迷藏。

打滑擦儿 [ta⁵⁵ xua⁵¹ tsʻar¹¹³] 在冰面上或其他平滑表面上的滑动游戏。

踢毽子 [tʻi¹¹³ tɕiã³¹²₃₁ tsʅ⁰]

跳房儿 [tʻiɔ³¹²₃₁ faŋr⁵¹] 一种儿童游戏。在地上画出若干方框作为房子，先将瓦片扔在第一格内，单腿跳着，将瓦片踢着穿过各格，然后扔在第二格内，依次进行，若脚踩线或瓦片压线则为失败，让给另一方踢。

舞狮子 [u⁵⁵ sʅ¹¹³₂₁₁ tsʅ⁰]

打牌儿 [ta⁵⁵₃₃ pʻɛr⁵¹] 按照一定的规则玩扑克牌。

　来牌儿 [lɛ⁵¹ pʻɛr⁵¹]

　抹牌儿 [ma¹¹³ pʻɛr⁵¹]

玩龙灯 [uã⁵¹ luŋ⁵¹ təŋ¹¹³]

踩高跷 [tsʻɛ⁵⁵ kɔ¹¹³ tɕiɔ¹¹³]

打花棍儿 [ta⁵⁵ xua¹¹³ kuer³¹²] 耍流星。

打车轮子 [ta⁵⁵ tsʻə¹¹³ luə̃⁵¹ tsʅ⁰] 一种儿童游戏。用一根带钩的小铁棍推着铁环前进。

打瓜儿 [ta⁵⁵₃₃ kuar¹¹³] 两人各出右手，一人掌心向下，一人掌心向上，两手重合在一起，掌心向上者快速翻掌打另一人的手背，打中为赢，打不中则换过来玩。

打瓦 [ta⁵⁵₃₃ ua⁵⁵] 几人玩的一种游戏，根据人数事先在不远处立起几块瓦片或砖块，玩者站在瓦片或砖块后向前扔一块石头，根据所扔距离确定击打顺序，击中瓦片或砖块者赢。

拾子儿 [sʅ⁵¹ tʂer⁵⁵] 一种女孩子玩的游戏，用五块小石子儿，根据事先制定的规则玩出各种花样，提高手指灵巧的能力。

打加棍儿 [ta⁵⁵₃₃ tɕia¹¹³ kuer³¹²] 一种男孩子玩的游戏，用一根木棍把另一根木棍敲起来后迅速向远处击打，打得远者赢。

讲故事 [tɕiaŋ⁵⁵ ku³¹²₃₁ sʅ⁰]

　说书 [fə¹¹³₁₃ fu¹¹³]

啦笑谈 [la⁵¹ ɕiɔ³¹² tʻã⁵¹] 说笑话。

打拳 [ta⁵⁵ tɕʻyã⁵¹]

打旁连 [ta⁵⁵₃₃ pʻaŋ⁵¹₅₅ liã⁰] 侧身翻。

荡秋千 [taŋ³¹² tɕʻiu¹¹³₁₃ tɕʻiã¹¹³]

玩戏法 [uã⁵¹ ɕi³¹²₃₁ fa⁵⁵] 变戏法。

扎猛子 [tsa¹¹³ məŋ⁵⁵ tsʅ⁰] 潜水。

打硦硦 [ta⁵⁵ pʻəŋ¹¹³₁₃ pʻəŋ¹¹³] 游泳时用双脚击水。

踩水 [tsʻɛ⁵⁵ fe⁵⁵] 游泳时不用双手，而用双脚在水中踩着水游。

呜哇儿 [u⁵⁵uar³¹²] 有各种乐器的器乐班子，一般在红白事上演奏，主家支付一定的报酬。

　响器班子 [ɕiaŋ⁵⁵ tɕʻi³¹² pã¹¹³ tsʅ⁰]

咣咣嚓子 [kuaŋ⁵¹ kuaŋ⁰ tsʻa⁵⁵ tsʅ⁰] 钹。

捻捻转子 [n̠ia⁵⁵ n̠iã⁰ pfã³¹₃₁ tsʅ⁰] 一种用手指捻动，使之在桌面或地面上转动的玩具。

玩琉琉豆 [uã⁵¹ liu⁵¹ liu⁰ təu³¹²] 一种儿童游戏，几人弹圆玻璃球。玩者事先制定规则，比如在地上挖几个小洞，用手指弹，按照一定顺序弹进洞，率先完成各项任务者为赢。

斗拐 [təu³¹²₃₁ kuɛ⁵⁵] 一种几人玩的儿童游戏。玩者一腿曲起，用另一手扳住，与同样曲起腿来的另一人相斗相撞，先站不稳者为输。

山东快书 [sã¹¹³₁₃ tuŋ¹¹³ kʻuɛ³¹²₃₁ fu¹¹³]

顺口溜 [fɤ̃³¹²₃₁ kʻəu⁵⁵ liu¹¹³]

撇大猴儿 [tsəu⁵⁵ ta³¹²₃₁ xəur¹¹³] 演木偶戏、傀儡戏。

唱大戏 [tsʻaŋ³¹² ta³¹²₃₁ çi³¹²] 演戏。

戏班子 [çi³¹² pã¹¹³ tsʅ⁰]

戏子 [çi³¹² tsʅ⁵⁵]

花脸 [xua¹¹³ liã⁵⁵]

老生 [lɔ⁵⁵ səŋ¹¹³]

武生 [u⁵⁵ səŋ¹¹³]

武旦 [u⁵⁵ tã³¹²] 刀马旦。

老旦 [lɔ⁵⁵ tã³¹²]

小旦 [çiɔ⁵⁵ tã³¹²]

跑龙套 [pɔ⁵⁵ luŋ⁵¹ tʻɔ³¹²]

小生 [çiɔ⁵⁵₃₃ səŋ¹¹³]

青衣 [tɕʻiŋ¹¹³₁₃ i¹¹³]

花旦 [xua¹¹³ tã³¹²]

丑角 [tsʻəu⁵⁵₃₃ tɕyə¹¹³] 小丑。

行头 [çiŋ⁵¹ tʻəu⁵¹]

开戏 [kʻɛ¹¹³ çi³¹²] 开场。

散戏 [sã³¹²₃₁ çi³¹²]

电影 [tiã³¹² iŋ⁵⁵]

留声机 [liu⁵¹ səŋ¹¹³ tɕi¹¹³]

拉二胡 [la¹¹³ ɚ³¹² xu⁵¹]

吹笛子 [pfʻe¹¹³ ti⁵¹ tsʅ⁰]

火鞭 [xuə⁵⁵₅₁ piã¹¹³] 鞭炮。

放花 [faŋ³¹²₃₁ xua¹¹³] 放焰火。

打赌 [ta⁵⁵₃₃ tu⁵⁵]

牌九 [pʻɛ⁵¹ tɕiu⁵⁵] 骨牌。

麻将 [ma⁵¹₅₅ tɕiaŋ⁰]

和了 [xu⁵¹ la⁰] 按照某种规则打麻将，赢了谓之～。

押宝 [ia¹¹³ pɔ⁵⁵]

掷色子 [tsʅ¹¹³ se¹¹³₂₁₁ tsʅ⁰]

竖直仑儿 [fə¹¹³ tsʅ⁵¹₅₅ luer⁰] 倒立。

拿大顶儿 [na⁵¹ ta³¹²₃₁ tiŋr⁵⁵]

梆子戏 [paŋ¹¹³ tsʅ⁰ çi³¹²] 山东梆子。

绺子戏 [liu⁵⁵ tsʅ⁰ çi³¹²] 鲁西南一带的地方戏种。

渔鼓坠儿 [y⁵¹ ku⁵⁵ pfer³¹²]

2. 社会制度

章 [tsaŋ¹¹³] 公章。

大印 [ta³¹²₃₁ iɤ̃³¹²]

卡章 [kʻa⁵⁵₃₃ tsaŋ¹¹³] 盖图章。

好官 [xɔ⁵⁵₃₃ kuã¹¹³] 清官。

赃官 [tsaŋ¹¹³₁₃ kuã¹¹³] 昏官。

逮起来 [tɛ⁵⁵ tɕʻi⁵⁵₃₃ lɛ⁵¹] 押起来，抓起来。

判 [pʻã³¹²] 宣判：那个科长的案子～啦，～唠十五年。

使钱 [sʅ⁵⁵₃₃ tɕʻiã⁵¹] 贿赂。

罚钱 [fa⁵¹ tɕʻiã⁵¹] 罚金。

蹲监狱 [tuə̃¹¹³₁₃ tɕiã¹¹³₁₃ y¹¹³] 坐牢。

吃现成哩 [tsʻʅ¹¹³ çiã³¹²₃₁ tsʻəŋ⁵¹ li⁰]

写约 [ɕiə₃₃⁵⁵ yə¹¹³] 立约。

摁手印儿 [ɣə̃³¹² səu₃₃⁵⁵ ier³¹²] 画押。

状子 [pfaŋ₃₁³¹² tsʅ⁰]

原告儿 [yã⁵¹ kɔr³¹²]

被告儿 [pe³¹² kɔr³¹²]

旁听 [pʻaŋ⁵¹ tʻiŋ¹¹³]

开庭 [kʻɛ¹¹³ tʻiŋ⁵¹]

证人 [tsəŋ₃₁³¹² zə̃⁵¹]

犯法 [fã₃₁³¹² fa⁵⁵]

贪污 [tã₁₃¹¹³ u¹¹³]

劳改 [lɔ⁵¹ kɛ⁵⁵]

告状 [kɔ³¹² pfaŋ³¹²] 打官司。

断案子 [tuã³¹² yã₃₁³¹² tsʅ⁰] 审案。

招啦 [tsɔ₂₁₁¹¹³ la⁰] 供认。

咬 [iɔ⁵⁵] 供出：那个科长逮进去啦，叫他~出来不少。

口供 [kʻəu⁵⁵ kuŋ³¹²]

送礼 [ɕyŋ³¹² li⁵⁵] 行贿。

收礼 [səu¹¹³ li⁵⁵] 受贿。

砍头 [kʻã₃₃⁵⁵ tʻəu⁵¹] 斩首。

枪决 [tɕʻiaŋ¹¹³ tɕyə¹¹³] 枪毙。

手铐 [səu⁵⁵ kʻɔ³¹²]

脚镣 [tɕyə¹¹³ liɔ⁵¹]

捆起来 [kʻuə̃⁵⁵ tɕʻi⁵⁵ lɛ⁰] 绑起来。

交税 [tɕiɔ¹¹³ fe³¹²] 纳税。

劳改犯 [lɔ⁵¹ kɛ⁵⁵ fã³¹²] 犯人。

押 [ia¹¹³] 押解。

十七、指代词

这里 [tsə³¹² li⁰]

乜里 [ȵiə₃₁³¹² li⁰]（泗水北部尧山一带）。

那里 [na₃₁³¹² li⁰]

整 [tsəŋ⁵¹] 这么：北京哩房子~贵哎，咱是买不起。

乜么 [ȵiə₃₁³¹² mə⁰]（泗水北部尧山一带）。

这会儿汕 [tsə₃₁³¹² xuer³¹² sã¹¹³] 这时。

乜时 [ȵiə₃₁³¹² sʅ⁵¹]（泗水北部尧山一带）。

那会儿汕 [na₃₁³¹² xuer³¹² sã¹¹³] 那时候：~，你才读高中咪，一转眼这都十拉年啦。

俺 [yã⁵⁵] ①第一人称，我。②第一人称，我们。

恁 [ne⁵⁵] ①第二人称，你。②第二人称，你们。

咱 [tsã⁵⁵] 咱们。

他们 [ta¹¹³ mə̃⁰]

大家伙儿 [ta₃₁³¹² tɕia¹¹³ xuər⁰] 大家：咱~加把劲儿，早点干完早点吃饭。

谁 [se⁵¹]

么 [mə⁵¹] 什么：你给俺带来点儿~啊？没带~，就带来点儿吃哩东西。

爷们儿 [iə₅₅⁵¹ mə̃r⁰] ①父子俩：扛仔大包小包哩，恁~这是往哪儿去啊？也可泛指与男性长辈辈分不同的两人：小王，咱~可不是一年的交情了。②男子通称：咱是~，不是娘们儿，说一句算一句，你放心就是了。

娘们儿 [ȵiaŋ₅₅⁵¹ mə̃r⁰] ①母子俩：大冷天哩，恁~这是回娘家去啊？②泛指与女性长辈辈分不同的两人：咱~关系整么近，你哩事儿我还能不帮忙儿？③妇人通称：俺虽然是~，可俺是说话算话，有一说一。

娘家 [ȵiaŋ₅₅⁵¹ tɕia⁰] 娘家：她不是当庄哩，~待金庄，离这边儿可远啦。

婆婆家［p'ə₅₅⁵¹ p'ə⁰ tɕiə⁰］

姥娘家［lɔ₃₃⁵⁵ ȵiaŋ⁰ tɕiə⁰］姥姥家：她～是乔家洼，离这里约莫 20 里路吧。

谁家［se₅₅⁵¹ tɕiə⁰］①谁的家：装修哩整漂亮，这是～？②谁的妻子：这个女哩是～？我整么没见过啊，是老二家吗？

俺俩［γã₃₃⁵⁵ lia⁵⁵］我们俩，不包括交际方（听话人）在内：

咱俩［tsã₃₃⁵⁵ lia⁵⁵］咱们俩，包括交际方（听话人）在内：～先去，他们随后再过去。

恁俩［ne₃₃⁵⁵ lia⁵⁵］你们俩。

他们俩［t'a₂₁₁²¹³ mə̃⁰ lia⁵⁵］他们俩。

姑们俩［ku₂₁₁²¹³ mə̃⁰ lia⁵⁵］指老年夫妻俩，由"公母俩"音变而来：——整么早，恁～这是往哪去啊？——往老二家去，给老二家看孩子去。

己己［tɕi₃₁³¹² tɕi¹¹³］自己：天整晚了，你～去哩话，俺几个都不大放心。

整仔［tsəŋ₃₃⁵⁵ tsɿ⁵⁵］怎么：～啦？～整不高兴啊？

人家［zã₅₅⁵¹ tɕiə⁰］（可用作单数或复数）：～都考上啦，你整仔弄哩？

多些［tuə₂₁₁¹¹³ ɕiə⁵⁵］多少：他还该你～钱？我替她都还唠吧。

哪下儿［na₃₃⁵⁵ xɛr⁰］哪里：你这待～住哩？离这下儿远不？

那下儿［na₃₁³¹² xɛr⁰］那里：你～下雨啦吗？

这下儿［tsə₃₁³¹² xɛr⁰］这里：俺～雨下哩可大啦，河里都发大水啦。

啥［sa⁴²］是嘛：你见我哩钥匙啦

吗？——那不～，就待你前面哩桌子上咪吗？

多旮儿［tuə¹¹³ tsã⁵⁵］何时：你～回来哩？咱～往广州去啊？

十八、性质　状态　感觉　才能　品行

1. 性质

肥［fi⁵¹］①（衣）宽：裤腰里有点儿～。②指动物或肉脂肪多，喻指人钱财富足。

宽［k'uã¹¹³］（路、房间等）大、宽：房间可～啦，十多个人也住开唠。

窄［tse⁵⁵］（路、房间等）小：路有点儿～，你慢点儿走。

瘦［səu³¹²］①（衣）小：裤子腰里有点～，再改改吧。②指人瘦。

胖［p'aŋ³¹²］指人胖。

矮［iɛ⁵⁵］

高［kɔ¹¹³］

青［tɕ'iŋ¹¹³］黑色。如"青布"指"黑布"。

宽松［k'uã₁₃¹¹³ ɕyŋ¹¹³］松宽：绑哩～点儿，别连手脖子勒破唠。

宽裕［k'uã¹¹³ y⁵¹］指经济富足：现在农民日子～多啦。

宽绰［k'uã₂₁₁¹¹³ ts'ɔ⁰］

紧巴［tɕiə⁵⁵ pa⁰］一般指经济贫困：头先俺庄里多数人都过哩可～啦。

陡［təu⁵⁵］坡很～。

孬［nɔ¹¹³］次。

疵毛［ts'ɿ¹¹³ mɔ⁵¹］粗糙。

不孬［pu₁₃¹¹³ nɔ¹¹³］不错。

不赖［pu¹¹³ lɛ³¹²］

翻桄［fã¹¹³ kuaŋ³¹²］相反：不好意思，

忙晕头啦，把对子贴～啦。

熟［fu⁵¹］饭～了。｜我跟他不～。

生［səŋ¹¹³］不熟：饭有点儿～。

腥气［ɕiŋ²¹¹₁₁₃ tɕ‘i⁰］有腥味：这回哩鱼不太好吃，有点儿～。

干［kã¹¹³］衣服晒～了。

湿［sʅ¹¹³］衣服～啦。

潮［ts‘ɔ⁵¹］潮湿：这几天屋里忒～啦。

清［tɕ‘iŋ¹¹³］水很～。

浑［xuə̃⁵¹］水很～，不能直接喝。

亮［liaŋ³¹²］屋里很～。

暗［ɣã³¹²］路上很～。

好看［xɔ⁵⁵ k‘ã³¹²］美（泛指）：她长哩很～。

难看［nã⁵¹ kã³¹²］丑：她长哩不～。

瞎包［ɕia¹¹³ pɔ⁵⁵］坏：这个人可～啦，你别跟他玩儿。

清楚［tɕ‘iŋ²¹¹₁₁₃ pf‘u⁰］我待最后一排看哩可～啦。

清亮［tɕ‘iŋ¹¹³ liaŋ⁰］

烂［lã³¹²］煮不～。

硬［iŋ³¹²］

软［vã⁵⁵］

　软和［vã⁵⁵ xuə⁰］松软。

　暄和［ɕyã²¹¹₁₁₃ xuə⁰］

脆［tɕ‘ye³¹²］

老［lɔ⁵⁵］（菜）老：菜有点儿～，有点儿咬不动。

嫩［luə̃³¹²］菜不老：韭菜可～啦，挺不错。

凝［tiŋ³¹²］猪油等脂肪凝结的状态。

玄乎儿［ɕyã⁵⁵ xur⁰］危险。

劲道儿［tɕiə̃³¹²₃₁ tɔr⁰］有韧性：面条儿很～。

年轻［n̠ia⁵¹₃₁ tɕ‘iŋ¹¹³］他还是～，处理事儿欠妥当。

年纪大［n̠ia⁵¹₅₅ tɕi⁰ ta³¹²］（人）老。

快［k‘uɛ³¹²］利：刀～。

不快［pu¹¹³ k‘uɛ³¹²］（刀）钝：刀很～。

烂［lã³¹²］朽：木头～了。

　沤［ɣəu¹¹³］

甜［t‘iã⁵¹］

鲜［ɕiã¹¹³］味～。

脏［tsaŋ¹¹³］肮脏。

结实［tɕiə⁵¹ sʅ⁰］坚固。

扑囊［p‘u²¹¹₁₁₃ naŋ⁰］肮脏、不整洁：你看你整～哎，吃哩桌子上到处都是。

难受［nã⁵¹₅₅ səu³¹²］难过。

听话［t‘iŋ¹¹³ xua³¹²］乖。

皮［p‘i⁵¹］顽皮：他家里孩子忒～啦。

赛［sɛ³¹²］指小孩过于顽皮：那小孩忒～啦，忒能作孽啦。

精［tɕiŋ¹¹³］机灵。

糊都［xu⁵¹₅₅ təu⁰］糊涂：你～啦？让肥水往外人田里流？

小作儿［ɕiɔ⁵⁵₃₃ tɕyər³¹²］吝啬。

大方［ta³¹²₃₁ faŋ⁰］

鼓［ku⁵⁵］凸。

㓵［ua¹¹³］凹。

凉快［liaŋ⁵¹₅₅ k‘uɛ⁰］

素静［ɕy³¹²₃₁ tɕiŋ⁰］安静。

灟［nuŋ³¹²］泥泞：刚下过雨，路上忒～啦，直拔不动脚。

沉［ts‘ə̃⁵¹］重。

利亮［li³¹²₃₁ liaŋ⁰］利索。

2. 状态

漪［tɕ‘i¹¹³］被湿东西沤着。

漯［tʻa¹¹³］汗水湿透衣服。

蹙巴［pfʻu²¹¹₁₁₃ pa⁰］缩小。

窄巴［tse¹¹³₂₁₁ pa⁰］窄。

俊巴［tɕyə̃³¹²₃₁ pa⁰］俊。

薄溜［pə⁵¹ liu⁰］薄。

软悠［vã³³₅₅ iu⁵⁵］蔫：花都~啦，你也不浇点水。

厮衬儿［sʅ⁵⁵₃₃ tsʻə̃r³¹²］合适：这件衣裳你穿倒是比较~。

烘啦［xuŋ¹¹³ la⁰］果实熟过变软：洋柿子都~啦，不能再吃啦。

齐发［tɕʻi⁵¹₅₅ fa⁰］非常整齐的样子：他们走哩可~啦。

齐格札哩［tɕʻi⁵¹ kə⁰ tsa⁵¹ li⁰］

匀和［yə̃⁵¹₅₅ xuə⁰］均匀：你要拌~点儿。

周正［tsəu¹¹³ tsəŋ³¹²］端正：他长哩可~啦。

熟悉［fu⁵¹ ɕi¹¹³］这个方面我不大~。

热闹［zə¹¹³₂₁₁ nɔ⁰］集上可~啦，卖么哩都有。

要紧［iɔ³¹²₃₁ tɕiə̃⁵⁵］这个事儿很~，咱先合计合计吧。

血辣［ɕiə¹¹³₁₃ la¹¹³］很辣。

四直［sʅ¹¹³₃₁ tsʅ⁵¹］很直：这棵树长哩~，一点弯儿都没有。

寥寥［liɔ⁵⁵₅₁ liɔ⁵⁵］很少：来开会哩人~。｜刚上班儿，他哩工资也~。

刚稠［kaŋ¹¹³ tsʻəu⁵¹］很稠（贬义）：烧哩稀饭~（说话人认为过于黏稠）。

稠乎［tsʻəu⁵⁵₅₁ xu⁰］黏稠（褒义）：烧哩稀饭很~（说话人认为稀饭烧得正好）。

凑和［tsʻəu³¹²₃₁ xuə⁰］凑合。

许尖［ɕy¹¹³₁₃ tɕiã¹¹³］非常尖锐。

起眼［tɕʻi⁵⁵₃₃ iã⁵⁵］显眼。

沾弦儿［tsã¹¹³ ɕiã⁵¹］挨边：他这点儿分考大学根本不~。

柱壮［pfu³¹²₃₁ pfaŋ³¹²］坚固：桥很~，有好几百年啦。

结实［tɕiə⁵¹ sʅ⁰］

腻歪［ȵi³¹²₃₁ uɛ⁰］腻了：遭天吃白菜，俺都吃~啦。

厚实［xəu³¹²₃₁ sʅ⁰］棉袄很~，很暖和。

全奂［tɕʻyã⁵¹ xuã³¹²］完整；齐全：父母、公婆、夫妇、儿女俱全的人，泗水谓之"~人"。在婚俗中必须请一位"~人"为新娘子"择脸"，表示对新人的祝福，也喻示新人阖家健康、人丁兴旺。

稀楞［ɕi¹¹³₂₁₁ ləŋ⁰］稀。

刚浑［kaŋ¹¹³ xuə̃⁵¹］很浑浊。

严实［iã⁵¹₅₅ sʅ⁰］严密。

滑溜［xua⁵¹₅₅ liu⁰］很滑。

溜滑［liu¹¹³ xua⁵¹］

溜光［liu¹¹³₁₃ kuaŋ¹¹³］很光。

薄溜［pə⁵¹₅₁ liu⁰］很薄。

铮亮［tsəŋ¹¹³ liaŋ³¹²］很亮：他哩头剃哩~。

支生儿［tsʅ¹¹³₁₃ səŋr¹¹³］植物茂盛的样子：花原来都快干死了，浇了点儿水，又~起来了。

老帮［lɔ⁵⁵₁₁₃ paŋ⁰］完全熟透：葫芦还不能摘，等它~~再摘。

干松［kã¹¹³₁₃ ɕyŋ¹¹³］较干：下过雨好几天啦，地上都~多啦。

散架［sã⁵⁵₃₃ tɕia³¹²］最近都快累~啦。

黢黑［tɕʻy³¹²₃₁ xe¹¹³］很黑。

焦黏 [tɕiɔ¹¹³ n̠ia⁵¹] 很黏（贬义）。

焦酥 [tɕiɔ¹¹³₁₃ çy¹¹³] 很酥。

齁咸 [xəu¹¹³ çia⁵¹] 很咸（贬义）。

血酸 [çiɔ¹¹³₁₃ çyã¹¹³] 很酸（贬义）。

剔圆 [t'i¹¹³ yã⁵¹] 很圆（褒义）。

苗细 [miɔ⁵¹ çi³¹²] 支架等细而不坚固：梯子有点儿忒~啦，你可小心仔点儿。

瓢偏 [p'iɔ⁵¹ p'iã⁵¹] 不周正：门有点儿~，只有点儿关不上啦。

圪愣 [kə₂₁₁ ləŋ⁰] 不很熟：包子还有点儿~唻，还得再煮一会儿。

打渴 [ta⁵⁵₃₃ k'ə¹¹³] 解渴。

打饿 [ta⁵⁵₃₃ ɣə³¹²] 解饿。

害渴 [xɛ³¹²₃₁ k'ə¹¹³] 易渴。

害饿 [xɛ³¹²₃₁ ɣə³¹²] 易饿。

害困 [xɛ³¹²₃₁ k'uɤ̃³¹²] 易睡。

臊气 [sɔ¹¹³₁₃ tɕ'i³¹²] 尿臊味。

砸锅 [tsa⁵¹ kuə¹¹³] 未办好事情：这回没协调好，事情办~啦。

硬棒 [iŋ³¹²₃₁ paŋr⁰] 坚固：护板还不能撤，等墙皮子~~再撤。

色道 [se¹¹³₂₁₁ tɔ⁰] 颜色。

煞白 [sa¹¹³ pe⁵¹] 很白。

白生生儿 [pe⁵¹ səŋ¹¹³ səŋr¹¹³] 较白（褒义）。

红余余 [xuŋ⁵¹ y⁵¹ y⁵¹] 较红（褒义）。

白可荙哩 [pe⁵¹ k'ə¹¹³ ts'a⁵¹ li⁰] 较白（贬义）。

沾绿 [tsã¹¹³₁₃ ly¹¹³] 有点过于绿。

不碍哩 [pu¹¹³ ɣɛ³¹²₃₁ li⁰] 不妨碍：他哩病~，多休息一下就好啦。

没盐味 [me¹¹³ iã⁵¹₅₅ uer⁰] 菜肴不咸。

不咸支儿 [pu¹¹³ çiã⁵⁵₅₅ tʂer⁰]

不是活道 [pu¹¹³ sʂ³¹² xuə⁵¹₅₅ tɔ⁰] 不怎么样：这事儿整么干，我认为~。

不咋儿 [pu¹¹³ tsar⁵⁵]

不劲儿 [pu¹¹³ tɕier³¹²]

不咋漓 [pu¹¹³ tsa⁵⁵ lier⁴²]

黑咕隆咚 [xe¹¹³₁₃ ku¹¹³ luŋ⁵¹ tuŋ¹¹³] 很黑。

黑不溜秋 [xe¹¹³₁₃ pu¹¹³ liu¹¹³₁₃ tɕ'iu¹¹³] 很黑（贬义）。

沾蓝 [tsã¹¹³ lã⁴²] 有点过于蓝（贬义）。

曲里拐弯 [tɕ'y¹¹³ li⁰ kuɛ⁵⁵₃₃ uã¹¹³] 弯曲。

圆鼓仑哩 [yã⁵¹ ku⁵⁵ luɤ̃⁵¹₅₅ li⁰] 圆（贬义）：他肚子~，个子又矮，看起来给个球样。

整壮 [tsəŋ⁵⁵₃₃ pfaŋ³¹²] 不零碎。

嗨嗨哩 [xɛ¹¹³ xɛ¹¹³ li⁰] 极多：快到年了，赶年集哩人~。

嘟娄巴挂哩 [tu⁵¹₅₅ ləu⁰ pa¹¹³ kua³¹²₃₁ li⁰] 形容果实累累的样子：今年俺家哩桃树结哩~。

稀稀拉拉哩 [çi¹¹³₁₃ çi¹¹³ la⁰ la⁰ li⁰] 稀少（贬义）。

水不拉及哩 [fe⁵⁵ pu¹¹³ la¹¹³ tɕi⁵¹ li⁰] 湿漉漉（贬义）。

黄不拉及哩 [xuaŋ⁵¹ pu¹¹³ la⁰ tɕi⁵¹ li⁰] 较黄（贬义）。

苦吟吟哩 [ku⁵⁵₃₃ iɔ̃⁴² iɔ̃⁴² li⁰] 很苦（褒义）。

小小不然 [çiɔ⁵⁵ çiɔ⁵⁵ pu¹¹³ zã⁵¹] 轻微：钱有点多，还是得要，要是~哩就算了。

弯扭八古跩 [uã¹¹³ n̠iu⁵⁵ pa¹¹³ ku¹¹³ pfɛ⁵⁵] 弯弯曲曲的样子。

曲里拐弯 [tɕ'y¹¹³ li⁰ kuɛ⁵⁵₃₃ uã¹¹³]

花里胡哨 [xua²¹³₂₁₁ li⁵⁵ xu⁴² sɔ³¹²] 五彩缤纷：他穿哩~哩，给个大闺女样。

紧里面儿 [tɕi ə̃⁵⁵ li⁵⁵₃₃ miãr³¹²] 最里面：坐到~哩那个就是老二家。

脏而狗叽 [tsaŋ¹¹³ ɚ⁵⁵ kəu⁵⁵ tɕi¹¹³] 非常肮脏的样子。

烂七八糟 [lã³¹² tɕʻi¹¹³ pa¹¹³ tsɔ¹¹³] 凌乱：桌上~，你也不拾掇拾掇。

颠三倒四 [tiã¹¹³ sã¹¹³ tɔ⁵⁵₃₃ sɿ³¹²] 颠倒：他说话~哩。

破衣拉撒 [pʻə³¹² i¹¹³ laº⁰ sa⁵⁵] 形容衣服破破烂烂的样子。

油脂麻花 [iu⁵¹ tsɿº⁰ ma¹¹³ xua¹¹³] 油乎乎的（贬义）：他哩衣裳~哩，一看就是卖肉哩。

涩不叽哩 [se¹¹³ pu¹¹³ tɕi⁵¹₅₅ liº⁰] 很涩（贬义）：你这回买哩苹果~，不好吃。

滑不叽哩 [xua⁵¹ pu¹¹³ tɕi⁵¹₅₅ liº⁰] 很滑（贬义）：路上~，你走路可慢子点儿。

咸个直儿哩 [ɕiã⁵¹ kəº⁰ tʂer⁵¹₅₅ liº⁰] 菜肴咸度合适（褒义）：小凉菜调哩~，挺爽口哩。

咸不叽哩 [ɕiã⁵¹ pu¹¹³ tɕi⁵¹₅₅ liº⁰] 菜肴过于咸（贬义）：菜炒哩~，以后少放点儿盐。

涴涴巴巴 [uə¹¹³ uə¹¹³ pa¹¹³ paº⁰] 形容衣裳、纸张等皱皱巴巴的样子。

穷不拉及哩 [tɕʻyŋ⁵¹ pu¹¹³ laº⁰ tɕi⁵¹ liº⁰] 穷：他家过哩~，你整仔看上他咪？

急喇喇哩 [tɕi⁵¹ la⁵⁵₃₃ la⁵⁵ liº⁰] 着急：老板最近~，你可要小心点。

大差不差 [ta³¹²₃₁ tsʻa¹¹³ pu¹¹³ tsʻa¹¹³] 差不多：不用整仔细，~就行了。

灰头土脸 [xue¹¹³ tʻəu⁵¹ tʻu⁵⁵₃₃ liã⁵⁵] 形容人非常狼狈的样子。

噎包子味儿 [iə¹¹³₁₃ pɔ¹¹³₂₁₁ tsɿº⁰ uer³¹²] 霉味。

喝囊子味儿 [xə¹¹³₁₃ naŋ¹¹³ tsɿº⁰ uer³¹²] 蒜味。

3. 感觉

怪 [kuɛ³¹²] 责怪：这个事儿没办好，都~你太拖拉啦。

待 [tɛ³¹²] 愿意；喜欢：你~上学不？

喜 [ɕi⁵⁵] 喜欢：他重男轻女，~儿子不~闺女。

得 [te¹¹³] 舒服：这新床睡上去可~啦，很有弹性。

恣儿 [tʂer³¹²] 舒服：他现在小日子过哩可~啦。

恼 [nɔ⁵⁵] 生气：他俩一下子闹~啦，好几天不搭腔。

憬 [tɕiŋ⁵⁵] 使特别喜爱和高兴：看见舅舅来啦，还买唠好多东西，孩子~哩不轻。

倒牙 [tɔ⁵⁵₃₃ ia⁵¹] 吃了酸的东西后，牙齿咬东西酸疼的感觉：吃唠个苹果，弄哩有点儿~。

牙碜 [ia⁵¹ tsʻə̃³¹²] 吃带沙食物的感觉：米饭有点儿~，吃慢一点吧，别硌牙。

悦悦儿 [yə¹¹³₁₃ yər¹¹³] 高兴，常用于否定句中：他最近不大~，天天喝闷酒。

急眼 [tɕi⁵¹ iã⁵⁵] 着急。

发脾气 [fa¹¹³ pʻi⁵¹₅₅ tɕiº⁰] 发怒。

偏向 [pʻiã¹¹³ ɕiaŋ³¹²] 偏爱，有明显的倾向性：你不能老是~自己哩孩子啊。

护驹子 [xu³¹² tɕy³¹²₃₁ tsɿº⁰] 袒护自己的孩子。

厮称 [sɿ¹¹³ tsʻə̃³¹²] 称心、合意：你穿

这件衣裳比较～。

痒痒［iaŋ⁵⁵₃₃ iaŋ⁵⁵］痒：脊阳骨上有点～，你帮我扤扤。

烦哩上［fã⁵¹₅₅ li⁰ saŋ⁰］烦恼：最近干么都不顺，很～。

慌慌［xuaŋ¹¹³₁₃ xuaŋ¹¹³］惊慌：快考试啦，大家都有点儿～。

费心［fi³¹² çiə̃¹¹³］操心：这个事儿就让你多～啦。

巴望［pa¹¹³ uaŋ³¹²］盼望：孩子老早就～子他舅舅来啦。

曩活［naŋ⁵⁵₁₃ xuə⁰］暖：最近几天一直很～，穿件外套就够啦。

甜不索哩［t·iã⁵¹ pu¹¹³ çyə⁵⁵ li⁰］很甜（贬义）：菜炒哩～，不好吃。

潮乎乎［ts·ɔ⁵¹ xu⁰ xu⁰］很潮（贬义），这几天老是下雨，屋里～哩。

潮乎儿［ts·ɔ⁵¹ xur⁰］潮湿（褒义）：地里还挺～呢，点棒子种玉米也差不多。

热乎乎［zə¹¹³ xu⁰ xu⁰］很热（贬义）：最近一直～哩，也没点儿风。

热乎儿［zə²¹¹³ xur⁰］温热（褒义）：水还有点儿～来，你赶快喝吧。

黏乎乎［n̠iã⁵¹ xu⁰ xu⁰］很黏（贬义）：你这是弄哩么啊，一咬～哩。

黏乎儿［n̠iã⁵¹₅₅ xur⁰］黏（褒义）：山药挺～，炒哩不孬。

反温热［fã⁵⁵₃₃ uə̃¹¹³₁₃ zə¹¹³］水温很高：暖壶哩水隔唠一夜啦，还～来。

闷不及哩热［mə̃³¹²₃₁ pu¹¹³ tçi⁵¹₅₅ li⁰ zə¹¹³］闷热。

凉支儿支儿哩［liaŋ⁵¹ tʂer¹¹³₁₃ tʂer¹¹³ li⁰］凉丝丝。

急头抹花哩［tçi⁵¹ t·əu⁵¹ ma⁵⁵₃₃ xua¹¹³ li⁰］形容人很急的样子。他最近～哩，你可别惹他。

黑够白够哩［xe¹¹³ kəu³¹² pe⁵¹ kəu³¹² li⁰］郁闷、厌恶之极：我跟他过哩～，早点离唠算啦。

温凉不咋哩［uə̃¹¹³ liaŋ⁵¹ pu²¹¹ tsa⁵⁵ li⁰］温热。

麻个嘟哩［ma⁵¹ kə⁰ tu⁵⁵ li⁰］很麻（贬义）。

热个嘟哩［zə¹¹³ kə⁰ tu⁵⁵ li⁰］很热（贬义）。

黏个嘟哩［n̠iã⁵¹ kə⁰ tu⁵⁵ li⁰］很黏（贬义）。

沉个嘟哩［ts·ə̃⁵¹ kə⁰ tu⁵⁵ li⁰］很重（贬义）。

软个嘟哩［vã⁵⁵ kə⁰ tu⁵⁵ li⁰］很软（贬义）。

一楼哇啦［i¹¹³ ləu⁵⁵ ua¹¹³ la⁰］说话快而听不懂。

傻而呱叽［sa⁵⁵₃₃ ɚ⁵⁵ kua¹¹³₁₃ tçi¹¹³］形容人很傻的样子。

愣而呱叽［ləŋ³¹²₃₁ ɚ⁵⁵ kua¹¹³₁₃ tçi¹¹³］形容人很愣的样子。

醉而呱叽［tçye³¹²₃₁ ɚ⁵⁵ kua¹¹³₁₃ tçi¹¹³］形容人喝醉的样子。

丑而呱叽［ts·əu⁵⁵₃₃ ɚ⁵⁵ kua¹¹³₁₃ tçi¹¹³］形容人很丑的样子。

笨而呱叽［pə̃³¹²₃₁ ɚ⁵⁵ kua²¹³₁₃ tçi¹¹³］形容人很笨、不精明的样子。

驴脸呱叽［ly⁵¹ liã⁵⁵ kua¹¹³₁₃ tçi¹¹³］形容人脸特别长的样子。

4. 才能品行

倔［tçyə³¹²］犟：这孩子忒～，你别和他一般见识。

曹［ts'ɔ⁵¹］非常吝啬：这个人忒～啦，点么儿都不外借。

熊［ɕyŋ⁵¹］蛮横不讲理：老板儿忒～啦，真不是东西。

□［k'əu⁵¹］性格脾气厉害：这个媳妇子忒～啦，没人敢惹她。

热［zə¹¹³］爱好：他～打牌，一有空就找人打牌。

尖［tɕiɑ¹¹³］吃东西等过于挑剔：他吃东西忒～了，肉不吃，鱼不吃。

蒲［p'u⁵⁵］笨：你俩整～哎，两人都打不过他一个人？

艮［kə⁵⁵］生硬：他说话忒～，连人都叫他给得罪了。

浪［laŋ³¹²］轻佻，特指女性放浪。

努［nuŋ⁵⁵］超出实际能力，力有不逮：他搬整重哩东西，有点儿～，可别～着唠。

能为［nəŋ⁵¹ ue⁰］能力：这个人倒是可有～啦。

觉仔［tɕyə²¹¹¹¹³ tsʅ⁰］觉得。

心惊［ɕiə¹³₁₃ tɕiŋ¹¹³］心虚。

门路儿［mə⁵¹ lur³¹²］门道儿：找工作一点～都没有。

连力［liɑ⁵¹ li³¹²］敏捷：这小伙子很～。

瘕筋［tɕiu⁵¹ tɕiɑ¹¹³］无法挽回：我看子他是～啦，大学反正是考不上啦。

麻力［ma⁵¹ li³¹²］快，迅速。

咣荡［kuaŋ⁵⁵₃₃ taŋ⁰］振荡，颠簸：他是一瓶子不满，半瓶子～，反正是干么都不行！

活泛儿［xuə⁵¹₅₅ far⁰］灵活：他看起来眼皮子很～。

来歪［lɛ⁵¹₅₅ uɛ⁰］差，常用来形容人的品性：他这个人忒～啦，欠钱从来不还。

有种［iu³³ pfəŋ⁵⁵］有胆量、有豪气：他倒很～，挨揍从不求饶。

记恨［tɕi³¹² xə³¹²］怀恨在心：就是因为上回儿哩事，他一直～你。

图希［t'u⁵¹ ɕi¹¹³］贪图：人家～你么？不就是看子你家待城里吗？

怵头［pfu³¹² t'əu⁵¹］胆怯，畏缩：要在整多人面前讲话，他有点儿～。

眼热［iɑ⁵⁵ zə¹¹³］羡慕：看见他养鸡发财啦，不少人都～，也想养鸡。

眼红［iɑ⁵⁵₃₃ xuŋ⁵¹］忌妒：他有钱有权，很多人都～。

白搭［pe⁵¹ ta¹¹³］不顶事：没有好方法，再学也～。

穰板儿［zaŋ⁵¹ pãr⁵⁵］瘦弱：他病病快快哩，身子骨可～啦。

通事儿［t'uŋ¹¹³₁₃ ʂer¹¹³］懂事：他爹死汕他都五六岁啦，都～啦。

长脸［ts'aŋ⁵¹ liɑ⁵⁵］形容人失望的样子：他儿连个专科都没考上，这下～啦。

乇古［ka¹¹³₂₁₁ ku⁰］自私，小气：这个人很～，真是自私哩要命。

圪躁［kə¹¹³₁₃ tsɔ³¹²］性格急躁：他一看就是那种～人。

颠憨［tiɑ¹¹³ xã¹¹³］故意装傻卖乖：你别待这里～啦，该干么干么去。

光棍［kuaŋ¹¹³ kuə³¹²］形容有地位、有脸面：他整年轻就当大官啦，很～啊。

勤力［tɕ'iɑ⁵¹ li³¹²］勤快：那个小伙子倒是很～，一天到晚不闲着。

会过［xue³¹²₃₁ kuə³¹²］俭省、节约，会过

日子：他两口子都很~。

迁磨［y$_{211}^{113}$ mə^{55}］说话办事不干脆利索，拖拖拉拉。

排场［pˑɛ^{51} tsˑaŋ^{55}］铺张的场面：现在哩人结婚都讲~。

在意［tsɛ$_{31}^{312}$ i^{312}］讲究：人家活哩都很~，这不吃那不吃哩。

得闲［te^{113} çia^{51}］得空闲、有时间：最近一直不~，也没能看你去。

直式［tsʅ$_{55}^{51}$ sʅ^{0}］爽快：他为人很~，有么说么。

刮将儿［kua^{113} tçiar^{312}］不错：小伙子人长哩可~啦。

虚活［çy$_{211}^{113}$ xuə^{0}］夸大其词：你这是小病，不用整~。

探业［tˑã$_{31}^{312}$ iə^{113}］知足：他很~，吃饱穿暖就行了。

不穰［pu^{113} zaŋ^{51}］不差：他兄弟三个都~，都混哩不孬。

打腰［ta$_{33}^{55}$ iɔ^{113}］有势力：他有个叔待县里上班，听说很~，要不整仔调一中来啦？

木张［mu$_{211}^{113}$ tsaŋ^{55}］过于张扬炫耀：他忒有点儿~，我早就想修理修理他了。

泥么［ŋi$_{31}^{312}$ mə^{0}］蛮横不讲道理：他忒~啦，你可别理他。

怵头［pfˑu^{312} tˑəu^{51}］胆怯：不大好意思去张口借钱，干这种事还是真有点儿~。

出血儿［pfˑu$_{13}^{113}$ çiər^{113}］喻指为人大方：他倒是很~，一捐就是几百万。

丝粘儿［sʅ^{113} ȵiãr^{55}］做事不干脆利索：他做事儿倒是认真，就是~，迁磨起来没完。

烧包儿［sɔ$_{13}^{113}$ pɔr^{113}］趾高气扬、忘乎所以：他一贯很~，老是谝他家有钱。

不死闲［pu^{113} sʅ$_{33}^{55}$ çia^{51}］闲不住：他拾掇这拾掇那哩，一上午~。

没正形［me^{113} tsəŋ^{312} çiŋ^{51}］说话做事不够端正：这孩子老是这样，风风火火哩，~。

搓哩莽［tçˑyə^{113} li^{0} maŋ^{55}］指人不怕生人，做事不畏缩，常用于否定句中：他干事儿不~，老是怕这怕那哩。

记时中［tçi$_{31}^{312}$ sʅ^{51} pfəŋ^{113}］记性：这孩子没点儿~，搁下爪就忘。

耐心烦儿［nɛ$_{31}^{312}$ çi ə̃^{113} fãr^{51}］耐烦：孩子小，你有点儿~好不好？别动不动就骂孩子。

大落落哩［ta^{312} luə^{113} luə^{113} li^{0}］举止大方，自然：你说话办事儿要~，别前前怵怵哩。

大样儿［ta$_{31}^{312}$ iaŋr^{55}］

有头有脸儿［iu$_{33}^{55}$ tˑəu^{51} iu$_{33}^{55}$ liãr^{55}］指人有身份、有地位。

油红是白［iu^{51} xuŋ^{51} sʅ$_{31}^{312}$ pe^{51}］形容人脸红润、容光焕发的样子。

实在在哩［sʅ^{51} tsɛ$_{31}^{312}$ tsɛ^{312} li^{0}］实在：做人做事都得要~。

横量八咕拽［xuŋ$_{31}^{312}$ liaŋ^{0} pa$_{13}^{113}$ ku^{113} pfɛ^{55}］形容枝条乱长的样子，喻指人横行霸道。

娘娘们儿们儿哩［ȵiaŋ$_{55}^{51}$ ȵiaŋ^{51} mer^{0} mer^{0} li^{0}］形容男人说话做事一副女人腔的样子。

毛屄势霍哩［mɔ^{51} tiɔ^{55} sʅ^{113} xuə^{55} li^{0}］形容人冒冒失失的样子：他老是~，么都干不好。

聋三拐四 [luŋ⁵¹ sã¹¹³ kuɛ⁵⁵ sɿ³¹²] 形容人有点儿失聪、答非所问的样子。

皮脸呆腮 [pʻi⁵¹ liã⁵⁵ tɛ₁₃¹¹³ sɛ¹¹³] 形容人厚颜无耻的样子：这个人～，撵都撵不走。

滑头磨叽 [xua⁵¹ tʻəu⁵¹ mə₁₃¹¹³ tɕi¹¹³] 滑头、处事圆滑：这个人～哩，你小心子他点儿。

混天磨日 [xuə̃³¹² tʻiã¹¹³ mə₁₃¹¹³ zɿ¹¹³] 混日子，消磨时光。

正儿八经 [tsən₃₁³¹² ɚ⁵⁵ pa₁₃¹¹³ tɕiŋ¹¹³] 正经严肃的样子：你～哩说，别嘻嘻哈哈哩。

没大没小 [me¹¹³ ta³¹² me¹¹³ ɕiɔ⁵⁵] 对长辈不够尊重：你对恁大爷要尊敬点，不能整～哩。

无老无少 [u⁵¹ lɔ⁵⁵ u⁵¹ sɔ³¹²]

周吴郑王 [tsəu¹¹³ u⁵⁵ tsəŋ₃₁³¹² uaŋ⁵¹] 一本正经：你待家里别穿哩整么～哩，随便点吧。

五脊六兽 [u₃₃⁵⁵ tɕy¹¹³ liu³¹² səu³¹²] 形容人得意忘形、忘乎所以的样子。

死心眼子 [sɿ₃₃⁵⁵ ɕiə̃¹¹³ iã⁵⁵ tsɿ⁰] 心眼死。

大大咧咧 [ta₃₁³¹² ta³¹² liə⁵⁵ liə⁵⁵] 不在乎。

人五人六 [zə̃⁵¹ u⁵⁵ zə̃⁵¹ liu³¹²] 装模作样：十一个人排两行，看子他～，其实可来歪了。

脸红脖子粗 [liã⁵⁵ xuŋ⁵¹ pə₅₅⁵¹ tsɿ⁰ tɕʻy¹¹³] 形容争吵打闹的样子。

光腚溜猴哩 [kuaŋ¹¹³ tiŋ³¹² liu⁵¹ xəu⁵¹ li⁰] 赤裸：老大不小啦，别整天价～，你该好意思啊。

缕缕道道哩 [ly⁵⁵ ly⁵⁵ tɔ³¹² tɔ³¹² li⁰] 形容人老是嘟囔的样子：他这个人整天～。

前前怵怵哩 [tɕʻiã⁵¹ tɕʻiã⁵¹ pfʻu₃₁³¹² pfʻu⁰ li⁰] 畏缩、胆怯的样子：他做事老是～，怕这怕那。

心心娘娘哩 [ɕiə̃₁₃¹¹³ ɕiə̃¹¹³ ɲiaŋ⁵⁵⁵¹ ɲiaŋ⁵⁵⁵¹ li⁰] 渴望做某事：她～哩要出去打工。

有一搭无一搭 [iu⁵⁵ i¹¹³ ta¹¹³ u⁵¹ i¹¹³ ta¹¹³] 有一句没一句地搭讪。

狗眼看人低 [kəu₅₁⁵⁵ iã⁵⁵ kã³¹² zə⁵¹ ti¹¹³] 詈语，指以貌取人，高傲自大、看不起人。

鬼头蛤蟆眼 [kuɛ₃₃⁵⁵ tʻəu⁵¹ xə₅₅⁵⁵ ma⁰ iã⁵⁵] 相貌猥琐、鄙陋的样子：你看那孩子～哩，一看就不带个好人样儿。

这事那丫哩 [tsə₃₁³¹² sɿ³¹² na₃₁³¹² iã⁵⁵ li⁰] 形容人过分计较，爱挑毛病，事儿比较多。

眼馋肚子饱 [iã⁵⁵ tsʻa⁵¹ tu₃₁³¹² tsɿ⁰ pɔ⁵⁵] 形容想吃又吃不下的状态：你别待这里～啦，你又吃不下啦，还是赶快干活去吧。

三脚踢不出个屁来 [sã₁₃¹¹³ tɕyə¹¹³ tʻi¹¹³ pu¹¹³ pfu¹¹³ kə⁰ pʻi³¹² lɛ⁵¹] 形容人极度木讷的样子。

吃鼻鼻屙脓脓 [tsʻɿ¹¹³ pi⁵¹ pi⁵¹ ɣə¹¹³ nuŋ⁵¹ nuŋ⁵¹] 形容人极度软弱的样子。

鸡叫等不到天明 [tɕi¹¹³ tɕiɔ³¹² təŋ⁵⁵ pu¹¹³ tɔ³¹² tʻiã¹¹³ miŋ⁵¹] 过于着急：你可别～哩，办事要沉着气。

五茧儿不干干六茧儿 [u₃₃⁵⁵ tɕiãr⁵⁵ pu¹¹³ kã³¹² kã³¹² liu₃₁³¹² tɕiãr⁵⁵] 形容人不干正经事儿，专搞歪门邪道：那孩子整天价～，你可别跟仔他胡混。

十九、副词

不 [pɔ⁰] 否定副词，用在正反疑问句中：你去~？｜你还吃~？不吃，我拾掇啦。

般 [pã¹¹³] 一样：这两根棍子~长。｜他俩~高。

忒 [t'ue¹¹³] 很，可用于褒义词和贬义词：他~好了。｜天~热了。

挺 [t'iŋ⁵⁵] 很，可用于褒义词和贬义词：他~好的。｜天~热的。

稀 [çi¹¹³] 很，可用于褒义词和贬义词：最近还~好吧？｜天儿还~冷咪。

怪 [kue³¹²] 很，一般用于褒义词：他还~好咪，把恁送到家。

血 [çiə¹¹³] 很，一般用于贬义词：这种葡萄~酸，一点儿也不好吃。

乔 [tɕ'iɔ⁵¹] 很，一般用于贬义词：外头儿~冷~冷哩，到屋里来吧。

愣 [ləŋ¹¹³] 很，一般用于褒义词：他对俺~好，恁就放心吧。

绷 [pəŋ¹¹³] 很，可用于褒义词和贬义词：他倒是~好，没点儿脾气。｜天儿~冷。

送 [çiaŋ⁵¹] 很，可用于褒义词和贬义词：老板~好啦，恁不用担心。｜天儿~冷了。

精 [tɕiŋ¹¹³] 很，一般与"细、瘦"等消极意义的形容词搭配：他~瘦~瘦哩。

刚 [kaŋ⁵¹] 很，可用于褒义词和贬义词：西瓜~甜啦，你尝尝。｜最近天儿~热了。

别 [pɛ⁵¹] 不要。

白 [pe⁵¹] 白白地：你~考唠个第一名，一点用也没有。

光 [kuaŋ¹¹³] 净；只：你~给俺找麻烦啦。｜你别~说不干实际事儿。

真 [tsə̃¹¹³] 实在：俺~是太累了，~不想去了。

沾 [tsã¹¹³] 略微过于：她有点儿~胖。｜天还是有点儿~冷。

喷 [p·ə̃³¹²] 正：俺~开仔会咪，他就进来啦。

行 [xaŋ⁵¹] 有时：学校他是~去~不去，谁也管不了他。

平 [p·iŋ⁵¹] 接近而不大够数：这筐苹果~40斤。

可 [k·ə¹¹³] ①总算：等唠三个小时，你~来啦。②程度较高：他对老婆~好啦。

才 [ts·ɛ⁵⁵] 先做某事，再做他事：——咱多昝看电影去？——吃完饭~。

将才 [tɕiaŋ¹¹³ ts·ɛ⁵¹] 刚才：他~还待这里咪，一转眼就找不着啦。

正好 [tsəŋ³¹² xɔ⁵⁵] 刚好：我~还有50块钱，都给你吧。

头里 [t·əu⁵¹ li⁰] 在前面：你~先走，我随后就过去。

头先 [t·əu⁵¹ çiã¹¹³] 之前：他~给唠俺两千块钱。

原先 [yã⁵¹ çiã¹¹³] 从前，原来：他~是个小学老师。

当时 [taŋ³¹² sʅ⁵¹] 当场：那个女哩~就不行啦，男哩送到医院也不行了。

由咱 [iu⁵¹ tsã⁵⁵] 过早做某事：你怎么~就回来了？不是夜儿里昨天才走

哩吗？

将将 $[tɕiaŋ_{13}^{113} tɕiaŋ^{113}]$ 刚刚：他~走，你赶快断_追赶去。

高低 $[kɔ_{13}^{113} ti^{113}]$ 无论如何：你~别答应他，这种事可不好办。

寄自 $[tɕi_{31}^{312} tsʅ^0]$ 本来就不太如意，现在又加上不好的因素，事情就更加不好了：~没钱，你还买整点子东西，整子还账啊？｜他~不高兴，你还惹乎他？

错辜 $[tɕʻyə_{211}^{113} ku^{55}]$ 幸亏：~是你，换换别人，我肯定不饶他。

挨仔 $[iɛ_{211}^{113} tsʅ^0]$ 一个挨一个：考试哩时候，学生~进考场，~交卷儿。

一能 $[i^{113} nəŋ^{51}]$ 一下子：咳，~睡过了，不好意思，来晚了。

但凡 $[tã_{31}^{312} fa^{55}]$ 只要：~有点儿钱，谁愿干这种工作？

是起 $[sʅ_{31}^{312} tɕʻi^{55}]$ 只要是：~个人，都比他强。｜~份工作，都比这份工作好。

一准 $[i_{211}^{113} pfə̃^{55}]$ 一定。

朋怕 $[pʻəŋ_{55}^{51} pʻa^{312}]$ 恐怕：公司破产啦，钱~是还不上啦。

就手 $[tɕiu_{31}^{312} səu^{55}]$ 顺便。

这都 $[tsə_{31}^{312} təu^{55}]$ 这就：我~来，你先干仔。

倒好 $[tɔ_{31}^{312} xɔ^{55}]$ 将近：他都~四十啦，还没结婚咪。

拇哩 $[mu_{55}^{51} li^0]$ 莫非：整晚了，还没见到他，~他不来啦？

漫说 $[mã_{31}^{312} fə^{113}]$ 别说：~是你，就是校长去，他也不害怕。

起打 $[tɕʻi_{51}^{55} ta^{55}]$ 从：~小时候，我就不喜欢吃鱼。

求丘儿 $[tɕʻiu_{51} tɕʻiu^{113}]$ 稍微：~碰破点儿皮儿，没事不用担心。

趁早儿 $[tsɔ̃_{31}^{312} tsɔr^{55}]$ 趁早：你~跟他分啦算啦，又没钱又没房，脾气还整坏。

多亏 $[tuə_{13}^{113} kʻue^{113}]$ 幸亏：~你待这里，要不哩话，这个事儿麻烦了。

　亏唠 $[kʻue_{211}^{113} lɔ^0]$

一发 $[i^{113} fa^{51}]$ 一块：恁几个到时候~走，路上也好有个照应。

得为哩 $[te_{33}^{55} ue^{51} li^0]$ 故意：他~撞你，好讹点儿钱。

到底儿 $[tɔ_{31}^{312} tier^{55}]$ 到了儿。

压根儿 $[ia_{13}^{113} ker^{113}]$ 根本。

拢共拢 $[luŋ_{33}^{55} kuŋ_{31}^{312} luŋ^{55}]$ 一共：刨去来回费用，这次毛收入~才两千块钱。

　拢共 $[luŋ_{33}^{55} kuŋ^{312}]$

　总共 $[tɕyŋ_{33}^{55} kuŋ^{312}]$

不大离儿 $[pu^{113} ta^0 lier^{55}]$ 差不多：他俩~高。

　没意思 $[me^{113} i_{31}^{312} sʅ^0]$

如在外 $[vu_{55}^{51} tsɛ_{31}^{312} ue^{312}]$ 另外。

打总子 $[ta_{33}^{55} tɕyŋ^{55} tsʅ^0]$ 总起来。

当不着 $[taŋ_{31}^{312} pu_{211}^{113} pfə^0]$ 说不定。

　兴许 $[ɕiŋ^{113} ɕy^{55}]$

不一挨 $[pu_{211}^{113} i^{113} ɣɛ^{51}]$ 不一定：这事儿~是他干哩。

正个哩 $[tsəŋ_{31}^{312} kə^0 li^0]$ 真个哩。

麻利哩 $[ma^{51} li^0 li^0]$ 赶快：都七点多啦，你~上班儿去吧。

　猛利哩 $[məŋ^{51} li^{55} li^0]$

　麻麻哩 $[ma^{51} ma^{51} li^0]$

　赶紧儿哩 $[kã_{33}^{55} tɕiə̃^{55} li^0]$

夯行子 $[xaŋ_{13}^{113} xaŋ^{113} tsʅ^0]$ 好好地：你可是要~学，恁爹供你上学不容易。

第三章　词　汇　229

怨不哩 [$yã^{312}$ pu^{113} li^{0}] 怪不得：～他没来上班儿，原来生病啦。

巴不迭哩 [pa^{113} pu^{113} $tiə_{211}^{113}$ li^{0}] 希望早点儿做某事：这种好事他～去哩。

眼看眼哩 [$iã^{55}$ $kʻã^{312}$ $iã^{55}$ li^{0}] 眼看：～就三十啦，早点儿找个人嫁啦吧。

马上马哩 [ma^{113} $saŋ^{0}$ ma^{113} li^{0}] 马上：他～就来到啦，你还不快点儿干？

胡而马约 [xu^{51} $ə^{55}$ ma^{55} $yə^{113}$] 马马虎虎。

明打明哩 [$miŋ^{51}$ ta^{0} $miŋ^{51}_{55}$ li^{0}] 明里来。

值不当哩 [$tsʅ^{51}$ pu^{113} $taŋ^{312}_{31}$ li^{0}] 不值得。

猛个丁哩 [$məŋ^{55}$ $kə^{0}$ $tiŋ^{55}_{33}$ li^{0}] 猛然：你～哩冒出来，把俺几个都吓了一大跳。

大盼儿哩 [ta^{312}_{31} $pʻãr^{312}_{31}$ li^{0}] 大概：天整晚啦，他～不来啦。

二十、介词、助词、语气词等

打 [ta^{55}] 从：你～哪里进来哩？

漫 [$mã^{312}$] 从：我～窗户里进来哩。

照 [$tsɔ^{312}$] 向，向着：～头一棍。

假 [$tɕia^{51}$] 用：～棍子打人。

连 [$liã^{51}$] 把：叫他～老板也一块揍啦。

上 [$saŋ^{312}$] 往，朝着：我～学校。

待 [$tɛ^{113}$] 在：——明儿你待家不？——明天我不～家里，～学校里。

论 [$lu\ ə^{312}$] 按：西瓜不～斤卖，～个卖。

赶 [$kã^{55}$] 等到：～明天去。

从 [$tɕʻyŋ^{51}$] 待，在：——恁老爸～家来吗？——你找俺老爸啊，他～家来。

寄 [$tɕi^{312}$] 任由：～你哩马跑（意谓任凭你、随便你怎么去做）。

群 [$tɕʻyə^{51}$] 任凭：天要下雨，娘要嫁人，～他去吧。

行 [$xaŋ^{51}$] 或者：你～去～不去，要早点儿给俺个信儿。

来 [$lɛ^{0}$] 来着：——你干么～？——俺喷开会～，有事儿吗？

问 [$uə^{312}$] 跟：你别老是～我要钱。

可 [$kʻə^{55}$] 靠：你～边儿站站，别挡路。｜你～里点儿，别堵到门口儿。

跟 [$kə̃^{113}$] 像：他可不～你样，穷哩叮当响，人家可有哩是钱。

长 [$tsaŋ^{55}$] 用：你夜里睡觉时，～棍子顶上门。

汕 [$sã^{312}$] ……的时候：即们儿今天俺逛街～，看见有人偷东西来。

给 [ke^{51}] 跟，和：他～别人不一样。

给 [ke^{51}] 被：俺刚买哩洋车子（自行车）不知～谁偷去了。

啦 [la^{0}] 了₂：下雨～。

唠 [$lɔ^{0}$] 了₁：我吃～饭就过去。

旅子 [ly^{55}_{33} $tsʅ^{0}$] 沿着：你～这条道儿一直向前走，不用拐弯就到了。

冲子 [$pfʻəŋ^{312}_{31}$ $tsʅ^{0}$] 对着：大门～路口，不太好。

照子 [$tsɔ^{312}_{31}$ $tsʅ^{0}$] 按照。

可子 [$kʻə^{55}_{33}$ $tsʅ^{0}$] 依着：俺娘～这块布，给我做唠条新裤子。

啥哩 [sa^{51}_{55} li^{0}] 之类的：你先准备一点儿木头、砖瓦、石灰啊～。

不哩话 [pu^{113} li^{0} xua^{312}] 如果不这样，就怎样，带有威胁的意味：你要早点儿还钱，～，你就等子吧。

二十一、数词 量词

俩［lia⁵⁵］两个。

仨［sa¹¹³］三个。

口［kʻəu⁵⁵］幢：两～屋。

溜［liu³¹²］排：一～杨树。

位［ue³¹²］所，处：两～宅子。

水［fe⁵⁵］衣服洗涤的次数。

趟［tʻaŋ³¹²］排，溜：两～树｜三～黄瓜。

棵［kʻuə¹¹³］支：一～烟｜一～树。

音［iɤ¹¹³］铸锅大小规格的量：五～锅｜七～锅。

拨［pə¹¹³］批：两～人。

提［tʻi⁵¹］捆，常用来计量啤酒：一～啤酒。

根［kɤ¹¹³］条：一～绳子。

趟［tʻaŋ³¹²］次：一～买卖。

掐［tɕʻia¹¹³］两手张开虎口，手指相对，做成环状所掐取的东西，称为一掐，常用来计量细长的东西：一～胡萝卜｜一～芹菜｜一～韭菜。

捧［pʻəŋ⁵⁵］两手所捧的量：一～果子。

出［pfʻu¹¹³］计量所唱的戏：一～戏。

派［pʻɛ¹¹³］泡，常用来计量"屎"：一～狗屎。

刀［tɔ¹¹³］卷，计量烧的纸：一～纸。

盘［pʻɑ⁵¹］卷，常用来计量卷成一卷的鞭炮：一～火鞭。

拃［tsa¹¹³］虎口张开，拇指与中指之间的长度：一～大概二十公分。

庹［tʻuə⁵¹］两臂手伸开，两手伸直的长度：那棵树有两～粗。

百把［pe¹¹³ pa⁵⁵］一百多。

万把［uã³¹²₃₁ pa⁵⁵］一万多。

炮儿［pʻɔr³¹²］量词，笔：一清起来，才卖唠两～，买卖不好做啊。

忽塌［xu¹¹³₁₃ tʻa¹¹³］块：一～油饼｜一～墙皮。

喷儿［pʻɤ̃³¹²］季：这一～结哩不穰，卖唠有两千斤黄瓜啦。

伙儿［xuər⁵⁵］回，次：大学他考唠两～啦，还没考上咪。

货儿［xuər³¹²］遍，次：菜洗唠三～啦。

骨仑儿［ku¹¹³ luer⁵¹］段，常用来计量圆的东西：一～木头。｜把树锯成一～一～哩。

嘟噜［tu⁵⁵₅₅ ləu⁰］串：一～葡萄。

挂零［kua³¹²₃₁ liŋ⁵¹］零头：四十挂零啦。｜五十挂三个零（即53岁）了。

档子［taŋ³¹²₃₁ tsʅ⁰］群：一～人。

绺子［liu⁵⁵₁₁₃ tsʅ⁰］一绺子线。

纸儿［tʂer⁵⁵］量词，计量香火：一～香。

门儿［mer⁵¹］常用来计量亲事：一～亲事。

十拉个［sʅ⁵¹₅₅ la⁰ kə³¹²］十多个。

百十个［pe¹¹³ sʅ⁵¹ kə³¹²］一百左右。

成千哩［tsʻəŋ⁵¹ tɕʻiã¹¹³ li⁰］接近一千。

成万哩［tsʻəŋ⁵¹ uã³¹² li⁰］接近一万。

千儿八百［tɕʻiã¹¹³ ɤ⁵⁵ pa¹¹³ pe¹¹³］一千左右。

郎汪儿［laŋ⁵¹ uãr⁵¹］左右：他二十～。

一宁宁儿［i¹¹³₁₃ ȵiŋ¹¹³ ȵiŋr⁰］极少。

一巴棍［i¹¹³ pa¹¹³ kuer³¹²］一段：这～比较远。

一盼儿［i¹¹³ pãr³¹²］一段时间。

一绷子［i¹¹³ pəŋ¹¹³₂₁₁ tsʅ⁰］一长段时间。

第四章　语　法①

第一节　词　法

在词法方面，泗水方言与普通话具有较多的相同点，如在复合式构词上两者的基本规则是一致的，但除了具有较多共性外，泗水方言在词法方面也体现出一些特色，如在派生式构词和形容词生动形式等方面具有某些特点。本节不准备全面描写泗水方言的词法系统，只是拟对其在词法上所体现出的一些特色进行分析和探讨。

一、附加式构词

泗水方言的附加式构词方式能产性很大，词缀丰富，如词缀"二、巴、拉、歪、荒"等，在这里我们主要谈词缀"圪、老、子"的构词特点。

（一）"圪"缀

"圪"是一个构词语素，读为 $[kə^{113}]$，它和其他语素合起来构成"圪"缀词（也有人称之为"圪"字结构），在晋语中较为普遍，在泗水方言中也存在少量的"圪"缀词，其组合方式主要是"圪A"式，可以构成名词、动词、形容词、象声词，例如：

名词：圪棒草棒或小树枝　圪针枣树、酸枣等的刺　圪鳃鱼鳃

　　　圪娄干脆的食品　圪疤疤痕　圪当穰子去皮后的高粱秆

动词：圪气斗气　圪当单足跳　圪意注意　圪睬留神、注意　圪研研磨

形容词：圪躁急躁　圪楞夹生、不熟

象声词：圪吱床板等颤动发出的声音　圪啪物体毁坏时发出的声音

　　　　圪噔心脏跳动或走路等发出的声音

"圪A"式形容词可以按照"圪圪AA"式重叠，如"圪躁—圪圪躁躁"、

① 本章所举泗水方言例词、例句，如不加说明，均依据笔者家乡——县城驻地的方言事实。

"圪愣—圪圪愣愣"。"圪躁"、"圪愣"不能作定语和状语，只能作谓语和补语，如下面的例子：

(1) *吃唠一碗圪愣包子。①

(2) *他圪躁哩走来走去。

(3) 我有点儿圪躁哩荒。（我有点急躁得慌。）

(4) 包子圪愣。（饺子不熟。）

(5) 小王待大门口等哩直圪躁。（小王在大门口等得直急躁。）

(6) 棒子煮哩有点儿圪愣。（玉米煮得有点生。）

重叠后，"圪圪躁躁"、"圪圪愣愣"语义程度加重，在句法功能上也只能作谓语和补语，且其后必须加助词"哩"。"哩"相当于普通话的"的"。如：

(7) 最近他有点儿圪圪躁躁哩。

(8) 芹菜馅子煮哩圪圪愣愣哩。

"圪躁"、"圪愣"不能作限制性的定语或状语，都是状态形容词，只有描写作用，没有分类作用。重叠后，语义程度加重，仍然是状态形容词，但在充当谓语或补语时受到一定的限制，其后必须加助词"哩"。

部分"圪 A"式动词可按照"圪 A 圪 A"式重叠，重叠后带有"随便、轻微、短暂"等附加意义。例如：

(9) 你待那里圪当圪当，看看你哩腿好唠不？（你在那里单脚跳一跳，看看你的腿好了没有？）

(10) 你把药片子圪研圪研就行。（你把药片研磨一下就可以了。）

"圪"作为一个构词语素，其构词作用突出表现为以下四点：

(1) 同一词类前加"圪"是一个意义，不加"圪"是另一个意义。如"针"不加"圪"指的是"缝衣物的工具"，加"圪"指"酸枣树、槐树等植物的刺"。

(2) 成词语素前，加不加"圪"，词性意义均无变化，"圪"只起补足音节构成双音节词的作用，如"圪睬、圪躁"。

(3) 不成词语素前，不加"圪"不能成词，加"圪"才能单说，如"圪愣、圪娄"。

(4) 不成词语素前，加"圪"构成象声词，"圪"既模拟自然声音又有一种补足音节的作用，如"圪吱"、"圪登"、"圪啪"等。

此外，还有一部分"圪"缀是分音词的词头，除了构词作用以外，还起到记音的作用，它和后面的语素合起来构成一个词，如"圪捞"——"搅"。从分

---

① "*"号表示该句在泗水方言中说法不成立。

布来看，"圪"缀词在晋语中较为普遍，在中原官话汾河片和关中片中也较多，"表音词缀'圪'在晋语区（甚至与晋语区相邻的地区，如山西南部）相当普遍"（侯精一，1999），侯精一先生甚至将之列为晋语的主要特点之一。泗水方言的"圪"缀词无论从数量还是从构词形式以及表义作用等方面都远远不如晋语的"圪"缀词典型。例如，晋语五台片忻州方言中"圪A"式还可以是量词，如"圪独"头：一～蒜；"圪抓"手抓的量：一～瓜子。除"圪A"式外，忻州方言还有"圪AA"式、"圪A圪B"式、"圪ABC"式等，而泗水方言仅有"圪A"式。除具有构词作用外，忻州方言的"圪"缀还具有构形作用，如"圪台台"指像台阶的小台子，"圪腻腻"形容非常油腻，泗水方言的"圪"缀则仅具有构词作用。

　　另外从"圪"缀词的数量来看，两者差别也很大。"就前缀'圪'而言，统计表明：忻州方言附前缀'圪'的词不下570条，汾阳方言附'圪'的词不下450条。"[①] 泗水方言的"圪"缀词数量很少，所能列举的几乎也就是上面所列的词条，而且现存的"圪"缀词多是一些与日常生活密切相关的词语，如"圪蚤"、"圪针"、"圪棒"、"圪气"、"圪躁"等。所以从上面的比较来看，我们认为泗水方言的"圪"缀是一种"化石"语素，它已不能用来构成新的词语。

　　关于"圪"缀词，王临惠先生也曾指出："圪字结构（按，即圪缀词）在晋语中以其全区性的分布范围、较高的使用频率、独特的结构类型、惊人的内部一致性成为晋语语法方面的标识之一，而且，毗邻于晋语的山西南部的中原官话区也存在着许多圪字结构，且与晋语一脉相承。"[②] 从泗水方言所残存的"圪"缀词来看，"圪"缀无疑是一种"化石"语素，那么，泗水方言的"圪"缀词是否与晋语具有一脉相承的渊源关系呢？它的遗存是否与我们前面所述及的明初大规模的山西移民有关？限于材料，目前我们尚不能得出明确的结论。

（二）"老"缀

　　"老"作为构词语素，在泗水方言中，其功能除与普通话相同，即可以附加在名词性语素前以外，还可以附加在动词性语素、形容词性语素、数词性语素之前构成名词，指称某一类人或某一类事物，其中在指称具有某种性格的一类人时，多带有明显的贬义色彩。

---

① 乔全生. 晋方言语法研究［M］. 北京：商务印书馆，2000. 14.
② 王临惠. 山西方言的"圪"字研究［J］. 语文研究，2002（3）. 59.

1. "老" + 名词性语素

老鳖甲鱼　　　　　老犍阉割过的公牛　老鸹乌鸦　　　老疙瘩最小的子女

老表表兄弟或表姊妹　老撇乡下人　　　老林祖坟　　　老母儿［mer⁵⁵］母猪

老道道士　　　　　老孙任人欺侮的人　老母蚰母蝈蝈　老油子处事油滑的人

老盆守灵时烧纸钱用的瓦盆，出殡时到街上摔碎

2. "老" + 动词性语素

老抠特别吝啬的人　　　老改阉过的产崽母猪　　　老雕老鹰

3. "老" + 形容词性语素

老蔫精神不振作的人　　老实在在过于实在的人　　老粗土匪

老闷不爱说话的人　　　老杂什么都会一点的人　　老尘小气自私的人

老末倒数第一　　　　　老团甲鱼　　　　　　　　老扁一种会飞、体长、头细小的蝗虫

4. "老" + 数词性语素

老一主要负责人　　　　老七七业子，蛮横不讲理的人

（三）"子"缀

泗水方言的"子"缀读为［tsʅ⁰］，可作为构词语素附加在其他成分的后面，构成"子"缀词。泗水方言中"子"缀词很丰富，普通话含"子"缀的词，泗水方言多不例外，如"麦子"、"茄子"、"炉子"、"蚊子"、"筷子"、"袜子"、"疯子"等与普通话完全一样，普通话不含"子"缀的词，泗水方言也多带"子"缀，这样的词数量很多。下面我们主要从"子"缀的构词形式、"子"缀的意义、作用两个方面来探讨泗水方言"子"缀的特点。

1. "子"缀的构词形式

泗水方言的"子"缀，作为构词语素，不仅可以附加在名词性语素之后，还可以附着在动词性语素、形容词性语素之后。

（1）名词性语素 + "子"。

①单音节名词性语素加"子"缀。

胰子肥皂　　蝇子苍蝇　　臕子肥肉　　苇子芦苇　　褯子尿布　　雀子雀斑

②单音节名词性语素重叠后加"子"缀。

虫虫子　　　　瓶瓶子　　　　渣渣子　　　　球球子多而零乱的球状物

罐罐子　　　　袋袋子　　　　沫沫子沫状物　　头头子东西残余部分

叶叶子　　　　本本子　　　　毛毛子毛状物　　棵棵子丛生的杂草

棍棍子　　　　面面子粉状物　　枝枝子零乱的树枝

这种形式与单音节名词加"子"缀相比，还附加上"多而零乱、不满意"

的感情色彩，如"你把院子里那些棍棍子都拾掇拾掇，还能整天价光玩儿啊"。

③ "子" 和前面的语素构成 "X 子" 语素组，再和后面的语素组合。

眼子毛_{睫毛}　　豁子嘴　　　　羊角子风_{癫痫病}

垡子地_{耕过的地}　亮子布_{月白布}　　小庙子鬼_{见不得大世面的人}

④双音节或多音节名词性语素加 "子" 缀。

电棒子_{手电筒}　　野雀子_{喜鹊}　　小虫子_{麻雀}　　蝎虎子_{壁虎}

蛤蟆蝌呆子_{蝌蚪}　绵绵平子_{蝙蝠}　蜗拉牛子_{蜗牛}　锅壳郎子_{炉膛}

（2）动词性语素 + "子"。

①构成的名词多是进行某种动作所用的工具或是某种动作所形成的成果。

顶锥子_{顶针儿}　　舀子_瓢　起子_{开瓶盖儿的工具}　捂眼子_{给驴马带的搭眼}　溜子_{漏斗}

卷子_{卷成条状，再剁成方块，所做成的方形馒头}　锉床子_{把萝卜、南瓜等锉成细丝的东西}

捻子_{捻成的筒状物，可以插入瓶中做灯芯}

②少数动词性语素后附加 "子" 缀，指称某一类人，多带贬义。

背弓子_{驼背}　带犊子_{妇女改嫁带过来的孩子}　腚眼子_{溜须拍马的人}　献戗子_{大献殷勤的人}

（3）形容词性语素 + "子"。

冷子_{冰雹}　　　　愣子_{愣头青}　　　　　　侉子_{口音与当地人相差较大的外地人}

黄子_{詈词，东西}　　秕秕子_{籽实不饱满的谷物}　小子_{男孩}

2. "子" 缀的意义、作用

（1）构成名词。

①前面成分不能单用。

苇子_{芦苇}　雀子_{雀斑}　雹子_{冰雹}　茅子_{厕所}　帐子_雾　瓯子_{酒杯}　蝇子_{苍蝇}

妗子_{舅母}　褯子_{尿布}　胰子_{肥皂}　剂子_{面块}　土蛰子_{蟋蟀}　走草子_{狗发情}

腻虫子_{蚜虫}　洋柿子_{西红柿}　家豁子_{家兔}　巴脚子_{针脚}　狗黑子_{狗熊}

②前面成分可以单用，加 "子" 缀后词义产生了变化。

月_{三十天}　　　月子_{产妇生产后三十天}　　　车_{泛指车}　　　车子_{特指自行车}

票_{泛指票据}　　票子_{货币}　　　　　　果_{一般指水果、果实}　果子_{特指花生}

腰_{身体或泛指其他事物的中间部分}　腰子_肾　　口_嘴　　　　口子_{缺口}

气管_{呼吸器官的一部分}　气管子_{打气筒}　姑姑_{姑妈}　　　　姑姑子_{尼姑}

（2）构成量词。

很多量词普通话中不用 "子" 缀，泗水方言多用 "子" 缀来构成。参见表4–1。

表4-1　泗水方言"子"缀与普通话在量词上的差异

泗水方言	普通话	泗水方言	普通话
（一）档子（人）	一群	（一）骨仑子	一段
（一）忽塌子	一小片	（一）茬子（人）	一辈儿（人）
（一）绷子	一段（时间）	（一）起子（人）	一群（人）
（一）遭子	一圈	（一）下子（人）	一群
一条子（烟）	一条儿（烟）	（一）绺子（韭菜）	（一）绺儿（韭菜）

（3）构成人名。

用名字的最后一字附加"子"缀，构成双音节词，多用于长对下或平辈之间的称呼。如"强子"、"华子"、"胜子"、"学子"、"勇子"、"平子"、"玲子"、"营子"等。有时还可以在名字前再加排序，指称其他兄弟的名字。如"大华子"、"二华子"、"三华子"、"大勇子"、"二勇子"等。加"子"缀后前面不能再带姓氏，名字中有三个字的也不能用后两个字加"子"缀，没有"李平子"、"张长强子"、"长强子"这类说法。

（4）附加贬义。

①前面成分不能单用，附加"子"缀后，不仅起到构词作用，而且还附加上强烈的贬义色彩。例如：

半吊子二百五　病秧子经常生病的人　私孩子非婚生子女　云么拐子骗子　回回子回民
城滑子在城里不务正业游手好闲的人　尖腚棒子小气鬼　乡瓜子乡下人　山杠子山民
稽生子对自学手艺人的贬称　能豆子爱显示自己的　酒蔫蔫子喝酒迂磨的人

②前面成分可以单用，加"子"缀后，附加上"贬义"色彩。例如：

媳妇子　老头子　老嬷子　妮子　二小子　光棍子　头子　闺女子

（5）附加"小"义。例如：

刀一般指切菜刀　刀子小刀，如铅笔刀　盆较大的盆，如洗衣盆　盆子较小的盆，如洗脸盆子
罐较大的罐子，如煤气罐、火车罐等　　罐子指较小的罐子，如盐罐子等

（四）"儿"缀

"儿"不自成音节而与另一音节合一时，将其视作"后缀"还是"儿化"，学术界对此尚存争议。黄伯荣、廖序东主编的《现代汉语》把后缀"儿"全都看作儿化音。而张志公主编的《现代汉语》则把儿化词作为一种单音节而不是单语素的"例外"来处理，即将"儿化"的"儿"看作一种特殊的后缀。祝鸿杰先生认为，"后缀与儿化除语音形式有别外，其语法功能极为相似……倒还不如把儿化的'儿'看作特殊后缀，一律把虚字'儿'（不论是否儿化）列入后缀

为好"①。参照祝先生的看法，我们也把泗水方言中的"儿"看作一个特殊的后缀。

1. 后缀"儿"的语法功能

与普通话一样，泗水方言中的后缀"儿"与语音、词汇、语法有着非常密切的关系，既能构成新的词语，也具有区别词义、区分词性的作用。下面我们逐一进行分析：

（1）构造附加式合成词。加"儿"缀前的基式是一种不成词语素，加缀后的形式可以独立运用，而且附加"儿"缀后还有表小称义。例如：妮儿、公儿［kuər¹¹³］与"母儿"相对、牌儿扑克、鼻儿器物上能穿上其他东西的小孔。

（2）区分词义或词性。附加"儿"缀前的基式是词，加"儿"缀后词义或词性不同，即在泗水方言中，附加"儿"缀具有区别词义或词性的功能。参见表4－2。

表4－2　泗水方言中的儿化别义例释

原词形	词性、词义	儿化词形	词性、词义
老师	与"学生"相对	老师儿	具有一技之长的技术人才
电棍	警棍	电棍儿	日光灯
山沟	两山之间低凹的地方	山沟儿	山间的流水沟
夜里	晚上，与"白天"相对	夜儿里	昨天
日子	每日生活，生计	日子儿	日期
上班	老师上课	上班儿	在规定时间去工作；也指参加工作
下班	老师下课	下班儿	每天规定的工作时间结束
黄	黄色	黄儿	名词，特指鸡蛋黄
光棍	形容词，体面	光棍儿	名词，单身汉
明里	副词，同"暗里"相对	明儿里	时间词，明天
笑话	动词，讥笑，嘲笑	笑话儿	名词，引人发笑的故事
小	形容词，与"大"相对	小儿	名词，长辈对儿子的称呼
样子	名词，模样、样式	样子儿	形容词，好看

需要注意的是，附加"儿"缀后，儿化词的语音也有相应的变化，或是韵母变为儿化韵，或是声母由平舌声母变为卷舌声母。请参看前述第二章第五节韵

① 祝鸿杰. 汉语词缀研究管见［J］. 语言研究，1991（2）. 11.

母中有关泗水方言儿化的相关论述。

2. 后缀"儿"与"子"的比较

(1) 一部分词泗水方言既可用"子"缀，又可用"儿"缀，意义没有区别。例如：

面条儿——面条子；小包儿_{水饺}——小包子；面叶儿——面叶子；粉条儿——粉条子；澡堂儿——澡堂子；串门儿——串门子；烟袋嘴儿——烟袋嘴子；胳拉拜儿——胳拉拜子。

(2) 有些词可附加"儿"缀，也可附加"子"缀，但词义不同，这又分两种情况：

①词汇意义不同。例如：

鼻儿_{器物上能穿上其他东西的小孔}——鼻子_{鼻子或鼻涕}；牌儿_{特指扑克牌}——牌子_{招牌}；小叔儿_{排行末尾的叔叔}——小叔子_{丈夫的弟弟}；二小儿_{对次子的称呼}——二小子_{任人差使的人}；小姨儿_{排行末尾的阿姨}——小姨子_{妻妹}；气管儿_{呼吸器官的一部分}——气管子_{指打气筒}。

②附带的感情色彩不同。附加"子"缀多带有明显的贬义色彩；附加"儿"缀则多带有亲切、喜爱的色彩。例如：

老嬷嬷儿——老嬷子；老头儿——老头子；妮儿——妮子；小儿——小子；光棍儿——光棍子；头儿——头子。

二、变调别义

所谓变调别义是指用改变字音的声调来区别意义的一种手段，包括区别词义，也包括区别词和短语的意义。本小节主要探讨泗水方言中变调别义的形式及其性质。

(一) 变调别义的形式

变调别义是一种非常灵活的别义手段，它可以运用在词的层面上来区别不同的词义；也可以运用在词或短语的层面上来区别词或短语的不同意义。它打破了词和短语的界限，通过声调的变化来区别意义，从构词（或短语）的角度来看，也可以说是通过声调的变化来构造新的词（或新的短语），对这一现象，本书称之为"变调别义"。另外，在泗水方言中也有类似普通话的四声别义现象，如"数"作动词，读作上声；"数"作名词，读作去声。这类词的变调别义比较明显，本书的讨论暂不涉及。

1. 调值的变化区别意义

(1) 盐味儿 [$iã^{51}uer^0$] 咸的味道。如"你炒哩菜忒淡了，没点～"。

盐味儿 [$iã^{55}uer^0$] 名词，指小炒、酒肴。如"我炒点儿～，咱俩喝点儿"。

（2）没意思［mei¹¹³ i³¹ sʅ⁰］没意义。如"你这样说，~"。

没意思［mei³³ i³¹ sʅ⁰］差不多。如"他两个长哩~高"。

（3）老爷爷［lɔ⁵⁵ iə⁵¹ iə⁰］对年龄较大的人或祖父辈的人的尊称。

老爷爷［lɔ³³ iə⁵¹ iə⁰］太阳或阳光。如"~出来啦，可算晴天啦"。

（4）当年［taŋ¹¹³ ȵiã⁵¹］以前，从前。如"~，学费只要一块钱"。

当年［taŋ⁵³ ȵiã⁵¹］在同一年。如"苹果~就见利儿了"。

（5）多高底［tuə¹¹³ kɔ¹¹³ ti⁵⁵］"多"，程度副词。"多高低"意谓"非常高"，一般用于感叹句，如"这个楼~"。

多高底［tuə⁵⁵ kɔ¹¹³ ti⁵⁵］"多"，疑问代词。"多高低"意谓"有多高"，一般用于疑问句，如"这个楼~"。

（6）多宽下［tuə¹¹³ kʼuã¹¹³ ɕia³¹²］"多"，程度副词。"多宽下"意谓"非常宽"，一般用于感叹句，如"他家哩屋盖哩可好啦，~"。

多宽下［tuə⁵⁵ kʼuã¹¹³ ɕia³¹²］"多"，疑问代词。"多宽下"意谓"有多宽"，一般用于疑问句，如"这条河~"。

2. 轻重音的变化区别意义

（1）年年［ȵiã⁵¹ ȵiã⁵¹］每年。如"那时候，~不够吃哩"。

年年［ȵiã⁵¹ ȵiã⁰］过年时节。如"~，家家户户都放火鞭"。

（2）过年［kuə³¹² ȵiã⁵¹］过新年。如"~哩时候，我再去看你"。

过年［kuə²³¹ ȵiã⁰］明年。如"赶~，王一就十四了"。

（3）大意［ta³¹² i³¹²］主要意思。

大意［ta³¹² i⁰］粗心、马虎。如"这回考试他有点~啦"。

（4）下水［ɕia³¹² fe⁵⁵］进入水里。如"桥坏啦，得~游过去"。

下水［ɕia³¹² fe⁰］猪羊等的内脏。如"今年过年，家里买唠一挂~"。

另外，表可能的助词"唠"和句末语气词"唠"的区别，在泗水方言中是通过变调来体现的。例如：

（1）唠［lɔ⁰］：我上去唠。（我能上去。未然）

唠［lɔ⁵⁵］：我上去唠。（同时带有一种极端欣喜的感情色彩，表达的意思是"原来以为上不去，现在竟然上去了"。已然）

（2）唠［lɔ⁰］：妹妹叫你弄哭唠。（你别再捣鼓她啦，她可能会被你弄哭。未然）

唠［lɔ⁵⁵］：妹妹叫你弄哭唠！（妹妹已经被你弄哭，多带有幸灾乐祸的语气）

（3）绊倒唠［lɔ⁰］。（可能会绊倒，提醒听话人注意。未然）

绊倒唠［lɔ⁵⁵］！（叫你再捣蛋，看看绊倒啦吧。已然）

（4）鱼缸叫你弄下去唠［lɔ⁰］。（可能会弄下去。未然）

鱼缸叫你弄下去唠 [lɔ⁵⁵]！（多带有幸灾乐祸的语气。已然）

上述例句中，句尾的"唠" [lɔ⁵⁵] 都表示事件已然实现，同时多伴随有兴高采烈或幸灾乐祸等语气，但句尾的"唠" [lɔ⁰] 表示某种事态的可能性，事件是未然的。句尾附加"唠" [lɔ⁵⁵] 还是"唠" [lɔ⁰]，语法意义明显不同。

（二）变调别义的性质

泗水方言的变调别义通过字音声调的变化来实现，从形式上来看，类似内部屈折变化。内部屈折变化是一种古老的语言形式，它在古代汉语中是相对发达的，有元音屈折、辅音屈折、声调屈折，现代汉民族共同语中这种内部屈折几近消失，然而，"现代方言却还可以提供一些突出的例子"①，我们认为泗水方言中的这种屈折变化形式应该是古汉语"声调屈折"——"读破"手段的遗存。古代汉语的"读破"是用改变一个字的原来声调以表示意义的转变，泗水方言中的这种变调别义手段与之相类似，它不仅是一种使用频率颇高的别义手段，而且突破了词和短语的界限，可以在不同的结构层面上区别意义，是一种广义的内部屈折变化。

三、分音词

所谓分音词，就是把一个音节（有意义的语素）分成两个音节来表示，它是单音词双音化的一种手段。因这类词第二个音节多以 [l] 为声母，赵秉璇（1979）称分音词为"嵌 L 词"②，王洪君（1999）认为，嵌 L 词是一种双音单纯词③。

（一）分音词的分布及构造

从地域来看，分音词现象主要分布在山西、陕西及临近山西的豫北、内蒙古，西部黄河以东地区的汉语方言中，并且为数较多。④普通话中也有"分音词"，如"窟窿——孔"、"滴溜——提"、"囫囵——混"等，但数量较少。晋语区许多方言点都有分音词，构造方式也多相同，只是数量上有些差异，侯精一先生将其列为"晋语的共同特点"之一。在晋南汾河片中也存在一定数量的分音词，如吴云霞《万荣方言语法研究》中列举了 22 条分音词。在中原官话关中片也存在分音词现象，如西安方言中"不来——摆"、"不楞——蹦"、"蒲楞——

①　袁家骅. 汉语方言概要 [M]. 北京：文字改革出版社，1960.
②　赵秉璇. 晋中话"嵌 L 词"汇释 [J]. 中国语文，1979（6）. 445.
③　王洪君. 汉语非线形音系学 [M]. 北京：北京大学出版社，1999. 189.
④　吴云霞. 万荣方言语法研究 [M]. 北京：语文出版社，2009. 98～101.

蓬"、"曲栾——圈"、"忽栾——环"、"壳郎——坑"、"壳娄——扣"、"呵娄——吼"、"忽拉——哗"、"不拉——扒"等。泗水方言中也存在少量分音词，这些分音词在构造上主要有下列特点：①泗水方言没有入声，前音节的韵母多简化为无入声韵尾的〔u y ə〕；②后音节的韵母多为本字的韵母，但后音节的声调已弱化为轻声；③有的前后音节的韵母、声调有所变化。

（二）分音词的分类

根据其对应的本字的词性，泗水方言中的分音词可分为以下几类（破折号前是本字，后为分音词，例句中"～"代表分音词）：

1. 动词分音词

（1）蹦〔pəŋ^{312}〕——不楞〔pu$_{211}^{113}$ ləŋ^0〕如："水里鱼直～。"

（2）搅〔tɕiɔ^{55}〕——圪捞〔kə$_{211}^{113}$ lɔ^0〕如："你别给乱～啦。"

（3）哄〔xuŋ^{55}〕——糊弄〔xu$_{31}^{312}$ luŋ^0〕如："你别想～我。"

（4）拱〔kuŋ^{55}〕——顾涌〔ku$_{33}^{55}$ yŋ^0〕如："打针啦，可别乱～。"

（5）扒〔pa^{113}〕——布拉〔pu$_{211}^{113}$ la^0〕如："你再～～，看看土里还有吗?"

2. 名词分音词

（1）泡〔pʻɔ^{312}〕——扑了〔pʻu^{113} liɔ^{55}〕如："他脚上烫唠一片大～。"

（2）渣〔tsa^{113}〕——淬拉〔tsʅ$_{211}^{113}$ la^0〕如："炼完油，用油～子包包子吃。"

（3）圈〔tɕʻyã^{113}〕——曲连〔tɕʻy^{113} liã^{55}〕如："风～，雨～。"

3. 量词分音词

（1）棍〔kuə^{312}〕——骨仑〔ku$_{13}^{55}$ luə^0〕如："切了两～葱当菜吃。"

（2）蓬〔pʻəŋ^{51}〕——扑棱〔pʻu$_{211}^{113}$ ləŋ^0〕如："地里哩草一～一～哩。"

（3）兜〔təu^{113}〕——都娄〔tu$_{211}^{113}$ ləu^0〕如："给你带来唠一～果子。"

4. 拟声词分音词

（1）轰〔xuŋ^{113}〕——忽隆〔xu$_{211}^{113}$ luŋ^0〕如："～一下子，火就着起来啦。"

（2）噌〔tsʻəŋ^{113}〕——刺棱〔tsʻʅ$_{211}^{113}$ ləŋ^0〕如："洋火～一下子就擦着啦。"

5. 形容词分音词

精〔tɕiŋ^{113}〕——机灵〔tɕi$_{211}^{113}$ liŋ^0〕如："小伙子长哩可～啦。"

侯精一（1986）将分音词作为"晋语的共同点"，他说："除邯郸、安阳等地以外，多数地区都有分音词。"晋南汾河片和陕西关中片的分音词现象当是晋语直接影响的结果，但两片方言中，分音词的数量却远远少于晋语区。赵秉璇先生《晋中话"嵌L词"汇释》收集到晋中话88条"嵌L词"，但在《万荣方言语法研究》中，仅列举了 22 条分音词，相比而言，泗水方言中现存的分音词数量就更少了，我们只收集到 14 条分音词，作为一种不再具有能产性的构词手段，泗水方言中的分音词可能如"圪"缀词一样，也是一种"历史遗迹"。

四、形容词生动形式

形容词生动形式可以看作是一种构形手段，可通过词形的变化来表达不同的语法意义。泗水方言中的形容词生动形式不仅可以表达丰富细腻的语义内容，而且具有很强的描写作用，根据其所表示的语法意义类型，我们可以将其分为三类：表程度的；表感情色彩的；表声音、动态、性状的。下面我们逐一论述：

（一）表程度的形容词生动形式

依据其构造方式的不同，表程度的形容词生动形式主要可归为以下四种结构类型：

1. 前缀式

泗水方言中表示事物性质的单音节形容词大多可以采用"XA 式"表示程度的加深（"X"为前加成分，"A"为单音节形容词，下同），如"黑—黢黑"、"薄—溜薄"，但由于受形容词本义和语言习惯的制约，不同的形容词在前加成分"X"的选择上大多不同。"XA 式"可部分重叠构成"XX 哩 A"式，表示程度的加深，还可整体重叠构成"XAXA 哩"式，后面必须附加助词"哩"，表示程度最高。如表 4-3 所示：

表 4-3　泗水方言中表程度的前缀式形容词例释

A	XA	XX 哩 A	XAXA 哩	A	XA	XX 哩 A	XAXA 哩
圆	剔圆	剔剔哩圆	剔圆剔圆哩	硬	挺硬	挺挺哩硬	挺硬挺硬哩
黏	胶黏	胶胶哩黏	胶黏胶黏哩	咸	齁咸	齁齁哩咸	齁咸齁咸哩
溜	溜窄	溜溜哩窄	溜窄溜窄哩	薄	溜薄	溜溜哩薄	溜薄溜薄哩
紧	绷紧	绷绷哩紧	绷紧绷紧哩	香	喷香	喷喷哩香	喷香喷香哩

2. 后缀式

（1）"A 乎儿"式。

A 后附加上单音后缀"乎儿"，表示程度的递减，部分形容词甚至是表示消极意义的形容词，附加上"乎儿"后，多带有褒义色彩或变为中性词。例如：

热　热乎儿　　　　潮　潮乎儿　　　辣　辣乎儿

黏　黏乎儿　　　　红　红乎儿　　　　软　软乎儿

湿　湿乎儿　　　　晕　晕乎儿　　　　稠　稠乎儿

例句：①即儿们儿哩糊涂比夜儿里哩稠。（今天的粥比昨天的稠。不符合说话者的意愿，带贬义）②即儿们儿哩糊涂比夜儿里哩稠乎儿。（今天的粥比昨天的稠乎。比较合乎说话者的意愿，带褒义）

（2）"A 乎儿乎儿哩"式。

A 后附加上叠音后缀"乎儿乎儿"，一般还要再附加助词"哩"，表示程度比 A 弱，但比"A 乎儿"式要强。部分形容词甚至是表示消极意义的形容词，附加上"乎儿乎儿"后，也同样多带有较强的褒义色彩。例如：①水还热乎儿乎儿哩，你赶快洗洗吧。②菜辣乎儿乎儿哩，可下饭啦。③馍馍软乎儿乎儿哩，蒸哩不孬。

（3）"A 不叽哩"式。

A 后附加后缀"不叽哩"，所表达的程度通常比"A"弱。"A 不叽哩"式可以部分重叠，形成"A 不叽叽哩"式，所表达的程度比 A 弱，但比"A 不叽哩"要强一些。除表达程度的弱化外，"A 不叽哩"式还往往含有厌恶、不喜欢的感情色彩，像"A 不叽叽哩"式所表达的轻贱、厌恶的色彩则更浓。如表 4 - 4 所示：

表 4 - 4　泗水方言中的"A 不叽哩"式形容词例释

A	A 不叽哩	A 不叽叽哩	A	A 不叽哩	A 不叽叽哩
甜	甜不叽哩	甜不叽叽哩	酸	酸不叽哩	酸不叽叽哩
咸	咸不叽哩	咸不叽叽哩	黄	黄不叽哩	黄不叽叽哩
热	热不叽哩	热不叽叽哩	苦	苦不叽哩	苦不叽叽哩
冷	冷不叽哩	冷不叽叽哩	黏	黏不叽哩	黏不叽叽哩
辣	辣不叽哩	辣不叽叽哩	凉	凉不叽哩	凉不叽叽哩
黑	黑不叽哩	黑不叽叽哩	绿	绿不叽哩	绿不叽叽哩
脏	脏不叽哩	脏不叽叽哩	湿	湿不叽哩	湿不叽叽哩

3. 重叠式

泗水方言的单音节形容词重叠，表示程度的加深，如"红——红红"、"直——直直"与普通话差别不大，但双音节重叠式兼有半重叠式和全重叠式两种形式，即"AB——ABB 哩"式和"AB——AABB 哩"式（A、B 表示双音形容词的前后两个音节），后者在程度的表达上比前者更重一些。普通话中半重叠的 ABB 式较少，而泗水方言中 ABB 式则较为普遍。但无论是 ABB 式还是 AABB 式，在泗水方言中后面都必须要附加助词"哩"。如表 4-5 所示：

表 4-5　泗水方言中的重叠式形容词例释

AB	ABB 哩	AABB 哩	AB	ABB 哩	AABB 哩
干净	干净净哩	干干净净哩	老实	老实实哩	老老实实哩
稳当	稳当当哩	稳稳当当哩	板正	板正正哩	板板正正哩
利索	利索索哩	利利索索哩	实在	实在在哩	实实在在哩
结实	结实实哩	结结实实哩	大方	大方方哩	大大方方哩
稀拉	稀拉拉哩	稀稀拉拉哩	正当	正当当哩	正正当当哩
严实	严实实哩	严严实实哩	稀棱	稀棱棱哩	稀稀棱棱哩

4. 缀叠混合式

所谓缀叠混合式，是指把单音节形容词 A 重叠并在前面缀上表程度的副词 F 的组织方式，即"FAA"式（"F"为表程度副词），这种形式所表达的程度比 FA 要强些，但比"FAFA 哩"式弱。表程度的副词多用"精"、"宁"、"棱"、"溜"等，所能修饰的形容词多是一些表示细小、轻微、稀薄、浅近、赢瘦等消极意义的形容词，强调事物小、轻、短、薄、瘦的程度。如表 4-6 所示：

表 4-6　泗水方言中的缀叠混合式形容词例释

A	FA	FAA	FAFA 哩	A	FA	FAA	FAFA 哩
浅	精浅	精浅浅	精浅精浅哩	薄	棱薄	棱薄薄	棱薄棱薄哩
窄	溜窄	溜窄窄	溜窄溜窄哩	瘦	棱瘦	棱瘦瘦	棱瘦棱瘦哩
小	宁小	宁小小	宁小宁小哩	细	宁细	宁细细	宁细宁细哩
近	宁近	宁近近	宁近宁近哩	长	棱长	*棱长长	*棱长棱长哩
厚	棱厚	*棱厚厚	棱厚棱厚哩	好	棱好	*棱好好	*棱好棱好哩

能构成"FAA"式的形容词多是表示细小、轻微义的单音节形容词，表示高、大、好、厚等意义的形容词不能用于"FAA"式，如可以说"宁浅浅"，但不能说"宁深深"或"棱深深"。缀叠混合式还可按"FAFA"式完全重叠，其后必须要附加助词"哩"，表示程度最高。以上四种结构类型可以表达形容词的不同语义等级，如表 4-7 所示：

表4-7 泗水方言中不同形式形容词的语义等级

方式	最低	较低	原形式	较高	再高	最高
重叠式			干净	干净净哩		干干净净哩
			利索	利索索哩		利利索索哩
			稳当	稳当当哩		稳稳当当哩
附加前缀			黑	黢黑	黢黢哩黑	黢黑黢黑哩
			硬	挺硬	挺挺哩硬	挺硬挺硬哩
			薄	溜薄	溜溜哩薄	溜薄溜薄哩
			香	喷香	喷喷哩香	喷香喷香哩
			黏	胶黏	胶胶哩黏	胶黏胶黏哩
附加后缀	黑不叽哩	黑不叽叽哩	黑			
	潮不叽哩	潮不叽叽哩	潮			
	滑不叽哩	滑不叽叽哩	滑			
	热乎儿	热乎儿乎儿哩	热			
	潮乎儿	潮乎儿乎儿哩	潮			
	稠乎儿	稠乎儿乎儿哩	稠			
缀叠混合式			短	棱短	棱短短	棱短棱短哩
			细	宁细	宁细细	宁细宁细哩
			瘦	宁瘦	宁瘦瘦	宁瘦宁瘦哩
			浅	棱浅	棱浅浅	棱浅棱浅哩
			厚	棱厚	*棱厚厚	棱厚棱厚哩

分析4-7表，如果用 A 表示形容词，X 表示前加成分，Y 表示后加成分，a、b 表示双音形容词的前后两个音节，< 表示程度低于，那么泗水方言中形容词的不同生动形式表示语义等级的高低顺序可排列为：AY <AYY <A <XA <XAA/abb/XX 哩 A <XAXA 哩/aabb 哩。

（二）表感情色彩的形容词生动形式

泗水方言中表感情色彩的形容词生动形式主要通过两种方式来实现：一是在形容词后附加某些后缀；二是在四字格形容词的中间嵌入"子"缀。下面我们分别举例分析：

　1. 形容词后附加后缀

（1）A 而呱叽。

表达一种轻贱、厌恶的感情色彩，A 只能是表贬义的形容词，主要用于修饰说明人的品性、能力。

| 拼而呱叽 | 楞而呱叽 | 傻而呱叽 | 晕而呱叽 | 脏而呱叽 |
| 笨而呱叽 | 聋而呱叽 | 孬而呱叽 | 瓢而呱叽 | 憨而呱叽 |

（2）A 不叽哩。

说话者感到事物的性质不符合自己的主观意愿，带有浓郁的贬义色彩，A 可以是贬义形容词，也可以是中性形容词，但都表达说话者的厌恶和不满。例如：

黑不叽哩	潮不叽哩	咸不叽哩	苦不叽哩	甜不叽哩
黏不叽哩	懒不叽哩	滑不叽哩	灰不叽哩	酸不叽哩
干不叽哩	孬不叽哩	臭不叽哩	憨不叽哩	湿不叽哩
白不叽哩	乱不叽哩	冷不叽哩	脏不叽哩	冷不叽哩

（3）叠音后缀。

同一形容词后面所附叠音词缀不同，往往表达不同的感情色彩。试比较：

褒义：软溜溜哩　　苦溜溜哩　　圆悠悠哩　　稀溜溜哩　　红彤彤哩
贬义：软脓脓哩　　苦吟吟哩　　圆鼓鼓哩　　稀拉拉哩　　红余余哩

同样一种发软的东西（如食品），喜欢的人说"软溜溜哩"，不喜欢的人说"软脓脓哩"。再看下面的例句：

①你给我稀溜溜哩下上碗面条。

②你烧哩咸汤稀拉拉哩，清汤寡拉子水。

例①中"稀溜溜"的状态是说话者所期望的状态，而例②中"稀拉拉"的状态很明显是说话者反感、不满的状态。在表达不同感受的时候，说话者选择不同的叠音后缀，两者所附带的感情色彩明显不同。

不仅不同的叠音后缀能表达不同的感情色彩，而且同一形容词所带的同一种叠音后缀儿化以后，其原有的感情色彩也往往会发生变化，由贬义转为褒义，表达亲切喜爱的感情色彩，但叠音后缀的后面必须要附加助词"哩"。例如：

贬义：硬子子哩　　　　白生生哩　　　　热乎乎哩　　　　凉飕飕哩
褒义：硬子儿子儿哩　　白生儿生儿哩　　热乎儿乎儿哩　　凉飕儿飕儿哩

从下面的几个例句，我们也可以体会出上面两组词的细微不同：

③她烙哩油饼硬子子哩，咬不动。

④她做哩凉皮儿，嚼起来硬子儿子儿哩。

例③中，说话人嫌油饼硬，而例④中的"硬"表达的则是凉皮有嚼头，正合其心意。同一形容词后所带叠音后缀"儿化"与否，所附带的感情色彩明显不同。再如：

⑤脸白生生哩没点儿血色。

⑥闺女小脸儿白生儿生儿哩。

例⑤中，"脸""白"得吓人，而例⑥中，"小脸"则"白"得令人喜爱。两句所附带的感情色彩的差异非常明显。

2. 形容性的四字格中嵌入"子"缀

形容性的四字格，前两个音节后嵌入"子"缀，多带有描述性，并含有明显的贬义色彩，常用于表示对某种情况不满或厌恶。例如：

乱七子八糟　　　　　　　　黑咕子隆咚

曲溜子拐弯　　　　　　　　叽连子咯吱_{象声词，模拟声音连续不断}

神神子道道_{过于迷信的样子}　　　一娄子哇啦_{说话快而听不懂}

裹裹子拉拉_{衣服肥大穿着不舒服}

粗粗子拉拉_{东西做工不精细}　　脏而子狗叽_{肮脏杂乱的样子}

乱么子倒枪_{东西杂乱无章的样子}

瘪瘪子鼓鼓_{物体表面凹下去，不饱满的样子}

凑凑子活活_{勉勉强强的样子}　　　吱吱子吆吆

（三）表声音、动态、性状的形容词生动形式

泗水方言表示动态、性状的形容词生动形式主要有两种结构方式：一是"ABAB 哩"式；二是"AABB 哩"式。下面我们分别举例分析。

（1）"ABAB 哩"式。

"AB"为双音节动词，重叠后附加助词"哩"转为形容词性，用来描摹动态。例如：

踮杠踮杠哩_{走路脚尖点地的样子}　　顾拥顾拥哩_{肢体拱动的样子}

骨娄骨娄哩_{滚动的样子}　　不匝不匝哩_{细细品味某种东西的样子}

屈嗤屈嗤哩_{哭泣后鼻子抽动的动作}　争白争白哩_{争辩的样子}

张嘴张嘴哩_{嘴一张一合的样子}　崴拉崴拉哩_{走路歪歪斜斜的样子}

"AB"重叠后附加助词"哩"转变成状态形容词，多用作谓语、状语和补语。例如：

①鱼都迟_{剖鱼}完啦，还张嘴张嘴哩来。

②他夜儿里把脚崴了，走路踮杠踮杠哩。

③小王跩拉跩拉哩跑过来啦。

④干唠一天活，一个个都累哩崴拉崴拉哩。

（2）"AABB 哩"式。

由双音节动词、形容词、名词、副词或象声词的两个音节重叠后加助词"哩"构成，用以描摹性状、动态、情景等。例如：

动词：咋咋呼呼哩　摔摔达达哩　趔趔刮刮哩　吹吹呼呼哩吹牛说大话的样子

　　　骨骨娄娄哩　指指戳戳哩　裹裹拉拉哩　绊绊拉拉哩

形容词：滑滑查查哩　前前怵怵哩　立立棱棱哩　瓢瓢偏偏哩不周正的样子

　　　　臊臊气气哩　黏黏乎乎哩　严严实实哩　魔魔道道哩过于迷信的状态

副词：凑凑和和哩　正正个个哩　好好歹歹哩　爽爽利利哩

象声词：圪圪吱吱哩　圪圪啪啪哩　噗噗出出哩开锅后发出的声音

"AB"不管原词是哪种词性，重叠后附加助词"哩"转变成状态形容词，在句中作谓语、状语和补语。例如：

⑪他做事前前怵怵哩。（他做事畏畏缩缩的。）

⑫他凑凑和和哩给唠一点儿路费。（他东拼西凑地给了一点路费。）

⑬他把钱藏哩严严实实哩。

第二节　句　法

泗水方言与普通话在句法方面也具有较多的共性，但在比较句、补语句、反复问句等句式和体貌的表达上也体现出自身的某些特色，本节不准备全面描写泗水方言的句法系统，只是试图探讨一下句式和体貌方面的几个问题。

一、比较句

泗水方言的比较句，除了与普通话相同的"比"字句外，还有几种表示法较为特殊：

1. 差比句："似"字比较句

普通话的"一天比一天长"，在泗水方言中有两种格式：第一种是 Ns + A 似 + Ns；第二种是 Ns + A + Ns。其中，Ns 为时间名词，A 为性状形容词，"似"为比较词。在这两种格式中，表性状的词不在两项比较词的后面，而是在其中间。比如"一天老（似）一天"，其他性状词还有"长"、"短"、"好"、"差"、"老"、"大"、"小"、"热"、"强"、"忙"等。例如：

（1）一年差（似）一年。（一年比一年差。）

（2）一天忙（似）一天。（一天比一天忙。）

用于此格式表性状的形容词必须是单音节，不能是双音节，比如不能说"一年苍老一年"或"一天闷热一天"。从比较对象来看，前后所比较的对象限于

"一天"、"一年"、"一月"等时间名词，而且从性质上来看，必须是泛指的，不能用"今年"、"这月"、"下月"等具有明确所指的词语。另外，部分表性状的单音节形容词前还可以用否定词"不"。例如：

（3）一年不济（似）一年（一年比一年差）。

（4）一个不顶（似）一个（一个不如一个）。

从泗水方言这一特殊比较句现存的两种说法来看，我们认为第二种格式是第一种格式省略比较词"似"的结果，从泗水方言和金乡方言①中我们可以清楚地看到"似"字比较句的演变过程：

（I）$N_1 + A + 似 + N_2$ 式。

"似"为比较词，前后比较对象不限于"一天"、"一年"、"一月"等时间名词。例如：

金乡：（5）他大似你。

（6）瘦死的骆驼大似马。（俗语）

泗水：（7）瘦死哩骆驼大似马。（俗语）

还可以用于否定句式。例如：

金乡：（8）咱俩啊，谁也不强似谁。

（9）论文化水平我也不差似他。

泗水：（10）他仁儿，一个不济（似）一个。（口语）

（II）$Ns + A + 似 + Ns$ 式。

"似"为比较词，前后比较对象限于"一天"、"一年"、"一月"等数量关系，例如：

金乡：（11）生活一天好似一天。

泗水：（12）天一天热似一天。

（13）一天长似一天。

（III）$N + A + N$ 式。

省略比较词"似"，前后比较对象限于"一天"、"一年"、"一月"等时间名词。例如：

泗水：（14）往后一天热一天啦。

（15）老啦，身子骨一年瓤一年。

但并非所有用于此结构的单音节形容词后都可以省略比较词"似"，有些形容词后不能省略"似"，例如：

（16）一天小似一天。＊一天小一天。

---

① 马凤如. 金乡方言志［M］. 济南：齐鲁书社，2000. 180.

（17）一年忙似一年。＊一年忙一年。

在用山东方言写就的百回世情小说《醒世姻缘传》（以下简称《醒》）中，我们发现了（I）（II）两种格式，没有发现格式（III）。例如：

（18）我就是到门前与街坊家说几句话，也还强似跟了许多孤老打围丢丑！（《醒》第2回，第21页）

（19）郭总兵也不免叹道："得志犬猫强似虎，失时鸾凤不如鸡。"（《醒》第91回，第1293页）

（20）计氏的胆不由的一日怯似一日，晁大舍的心今朝放似明朝。（《醒》第1回，第8页）

（21）奸盗诈伪的越发奸盗诈伪，一年狠似一年，一日狠似一日，说起"天地"二字，只当是"耳边风"。（《醒》第28回，第410页）

（22）这疮一时疼似一时，一刻难挨一刻，疼的发昏致命。（《醒》第66回，第951页）

（23）陈先生的年纪喜得一年长似一年。（《醒》第92回，第1308页）

所以，我们认为"似"字比较句，大概经历了这样一个发展过程：

$N_1 + A + 似 + N_2 \rightarrow Ns + A + 似 + Ns \rightarrow Ns + A + Ns$

比较词"似"是由动词虚化而来，带宾动词逐步虚化为介词，和后面的成分组成介宾结构作补语，是顺理成章的事。因此，我们认为"似"字应该是属下的，从句法结构上来看，"$N_1 + A + 似 + N_2$"是一种"主＋谓＋补"格式。最初，以"似"为比较词的比较句较为常用，后来大概由于"比"字句式的推广，"似"字句逐渐被淘汰，只有少数俗语化的句子保存下来，如"瘦死哩骆驼大似马"。而后"似"字句逐渐局限于"$Ns + A + 似 + Ns$"式这一俗语色彩比较浓厚的格式中，"N"也仅限于"一天"、"一年"、"一月"等表时间的名词，同时，"A"也受到句法限制，范围缩小，仅限于少数单音节形容词可进入该格式。

在现代山东方言中，由于"比"字句的进一步推广，"似"作为比较词的用法逐渐淡化，渐趋消亡，"似"字也逐渐被省略，在《醒世姻缘传》和目前的金乡方言中，还没有出现"$Ns + A + Ns$"这一格式，但在泗水方言有些句子中"似"字已经省略，从而构成一种没有比较词的特殊比较句式。

2. 差比句："起"字、"于"字比较句

泗水方言的比较句格式较为复杂，除具有"比"字句、"似"字句外，据笔者调查，在泗水北部尧山、西头、鲍家庄一带，还有"起"字比较句；在泗水南部南陈一带，则还有"于"字比较句。泗水方言比较句的分布区域参看附图《泗水方言地图（九）》。

（24）他高起你。　　　　　　　　　（25）树一年高起一年。

（26）他能好起你？　　　　　　（27）张三不强起李四。

（28）他个子不高起你。　　　　　（29）今年瓜干儿好于年时。

（30）这棵树直溜于那棵树。　　　（31）王五瘦于李四。

（32）你哩年纪儿岁数大于我。　　（33）日子一天好于一天。

（34）张三不强于李四。　　　　　（35）他考哩不好于我。

（36）这个鸡蛋不滑溜于那个鸡蛋。　（37）张三不强于李四很多。

（38）病一天不济于一天。

例（24）～例（28）为"起"字比较句，其中例（24）～例（26）为肯定句，例（27）、例（28）为否定句。在此格式中，句中的形容词受到一定限制，必须是单音节性质形容词。

例（29）～例（38）为"于"字比较句，其中例（29）～例（33）为肯定句，例（34）～例（38）为否定句。与泗水尧山一带的"起"字句不同的是，在此格式中，句中的形容词既可以是单音节性质形容词，如"瘦"、"好"、"强"、"大"，也可以是双音节状态形容词，如"直溜"、"滑溜"等。

当然在南陈一带，也可用"比"字句，如例（29）也可说"今年瓜干儿比年时好"。否定句中则多用"不如"，如"今年瓜干不如年时"。由于"比"字句的冲击，"于"字句渐趋消亡。在我们调查中，只发现部分老人还在使用，而且在一些句子中，"于"字已经省略，如"病一天厉害一天"，已不能说"病一天厉害于一天"。

"于"字句可能是古代汉语比较句式的遗存，例如杜牧《山行》："停车坐爱枫林晚，霜叶红于二月花。"但在南陈一带仍保存着古代汉语"于"字句的原因，除了这一带山峦纵横、交通不便外（参看本书所附《泗水县地图》），我们还没有发现其他有价值的线索。

泗水北部的"起"字句当是新泰方言影响的结果，据《新泰方言志》①，新泰方言有"起"字句，例如：

①日子一年好起一年。

②他个子不高起你。

③他能高起你？

泗水北部毗邻新泰，一些村点甚至是 1959 年才划归泗水，北部一些村点存在"起"字句，当与新泰方言的影响有关。

3. 等比句：A 给 B 般/没意思 + VP

等比句，普通话常用"A 跟 B 一样 + VP"，如"张三跟李四一样高"，泗水方

---

① 高慎贵. 新泰方言志［M］. 北京：语文出版社，1996. 190.

言多用"A 给 B 般/没意思 + VP",如"张三给李四般大"或"张三给李四没意思大"。"般"意为"一般、一样、等同","没意思"[me¹¹³i₃₁³¹²ʂʅ⁰]意为"差不多"。进入该格式的形容词必须表示积极意义,如可以说"般高、般宽、般长、般粗、般沉",但不能说"般矮、般窄、般短、般细、般轻"。"般"明显是由"一般"省略而来。否定句则有两种形式:A 不给 B 般 + VP;A 给 B 不般 + VP。例如:

(39)王一 13 岁,他 15 岁,王一不给他般大。

(40)王一 13 岁,他 15 岁,王一给他不般大。

如果事物性状差别细微,泗水则多用"A 给 B 没意思 + VP"的格式来表达。如"王五给李四没意思大"(王五跟李四差不多大),有时还可以省略 VP。例如:

(41)王五给李四谁高点儿?——他俩没意思。

同样,进入该格式的形容词也必须是表示积极意义的,如不能说"王五给李四没意思小"、"他俩没意思坏"等。

二、泗水方言的可能补语①

(一)泗水方言可能补语句的句法形式

普通话可能补语句否定式是:V + 不 + 补,如"拿不动"、"吃不下"、"上不去",泗水方言的格式与之相同。但普通话肯定式有三种表达方式:

A. V + 得 + C　　　　椅子放得下。　　我上得去。

B. V + 得 + 了[liao²¹⁴]　饭吃得了。　　病好得了。

C. V + 得　　　　　　这菌吃得。　　这钱用得。

泗水方言可能补语句肯定式的格式与普通话不同,以上三种格式在泗水方言中几乎不说,而多是采用下面三种格式:

1. V + C + 了[lɔ⁰]

了[lɔ⁰]是表可能的助词,为与"了"[liɔ⁵⁵]相区别,下文我们直接记为同音的"唠"。"V + C + 唠[lɔ⁰]"从表面上看类似普通话中表示完成的陈述句,但意义截然不同。例如:

泗水方言　　　　　　普通话

(1)他考上唠。　　　他考得上。

---

①　本章节内容为 2011 年度教育部人文社科研究青年项目"六代以来北方方言能性述补结构研究"(项目编号:11YJC740108)和 2012 年度国家社科基金资助一般项目"元代以来北方方言能性结构研究"(项目编号:12BYY088)的系列成果之一。

（2）床放开唠。　　　　　　床放得开。

（3）彩电他买起唠。　　　　彩电他买得起。

（4）这些东西我拿动唠。　　这些东西我拿得动。

如果动词后带宾语，在泗水方言中只有一种语序类型，即"VCO 唠 ［lɔ⁰］"式，例如：

（5）他买起彩电唠。（他买得起彩电。）

（6）他挑动水唠。（他挑得动水。）

（7）我看见字唠。（我看得见字。）

（8）他学会开车唠。（他学得会开车。）

（9）我拿动这些书唠。（我拿得动这些书。）

（10）我看清这个字唠。（我看得清这个字。）

2．V + 了 ［liɔ⁵⁵］ + 唠；V/A + 唠

"V + 了 ［liɔ⁵⁵］ + 唠"重在施事者的某种能力；"V/A + 唠"重在强调客观事态发展的某种可能性。例如：

（11）这些儿饭你吃了 ［liɔ⁵⁵］ 唠？——吃了 ［liɔ⁵⁵］ 唠。｜吃不了 ［liɔ⁵⁵］。

（12）东西整（这么）多，你己己（自己）搬了 ［liɔ⁵⁵］ 唠？——搬了 ［liɔ⁵⁵］ 唠。｜搬不了 ［liɔ⁵⁵］。

（13）这种病最后好唠？——好唠。｜好不了 ［liɔ⁵⁵］。

（14）明天有车就走唠？——走唠。｜走不了 ［liɔ⁵⁵］。

例（11）、例（12）强调施事者的能力，重在询问施事者能否"吃得了"、"搬得了"；例（13）、例（14）则强调客观事态发展的某种可能性，重在询问能否"好得了"、"走得了"。再与例（15）比较：

（15）明天有车，就走了 ［liɔ⁵⁵］ 唠？——询问能不能全部都走。

例（14）询问是否"能走"，语义焦点在动词"走"；例（15）询问是否"能走得完"，语义焦点在补语"了"（完）。

3．能 + V

"能 + V"这一格式普通话也用，泗水方言中用"能 + V"格式主要表达"在情理上是否许可"实现某种行为，实现了的话会不会发生不好的结果等，这和前两种格式侧重施事者的能力或客观事态发展的可能性不同。例如：

（16）这种菌能吃？——吃了后会不会产生不良后果。

（17）外面下子雨，咱即们儿能走？——在情理上是否许可。

"VC 唠 ［lɔ⁰］"、"V 了 ［liɔ⁵⁵］ 唠"和"V/A 唠"这三种结构中的"唠"读音相同，也都用于句末，但意义不同。这三种结构中的"唠"都既可以是表可能的助词，也可以是用于句末表已然的体助词，从形式上来看，是一种歧义

结构。

　　例如，"菜吃净唠"可以表达：①"菜能吃净唠"；②"菜吃净啦"（出现出乎听话人预料的新情况）。再如，"他走唠"可以表达：①"他能走得了[liɔ⁵⁵]"；②"他已经走啦"（出现出乎听话人预料的新情况）。

（二）"VC 了[lɔ⁰]"式能性述补结构的历时考察

　　柯理思（2006）认为："VC 了"式能性述补结构"来源和形成过程不明，在文献里找不到任何线索，包括我们所搜寻的反映 19 世纪以前的北京话/北方话的书面材料。因此我们暂时认定它是一个'新兴'的格式，可能是北方话的一个创新（innovation）"①。柯理思的这一说法值得商榷，作为一种在今北方话中分布相当广泛的语法格式，"VC 了"式能性述补结构不可能是一种"新兴"格式，更不可能凭空产生，它在历史文献中总会留下一些线索。在对《醒世姻缘传》的考察中，我们发现在这一部以山东方言写就的白话小说中已经出现了这一格式的若干用例。例如：

　　（18）骆校尉接过帽囊，取出一顶貂皮帽套，又大又冠冕，大厚的毛，连鸭蛋也藏住了，一团宝色的紫貂。（《醒》第 84 回，第 1201 页，着重号为笔者所加，下同）

　　（19）狄周媳妇说道："东房里极干净，糊得雪洞似的，见成的床，见成的炕，十个也睡开了。"（《醒》第 40 回，第 590 页）

　　（20）狄婆子……心中暗自欢喜，想道："这媳妇的标致不在孙兰姬之下，这陈儿的野心定是束缚住了。"（《醒》第 44 回，第 640 页）

　　（21）晁大舍的为人，只是叫人掐住脖项，不拘多少，都拿出来了。你若没个拿手，你就问他要一文钱也是不肯的。（《醒》第 13 回，第 200 页）

　　（22）二人道："却是怎的？难道是做不起么？"掌柜的道："倒不因穷做不起，就是做十领绸道袍也做起了。"（《醒》第 23 回，第 346 页）

　　（23）可知得多少打发的下来？杨春说："刚才李云庵的口气，说要两个共指望四十两银子。"狄员外说："这就有拇量了，看来三十两银打发下他来了。要是这个，还得我到跟前替你处处。"（《醒》第 34 回，第 505 页）

　　（24）您必欲阻拦，我只是交命给你！俺家也还有两个不长进的秀才兄弟，问你们讨起命了！（《醒》第 78 回，第 1108 页）

　　（25）扯淡的奴才！他京里大铺大量的也坐够了，站会子累杀你了！（《醒》第 91 回，第 1298 页）

---

　　①　柯理思. 北方方言和现代汉语语法研究：从几个具体的事例谈起［A］. 西北方言与民俗研究论丛（二）［C］. 北京：中国社会科学出版社，2006. 104.

（26）吴学周说："你的儿子又不是个不会说话的小物件儿，我藏他过了！你可问别的学生，自从吃了早饭曾来学里不成？"（《醒》第 31 回，第 453 页）

（27）素姐说："哟！我是'鼓楼上小雀？唬杀了我？'"（《醒》第 44 回，第 652 页）

（28）我往卢沟桥沙窝子上搭个棚，舍上我的身子，零碎挣了来还他。料着我也还挣了钱来。（《醒》第 81 回，第 1159 页）

根据［VC 了］式能性述补结构中是否带有宾语，又可以将其分为两类：一种是不带宾语的［VC 了］式能性述补结构，如例（18）～例（22）；一种是带宾语的［VC 了］式能性述补结构，如例（23）～例（28）。其中的宾语成分在句中的位置并不固定，形成以下四种语序类型：

（I）"VCO 了"式，宾语为人称代词或一般名词，如例（23）～例（25）。

（II）"VOC 了"式，宾语为人称代词，如例（26）。

（III）"VC 了 O"式，宾语为人称代词，如例（27）。

（IV）"V 了 OC"式，宾语为一般名词，如例（28）。

现阶段，泗水方言中的［VC 了］式能性述补结构如果带有宾语，则仅存（I）"VCO 了"式类型了，如例（5）～例（10）。这一方面体现了方言语法的发展变化，另一方面，《醒世姻缘传》中［VC 了］式能性述补结构带宾语的语序类型多达四种，也说明该格式在《醒》的时代于结构上尚未定型，因而在使用上体现出一种不规范、语序不固定的特点。

三、泗水方言的程度补语

普通话的程度补语句是在形容词后加"得很"、"极了"等补语成分，泗水方言中不用这些成分，主要用以下成分：

1．……哩不行；……哩了不底

泗水方言中，形容词后附加"哩不行"、"哩了不底"表示程度的加深，多带有贬义的色彩，后面必须要附加语气词"啦"。"啦"除了表达已然语气外，还有成句功能。例如：

（1）教室里乱哩不行啦。（嫌教室太乱）

（2）集上人多哩不行啦。（嫌人太多）

（3）天热哩不行啦。（嫌天热）

（4）鞋都便宜哩不行啦。（便宜得难以置信）

（5）他两口子好哩了不底啦。（略带贬义）

（6）他能哩不行啦。（贬义，表达对某人不满）

(7) 他两口子闹哩了不底啦。（闹得很厉害，不满）

(8) 你能哩了不底啦。（贬义，表达对某人的强烈不满）

(9) 他干净哩了不底啦。（贬义，表达对某人的不满）

2. ……哩给么样；……哩荒

泗水方言中，形容词或动词后附加"哩给么样"、"哩荒"，相当于状态形容词，具有修饰、说明的语法功能，同时也表示程度的加深，补充说明某一状态达到了很高的程度。例如：

气哩给么样。｜渴哩荒。　｜热哩荒。｜饿哩给么样。｜冻哩荒。

累哩给么样。｜刺挠哩荒。｜淋哩荒。｜疼哩给么样。｜胀哩荒。

喜哩给么样。｜瞘哩荒。　｜憋哩荒。｜擦哩给么样。｜撑哩荒。

"……哩荒"多表示某种心理状态或感觉；"……哩给么样"有时还可以用具体事物取代"么"，如"忙哩给二梭织布机上的梭子样"、"气哩给疥蛤蟆样"、"累哩给龟孙样"等。

3. ……哩不能提啦；……要死；……要命；……要死要活哩

这类补语往往表示程度极深。例如：

坏哩不能提啦。｜累哩要死。｜热哩要命。｜够哩要死要活哩。

多哩不能提啦。｜差哩要命。｜冻哩要死。｜气哩要死要活哩。

俊哩不能提啦。｜懒哩要命。｜慌哩要命。｜疼哩要死要活哩。

孬哩不能提啦。｜饿哩要命。｜穷哩要命。｜憋屈哩要死要活哩。

形容词 A 和后面的补语组成中补结构，补充说明 A 的程度极深。

四、泗水方言的处所补语

普通话处所补语句的表示方法，是在谓语动词之后接由介词"在"、"到"等组成的介词短语，而泗水方言有以下三种表达方法：

1. 和普通话一样，用后置介词"到"

例如：(1) 掉到桌子上。　　(2) 放到床上。

2. V + 处所词语

例如：

(3) 搁桌子上吧。　(4) 放壶里吧。　(5) 抹墙上吧。　(6) 倒锅里。

(7) 装布袋儿里。　(8) 锁屋里。　　(9) 关门外头。　(10) 存银行里。

3. V→ + 处所词语

V 重读且声调时值延长，其后要加完句成分"啦"。"V"表示 V 重读，"→"

表示 V 声调延长。

例如：

（11）掉［tiɔ³¹²→］桌子上啦。　　（12）搁［kə¹¹³→］床上啦。

（13）锁［çyə⁵⁵→］屋里啦。　　　（14）存［tɕ'yə⁵¹→］银行啦。

泗水方言的第三种格式与山东其他地方的"V＋了＋处所词语"式所表达的意义相同，在龙口、潍坊、临清等地，用介词"了"引进处所词语构成介词短语作补语，"了"的意义与普通话的介词"在"、"到"相同。① 先看山东其他地方的方言情况：

龙口（了［lə⁰］）：爬了仰墙上。　写了黑板上。　　走了死胡同里。

潍坊（了［lə⁰］）：掉了地上了。　跑了家里来了。　你搁了哪里？

临清（了［lɔ⁰］）：扔唠房顶上。　跑唠聊城去买书。躲唠床底下。

聊城（了［ləu⁰］）：拿喽屋里。　　放喽桌子上。　　住喽庄儿东头。

郓城（了［lɔ⁰］）：那几张画贴了墙上啦。　酒瓶子放了桌子底下不保险。

从山东其他地方的方言事实来看，泗水方言 V 重读并且声调时值延长应该是介词"了"与前面的 V 合音的结果。泗水方言的"V→＋处所词语"式最初很可能也是"V＋了＋处所词语"，"了"是轻声，在语流中因极度轻化而失去声韵调，逐渐变成零音节，即"语流中某些因极度轻化而失去声韵调但仍保留其语流音变影响和语法意义的语音形式"②。"了"尽管失去声韵调，但仍保持其语流音变影响，具体体现为使 V 重读，并且使 V 的声调时值延长。

如果要在处所结构中引入动作的受事成分，普通话通常是在动词前用介词"把"将其引入，在泗水方言中，可以像普通话一样使用介词"把"，如"把他放到床上"。在第二种表达式中，则是把受事宾语放在 V 和处所词语之间，这种位置的宾语成分一般是由单音节人称代词充当，整个结构强调的是补语成分。例如：

（15）搁它桌子上吧。　　（16）放它壶里吧。　　（17）抹它墙上吧。

（18）倒它锅里。　　　　（19）装它布袋里儿。　（20）锁你屋里。

（21）关你门外头。　　　（22）存它银行里。

在第三种表达式中，受事宾语则是用介词"把"或者"漫"引入，"把"和"漫"在意义上没有区别，大致是老派多用"漫"，新派多用"把"。所构成的介宾短语放在动词的前面，整个结构强调的是宾语成分。例如：

（23）把碗掉桌子上啦。　　（24）把盖体被子搁床上啦。

---

① 钱曾怡. 山东方言研究［M］. 济南：齐鲁书社，2001. 289.

② 曹延杰. 德州方言里的零音节［A］. 首届官话方言国际学术讨论会论文集［C］. 青岛：青岛出版社，2000. 89.

（25）漫狗关大门外头啦。（26）漫钥匙锁屋里啦。
（27）漫钱都存银行啦。　　（28）把钱包云么迷失路上啦。

五、泗水方言的反复问句

普通话的反复问句常用肯定和否定并列的形式，即"VP＋不＋VP"式，泗水方言反复问句常用"VP＋不"式，V 可以是动词、形容词，否定词"不"读为 $[po^0]$。例如：

（1）小王吃不？　　　　（2）小王愿意去不？　　（3）下午开会不？
（4）小猪儿待吃食儿不？（5）你敢去不？　　　　（6）你相信他说哩话不？
（7）苹果甜不？　　　　（8）脸红不？　　　　　（9）你吃了这些馍馍唠不？

除了"VP＋不"式，泗水方言中还有"V＋不＋V/VP"式。这种形式的反复问句跟北京话的"VP＋不＋VP"结构部分相同，部分不同。提问的部分是单音节词 V（动词或形容词）时，与普通话的说法完全相同，都用"V＋不＋V"；如果提问部分是双音节以上的词或短语（有时是动词带宾语）时，普通话多采用整个双音节词或短语重叠、中间加"不"的形式，即"VP＋不＋VP"（或"VO＋不＋VO"），而泗水方言新派多在双音节词或短语的第一个音节后加否定词"不"，然后重复这个双音节词或短语，即"V＋不＋VP"（或"V＋不＋VO"）。罗福腾先生在分析了山东方言里的反复问句后，认为这一形式"可能是受普通话的影响形成的新说法"①。在泗水方言也多是新派使用这一形式，例如：

（10）你唱不唱？　　　　　　（11）他唱不唱歌？
（12）即儿们儿今天下午开不开会？（13）咱后晌儿晚上去不去看电影？

前面有助动词时，也多采用这种方式。例如：

（14）他愿不愿意留广州？　　（15）小王这几天待不待吃饭儿？
（16）你敢不敢去？　　　　　（17）你应不应该为我作出点儿牺牲？

如果反复问句格式中出现宾语，两种格式宾语的位置不同：在"VP＋不"式中，宾语只能出现在 VP 中的动词后面；在"V＋不＋V/VP"式中，宾语只能出现在后一位置上的 VP 中的动词后面。例如：

（18）即儿们儿今天下午发工资不 $[po^0]$？
（19）他是学生不 $[po^0]$？
（20）期中考试考英语不 $[po^0]$？（21）你去过北京不 $[po^0]$？
（22）咱国庆节去不去北京？　　（23）月底清不清账？
（24）衣裳合不合身？　　　　　（25）家里买不买彩电？

---

① 罗福腾．山东方言里的反复问句 [J]．方言，1996（3）．233．

　　反复问句的可能补语，普通话通常是肯定式在前，否定式在后，组成问句，例如：

　　(26) 这桌子重得多，你搬得动搬不动？——搬得动。|搬不动。

　　(27) 这些饭你吃得了吃不了？——吃得了。|吃不了。

　　(28) 这种菌吃得吃不得？——吃得。|吃不得。

　　但泗水方言反复问句的可能补语与之不同，主要采用以下三种格式：

　　(I) V（C）唠不 [po⁰]。

　　(29) 这个桌子可沉啦，你搬动唠不 [po⁰]？——搬动唠。|搬不动。

　　(30) 今天走唠不 [po⁰]？——走唠。|走不了 [liɔ⁵⁵]。

　　(II) 能 VP 不 [po⁰]。

　　(31) 这种菌能吃不 [po⁰]？——能吃。|不能吃。

　　(32) 他能考上大学唠不 [po⁰]？——能考上唠。|考不上。

　　(33) 你能爬到山顶儿唠不 [po⁰]？——能爬到唠。|爬不到。

　　(III) 能不能 VP。

　　(34) 就整点窝儿_{地方}，床能不能放开？——能放开。|放不开。

　　(35) 咱即儿们儿_{今天}能不能到家啊？——能到家。|到不了。

　　这种结构使用者多是一些文化程度较高的年轻人，当与普通话的影响有关。此外，在泗水方言中，说话者在不耐烦而进一步追问的时候，也多使用肯定、否定重叠式。例如：

　　(36) 这个桌子可沉啦，你搬动搬不动？——搬动唠。|搬不动。

　　(37) 即儿们儿走唠走不了 [liɔ⁵⁵]？——走唠。|走不了 [liɔ⁵⁵]。

　　(38) 这种菌能吃不能吃？——能吃。|不能吃。

　　这种格式明显地带有一种催促、不耐烦的语气，但一般不能再用"能 VC 不能 VC"结构，如一般不说："就整点窝儿_{地方}，床能放开不能放开？"这可能与半重叠结构"能不能 VC"已可表达一种不耐烦语气有关，两种结构在语用上重叠，但半重叠结构在表达上相对简约，更符合语言的经济原则。

　　这三种格式，从语用平面来看，或者是说话人询问听话人的能力如何，或者是说话人询问客观事态发展的可能性以及客观情理的某种许可性，但是当说话人对听话人的能力或是对客观事态发展的可能性及客观情理的某种许可性表示怀疑时，还可以在原有格式的基础上，用句尾的语调（升调）来表达。例如下面的句子：

　　说话人：这个桌子可沉啦，你搬动唠不？→

　　听话人：……（没有回答）

　　说话人：这个桌子可沉啦，你搬动搬不动？↘（说话人有些不耐烦）

听话人：搬动唠。→|搬不动。→

说话人：搬动唠？↗|搬不动？↗

听话人：搬 ［pã¹¹³ ➝］ 动唠。|搬 ［pã¹¹³ ➝］ 不动。

（备注："↘"表示降调；"↗"表示升调；"→"表示平调；"➝"表示声调的延长）

　　从上面的语境中可以清楚地看到：用肯定、否定重叠式表示反复问，语调是降调，明显地带有一种催促、不耐烦的语气；对听话人的能力表示怀疑时，语调是升调，明显地带有一种惊疑、需要听话人明确予以答复的语气。而在听话人最后的答语中，动词的声调拖长，用以加强"肯定"或"否定"的意思。

六、泗水方言的体貌特征

　　汉语的体貌和印欧语的"体"（aspect）很不相同，施其生先生（1996）指出："最重要的不同在于我们所说的'体'或'貌'不限于词法的层面，体（貌）形式不限于黏附在动词上的，有许多是黏附在词组上的，'体（貌）'意义也不只是对动作而言，而是对被黏附的成分（词、词组甚至句子）所述的动作或事件的过程而言。"① 汉语体貌不仅仅局限于词法的层面，体貌义有时是针对所述的动作或事件的过程而言。而对于表示体貌义的各种类型的体标记的划分和标准的确定，刘丹青（1996）则非常明确地指出："体的意义是附加于整个事件而不是限于动词本身，因此体标记也不应限于加在动词上的成分。附加于短语末尾乃至句末的体成分，只要虚化程度高、有黏附性，也是体标记。当然句法性质跟动词后体助词不完全同类，其中已彻底虚化为语气词的可叫体语气词或句末体助词。"

　　依据以上两位先生的观点，我们将"体貌"一小节放在句法中来谈。为了把泗水方言的体貌特征揭示出来，我们从宽泛的角度描写语言事实，具体体现为：①不拘泥于术语的名称，前人命名的"动相"、"情貌"、"时体"等各有道理，我们暂不在名称上细究，一律称之为"体"；②关于表达体貌义的各种体标记，我们采取比较开放的标准，除了一般公认的体助词外，VP（包括 V）的重叠、某些语气词、副词我们也看作语法形式。这样既有利于全面描写泗水方言的体范畴，也有利于方言之间的相互比较参照。

（一）完成体

　　这里所称的"完成"大致相当于普通话"了₁"的语法意义范围，泗水方言

---

① 施其生.汕头方言的体［A］.张双庆.动词的体［C］.香港：香港中文大学；中国文化研究所；吴多泰中国语文研究中心，1996. 161.

的完成体标记是动态助词"唠〔lɔ⁰〕","唠〔lɔ⁰〕"读为轻声，在读音上与已然体的体标记"唠"相同，为避免相混，这里表达完成体的"唠〔lɔ⁰〕"我们记为"唠₁"。它一般只黏附在谓词（包括动结式、动趋式组合）的后面，不黏附在一般的词组上。谓词所带的宾语或时量、动量补语要放在"唠₁"的后面，表示某一动作或变化本身的完成以及某一先行动作、变化的完成。例如：

1. "唠₁"用在谓词和宾语或谓词和时量、动量补语之间

这时，"唠₁"表示某一动作或变化本身的完成。例如：

（1）我拿唠₁他两本书。

（2）小王买唠₁三张票。

（3）俺俩夜儿里_{昨天}看唠₁一个电影。

（4）年时盖屋盖哩拉下唠₁两万块钱哩饥荒。（去年盖屋盖得欠下了两万块钱的债。）

（5）他前前后后一共拿出来唠₁六百块钱。

（6）他哩脸红唠₁三回。

（7）都待外面打工，地荒唠₁三年。

2. "唠₁"用在前一分句谓词后或谓词和宾语、谓词和时量、动量补语之间

这时，"唠₁"表示先行动作、变化的完成。例如：

（8）俺几个吃唠₁饭看电影去。

（9）歪倒唠₁才知道爬起来难啊。

（10）你考上唠₁我给你买手机。

（11）我调查唠₁一个多月才把它弄明白。

（12）我等唠₁三天才堵住他。

（13）小王写唠₁三回才过关。

3. "唠₁"位于句末

如果谓词不带宾语和时量、动量补语时，"唠₁"位于句末，总是同表"已然"的"啦"结合为一个，既表示动作完成又表示新情况已然出现，相当于普通话的"了₁₊₂"，读为〔lɔ⁵⁵〕，与读轻声的"唠₁"读音不同，为方便区别，我们记为"咾"〔lɔ⁵⁵〕。例如：

（14）我爬上去咾！

（15）我爬上去唠₁再告诉你。

（16）门开咾！

（17）门开唠₁我当时就给你买。

（18）作业做完咾！

（19）作业做完唠₁你才能玩去。

（20）苹果红咾！

（21）苹果红唠₁才能下。

"咾"黏附在句末，调值较高，同时韵母的时值延长，既表示动作或变化的完成又表示一个新情况的出现；黏附在前一分句谓词后的"唠₁"只是表示先行动作、变化的完成。从所表达的语法意义来看，句末的"咾"实为"唠₁＋啦"，即相当于普通话的"了₁₊₂"，[$l\mathfrak{o}^{55}$] 的语音形式应是"唠₁＋啦"两者合音的结果，即：

唠₁＋啦＝[$l\mathfrak{o}$]＋[la]→ [$l\mathfrak{o}$]＋[a]→[$l\mathfrak{o}$]＋[$\mathfrak{o}$] → [$l\mathfrak{o}^{55}$]

"唠₁"和"啦"都位于句末，都读为轻声，在语流中，后字"啦"由于前字"唠₁"声母的异化影响，[l] 声母脱落，其后，韵母 [a] 又在前字韵母 [$\mathfrak{o}$] 的同化影响下演变为 [$\mathfrak{o}$]，又由于其处于句末，易于脱落，因此，在句法和语流音变的双重影响下，"啦"逐渐和前面的"唠₁"融合为一个音节。尽管"啦"变成了零音节，但仍然保持其语流音变影响，具体体现为使"唠₁"的调值升高，使其由原轻声演变为高平调，读为 [$l\mathfrak{o}^{55}$]（这也是方言系统中最高的调值），同时韵母的时值延长。

此外，咾 [$l\mathfrak{o}^{55}$] 在句法功能上，除表示动作、变化的完成和新情况的出现外，句子还同时附带有强烈的感情色彩。如例（14），句子除表示动作的完成和新情况的出现外，还表达出说话人兴高采烈的感情色彩，而句子所附带的这种感情色彩无疑和原来句末的语气词"啦"有关。

因此，无论从语音形式还是从句法功能上，都足以证明"咾 [$l\mathfrak{o}^{55}$]"即"唠₁＋啦"。这样，普通话的"了₁"、"了₂"、"了₁₊₂"从语音形式上无从区分，但泗水方言中这三者是可以区分开的，分别对应为"唠₁ [$l\mathfrak{o}^{0}$]"、"啦 [la^{0}]"、"咾 [$l\mathfrak{o}^{55}$]"。

4. "唠₁"在特定的句式中

"唠₁"除表示完成体外，有时在特定的句式中（主要是存现句）还可以表示状态的持续，在句法功能上等同于表状态持续的"子"（相当于普通话的"着"）。但是，句中的动词须为状态动词，例如：

（22）街上围唠₁一群人。　　　＝　街上围子一群人。

（23）墙上挂唠₁一幅画。　　　＝　墙上挂子一幅画。

（24）路上停唠₁两辆车。　　　＝　路上停子两辆车。

（25）讲台上站唠₁两个学生。　＝　讲台上站子两个学生。

（26）布袋儿口袋里装唠₁两千。＝　布袋儿口袋里装子两千。

（27）锅里炒唠₁两个小菜。　　≠　锅里炒子两个小菜。

（28）生孩子那家煮唠₁红鸡蛋。≠　生孩子那家煮子红鸡蛋。

例（22）~例（26）中，句中的动词均为状态动词，且均为存现句，"唠₁"

在句法功能上等同于表状态持续的"子"。但是例（27）、例（28）句中的动词均为动态动词，"唡₁"与"子"在句法功能上并不一致，前者表示完成体，后者为持续体。

王力先生在《汉语史稿》中说道："直到元代，'了'和'着'的分工还是不够明确的。有时候'着'表示动作行为的完成，等于现代汉语里的'了'字。有时候，'了'字又表示行为的持续，等于现代汉语里的'着'字。""到了明代以后，特别是17世纪以后，'了'和'着'才有了明确的分工。这是汉语语法的一大进步。"① 泗水方言中，"唡₁"可表示状态的持续，在功能上等于"子"，但是"子"无论什么时候都不能表示动作行为的完成，这和近代汉语中的"着"和"了"可以相互替换不同，两者存在明显的不对称性。

另外，尽管"唡₁"在句法功能上可等于"子"，但是其用法多局限于存现句中，且句中动词须为状态动词，这种受限性和前面述及的不对称性说明"唡₁"的这一功能当是近代汉语语法特点的残留现象。

（二）持续体

普通话主要用"着"表示"动作行为或状态的持续"，本书所说的"持续体"有三种情况：一是指动作行为本身的持续，如"他唱着歌"、"我吃着饭"；二是指状态的持续，如"他在讲台上站着"、"她穿着一件红裙子"；三是指谓语部分所述整个事件的持续。泗水方言主要有三类表持续体标记：（I）副词或其他短语，如"喷"[pʻə³¹²]、"待那里、待这里"等；（II）体助词"子"（相当于普通话的"着"）；（III）语气词"来"。

（I）类的"喷"和"待那里、待这里"都表示动作行为本身的持续。"喷"在语义上相当于普通话的"正在"，在句中作状语。当然从另一个角度来看，这种动作行为本身的持续也可以理解为"在某一时点，某一动作行为正在进行之中"。例如：

（29）这会儿都喷吃饭，你先一等吧。

（30）俺几个喷往家赶，还得两三个小时到家吧。

"待"语义上相当于普通话的"在"，可以作动词，如"明天我待家"，也可以组成连谓句，如"我明天待家休息"。"待"不能单独用在动词前面，如不能说"我待正在写字"。另外，"待"也不能用在动词后作补语，如不能说"我靠待墙上"、"他躺待床上"，所以"待"比普通话的"在"虚化程度要低，大概正处于由动词向介词虚化的中间阶段。试比较下面两句：

① 王力. 汉语史稿·中册 [M]. 北京：科学出版社，1958. 311.

（31）我待这里玩儿。　　　　　　（32）叫他待那里写吧。

例（31）"说话者"可能正在玩着，也可能只是"说话者"的一种要求："我想在这里玩儿。"例（32）说话时"他"可能正在写着，也可能只是"说话者"的一种要求。所以，"待这（那）里"尽管可以表达"动作行为本身的持续"这一意义，但其"表处所"的实义也非常明显，换言之，动词"待"的虚化程度较低，大概正处于由动词向介词虚化的中间阶段。

（II）类体助词"子"$[ts\eta^0]$可以表示动作行为本身的持续，如"他还吃子饭，别等他啦"；也可以表示状态的持续，如"门开子"，这跟动词的类别有关系。具体来说，跟动态动词结合，表示动作行为的持续，这类动词有"踢"、"跑"、"唱"、"走"、"说"、"做"、"吃"、"听"、"想"等；跟静态动词（包括形容词）结合表示状态的持续，这类动词如"亮"、"红"、"醒"、"关"、"开"、"歪"、"肿"、"守"、"养"。但是"子"跟动词的结合往往呈现出复杂、不规则的局面，主要原因是：①不少动词兼有动态和静态的义项，如"打"："打子球"——动作行为的持续；"打子灯笼"——状态的持续。②一些动词既可表示动作行为，又可表示动作行为结束后的状态。例如：

（33）我穿子衣裳，没法给你开门。——正在穿衣裳，动作行为的持续。

（34）我穿子一件羊毛衫。　　　　　——动作行为结束后的状态的持续。

第三类语气词"来"是泗水方言中表示"体"意义的最重要的标记，它可以表达多种"体"意义，在这里表示持续体的我们记为"来₁"。它黏附在整个谓语部分上，表示谓语部分所述整个事件的持续。例如：

（35）你打电话汕的时候，我洗衣裳来₁。　　　（36）你摸摸，水温和来₁。

（37）明天这时候，我考数学来₁。

例（35）表明在"你打电话汕"，"我洗衣裳"情况正在持续；例（36）表明在"摸"的时候，"水温和"的情况正在持续；例（37）表明在"明天这时候"，"我考数学"的情况正在持续。必须指出的是，"来₁"在表持续体时，句中必须有一个明确的参照"时点"，即必须要在时间位置上对"事件"进行定位（locating），这一参照点可以是事件起点与终点之间的某一时点，也可以是其中的某一时段。可在主句前用一个从句来指明，也可从语境中暗示出来；可以是讲话时，也可以是讲话时之前或之后的某一时刻。例如：

（38）夜儿里你敲门汕，我看电视来₁。（时点：昨天敲门时，事件：我看电视呢。）

（39）明儿里这会儿里，咱都干活来₁。（时点：明天这时，事件：咱们都在干活。）

（40）他几个待路上等你来₁。（时点：说话时，事件：他们几个正在路上等着你。)

(41) 我洗澡来₁，没听见有人进来。（时点：有人进来时，事件：我正在洗澡。）

这一用法在近代白话中也存在。例如：

(42) 计氏问："昨高四婆子说我昨日嚷的时节，爷和哥还在对门合禹明吾说话来？"（《醒》第9回，第63页）

(43) 石磴坐来温，藓径净如扫。（杨万里《筠庵午睡》，第237页）

例（42）表明在计氏"昨日嚷的时节"，"计氏的爷和哥在对门合禹明吾说话"的情况正在持续。例（43）表明在"坐"的时候，"石磴温"的情况正在持续。

在泗水方言中，这三类持续体标记可以单用，也可以合在一起用。合用有下列几种情况：三类共用；一类、三类合用；二类、三类合用。例如：

(44) 我喷吃子饭来₁。　　　(45) 当官哩喷研究子来₁。

(46) 我喷打电话来₁。　　　(47) 苹果喷红来₁。

(48) 球赛踢子来₁。　　　　(49) 我看子你哩论文来₁。

从例（44）~例（49）来看，多种持续体标记合用加强了句子所表达的"持续"义。但合用时，第一类和第二类体标记不能兼用，因此下面的句子不成立：

(50) *我喷吃子饭。　　　(51) *当官哩喷研究子。

(52) *我喷打子电话。　　(53) *苹果喷红子。

而第三类体标记"来₁"必不可少，即"来₁"除了表达持续体外，还有一定的成句作用。此外，多种体标记合用后，前两类的标记作用有所弱化，从语义表达的"羡余性原则"来看，前两类体标记去掉后，并不影响原句义，如例（44），如说成"我吃饭来₁"仍能表达"我吃饭"这一情况的持续，所以这三类体标记合用后，句义所侧重的是谓语部分整个所述事件的持续。

（三）经历体

表示某一动作或某一变化曾经经历，泗水方言可以和普通话一样，在谓词（包括动结式、动趋式）的后面加"过"，"过"读轻声 [kuə⁰]。例如：

(54) 我喝过这种酒。　　　　(55) 这盆花年时摆出来过。

(56) 电视机前年修好过一回。　(57) 小王去过北京。

(58) 他偷过人家哩鸡。　　　　(59) 这本书我看过。

(60) 赵老师早就提出过这种看法。

（四）近过去体

泗水方言表示近过去体的标记是语气词"来" [lε⁰]，为和表持续体的

"来₁"相区别，我们在这里记作"来₂"。"来₂"表示谓语部分所述"事件"曾经发生或所述"状态"曾经出现。例如：

（61）我去北京来₂。

（62）他偷人家哩鸡来₂。

（63）这本书我看来₂。

（64）他夜儿哩_{昨天后晌儿晚上}醒过来来₂。

（65）打针汕，孩子哭啦吗？——哭来₂，哭哩哇哇哩。

（66）不光_{不只}等来₂，还等唠三天来₂。

（67）他哩脸红来₂。

（68）腿肿来₂，肿哩给馍馍样。

例（61）～例（66）表示谓语部分所说事件曾经发生，例（67）、例（68）表示谓语部分所说状态曾经出现。"来₂"和经历体标记"过"不同，"过"表示动作或变化曾经经历。如例（58）：他偷过人家哩鸡，指"偷人家哩鸡"这一动作"他"曾经经历。例（62）："他偷人家哩鸡来₂"，则更强调"他偷人家哩鸡"这件事曾经发生过。正是因为"来₂"侧重于某一"事件"曾经发生，所以近过去体常可以用来表达某种缘由。例如：

（69）甲：他整子挨上啦？（他怎么挨揍啦？）　乙：他偷人家哩鸡来₂。

（70）甲：整子整长时间没见你啊？（怎么这么长时间没看见你？）　乙：我去北京来₂。

（71）甲：你整子_{怎么}看出他俩关系不一般？　乙：你进来汕的时候，她脸红来₂。

例（69）～例（70）都不能用经历体来回答。另外，"来"只用于已经发生的事情，因此没有否定句，"过"可以用于没有发生的事情，因此有否定句。例如：

（72）我没去过北京。——*我没去北京来₂。

（73）他没偷过人家哩鸡。——*他没偷人家哩鸡来₂。

句中如果没有时间词语，用"来₂"的句子一般指不久前发生的事；用"过"的句子则可以指遥远的过去。例如：

（74）我去新疆来₂。（指不久以前）

（75）我去过新疆。（可以指很多年以前）

"来₂"和普通话的"来着"同功能，但普通话的"来着"在使用上限制较多。根据《现代汉语八百词》，用"来着"时，有以下限制：①句中动词不能带"了、过"；②只用于已经发生的事情，没有否定句；③"来着"只能用于句中有"谁"、"什么"的特指问句，不能用于一般问句；④谓语动词不能用动结式、动趋式，动词前也不能有状态修饰语。在泗水方言中，"来₂"除不能用于否定句外，在其他方面不受限制。例如：

(76) 甲：你打唠人家哩花瓶来₂？　　乙：没有，没有人家整子怎么找你啊？

(77) 你说过这句话来₂，你别不承认。

(78) 昨天哩电视你看来₂？

(79) 衣裳都裂撕破啦，你又给人家打架来₂不 [pɔ⁰]？

(80) 你将才偷偷摸摸哩把花瓶拿出去来₂？

(81) 你大盼里很有可能把人家哩头给打破来₂，要不人家整子揍你啊？

例 (76)、例 (77) 句表明句中动词可以带"唠"、"过"；例 (76) ~例 (81) 句表明"来₂"可以用于反复问句和一般疑问句；例 (80)、例 (81) 句表明谓语动词可以是动趋式和动结式，动词前也可以加状态修饰语。

泗水方言中"来₂"的这一用法与早期白话文献中事态助词"来"的用法相当一致，可以说泗水方言保留了近代白话的用法。例如：

(82) 贞观中，冀州武疆县丞尧君卿失马，即得贼，枷禁未绝，君卿指贼面而骂曰："老贼吃虎胆来，敢偷我物。"（张鷟《朝野佥载》)①

(83) 此地新经杀戮来，墟落无烟空碎瓦。（李涉《濉阳行》，《全唐诗》第9982 页）

(84) 此亦是他真曾经历来，更说得如此分明。（《朱子语类辑略》卷五）

(85) 四川、两广也曾去来，不曾见你这般卖弄。（《水浒全传》第十六回）

(86) （美娘）想一想道："我记得曾吐过的，又记得曾吃过茶来，难道做梦不成？"秦重方才说道："是曾吐来。"（《醒世恒言·卖油郎独占花魁》第三卷，第 43 页）

(87) 晁思才道："你没说么？没的光我说来？"（《醒世姻缘传》第 47 回，第 362 页）

在现在的很多方言中也保留有这种用法，如陕西吴堡话：

(88) 你才刚吼唤谁来？——我吼你来。

(89) 你在院子里见谁来？——我见弟弟来。

四川成都话：

(90) 昨晚上下了雨来，地上焦湿。

(91) 我刚才进来，屋头没得人我又出去了。

在普通话中，"来"消亡了，取而代之的是一种新的形式"来着"，"来着"与"来"功能相同，作为近过去体的标志保存了下来。例如：

(92) 贾母忙哄他道："你这妹妹原有玉来着。"（《红楼梦》第 3 回，第 34 页）

---

① 刘坚，江蓝生，白维国，曹广顺. 近代汉语虚词研究 [M]. 北京：语文出版社，1992. 122.

（93）探春道："昨儿我恍惚听见说，老爷叫你出去来着。"（《红楼梦》第27回，第300页）

此外，普通话的"来着"还可表示说话人一时想不起来某个信息，要求对方提醒或重复，或自己想起来后加以补充，泗水方言中，也可以用"来₂"表达这一意义，如普通话："你们那个主任叫什么来着？"泗水方言可以说："恁那个主任叫么来₂？"可见，泗水方言的"来₂"既保留了早期白话中的用法，也有某些创新发展。

（五）起始体

表示行为动作、事件开始启动、发生。在普通话常用轻声的"起来"置于动词或形容词之后来表示，泗水方言也用"起来"，此外，还有"V＋开"结构。例如：

1. V/A＋起来

（94）恁几个整子怎么待这里玩起来来₁？

（95）集上人多起来啦。

（96）外头下起来啦。

（97）他两个喝完辣哩白酒，又喝起啤哩啤酒来啦。

2. V＋开

（98）谁也没惹她，她己己自己待那里哭开啦。

（99）听听，他两口子又打开啦。

（100）雨又下开啦。

（101）老大家大儿媳妇整子怎么又骂开来₁？

这两种结构都有"开始并继续"的意义，所以句末都可以再附加上持续体标记"来₁"，表示所述情况的持续，如例（94）、例（101）。V 可以是单音节的，也可以是双音节的，如"商量"、"嘀咕"等；可以是动态动词，也可以是静态动词，如"骂"、"踢"、"等"、"站"；但是属性动词、感知动词和状态动词不能进入这两种结构，如"姓"、"感觉"、"病"都不能用于这两种结构。"起来"中间还可以插入宾语，如例（97）。但"开"在结构中是一个黏着成分，和V组成一个黏合式结构，中间不能再嵌入别的成分。

（六）先行体

所谓"先行体"是指在进行下一个动作或事件之前，让某一动作或事件先行进行并结束，相对于另一动作或事件来说，率先进行的动作或事件具有时间上为先的意义。在泗水方言中"先行体"的意义是用体助词"再"来表示的。"再"的读音在泗水内部略有不同，县内多数人读为［tsɛ⁰］，北部少数人读为

［k˙ε］，西部少数人读为［lε⁰］，县城附近少数人读为［ts˙ε⁰］。读音虽不同，但用法一样，都是用在动词短语 VP₂ 或某一时间词 TP 之后，表示说话人希望某一动作或某一事件先发生，语气较委婉。主要有两种格式：

1.（VP₁），VP₂＋再

（102）你先别走，等等他回来再。

（103）你要找工作，得等毕唠业再。

（104）要评职称，你得发够文章再。

（105）要摘也得等苹果红唠再。

（106）你要玩去也行，把你哩作业做完唠再。

（107）你多昝何时答复俺？——我想想再。

（108）咱多昝何时看电影去？——咱吃唠饭再。

例（102）、例（103）表示 VP₂ 的语义在时间上须先于 VP₁；例（104）~例（106）表明 VP₁ 以 VP₂ 为先决条件；例（107）、例（108）表明 VP₁ 也可以不出现，VP₂ 末尾的体助词"再"暗示先行行为（或先决条件）的存在。

2. VP₁，TP＋再

（109）咱多昝看咱姥娘去啊，下个星期再。

（110）即儿们儿今天上我那去？——过明儿后天再。

例（109）、例（110）表明"再"也可用在 TP（某一时间）后面，表示说话者到某一时间（TP）再进行 VP₁ 的行为。VP₂ 如果补全，则例（102）~例（110）在泗水方言中也可以这样说：

（102a）你先别走，等等他回来再走。

（103a）你要找工作，得等毕唠业再找工作。

（104a）要评职称，你得发够文章再评职称。

（105a）要摘也得等苹果红唠再摘。

（106a）你要玩去也行，把你哩作业做完唠再玩去。

（107a）我想想再（回答你）。

（108a）咱吃唠饭再（去看电影）。

（109a）咱多昝看咱姥娘去啊，下个星期再去看咱姥娘。

（110a）即儿们儿今天上我那去？——过明儿后天再上你那儿去。

只是这种 VP₂ 补全的说法，在语句的表达上过于重复拖沓，不符合语言简约经济的原则，因为对话中有些缺省信息完全可以利用语境来填补，因此，在泗水方言中，更多的是采用先行体标记"再"来表达。而且除了"再"之外，还有体标记

"再说"。萧国政（2000）认为武汉方言先行体标志"着"是"再说"的合音①，但是泗水方言中的先行体标记"再"和"再说"不是等值的成分。例如：

（111a）你先别走，等他回来再。

（111b）你先别走，等他回来再说。

例（111a）句的意思是"等他回来你再走"；而例（111b）句的意思则是"等他回来再说，他回来后你是否能走还不一定"。所以我们认为泗水方言中的先行体标记"再"应当是VP$_2$，"再"后面的成分省略的结果。由于VP$_2$"再"后的谓语成分和VP$_1$的谓语成分相同，在特定的语境中省略后并不影响语义的表达，所以"再"后面的成分逐渐省略，而且省略后，由于"再"处于句末，声调逐步变为轻声，声母也有所变化，或读为［tsɛ⁰］，或读为［k'ɛ］，或读为［lɛ⁰］，或读为［tsʻɜ］。

（七）已然体

已然体指的是普通话里表示"出现新情况"的"了$_2$"，实际上是对全句所表述的事件的确认。在泗水方言中，相当于"了$_2$"的体标记有三个：一是句末的"啦"［la⁰］；二是句末的唠［lɔ⁰］，为和前面完成体标记"唠$_1$"相区别，这里我们记为"唠$_2$"；三是句末的"来"［lɛ⁰］，为和前面的"来$_1$"、"来$_2$"相区别，我们在这里记为"来$_3$"。

三个已然体标记和普通话一样都读为轻声，都位于句末，从结构上说和语气词是一样的，它是整个谓语的黏附成分，而不是动词的直接成分。

1. "啦"

"啦"处于句末，有成句的作用，兼表陈述语气。作为体标记，它可以与起始体、持续体、完成体、经历体的体标记兼容。换言之，已然体与其他四种体不处在同一表达层面上，它的语法意义在于肯定句子所描述的事件是个已然的事实。

（112）她两口子打开啦。

（113）火着起来啦。

（114）俺几个都干子啦，你还不下手啊？

（115）屋盖子啦，到秋里盖完唠能盖完。

（116）电影演子啦。

（117）英语都考子啦，你来哩也忒晚了。

（118）我吃唠$_1$饭啦。

（119）我拿唠$_1$五十块钱啦。

---

①　萧国政. 武汉方言"着"字与"着"字句［J］. 方言，2000（1）.

（120）我去过北京啦。

（121）飞机、轮船、火车都坐过啦。

（122）我喝过这种酒啦。

（123）他也得过这种病啦。

例（112）、例（113）是已然体标记"啦"叠加在起始体之上，确认动作行为已开始、启动。例（114）～例（117）是已然体叠加在持续体之上，肯定动作已经开始正处于进行之中，或肯定动作完成后所形成的状态正在持续。

例（118）、例（119）是已然体叠加在完成体之上，确认动作行为已经完成，状态变化已经发生，主题事物处于动作行为完成之后或处于状态变化发生之后的新状态中。例（120）～例（123）是已然体叠加在经历体之上。

单纯的经历体与过去的时间相联系，叠加上已然体标记"啦"后则是强调"现在"所处的状态已经是有了某种"经历"的状态，不单纯是对过去事件的陈述。但"啦"不能附加在近过去体上，因为"啦"表示"事件"已然发生，近过去体"来$_2$"表示"事件"曾经发生，两者在语义上不能并存。

2. "唠$_2$"

"唠$_2$"处于句末，有成句的作用，兼表陈述语气。作为体标记，它也可以与起始体、持续体、完成体、经历体的体标记兼容，它的语法意义在于确认句子所描述的情况是个出乎听话人预料的已然的事实。例如：

（124）火着起来唠$_2$。（听话人不明火情，出乎听话人预料的火情已然出现。）

（125）雨下开唠$_2$。（告诉听话人雨已经下起来这一新情况。）

（126）他两家都骂开唠$_2$。（告诉听话人他两家所出现的新情况。）

（127）电影演子唠$_2$。（告诉听话人电影已开演的新情况。）

（128）小孩哭唠$_2$。（告诉听话人小孩哭这一新情况。）

（129）我吃子饭来$_1$噢［ɔ⁰］。（告诉听话人正在吃饭这一新情况，意谓目前无法做其他事。）

（130）我喷上子课来$_1$噢［ɔ⁰］。（告诉听话人正上课这一新情况，意谓目前无法做其他事。）

（131）我喷复习子英语来$_1$噢［ɔ⁰］。（告诉听话人正复习英语这一新情况，意谓目前无法做其他事。）

（132）我吃唠$_1$饭唠$_2$。（意谓目前无法再去吃饭，同时带有一种惋惜和无可奈何的感情。）

（133）我拿唠$_1$他两本书唠$_2$。（意谓目前不能再拿他的书啦。）

（134）我借唠$_1$他两万唠$_2$。（意谓目前不能再借他的钱啦。）

（135）我去过北京唠$_2$。（告诉对方新情况，暗示不要或不能再去北京。）

（136）这个电影我看过唠₂。（告诉对方新情况，暗示不要再去看这个电影。）

（137）她结过婚唠₂。（告诉对方新情况，暗示她已不是第一次结婚了。）

例（124）～例（126）是已然体标记"唠₂"叠加在起始体之上，表示出乎听话人意料的动作行为或状态已开始、启动。例（127）～例（131）是"唠₂"叠加在持续体之上，表示出乎听话人预料的事实或状态正在持续。其中，例（129）～例（131）句末的"唠₂"和持续体标记"来₁"都有［l］声母，均处于句末，又都是轻声，在语流中很容易发生异化作用，句末的"唠［lɔ⁰］"声母［l］脱落，变为噢［ɔ⁰］。

例（132）～例（134）是"唠₂"叠加在完成体之上，表示出乎听话人预料的事实或状态已然完成，主题事物处于出乎听话人预料的某种新状态中。例（135）～例（137）是已然体叠加在经历体之上，暗示出乎听话人意料的某一事实已被经历过。

另外，需要强调的是，泗水方言的"唠₂"、"啦"都表示已然体，"咾"［lɔ⁵⁵］相当于普通话的"了₁₊₂"，但是三者意义区别微妙。下面我们通过具体的语境来看一下这三句的区别：

甲：下雨咾［lɔ⁵⁵］！（变化已然完成，新情况出现，且附带一种强烈的欣喜的感情色彩）

（此时甲已知"下雨"这一事实，乙不知，要出门）

甲对乙：下雨唠₂。（意为"你还要出去吗?"）

乙惊疑：下雨啦?

甲确认：嗯，下雨啦。

从上面的语境可以看出：①"咾"［lɔ⁵⁵］表示动作或变化已然完成，新情况已然出现，且附带一种强烈的感情色彩，它和"唠₂"、"啦"的区别较为明显；②"唠₂"和"啦"的区别较为微妙，"唠₂"表示所述情况是出乎听话人预料的已然的事实，这一事实多是消极的、听话人意料之外的或不希望发生的事实，所以语境中当乙要出门时，甲告诉乙"下雨唠₂"，"下雨"是乙意料之外或不希望发生的事实，而"啦"则表示句子所描述的情况是个已然的事实，所以语境中乙问甲"下雨啦"，是想确认"下雨"这一情况是已然的事实，而甲的回答正是肯定"下雨"这一情况是个已然的事实，这一问一答中的"啦"都不能用"唠₂"来替代。

3. "来₃"

"来₃"表示新情况的出现，其语法意义大致相当于普通话的"了₂"，但这一新情况是说话者站在现在的立场与原来的情况相比较而得出的。例如：

（138）前两天看子都绷很好啦，整子怎么病情又恶化来₃?

（139）我看子你比原先胖来₃？

（140）关哩整严实，小鸡儿整子出来来₃？

（141）你整子连盘子给打来₃？

这一用法在唐代已肇其端，并一直沿用到现代。例如：

（142）昔时声少，貌似春花，今既老来，阿（何）殊秋草。（《变文·卢山》）

（143）大头领问道："怎么来？"（《水浒全传》第五回）

（144）吴山……开怀与金奴吃了十数杯，便觉有些醉来。（《古今小说》卷三）

（145）（二女）呀，这是怎么来，姐姐快醒！（《盛明杂剧·桃花人面》）

（以上四例引自《近代汉语语法研究》①第419页）

（146）晁住说："张师傅，你怎么来？"（《醒世姻缘传》第43回，第332页）

"来₃"表示某种新情况的出现，而这一新情况是说话者站在现在的立场与原来的情况相比较而得出的。因此，句中说话的时间与新情况所处的时间必须是同步的，只能是当前时间，这一点我们通过与"啦"的比较，可以清楚地看到：

（147）你又躺床上来₃？麻赶快起来走走。（说话时间：当前；状态：当前）

（148）到2008年，我都36啦。（说话时间：当前；状态：将来）

（149）你看看，外面又下雨啦。（说话时间：当前；状态：当前）

从替换的角度来看，例（147）、例（149）中的"来₃"、"啦"可以互换，因为这两句中说话时间和"新情况"所处时间是同步的，均为当前时间；但是例（148）中的"啦"不能用"来₃"替换，因为说话时间为当前，新情况所属时间则为将来，两者不同步。而"啦"则没有这一时间性要求，因此，以上例（147）～例（149）均可以用"啦"来表达。再从句式的角度来看，"来₃"多用于疑问句，而"啦"可以用于各种句式。因此，"来₃"渐趋消亡，为"啦"所替代。在普通话中，表示某一"新情况"的出现已由"了₂"来承担，在泗水方言中，"来₃"的这一用法，也多保留在疑问句式中，使用范围已经非常狭窄，可以预见，"来₃"的这一用法将最终为"啦"所替代。

（八）反复体

反复体表示动作行为的反复。泗水方言表示反复体主要用下述定型化的动词格式：

（I）V来V去。如：

说来说去　　想来想去　　看来看去　　挑来挑去

（II）V唠₁又V。如：

---

① 俞光中，[日]植田均. 近代汉语语法研究 [M]. 上海：学林出版社，1999. 419.

买唠₁又买　　挑唠₁又挑　　摸唠₁又摸　　洗唠₁又洗

（Ⅲ）V 啊 V 啊。如：

挑啊挑啊　　找啊找啊　　　要啊要啊　　　哭啊哭啊

（Ⅳ）V₁V₁V₂V₂。如：

吃吃喝喝　　挑挑拣拣

来来回回　　跑跑跳跳

（Ⅴ）V 过来 V 过去。如：

晃过来晃过去　　扔过来扔过去　　踢过来踢过去　　跑过来跑过去

这些格式主要表示不计量的反复，形容一种来回、反复的状态。

（九）短时体

短时体表示动作经历的时间短暂。普通话主要用动词重叠式表示短时体，若是单音动词也可以在两个重叠音节之间加"一"，有时也在动词之后加轻声的"一下"作为标记。泗水方言中这两种方式均有，例如：

（150）你先看一下，我逛逛就回来。

（151）他问你一下啦吗？

（152）好歹糊查一下就行，不用整认真。

（153）不用干整么急，还早子来，屋来休息休息吧。

否定式和疑问句也有短时体。例如：

（154）你还看一下吗？

（155）你不看看有错哩吗？

（156）你还活动活动吗？

（157）你不点心点心简单吃点东西？

此外，泗水方言还可以用"一"加动词，表示短时体。例如：

（158）你先一坐，我出去买点儿菜。

（159）你一等，我这都马上出来。

（160）你一歇，我马上马很快干完啦。

（161）你先一看，我给你冲杯茶。

（十）尝试体

尝试体表示施动者试着施行某个动作，既是试着施行，动作往往是短时的，因此尝试和短时常有关系而出现交叉。例如普通话"我说说"可以是短时的（我说说，一会儿就走），也可以是尝试的（我说说，不知道对不对）。泗水方言的短时体标记"一下"以及"试儿试儿"有时也用来表示尝试体意义，例如：

（162）叫他们过来都试一下校服。

（163）我看一下，看修好唠不？（我看看，看能不能修好。）

（164）你先干干试儿试儿，看这个活儿你干了唠不？（看看这份工作能干得了吗？）

普通话中表示尝试体还有一个专用的标记——"看"，置于重叠动词之后，读轻声，主要表达尝试意义，同时兼表短时义，泗水方言也有这一标记。例如：

（165）你猜猜看，看猜着唠不。

（166）你想想看，将才刚才谁屋来来？

（167）你听听看，屋里有动静吗？

（168）我试试看，可没把握修好。

（169）走走看，看鞋跟脚合适不？

（170）试儿试儿看，看看你考上唠不？

由于尝试体表示"动作行为的非正式性和未定着状态"①，所以在泗水方言中，尝试体又常常和先行体联系在一起，表示某一不确定的、短时的先决条件。例如：

（171）你别急，我试儿试儿再。

（172）菜炒哩怎么样啊？我尝尝再。

（173）你先别告诉我结果，我猜猜再。

（174）你先别走，咱先把账核计核计再。

（175）甲：电脑还能修好唠不？ 乙：你先别急，我鼓捣鼓捣再。

（176）甲：电话还能用不？ 乙：够呛啦，我先施为施为再吧。

泗水方言体貌意义和体貌形式一览表

体貌类别		语法形式	例句
完成	表示动作或变化本身的完成	$V + 唠_1 + O（C）$ $A + 唠 + C$	我拿唠他两本书。 我等唠三个小时。 苹果烂唠一半。
	表示先行动作或变化的完成	$V_1 + 唠_1 + O + VP_2$ $V_1 + 唠_1 + C + VP_2$	我吃唠饭看电影去。 小王考唠三回才过关。
	既表示动作完成又表示新情况出现	$V + C + 咾 [lɔ^{55}]$ $V/A + 咾 [lɔ^{55}]$	作业做完咾 $[lɔ^{55}]$！ 下雪咾 $[lɔ^{55}]$！苹果红咾 $[lɔ^{55}]$！

① 李如龙. 泉州方言的体［A］. 张双庆. 动词的体［M］. 香港：香港中文大学；中国文化研究所；吴多泰中国语文研究中心，1996. 214.

（续上表）

体貌类别		语法形式	例句
持续	动作行为本身的持续	喷+V 待这（那）里+V V+子	俺几个喷往家赶。 几个老头待这里打牌儿。 他吃子饭，你先走吧。
	动作所形成的状态的持续	V+子 V+唠₁	他穿子一件羊毛衫。 街上围唠一群人。
	谓语部分所述情况的持续	V+O+来₁ V+子+（O）+来₁	我吃饭来。 我看子（论文）来。
经历	动作或变化曾经经历	V+过+O V+C+过	我喝过这种酒。 泰山我爬上去过。
近过去	所述"事件"曾经发生或所述"状态"曾经出现	V+来₂ V+C（O）+来₂ A+来₂	我看来。我吃来。 我拿出去来。 她脸红来。我看这本书来。
起始	表示行为动作、事件开始启动、发生	V+起来 A+起来 V+开啦	外头下起来啦。 集上人多起来啦。 他两口子又打开啦。
先行	进行下一个动作或事件之前，让某一动作或事件先行进行并结束	(VP₁)，VP₂+再 VP₁， TP+再	咱吃唠饭再。 评职称你得发够文章再。 多咨看电影啊，后晌儿再。
已然	"啦"肯定全句所表述的情况是已然的事实；"唠₂"表示句子所述情况是意料之外的已然事实；"来₃"表示当前某一新情况的出现。	V+O+啦 V+O（C）+唠₂ A+来₃ V+（C）来₃	我拿唠₁五十块钱啦。 我拿唠₁五十块钱唠₂。 他爬上去唠₂。 整子病又恶化来₃？ 小鸡儿整子出来来₃？ 你整子连盘子给打来₃？
反复	表示动作行为的反复	V来V去 V唠₁又V V啊V啊 V₁V₁V₂V₂ V过来V过去	说来说去，你不嫌烦啊？ 买唠₁又买，光花钱啊？ 挑啊挑啊，还有完吗？ 来来回回，花了不少时间。 晃过来晃过去，你光玩啊？

（续上表）

体貌类别		语法形式	例句
短时	表示动作经历的时间短暂	VV V + 一下 一 + V	不用整急，屋来歇歇吧。 好歹糊查一下，别整认真。 你先一坐，我买点儿菜去。
尝试	表示施动者试着施行某个动作	V + 一下 VV 看	叫他们过来都试一下校服。 你听听看，屋里有动静吗？

结　语

　　作为中原官话和冀鲁官话的过渡区域以及山东方言东区、西区的交接地带，泗水方言以其丰富而复杂的方言状况为汉语方言研究提供了一个较有价值的样品，如知庄章组合口呼字有 tɕ 类、pf 类、ts 类三种声母；儿系字有 [əl]、[lɬ]、[ɚ] 三种读音；疑母、影母零声母开口呼有 [ŋ－]、[ɣ－]、[ɣ] /∅三种读音；次浊入声字大部分归入阴平，少部分归入去声等。本书通过对泗水方言语音、词汇、语法三方面的深入描写，探讨了在方言过渡区域由于冀鲁官话和中原官话的相互渗透所带来的一些问题，在方言的接触研究上具有一定的意义。本书的研究结论现总结如下几点：

　　（1）根据泗水的一些方言事实，本书在某些音类的演变过程上提出了自己的一些看法，例如：

　　①泗水方言中古精组合口演变为 tɕ 类声母，知庄章组合口（包括部分开口字）演变为 pf 类声母，这说明在泗水方言中 pf 类声母应当是由 tʂ 类声母演变而来，中间没有经过 ts 类声母的阶段，我们认为 pf 类声母的演变可能经历如下的演变过程：

　　庄二三、章、知二三 + u→tʂ + u→tʂ^{f}u→tʂ^{pf}ʋ→pf'ʋ→pfʋ

　　②关于"儿"的音变，王力先生说"儿"音变的过程是 [nʑi] → [nʑɿ] → [ʑɿ] → [ʑ ɿ]，到了 [ʑ ɿ] 的阶段，突然元音和辅音对调位置，成为 [ɻ ʑ] → [əl]，这是就北方官话来说的。在北方某些方言点中，"儿"字的音变可能经历了另外的过程，即 [nʑi] → [ni] → [li] → [lə] → [əl] → [ɾə] → [ɚ]。到了 [lə] 的阶段，突然元音和辅音对调位置，演变为 [əl]，进而演变为 [ɚ]。目前在泗水东部一些村点中儿系字读 [lɬ]（ɬ 开口度介于 ɿ 和 ə 之间），北部一些村点读为 [əl]，西部一些村点读 [ɚ]，泗水方言"儿系字"这一较为复杂的读音现状大概可以为"儿"的音变过程提供一点证据。

　　（2）从本书所绘制的方言地图来看，我们发现几条方言同言线大致重合在"尧山—丑村—李家坡—西故安—简家庄—石龙嘴"一线，此线贯穿泗境南北，大致形成一条同言线束，许多方言特征都分布在此线的东西两侧，例如"儿系字"读 [əl] 或 [lɬ] 音分布在线的东部，[ɚ] 音分布在线的西侧；再如

"铝"、"驴"读［lu⁵⁵］、［lu⁵¹］分布在此线东侧，读［ly⁵⁵］、［ly⁵¹］则分布在线的西侧。这种现象与泗水所处的地理位置密切相关，泗水处在山东方言东区和西区的交界线上，泗水东部的方言具有山东方言东区（东潍片）的某些特征，而西部的方言则具有山东方言西区（西鲁片）的某些特征，而泗水北部（主要是在同言线的东北部），北接冀鲁官话，其方言又具有山东方言西区（西齐片）的某些特征，如儿系字读［ə l］以及疑影二母开口呼字的声母读［ŋ-］等，所以泗水方言具有方言过渡区的典型特色。

（3）在词汇方面，通过与普通话及山东其他方言点词汇的比较、分析，我们发现：

①在山东的三大官话方言中，泗水方言与中原官话相同的词最多，这表明把泗水方言划入中原官话区是合乎语言事实的。

②泗水方言与冀鲁官话和中原官话两者相同的词语比较多，这与其自身所处的地理位置是相符合的。

③泗水方言尽管处在山东方言东区、西区的交界地带，但山东方言东区（东潍片）的词汇对其影响较小，这应与泗水在行政区划上一直隶属于济宁地区（处于西鲁片）的情况密切相关。

④泗水方言中保存了大量的古语词。有些字所代表的词在普通话中已被淘汰，成了生僻字，但在泗水方言中仍有其一脉相承的后裔，本书为某些古语词明其源、正其身，考释了一些方言词的"本字"，如"自学手艺的工匠"泗水方言多称为"旅生子"，"旅"的本字当是"穞"。"穞"，《广韵》："自生稻也，力举切。""穞"由"自生稻"引申为"自学成才的手艺人"，"穞"在泗水方言中读为［ly⁵⁵］，与《广韵》音义皆合。再如"瓶塞"泗水方言多称为"瓶锥儿"，"锥"的本字当是"堲"。"堲"，《玉篇》："侧六切，塞也。"《广韵》："侧六切，塞也。"《新唐书·姚绍之传》："（姚绍之）即引力士十余曳囚至，筑其口。""筑"为同音替代，本字当是"堲"。屋韵泗水方言归入阴平，侧六切，读音为［pfu¹¹³］，［pfu¹¹³］儿化后变为［pfer¹¹³］，所以很多人将"瓶堲儿"写成"瓶锥儿"，字也随着音变发生了讹变。

（4）在语法方面，本书简单探讨了词法和句法方面的几个问题，发现泗水方言中具有某些不同于普通话的语法现象，例如：

①赵元任《中国话的文法》认为句末的"了₂"以前大概是"来"字，有两个理由：第一，宁波话句末表示变化的虚字和动词"来"字都说成［le］；第二，现代汉语句末的"了"古籍上有写作"来"字的。今泗水方言中也存在一个用于句末表示变化的"虚字"，本书记为"来₃"，这为赵先生的看法提供了另外一个方言的佐证材料。

②书中通过对泗水方言变调别义手段的细致分析，认为变调别义手段类似于古汉语的声调屈折——"读破"，从而进一步证实在汉语的某些方言中可能具有广义的形态变化。

③单点方言语法的研究，在一些方言志中往往较为简略，本书通过对泗水方言语法方面某些特点的描述、分析，特别是对泗水方言体貌特征的分析、归类、描写，说明官话方言点的语法和普通话语法还是有着一定的差异的。再如，在能性述补结构的表达上，泗水方言能性述补结构肯定式多用"［VC 唠］"式结构，比如"考上唠"、"吃了唠"、"买起电视唠"等，与普通话的表达方式具有比较大的差异，这也说明汉语方言语法的研究是大有可为的，这有待我们进行深入的研究。

限于学识和资料的积累，本书的研究还不够深入和全面，所论也多有瑕疵，有些结论还需要我们在以后的研究中进一步去充实、论证。但是，通过解剖泗水方言这一只"小麻雀"，在科研领域也慢慢有了一些积累，这也为笔者今后的教学科研奠定了一定的基础。同时，书中的缺漏和不足之处也会激励笔者逐步将研究活动引向深入。

参考文献

1. 曹广顺. 近代汉语助词 [M]. 北京：语文出版社，1995.
2. 曹志耘. 南部吴语语音研究 [M]. 北京：商务印书馆，2002.
3. 陈保亚. 音变原因、音变方向和音系协和 [J]. 西南师范大学学报，1989（3）.
4. 陈泽平. 福州方言研究 [M]. 福州：福建人民出版社，1998.
5. 丁振芳，张志静. 曲阜方音记略 [J]. 齐鲁学刊，1987（2）.
6. 董绍克. 山东阳谷梁山两县方言的归属 [J]. 方言，1986（1）.
7. 董绍克，张家芝. 山东方言词典 [M]. 北京：语文出版社，1997.
8. 董绍克. 汉语方言词汇差异比较研究 [M]. 北京：民族出版社，2002.
9. 董绍克. 阳谷方言研究 [M]. 济南：齐鲁书社，2005.
10. ［瑞士］费尔迪南·德·索绪尔. 普通语言学教程 [M]. 高名凯译. 北京：商务印书馆，1980.
11. 高慎贵. 新泰方言志 [M]. 北京：语文出版社，1996.
12. 高文达. 山东各地方音与北京语音在声母、韵母方面的一些比较；山东宁阳音与北京音 [J]. 方言与普通话集刊，1958（3）.
13. 顾黔. 通泰方言音韵研究 [M]. 南京：南京大学出版社，2001.
14. （清）桂馥. 札朴 [M]. 北京：商务印书馆，1958.
15. 蒿志成. 泗水方言俗语大观 [M]. 北京：团结出版社，2013.
16. 贺巍，钱曾怡，陈淑静. 河北省北京市天津市方言的分区（稿）[J]. 方言，1986（4）.
17. 侯精一. 现代晋语的研究 [M]. 北京：商务印书馆，1999.
18. 黄伯荣，廖序东. 现代汉语 [M]. 北京：高等教育出版社，1997.
19. 李靖莉，孙远方，宋平. 黄河三角洲枣强移民考源 [J]. 聊城师范学院学报，2001（4）.
20. 李如龙. 方言与音韵论集 [M]. 香港：香港中文大学中国文化研究所，1996.

21. 李如龙. 汉语方言的比较研究［M］. 北京：商务印书馆，2001.

22. 李如龙. 汉语方言特征词研究［M］. 厦门：厦门大学出版社，2002.

23. 李新魁. 李新魁语言学论集［M］. 北京：中华书局，1994.

24. 林焘，王理嘉. 语音学教程［M］. 北京：北京大学出版社，1992.

25. 刘冬冰. 古合口韵在今光山方言中的变异［J］. 语言研究，1994（3）.

26. 刘俐李，周磊. 新疆汉语方言的分区（稿）［J］. 方言，1986（3）.

27. 刘勋宁. 现代汉语研究［M］. 北京：北京语言文化大学出版社，1998.

28. 鲁允中. 轻声和儿化［M］. 北京：商务印书馆，2001.

29. 罗福腾. 牟平方言词典［M］. 南京：江苏教育出版社，1997.

30. 吕叔湘. 现代汉语八百词［M］. 北京：商务印书馆，1999.

31. 马凤如. 金乡方言志［M］. 济南：齐鲁书社，2000.

32. 马静，吴永焕. 临沂方言志［M］. 济南：齐鲁书社，2003.

33. 麦耘. 音韵与方言研究［M］. 广州：广东人民出版社，1995.

34. 孟庆泰，罗福腾. 淄川方言志［M］. 北京：语文出版社，1994.

35. 平邑县志编纂委员会. 平邑县志［M］. 济南：齐鲁书社，1996.

36. 钱曾怡等. 烟台方言报告［M］. 济南：齐鲁书社，1982.

37. 钱曾怡，曹志耘，罗福腾. 山东肥城方言的语音特点［J］. 方言，1991（3）.

38. 钱曾怡. 济南方言词典［M］. 南京：江苏教育出版社，1997.

39. 钱曾怡，李行杰. 首届官话方言国际学术讨论会论文集［C］. 青岛：青岛出版社，2000.

40. 钱曾怡. 山东方言研究［M］. 济南：齐鲁书社，2001.

41. 钱曾怡. 汉语方言研究的方法与实践［M］. 北京：商务印书馆，2002.

42. 乔全生. 晋方言语法研究［M］. 北京：商务印书馆，2000.

43. 若冰. 鲁南方音的特点［J］. 方言与普通话集刊，1958（2）.

44. 山东省地方史志编纂委员会. 山东省志［M］. 济南：山东人民出版社，1995.

45. 山东省微山县地方史志编纂委员会. 微山县志［M］. 济南：山东人民出版社，1997.

46. 山东省邹城市地方史志编纂委员会. 邹城市志［M］. 北京：中国经济出版社，1995.

47. 山东省曲阜市地方史志编纂委员会. 曲阜市志［M］. 济南：齐鲁书社，1993.

48. 山东省郯城县地方史志编纂委员会. 郯城县志［M］. 深圳：深圳特区

出版社，2001.

49. 山东省枣庄市地方史志编纂委员会. 枣庄市志 ［M］. 北京：中华书局，1993.

50. 山东省曹县地方志编纂委员会. 曹县志 ［M］. 北京：中华书局，2000.

51. 山东省平邑县志编纂委员会. 平邑县志 ［M］. 济南：齐鲁书社，1997.

52. 山东省莒南县地方史志编纂委员会. 莒南县志 ［M］. 济南：齐鲁书社，1998.

53. 山东省滕州市地方志编纂委员会. 滕县志 ［M］. 北京：中华书局，1990.

54. 施其生. 方言论稿 ［M］. 广州：广东人民出版社，1996.

55. 泗水县县志编纂委员会. 泗水县志 ［M］. 济南：齐鲁书社，1993.

56. 泗水县史志编撰委员会. 泗水年鉴 ［M］. 香港：中国国际文化出版社有限公司，2013.

57. 泗水县地名志编纂委员会. 泗水县地名志 ［M］. 兖州：山东省兖州市印刷厂，1998.

58. 石明远. 古庄章知三组声母在莒县方言的演变 ［J］. 方言，1990（2）.

59. 石明远. 莒县方言志 ［M］. 北京：语文出版社，1995.

60. 孙立新. 关中方言略说 ［J］. 方言，1997（2）.

61. 唐作藩. 音韵学教程 ［M］. 北京：北京大学出版社，1988.

62. 唐明路. 西安方言的 pf pf' 音的共时变异 ［J］. 语言研究，1990（2）.

63. 宛志文. 汉语大字典袖珍本 ［M］. 成都：四川辞书出版社；武汉：湖北人民出版社，1999.

64. 王福堂. 汉语方言语音的演变和层次 ［M］. 北京：语文出版社，1999.

65.（民国）王广庆. 河洛方言诠诂 ［M］. 郑州：中州古籍出版社，1993.

66. 王临惠. 晋南方言知庄章组声母研究 ［J］. 语文研究，2001（1）.

67. 王临惠. 汾河流域方言的语音特点及其流变 ［M］. 北京：中国社会科学出版社，2003.

68. 王力. 汉语史稿·中册 ［M］. 北京：科学出版社，1958.

69. 王力. 汉语语音史 ［M］. 北京：中国社会科学出版社，1985.

70. 吴云霞. 万荣方言语法研究 ［M］. 北京：语文出版社，2009.

71.（清）西周生著，翟冰校点. 醒世姻缘传 ［M］. 济南：齐鲁书社，1993.

72. 熊正辉. 怎样求出两字组的连续变调规律 ［J］. 方言，1989（2）.

73. 余迺永校著. 互注校正宋本广韵 ［M］. 台北：联贯出版社，1971.

74. （汉）许慎撰，（清）段玉裁注. 说文解字注 ［M］. 杭州：浙江古籍出版社，1998.

75. 徐通锵. 历史语言学 ［M］. 北京：商务印书馆，1991.

76. 许宝华，［日］宫田一郎. 汉语方言大词典 ［M］. 北京：中华书局，1999.

77. 杨耐思. 近代汉语音论 ［M］. 北京：商务印书馆，1997.

78. 叶蜚声，徐通锵. 语言学纲要 ［M］. 北京：北京大学出版社，1981.

79. 殷焕先，董绍克. 实用音韵学 ［M］. 济南：齐鲁书社，1990.

80. 尹梅. 青岛方言声调实验研究 ［D］. 南京师范大学硕士学位论文，2008.

81. 游汝杰. 汉语方言学导论 ［M］. 上海：上海教育出版社，2000.

82. 袁家骅等. 汉语方言概要 ［M］. 北京：语文出版社，2001.

83. 詹伯慧等. 汉语方言及方言调查 ［M］. 武汉：湖北教育出版社，1992.

84. 赵元任著. 吕叔湘译. 汉语口语语法 ［M］. 北京：商务印书馆，1979.

85. 张盛裕. 河西走廊的汉语方言 ［J］. 方言，1993（4）.

86. 张树铮. 方言历史探索 ［M］. 呼和浩特：内蒙古人民出版社，1999.

87. 张双庆. 动词的体 ［M］. 香港：香港中文大学吴多泰中国语文研究中心，1996.

88. 张一舟，张清源，邓英树. 成都方言语法研究 ［M］. 成都：巴蜀书社，2001.

89. 张玉来. 韵略汇通音系研究 ［M］. 济南：山东教育出版社，1995.

90. 中华书局编辑部. 小学名著六种 ［M］. 北京：中华书局，1998.

91. 周振鹤，游汝杰. 方言与中国文化 ［M］. 上海：上海人民出版社，1986.

92. 周祖谟. 方言校笺 ［M］. 北京：中华书局，1993.

93. 朱德熙. 朱德熙文集·第二卷 ［M］. 北京：商务印书馆，1999.

附 录

附录一 本书部分方言点调查人情况一览表

一、金庄镇

楚夏寺，周长科，65 岁，男，小学文化，个体户。

楚夏寺，姜玉柱，22 岁，男，初中毕业，农民。

官园，李永太，39 岁，男，初中毕业，农民。

官园，张衍简，72 岁，男，小学毕业，农民。

小辛庄，班辛明，53 岁，男，不识字，农民。

西里仁，孔德柱，61 岁，男，小学文化，农民。

岳家岭，孔庆勇，28 岁，男，初中毕业，农民。

大葫芦套，牛福柱，68 岁，男，不识字，农民。

大葫芦套，于怀庆，73 岁，男，不识字，农民。

西辛庄，李兴富，75 岁，男，上过灯学，农民。

西辛庄，李怀雪，54 岁，男，高小，农民。

西辛庄，李明修，50 岁，男，中专，小学教师。

西辛庄，李明奎，40 岁，男，初中，个体户。

西辛庄，李兴岭，40 岁，男，初中，个体户。

金庄，乔元春，57 岁，女，没上过学，农民。

西马头山，刘金岭，67 岁，男，不识字，农民。

押山庄，张辛菊，56 岁，女，中师毕业，退休教师。

夹谷山，牛恩淦，54 岁，男，不识字，农民。

孟家村，乔宏元，60 岁，男，上过灯学，农民。

中芦城，乔志坡，58 岁，男，小学，农民。

立山庄，崔文学，40 岁，男，初中毕业，农民。

中峪，彭金木，60 岁，男，不识字，农民。

下芦城，贾同富，74 岁，男，不识字，石匠。
卞家庄，陶德仲，36 岁，男，高中毕业，个体户。
晋家庄，颜世芳，62 岁，男，初中文化，退休干部。
戈山，张茂民，38 岁，男，高中毕业，个体户。
大泉，高振棵，57 岁，男，小学毕业，牛经纪。
夏李庄，夏军剑，35 岁，男，大学专科，中学教师。
尹家城，王城平，38 岁，男，大学专科，中学教师。

二、杨柳乡

仓上，张衍方，64 岁，男，小学毕业，农民。
相公店，高守富，74 岁，男，不识字，农民。
老泉庄，刘辛江，64 岁，男，不识字，农民。
小厂，姚凤章，64 岁，男，小学文化，农民。
杨柳，翟庆法，63 岁，男，初中毕业，农民。
于家泉，张乃经，66 岁，男，高小毕业，农民。
小岭，颜庭兵，31 岁，男，初中毕业，农民。
西朱家村，孔现宾，65 岁，男，不识字，农民。
许家庄，许崇学，57 岁，男，小学，农民。

三、柘沟镇

圣府岭，马学友，70 岁，男，不识字，农民。
尚庄，孔宪湖，48 岁，男，不识字，农民。
尚庄，宋尚一，68 岁，男，不识字，农民。
宋家河，朱同军，72 岁，男，不识字，农民。
宋家河，甯方河，49 岁，男，初中毕业，农民。
王坟庄，张新利，36 岁，男，小学毕业，农民。
魏庄，孔祥丽，28 岁，女，大学专科，中学教师。

四、中册镇

赵家庄，谷传标，51 岁，男，初中毕业，工人。
西杨庄，徐广顺，54 岁，男，不识字，农民。
石桥，王鹏，51 岁，男，初中毕业，转业军人。
石桥，王其义，55 岁，男，小学，农民。
中册村，王嗣居，65 岁，男，师范毕业，退休教师。

故县，王茂富，73 岁，男，不识字，农民。

中册三村，王菊芬，20 岁，女，高中毕业，工人。

中册一村，张国庆，26 岁，男，大学专科，中学教师。

李白村，牛新栋，58 岁，男，不识字，个体户。

五、星村镇

南崇义，张位宪，77 岁，男，星村医院退休干部。

利辛庄，丁玉凡，62 岁，男，初中毕业，大队干部。

南百顶，蒋玉平，60 岁，男，小学文化，农民。

双凤庄，张振夏，71 岁，男，不识字，农民。

中河西，程继东，75 岁，男，初中毕业，农民。

鲍家庄，程继然，62 岁，男，不识字，农民。

六、苗馆镇

北苗馆，周庆彦，60 岁，男，初中毕业，农民。

西故安，颜文成，67 岁，男，不识字，农民。

西故安，司广恩，75 岁，男，小学毕业，农民。

峙山庄，王振英，65 岁，女，不识字，农民。

夹平，贺广平，41 岁，男，小学毕业，农民。

马家井，李家福，73 岁，男，不识字，农民。

李家坡，李宝贵，50 岁，男，不识字，个体户。

七、泗张镇

李家桥，付庆成，33 岁，男，大学专科，中学教师。

刘家岭，刘彦平，34 岁，男，大学专科，中学教师。

黄山庄，丁祥秋，48 岁，男，师范毕业，中学教师。

苇子沟，张宝行，32 岁，男，大学专科，中学教师。

王家口，邵士信，35 岁，男，大学专科，中学教师。

南陈，袁士余，67 岁，男，初中毕业，个体户。

南陈，袁士兴，62 岁，男，不识字，农民。

简家庄，刘召庆，51 岁，男，小学毕业，农民。

牛庄，相龙银，70 岁，男，不识字，农民。

东蒲玉河，翟凤济，80 岁，男，不识字，农民。

石龙嘴，孔德强，51 岁，男，初中毕业，大队干部。

南曾家庄，王其才，71 岁，男，上过灯学，农民。
下焦坡，陈树银，50 岁，男，初中毕业，大队干部。
三岔河，曹年龙，38 岁，男，小学文化，个体户。
朱家庄，张茂年，78 岁，男，不识字，农民。

八、泗水镇

东高，杜荣济，72 岁，男，初小，农民。
北纪埠，翟华栋，76 岁，男，不识字，农民。
趫庄，邵兴晨，64 岁，男，初中，农民。
趫庄，苏行仁，77 岁，男，高小，退休干部。
邵家村，邵溪泽，71 岁，男，不识字，农民。
邵家村，邵长伦，48 岁，男，小学，个体户。
西关街，王长举，60 岁，男，高中毕业，村干部。
音义，杨志亮，32 岁，男，高中毕业，个体户。
北玉沟，孔祥宾，44 岁，男，高中毕业，工人。

九、高峪乡

丑村，王成起，53 岁，男，小学文化，农民。
官庄，包现梅，43 岁，女，不识字，农民。
高峪，孔庆水，60 岁，男，初中毕业，个体户。
亮庄，于福胡，75 岁，男，小学毕业，农民。
亮庄，于贤超，50 岁，男，初中毕业，个体户。
尧山，王丙军，63 岁，男，不识字，农民。
西头，陈兴运，43 岁，男，高中毕业，复员军人。
莲花峪，孙起，36 岁，男，初中毕业，农民。
尧前，董荷兰，35 岁，女，小学，农民。

十、大黄沟乡

南华村，李士余，48 岁，男，初中毕业，农民。
大黄沟，卢传杰，45 岁，男，初中毕业，大队干部。
东庄，陈万祥，78 岁，男，初小文化，农民。
东庄，颜景龙，80 岁，男，上过民学，农民。

十一、泉林镇

曹家庄，刘玉芹，67 岁，女，不识字，农民。

七家庄，王徽贤，61 岁，男，中师毕业，退休教师。
义和庄，沈叶青，35 岁，男，大学专科，中学教师。
义和庄，沈凤林，78 岁，男，念过私塾，农民。
义和庄，沈凤成，64 岁，男，高小毕业，农民。
后尤家庄，杨庆月，50 岁，男，高中毕业，农民。
后尤家庄，尤昌焕，57 岁，男，小学毕业，农民。
荀家岭，郭保长，41 岁，男，初中毕业，农民。
荀家岭，郭保征，39 岁，男，高中毕业，农民。
仲家庄，孟庆河，37 岁，男，小学毕业，农民。
泽沟，段庭申，74 岁，男，不识字，农民。
历山，张家庆，42 岁，男，初中毕业，农民。
历山，刘云，16 岁，女，小学，辍学在家。
舜帝庙（平邑），刘旗鹏，12 岁，男，小学，学生。
舜帝庙（平邑），牛现明，58 岁，男，小学，农民。
临湖，杨宝华，18 岁，男，初中，农民。
临湖，杨国清，63 岁，男，不识字，农民。
灰泉，任红美，42 岁，女，初中，农民。
西贺庄，王世民，58 岁，男，初中，村干部。
北石匣，于凤传，64 岁，男，不识字，农民。
泉林，王士深，64 岁，男，不识字，农民。
辛庄，王士勇，43 岁，男，初中毕业，村委书记。
北陈村，李玉玲，44 岁，女，不识字，农民。

十二、圣水峪乡

皇城，尹友成，56 岁，男，高小毕业，农民。
营里，孔令怀，63 岁，男，小学，农民。
营里，李万会，54 岁，男，不识字，农民。
芦沟，范德义，78 岁，男，不识字，农民。
庠厂，马德君，53 岁，男，中专毕业，小学教师。
于家庄，杜显东，68 岁，男，上过灯学，识字，农民。
小河，蔡现柱，60 岁，男，不识字，农民。
沙胡同，孔宪法，75 岁，男，小学，农民。
西仲都，孔凡星，48 岁，男，小学，农民。
南孙徐，王玉秋，70 岁，男，不识字，农民。

北圣水峪，李延义，61 岁，男，不识字，农民

圣水峪，贾运晨，53 岁，男，不识字，农民。

兰沃，李文军，72 岁，男，不识字，农民。

南三教湾，刘德厚，73 岁，男，不识字，农民。

毛沃，孔德玉，55 岁，男，不识字，农民。

后等齐，刘长玉，70 岁，男，不识字，农民。

附录二　泗水方言地图（一）～（十）

"砖、穿、拴、软"声母分布图

泗水方言地图（一）

"儿、耳、二"读音分布图

泗水方言地图（二）

图　例

- △ ʐ ʅ ʅ　儿 耳 二
- ⊕ ʐ ʅ ʅ　儿 耳 二（儿耳二）
- ◎ ʅ ʅ ʅ　儿 耳 二
- ◎ ʅ ʅ ʅ　儿 耳 二
- ◉ ɚ ɚ ɚ　儿 耳 二

"醉、脆、碎"声母分布图

泗水方言地图（三）

图　例

△　tɕ tɕʰ ɕ　醉 脆 碎
△　ts tsʰ s　醉 脆 碎
◎　ts tsʰ s　醉 脆 碎

"卷、劝、靴"和"绝、泉、雪"声母分布图

泗水方言地图（四）

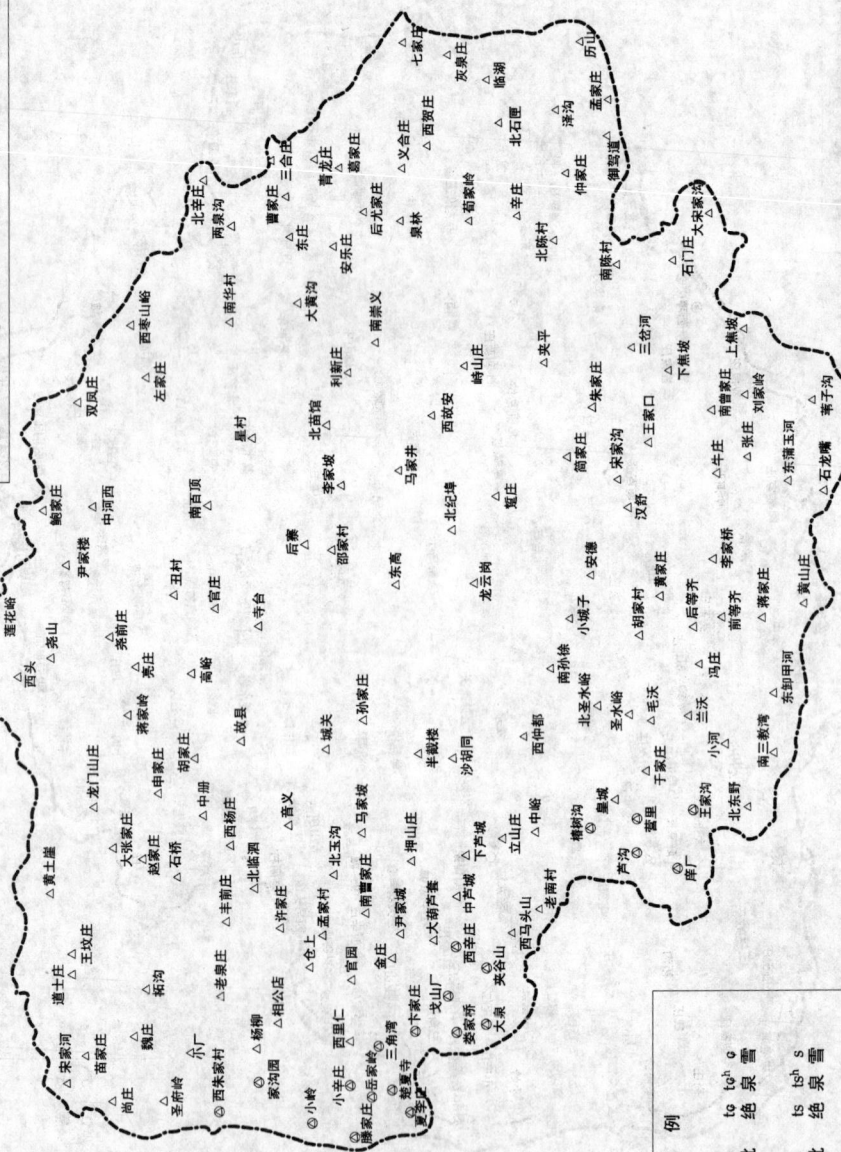

图例

	tɕ tɕʰ ɕ 泉雪	ts tsʰ s 泉雪
△	tɕ tɕʰ ɕ 卷劝靴	ts tsʰ s 卷劝靴
◎	tɕ tɕʰ ɕ 卷劝靴	

"熬、袄"声母分布图

泗水方言地图（五）

图 例

△ ɣɔ 熬 袄

○ ɣɔ（ɔ）熬 袄

⊙ ŋɔ 熬

"铝、驴"读音分布图

泗水方言地图（六）

图例

△ ly 铝　ly 驴

○ ly 铝　ly（lu 驴）

◎ lu 铝　lu 驴

"肥、肺"读音分布图

泗水方言地图（七）

"班儿"、"事儿"读音分布图

泗水方言地图（八）

图例

△ pãr 班儿　　Ser 事儿
◎ pɜ 班儿　　Sei 事儿

"玉米"称谓分布图

泗水方言地图（九）

图 例

⊕　"棒子" 或者 "玉蜀黍"

△　"棒子"

◎　"棒子" 或者 "棒槌子"

"他比你高" 分布图

泗水方言地图（十）

北辛庄
西刘庄
曹家庄
三合庄
青龙沟
东庄
蒿家庄
七家庄
灰泉庄
临湖
历山
泽沟
孟家沟
卸驾道
仲家岭
又合庄
西贺庄
北石庄
双凤庄
西寨山峪
南华村
安乐庄
大黄沟
南寨义
利新庄
峡平
朱家庄
三岔河
下焦坡
上塘坡
刘家岭
南陈村
北陈村
石门庄
东宋家沟
莱子沟
鲍家庄
中河西
南西顶
左家沟
星村
北苗馆
西故安
峙山庄
简家庄
宋家沟
牛庄
张庄
东龙膀
石龙峰
东浦玉河
尹家峪
秃山
尧前庄
丑村
官庄
寺台
居寨
邵家峪
李家坡
马家井
北纪埠
窑庄
龙云岗
汶府
王家口
黄家庄
莲花峪
西头
尧前庄
尧庄
南峪
西百顶
东高
小城子
安德
胡家村
后等齐
前等齐
满家沟
龙门庄
蒋家岭
申家庄
故县
域夹
孙家坡
南孙徐
西仲郡
北圣水峪
圣水峪
毛沃
冯庄
兰河
兰沃
南三教沟
东加申河
黄山庄
大张家庄
赵家庄
石桥
中册
胡册
西杨庄
北临洞
晋义
半截楼
沙胡同
皇城
赛里
于家庄
小河
北东野
黄土崖
龙门庄
丰前庄
老泉庄
孟家村
北王沟
马家坡
押山庄
下芦城
立山山
中峪
西马山
老南村
库厂
谨土庄
王牧庄
柘沟
相公店
仓上
官园
金庄
西芦城
中芦城
尹家城
大涝声寨
大涝寨
宋家河
南家庄
赖庄
圣府岭
小厂
杨柳
杨柳
千家泉
晋家庄
三角峪
尹家峪
卞家厂
大泉
戈山厂
南朱家村
小辛庄
小辛庄
岳家峪
三相寺
崔里寺
宋李庄
麓里寺

图 例

△ 他比你高。

△ 他比你高。

⊕ 他高干你。

◉ 他高起你。

后 记

本书稿由笔者的博士学位论文修改而来。

自 2004 年 6 月笔者由中山大学顺利通过博士论文答辩之后，在工作间隙，就在不断进行修改，一直修改了十年。书中增补了同音字表和分类词表，特别是分类词表部分，笔者不断地对泗水方言词汇进行挖掘整理，随时记录有特色的方言词汇，并将其补充进方言词表之中。在书稿付梓之际，回顾多年的求学和论文修改之路，可谓感慨良深，苦乐自知。但能蹒跚于学问之旅，将自己的母语方言记录下来，为哺育自己的家乡作一点贡献，也是人生之幸；在蹒跚的求学路上，得以聆听各位师长的教诲，也是一种人生之缘。

施其生师是我仰慕已久的师长。三年的从师学艺，感受最深的是先生严谨治学的态度和认真务实的作风。先生对学问一丝不苟，而在对我博士论文的修改上，更是倾注了无数的心血，甚至在春节的时候，还想着我的论文应该如何修改。当年博士论文最终定稿时，施先生和几位同门从晚上 6 点一直帮我修改到凌晨 1 点……这点点滴滴都使我深受感动，先生的道德文章将永远是我学习的楷模。

唐钰明师和麦耘师在我的成长之路上也付出了极大的心血，两位先生渊博的学识和风趣的教学方式使我获益匪浅，也给我留下了深刻的印象。由衷地感谢两位先生在授予学识的同时还以一丝不苟的敬业精神来要求和勉励我们。此外，在中山大学求学期间，中山大学的周小兵教授、李炜教授，中文系办公室的黄小芸等诸位老师对我也多有指教和帮助，学生在此一并深表谢意。

我的硕士学位导师、山东师范大学文学院的董绍克师引导我走入方言学的大门，在方言音韵学、方言词汇比较、方言俗字研究以及近代汉语研究等多个领域对我都有着潜移默化的影响，为我以后从事方言学领域的教学科研工作奠定了坚实的基础。不仅如此，董老师当年对我博士学位论文的写作也十分关心，多次在论文的写作思路上给我以精彩的点拨。在暨南大学工作以后，董老师也不断地在科研方面给我以引导和帮助。记忆最深刻的一件事就是，2010 年我参与上海师范大学潘悟云先生的横向科研项目，赴山东调查山东中西部的方言语音和词汇，我找到董老师作为山东阳谷的发音人，录制阳谷字音和阳谷方言词汇。董老师虽已年近七旬，但无怨无悔地陪我录音，持续工作了一个多礼拜。此情此景，至今回忆起来，学生都一直心存感激之情，这本小书的最终付梓也算是对董老师"爱生如子"的报答吧。

　　我的同门许光烈、王哲两位师兄在经济上给予我极大的支持，使我在中山大学读博期间，得以不惮于生计，为我赢得了充足的看书、写作的时间；刘翠香、林华勇、胡云晚、李小华、陈淑环、辛永芬等诸位同门对我的论文提出了许多中肯的修改意见，同窗之间的切磋和帮助使我获益良深。在此还要特别感谢我的好友任广世，当年在紧张的博士论文定稿期间，他在论文格式的调整和方言地图的绘制方面给我提供了极大的帮助，特别是在论文最后修改、装订的阶段，竟放下自己的工作，帮我连着修订了四天。同窗和朋友的帮助使我铭感五内，难以忘怀。

　　此外，我还要感谢我的家人和亲戚。在广州读书期间，我的孩子王一出生，我年逾六旬的父母帮我承担起照顾孩子的责任，使我深深感受到父母的眷眷恩情。除了帮我照顾孩子之外，家父王讳常生还做我的发音人和咨询人，特别是在本书稿修改期间，遇到弄不明白或不晓得某一词语该如何讲的时候，我总是打电话询问父亲，他也总是不厌其烦地随我一起挖掘记忆深处的久已不用的一些方言词汇，比如"撖大猴"、"稽生子"、"慌毛子星（大慌）"、"三慌"、"风罗圈"、"浮米"、"老鸹枕头"、"角猪"、"旁牛"、"辖头"、"莽牛墩"、"两光"、"二红砖"、"窑顶"、"门砧"、"老擀"、"拉脚儿哩"。而且父亲总不忘感叹一下："呀，你搞哩真细，真土啊，这些词儿有哩多少年都不用啦。"我的内人李平女士也对我远赴异乡求学予以理解和支持，默默地照顾幼小的孩子，承担了全部的家务，使我没有了后顾之忧，得以安心完成本书的写作以及修改工作。我还要特别感谢我的内弟李兴龙，他利用自己的休息时间，用摩托车带着我跑遍了全县的沟沟坎坎，帮助我进行方言调查，最让我感动的是有好几次在前不着村、后不着店的山路上被淋得浑身透湿也毫无怨言。

　　本书能得以顺利付梓，还要感谢暨南大学华文学院的众多老师，其中我院主管科研的曾毅平教授对本书的出版尤为关心，不仅尽可能地资助本书，还非常关心笔者的教学科研工作；王茂林博士在繁重的教学科研之余，还多次指导笔者利用实验语音学的方法去确定调类调值，使得本书在声调调类、调值的确定方面相比前贤的口耳听辨来说更具科学性和准确性。此外，为了给后人留下更多的语音材料，笔者利用上海师范大学潘悟云教授和广西经济管理干部学院李龙博士共同研发的语言田野调查系统 TFW（Tools for Field Work）录制了泗水方言同音字表和泗水 100 字的单字调发音（这也是笔者所参与的山东中西部方言调查的成果之一），并附录于本书之后，在此笔者也向潘悟云教授和李龙博士致以衷心的感谢。

最后，本书稿有众多的国际音标与方言俗字，可谓符号繁多，排版乃至校对难度极大，暨南大学出版社杜小陆老师和刘晶老师精心校对，认真核实每一个细节，为本书的顺利出版付出了极大的心血，笔者在此也表示由衷的谢意。

总之，本书稿能够按时完成，我的努力自然在于其中，但如果没有众多人的支持和帮助，恐怕就不会像今天这样水到渠成了。对老师、亲人、朋友的帮助，我只有以今后加倍的努力来报答了。

兹志于后。

王衍军

2014 年 2 月 28 日凌晨

于广州瀚文世家书斋